浙江省哲学社会科学规划课题成果

越文化研究丛书

王建华 主编

YUEDI FEIWUZHI WENHUA
YICHAN ZONGLUN

# 越地非物质文化遗产综论

仲富兰 何华湘 著

人民出版社

责任编辑:陈来胜
装帧设计:吕　龙
版式设计:王　舒

**图书在版编目(CIP)数据**

越地非物质文化遗产综论/仲富兰　何华湘 著.
-北京:人民出版社,2010.6
(越文化通论)
ISBN 978-7-01-008909-6

Ⅰ.①越…　Ⅱ.①仲…②何…　Ⅲ.①文化遗产-简介-浙江省
Ⅳ.①K295.5

中国版本图书馆 CIP 数据核字(2010)第 079563 号

**越地非物质文化遗产综论**

YUEDI FEIWUZHI WENHUA YICHAN ZONGLUN

仲富兰　何华湘 著

人民出版社 出版发行
(100706　北京朝阳门内大街 166 号)

北京新魏印刷厂印刷　新华书店经销

2010 年 6 月第 1 版　2010 年 6 月北京第 1 次印刷
开本:710 毫米×1000 毫米 1/16　印张:19.5
字数:298 千字　印数:0,001-3,000 册

ISBN 978-7-01-008909-6　定价:39.00 元

邮购地址 100706　北京朝阳门内大街 166 号
人民东方图书销售中心　电话 (010)65250042　65289539

# 前 言

王建华



中国是一个幅员辽阔的国家。中华民族在其长期奋斗的过程中,既形成了大一统的中华文化,又形成了主要因地域差异所造成的地域文化。

谈地域文化,必须做三个区分:文化核心区、文化基本区、文化边界区。文化核心区是文化发源地,也是此文化最为集中的区域;文化基本区是此文化相对比较稳定的区域;文化边界区是此文化影响曾达到过但比较弱的区域。

文化核心区当然是最重要的,因此,首先要做的,是确定文化核心区。我们现在说的地域文化,其名多取自周代的诸侯国,这些诸侯国早在秦统一中国时就陆续消亡了,因此,这种国名实际上只是一个历史名词。显然,楚文化、越文化、吴文化都不等于楚国的文化、越国的文化、吴国的文化。不过,也毋庸置疑,以周代诸侯国取名的地域文化与原诸侯国有一种内在的联系。这种联系是十分重要的,从某种意义上讲,原诸侯国所创造的文化是该地域文化之源。因此,一般将古诸侯国的疆域划定为该地域文化的

核心区。

问题是，古诸侯国的疆域是变化的，越国在灭吴称霸后，不仅据有现在的浙江全境，还拥有江苏、江西、安徽、山东之一部，其都城也一度北移至山东境内。显然，根据越国强盛时的疆域来划定越文化的核心区是不妥当的。

就越文化的实际来看，我们认为，将越文化的核心区划在以绍兴为中心的方圆一百公里左右的地区是比较妥当的。这块地区，亦称“越中”。绍兴，原名会稽，大禹时立的名，秦统一中国后，设会稽为郡，唐改会稽郡为越州，南宋绍兴元年，高宗南渡，驻跸龙山，命改州为府，冠以年号，即为绍兴。元、明、清三代均称绍兴(路、府)。关于绍兴府的范围，在清代，“属邑八：山阴、会稽、萧山、诸暨、余姚、上虞、嵊、新昌。东至宁波府慈溪县界，西至杭州府钱塘县界，南至金华府义乌县界，北至大海，东南至台州府天台县界，西南至杭州府富阳县界，西北至杭州府钱塘县界，东北至宁波府慈溪县界。濒海之邑凡五：山阴、会稽、萧山、余姚、上虞是也；濒浙江之邑一，萧山是也”①。

越文化的基本区是古越国领土比较稳定的区域，大致相当于今浙江省。浙江省因浙江(今名钱塘江)而得名。古越国的许多重要的历史事件都发生在浙江流域。《越绝书》载：“越王句践与吴战于浙江之上。”②又说，越王勾践兵败后与大夫文种、范蠡去吴宫为奴，“群臣皆送至浙江之上”③。又据《史记·越王句践世家》说：“楚威王兴后而伐之，大败越，杀王无彊，尽取故吴地至浙江。”

越文化的边界区是越文化基本区周围的地区，它曾属于古越国的版图，也曾属于其他诸侯国的版图。值得指出的是，文化中的区域概念与行政中的区域概念是不同的，前者只是大致上的，其边界是交融的，模糊的；而后者是明确的，其边界则是清楚的。因此，即使我们将越文化的核心区确定在今绍兴地区，越文化的基本区确定在今浙江省地区，也不能将两者等同起来。

越文化的历史可追溯到大禹。据《史记·夏本纪》：“禹会诸侯江南，计

---

① 吴悔堂：《越中杂识·越中图识》。

② 袁康、吴平：《越绝书·勾践入臣外传第七》。

③ 《越绝书·勾践入臣外传第七》。

功而崩，因葬焉，命曰会稽。”大禹死后传位子启，夏朝开始。据史载：“启使使以岁时春秋而祭禹于越，立宗庙于南山之上。”①此是越的开始。不过，此时的越，虽有了大禹的宗庙，尚只是地，不是国，据《吴越春秋》：“禹以下六世而得帝少康。少康恐禹祭之绝祀，乃封其庶子于越，号曰无余。”②少康封无余于越，意味着越有了自己的地方政权。无余是越国的第一位君主。无余传世十多代后，因“末君微劣，不能自立，转从众庶为编户之民，禹祀断绝”③。十几年后，有奇人出，自称是无余之后，指着天空，向着禹墓，说着鸟语，立志要“复禹墓之祀，为民请福于天，以通鬼神之道”④。顿时，凤凰翔集，万民喜悦。大禹之祭恢复，越国开始强大。

大禹是中国古代全民族共同尊崇的帝王，是中国第一个国家政权——夏朝的实际奠基人。越文化源于禹，说明越文化不只是组成中华民族文化的诸多地域文化之一支，而且是中华民族主流文化的直接继承者。

在地域文化中，越文化是有着鲜明特色的，比如名士辈出，清人吴悔堂《越中杂识·越中图识》用了八个字概括越文化的特点：“风景常新，英贤辈出。”关于“英贤”，吴悔堂《越中杂识序》说：“守斯土者，皆辅相之才；生斯土者，多菁华之彦。”毛泽东有诗咏越，诗云：“鉴湖越台名士乡，忧忡为国痛断肠。剑南歌接秋风吟，一例氤氲入诗囊。”虽然中国大地到处都出人才，但人才出得多、档次高、历代不中断，形成一种名士文化现象的，大概只有越了。

又如文武兼融。从越文化源头古越国历史事迹看，它是尚武的，后人概括其精神为胆剑精神，胆剑精神之剑，意味着勇猛进击。这种尚武的精神，发展为革命的精神，在近代反清革命中表现得鲜明突出。虽然越文化中有尚武的一面，但是越文化更多地表现出来的却是重文，此地出的文人多，在儒学、佛学、玄学、文学、艺术等方面，创造出辉煌的业绩。

再比如道器并重。道学代表人物明有王阳明、刘宗周、黄宗羲承前启后，脉系分明；实学是道学之外别一种学术⑤，此派重经世致用，古越有范

① 赵晔：《吴越春秋·越王无余外传》。

② 同上。

③ 同上。

④ 同上。

⑤ 冯友兰先生在《中国哲学史新编》（人民出版社 1999 年版）中将陈亮与叶适说成是“道学外的思想家”，见该书第 56 章。

蠡、文种、计倪，重农倡商，开其先河，南宋有陈亮、叶适开宗创派。从而充分见出越文化道器并重的特色。

研究越文化，最早始于东汉，代表性事件是袁康、吴平整理《越绝书》。《越绝书》是越人在越世系断绝以后虑越史之绝而撰写的一部地方史书，袁康、吴平整理此书，增加了当时流传的于越故事，补充了先秦以后的资料，所以他们的工作属于早期的越文化研究。从袁、吴的工作联系到东汉初期，这实在是越人流散以后越文化研究的发端时期，也是一个很有成就的时期。从现存的成果来看，除《越绝书》之外，还有《吴越春秋》和《论衡》两种。从保存越文化资料的价值来看，《越绝书》无疑是首要的，但《吴越春秋》和《论衡》的价值也都远远超过先秦人的著作。① 其后，这种研究没有间断过，但没有出现标志性的成果。

越文化研究的跃进是从上世纪二三十年代发轫的，当时出现了一批思想活跃、见识宽广、根底扎实、治学勤奋的史学家，他们既深入钻研古代有关越人的大量文献，又细致地鉴别分析这些文献，先后提出了不少前无古人的科学创见。如顾颉刚、罗香林、卫聚贤、蒙文通、杨向奎诸氏，都发表过关于越文化的不同于前人见解的论文。20 世纪 80 年代以来，越文化研究有了很大的发展，研究队伍空前扩大，研究成果，包括专著和论文，大量涌现。同时借助于考古的发现，多学科交叉综合的研究也大量出现，获得了大量的成果。

一如越文化是一条绵延不息的历史长河，有关越文化的研究也是个没有尽头的学术之路。

我们认为，今后越文化研究需注意以下三点：一、历史研究与现实问题研究的结合，越文化是历史形态，但其发展则为现实形态。对越文化，我们不能只做历史的研究，也应做现实问题的研究，并且将这两者很好地结合起来，要注重从越文化的历史形态中发掘出更多的对当代有价值的启示。二、单项研究与整体研究的结合。在单项研究上，我们过去做得比较地多，整体研究相对较弱。三、多角度地研究。文化，本就是人类物质文明精神文明的总和，涉及人类生活的方方面面。文化研究应是多角度的，目前我们的越文化研究，角度还不够丰富。

---

① 参见陈桥驿：《越文化研究的回顾和展望》，《杭州师范学院学报》2004 年第 2 期。

本丛书名为“越文化通论”，就是试图在以上三个问题上做一些新的探索。

本通论将遵循马克思主义的历史与逻辑相结合的原则，以历史唯物主义和辩证唯物主义为根本方法，建立文化地理学和文化生态学的理论框架，综合利用考古学、人类学、民俗学、历史学、社会学等各种方法，从纵横两个角度全面揭示越文化的历史演变真相和丰富内涵，并从形而下走向形而上，分析越文化的基本精神，论述越文化和整个中国文化的关系，指明越文化精华对当代中国先进文化建设的特殊价值。

作为一项综合性的研究成果，这套论著要在各卷次的专题探讨上保持前沿性，体现独特性，拓展越文化的研究领域，争取在越文化研究的方法论问题、越文化的发展演变、越文化在中国文化中的地位、越地特有的经济思想和行为模式、越文化在意识形态领域的精神特征、越地学术思想与学术流派、越地文学艺术成就、越地方言和民俗等一系列方面有较大的收获，力图让此项研究成果成为越文化研究史上的一块基石，通过此次探索为今后越文化的研究找到新的起点。与此同时，本通论的研究成果也可以为其他地域文化的研究提供一种模式以及一些有益的经验，甚或进而为国家整体文化的发展提供某种启示。

由于选题的内容部分是有交叉的，难免有些重叠；又由于作者认识上的差异，每部书的观点和看法不一定全然一致。我想这样也许有它的好处，有兴趣的读者可以互相参校，生发出自己的看法。

越文化是一块沃土，我们希望，为了越文化研究的繁荣，为了学术事业的不断创新，有更多的朋友参与到我们的队伍中来。

# 目 录
# CONTENTS

## 第二篇 越地非物质文化遗产形态分析(下)



## 第三篇 越地非物质文化遗产的物质基础



## 第四篇 越地非物质文化遗产的文化背景

## 第五篇　越地非物质文化遗产的价值



## 第六篇　越地非物质文化遗产的保护与发展

# 绪　论



## 一、越地的历史演变

越，在中国历史中，既是族名，又是国名。

史籍上所说的越族，有着悠久的历史，是一个庞大的古民族集团，早在上古时期就生息于江南，相当于我国今天的浙江、福建、江西、广东、广西一带。由于居地分散，部族杂多，种姓互异，故又根据所处区位不同，分为于越、扬越、瓯越、闽越(东越)、南越、骆越、夔越、夷越、西越、滇越、山越等，统称为"百越"，又称"古越"、"诸越"。其中于越在今浙江，扬越在今江苏、江西，瓯越在今浙江南部，闽越在今浙江、福建北部和江西东部，南越在今广东，骆越在今广东、广西、贵州及越南北部，夔越在今湖北西部和四川东部，夷越在今云南、贵州及湖南西部，西越在今广西及广东部分地区，滇越在今云南，山越在今苏、浙、皖、赣、闽、粤部分山区。

百越一名，最早见于《吕氏春秋・恃君篇》："扬、汉之南，百越之际，敝

凯诸、夫风、余靡之地，缚娄、阳禺、欢兜之国，多无君。"《汉书·地理志》颜师古注引臣瓒曰："自交趾至会稽，七八千里，百粤杂处，各有种姓。"这里的"百粤"即是"百越"。古代粤、越通用，粤与越用古音读作 Wut、Wat、Wet，是古代江南土著呼"人"的语音，越是"人"的意思。百越的"百"泛言其多，而非确数，称其百越乃是形容南方诸族聚处之广，种姓之多。在百越之前，不同朝代对南方族群有不同的称谓。夏朝称"于越"；商朝称"蛮越"或"南越"；周秦时期的"越"除专指"越国"外，亦同样是对南方诸族的泛称。周朝称"扬越"、"荆越"；至战国始称"百越"。由于百越族分布在南方，且东南土著民族概被统称为越，如吕思勉先生所言，"自江以南则曰越"，古文中常以百越指代南方地区，如《过秦论》之"南取百越之地"，《采草药》之"诸越则桃李冬实"。因此，百越，又因其族名而具有了地理意义。

在南方百越族中，有一个部族尤其值得关注，其先民被认为是河姆渡文化的创造者，从春秋时期到战国早期，他们又以现在的绍兴为中心，建立了强大的越国，谱写了浙江地区的历史，在我国历史上涂下了浓墨重彩的一笔。这就是我国古代的于越族。于越又作於越，以先秦时的会稽（今浙江绍兴）为中心，主要活动在今浙江一带，其民"劗发文身，无皮弁搢笏之服"①。

于越族是南方百越族中最先进的一部分，至于其来源，主要有"越为禹后"说和土著说两种观点。前者以《史记》、《越绝书》、《吴越春秋》等古籍中都有关于禹巡狩会稽和死后葬于会稽的记载，认为于越是夏禹的后裔。《史记·夏本纪》云："帝禹东巡狩，至于会稽而崩。"《史记·越王句践世家》云："越王句践，其先禹之苗裔，而夏后帝少康之庶子也，封于会稽，以奉守禹之祀。"《越绝书外传·记地》云："越之先君无余，乃禹之世，别封于越，以守禹冢。"又有："禹始也，忧民救水，到大越，上茅山大会计，爵有德，封有功，更名茅山曰会稽。及其王也，巡狩大越，见耆老，纳诗书，审铨衡，平斗斛。因病亡死，葬会稽。"《吴越春秋》云："禹以下六世而得帝少康，少康恐禹祭之绝祀，乃封其庶子于越，号曰无余。"

虽有古籍记载，但"越为禹后"说也受到了不少学者的质疑。东汉王充《论衡·书虚》篇云："禹到会稽，非其实也。"清代梁玉绳《史记志疑》中云：

---

① 《淮南子·齐俗训》。

"少康封庶子一节，即缘禹葬于越伪撰，盖六国时有此谈，史公缪取入史，后之著书者相因成实。"今人林惠祥《中国民族史》认为："《史记》言越王句践为夏禹之后，此不过越人托古之词。"陈桥驿《"越为禹后说"溯源》则认为："越为禹后"的传说，实际上是于越强大以后，为了军事上、外交上和内政上的需要，而从于越内部有意编造和传播出来的。卫聚贤《吴越民族》一文指出："夏是北方民族，越是南方民族，两不相干。"蒋炳钊《"越为禹后说"质疑》也认为："夏民族和越族是分布在我国不同地域，有着不同的经济生活、不同的语言以及表现不同文化特征所形成的不同民族。""越为禹后说不仅在文献上找不到可靠的证据，而且在考古文化上也找不出越文化和夏文化有继承关系。因此，我们认为越族不是夏族南迁遗民，而是主要由当地先住民发展形成的。"由此产生了于越起源的土著说。不过，"越为禹后"说也好，土著说也罢，都只是对于越起源的一种推测，并不影响我们对于越文化和越地历史演变的研究。

于越民族形成于原始社会后期，以会稽山地为中心发展自己的生产和文化，与中原王朝有着密切的联系和往来。西周初期，据今本《竹书纪年》记载："周成王二十四年〔约公元前 1001 年〕，于越来宾。"《左传》记载，东周定王六年（前 601），楚与吴、越结盟。这时，于越已建立政权，并成为春秋列国之一。自此，即出现了作为政权和国家的"越"，与作为民族的"于越"既有联系，又有区别。周敬王二十四年（前 496）越王允常死，子句践即越王位。随着于越民族的发展壮大，其活动范围也不断扩大。句践立国时，于越活动的主要区域是以现绍兴为中心的浙江地区。《国语·越语》载："句践之地，南至于句吴，北至于御儿，东至于鄞，西至于姑蔑"，即现在的宁绍平原、杭嘉湖平原、金衢丘陵地一带。句践三年（前 494），越为吴所败。句践卧薪尝胆，发愤图强，在句践二十四年（前 473）兴兵灭吴，迁都琅邪，于越的军队和居民大量北迁，地域扩大到江苏、山东等地。

于越迁都琅邪后，跻身中原霸主之列，"越兵横行于江、淮东，诸侯毕贺，号称霸王"。他们还"兴师北伐齐，西伐楚，与中国争强"①。在相互接触中，于越受到中原民族的影响。越王翳时，从琅邪迁都到吴（今江苏苏州）。《史记·越王句践世家》载："楚威王兴兵而伐之，大败越，杀王无彊，




① 《史记·越王句践世家》。

尽取故吴地至浙江，北破齐于徐州。而越以此散，诸族子争立，或为王，或为君，滨于江南海上，服朝于楚。”尽管有后来的学者对这条记载提出异议，如蒙文通在《越史丛考》中所言：“自楚威王七年败越，至秦始皇统一六国，百余年间，越人活动之迹犹史不绝书。越、楚战争亦时有发生。越且常与齐、楚诸国平列并举。至楚顷襄王时，越犹北有琅邪，西有吴地。至始皇之时，犹能与楚、燕诸国合而谋秦。”陈桥驿在《於越历史概论》中也认为：“越王句践死后，於越在中原仍是一个强大的国家”，“其势力之盛，与句践时代‘横行于江淮之上’一样”，但楚越之战改变了于越的格局、客观上促进了越人与北方民族的融合却是事实。

越王无彊被杀以后，于越分裂成为若干支族，由各支族领袖统率。为了管制蛮勇好斗的于越部族，扫除动荡，稳固政权，秦始皇采取了一系列措施。《史记·秦始皇本纪》载，秦王政二十五年（前222）“王翦遂定荆江南地，降越君，置会稽郡”。除了武力镇压、强迫移民等严峻办法外，又采取“上会稽，祭大禹，望于南海，而立石刻颂秦德”的怀柔措施，以调和民族矛盾。秦始皇还采取大移民的办法，把绍兴地区于越部族的居民强迫迁移到浙西和皖南地区，然后把中原民族迁移到这里，以改变这个地区居民的民族结构。对那些反抗迁徙的于越居民，则采取镇压的手段，迫使他们向浙南和福建等地逃亡。《越绝书》载，秦始皇“徙大越民置余杭、伊攻、□故鄣。因徙天下有罪谪吏民，置海南故大越处，以备东海外越，乃更名大越曰山阴”。又云：“乌程、余杭、黟、歙、无湖、石城县以南，皆故大越徙民也。秦始皇帝刻石徙之。”如此一来，越族人民被迫迁徙，进一步与中原民族杂居，原越族地区也被纳入秦朝版图，有了和中原一样的郡县建制。汉武帝时，汉族大举南下，并效法秦始皇，将越人迁到中原地区以便管理，再次改变了越族地区的人口构成。至此，与原先相比，于越族人的分布状况发生了较大改变，大部分留在原住地区，部分北迁或南下，甚至有一部分经台湾迁到东南亚去。从此，于越便和各族居民尤其是正在形成中的汉族逐渐融合，于越文化也和中原文化趋于同一。自汉以后，于越的名称也就在历史记载中消失了。

由上可知，百越、于越、越国，各有不同的历史演变，那么，我们今天通常说的越地究竟如何理解呢？若从民族考虑，百越、于越的居住范围随族民的迁移而变动，且分布广泛，几乎遍布东南，要论“越地”则过于宽泛多变而毫无意义。并且，于越民族早已消失，要说“越地”也随之消失则似不太合理。若从政权考虑，于越自无余立国至允常拓土，当时越国的版图据《国语·越语》称：“南至于句吴，北至于御儿，东至于鄞，西至于姑蔑”，此时的“越地”应是以浙江绍兴为中心，以崇德、诸暨、宁波、龙游为四至的疆域。而随着越国的发展，越国领土也有扩张，如前所述，迁都琅邪后曾扩大到江苏、山东等地。这时的“越地”是否也该包括江苏、山东这些后来扩张的领土呢？可见，单一地从某个方面定义“越地”都会失之偏颇。实际上，当今学术界已基本形成对“越地”范围的共识，即，为了研究的方便，以浙江绍兴作为越地的中心，以宁绍平原、杭嘉湖平原、金衢丘陵地一带作为越地的范畴。不难发现，在许多文献中，言越地必称绍兴，盖以绍兴为古于越族的活动中心和越国的政权中心，往往在狭义的范围内将越地理解为绍兴。综合考虑民族、政权、文化等要素，特别是对于文化研究而言，这种对越地的理解应该算是恰如其分的。

## 二、越地的社会、经济、文化

春秋前后于越居住的浙江地区，位于长江下游，东海之滨。除部分山地丘陵外，这一地区地势低平，平原辽阔。于越的活动中心，古越大国的首府，如今的绍兴，地处长江三角洲南翼，浙江省中北部，西接杭州，东临宁波，北濒杭州湾。由长江及钱塘江等江河冲积或湖沼淤积而成的宁绍平原，土地肥沃，水网密布，水系发达。这一地区气候温和，雨量充足，四季分明，年平均温度15℃—18℃左右，最冷月平均温度3℃—7℃，最热月平均温度约28℃。冬季1—3个月，无霜期7—9个月，年均降水量约12 001 800毫米，并以春雨、梅雨、台风雨为主。按现代标准，该地应属凉亚热带或中亚热带湿润季风气候。

“民以食为天”，无论是社会、经济还是文化，都离不开农业基础，发达的农业生产是进行其他一切活动的根本保障。由于辽阔的平原、肥沃的土壤、充足的水源、适宜的气候，自新石器时代以来，越地就是农作物的优良种植区。在当地原始先民发达的水稻种植基础上，越人充分利用优越的自然地理条件，水稻种植业有了更大的发展。《吴越春秋·句践阴谋外传》说

于越“春种八谷，夏长而养，秋成而聚，冬熟而藏”。从越地出土的器物可看到古代越人农具运用的基本轮廓，也可窥见越地农业发展和文明进步的轨迹。因为生产工具的发明和使用，乃是人类文明进步的重要标志，也是衡量生产力发展水平的重要尺度。史前及商代，越地农具大致上是以石质为主，兼有骨、木、蚌器等；商末及周代，以铜农具为主，石、骨、木、蚌器等也仍然存在。春秋晚期至汉代，以铁农具为主，铜、石等较原始的农具与之并存。虽然有原始农具与先进农具并存的现象，但从整体来看，越人农具的质地自石而铜再铁，与整个中国文明史乃至人类文明史的发展步伐一致，遵循了农业文明的发展规律。

由于商周时期历代统治阶级大多采取重农抑商的国策，商品经济得不到应有的发展。商代至西周前期，越地除了农业生产外，渔猎采集业在社会生产中仍然占有较重比例。由于社会生产力水平比较低下，当时的越地没有多少剩余产品可供交易，产品输出的形式只是对商周王朝的土特产品的朝贡。春秋时期，在农业生产取得较大发展的同时，统治阶层大力采纳一些谋士“农末俱利”的正确意见，越地商品经济初步发展，出现了海内外贸易活动，越人的商业经营思想及形式亦有较大的发展和进步。越国谋士计然、范蠡等人提出的一系列商业经营理论，对当时越人的商业贸易活动具有重大的影响并产生了良好的效果。这套比较进步的商业经营理论，具体包括：通过国家价格杠杆实行平粜政策，保证粮价稳定，其他商品亦采取类似措施；掌握季节变化，预测年成好坏，防范于未然；注意商品积蓄，加速财物周转，注意市场资金流通，以利商业贸易发展，等等。对于这一套商业经营理论，句践采取了积极的采纳态度，对促进越国的国力昌盛乃至最后灭吴，起到至关重要的作用。“从今以来，传之后世，以为教，乃著其法，治牧江南，七年而擒吴也。”①至秦汉时期，随着生产力的发展，商品的增多，海内外市场的开拓和商业都市的兴起，在经历了一个漫长的发展阶段之后，越地商品经济渐趋成熟。

伴随着生产活动和经济活动的开展，越地居民创造了悠久的历史文化。从距今5万年的浙江原始人类“建德人”的被发现，到7000年前的河姆渡文化及稍后的马家浜文化、崧泽文化、良渚文化等遗址的发现，形成了

① 《越绝书·计倪内经》。

越地史前文化的完整序列。越族先民所创造的古越文化构成了中国文化的三大主要来源之一，与黄河中游的汉文化、长江中游的楚文化鼎足而立。在古越文化之后，由于政权更替和地域建制改革，以及人口迁移与民族融合，越地先后经历了"越国文化"、"会稽文化"、"越州文化"、"绍兴文化"四个发展阶段。

古越民族发展到春秋战国时期，经过吴越争霸兴衰转换的历史演变，越国最终在秦国统一六国中灭亡。随之而来的是历时200年的越族大迁移，越地被中原汉族人所替代。自此之后，作为越族文化发祥地和中心区域的古越大地，其原有的文化特色在与中原汉文化的融合中逐渐淡出，或者说已经不成为区域文化的主流。中原文化在此地成为文化的主流后，在自然环境和社会环境的影响下以及原有的古越文化因子的渗透下，出现了前所未有的特点，形成了特殊的区域文化。虽然越族和越国未能在其发祥地得到延续，但越地文化却因顽强的适应力而生生不息，不但在秦汉之际借助外来力量完成了文化的转型，而且在以后获得了多次的发展机遇。封建社会的统治者逐鹿中原，汉文化的腹地经历了诸如永嘉之乱、安史之乱、靖康之变的大规模战争破坏。面临一次又一次劫难，中原文明选择了长江以南辽阔富庶的土地作为避难之所和安身之地，形成了几次大规模的移民潮，给古越大地带来了中原的先进文化，进一步形成了具有鲜明地域特色的区域文化，与邻近的吴文化交相辉映，共同组成了江南文化的华彩乐章。正如董楚平先生所说："从南宋开始以迄现今，吴越地区成为中国经济文化的重心所在地，吴越文化成为中国最发达的区域文化。"①

公元1130年，宋高宗赵构取"绍祚中兴"之意，升当时的越州为绍兴府，自此越地文化进入"绍兴文化"阶段。秉承越地文化一贯的特质，至今已有2500多年的建城历史的绍兴在不同的历史发展时期涌现出众多的思想家、政治家、科学家、文学家和艺术家，创造了辉煌的绍兴地域文化。

如今的绍兴，享有"山青水秀之乡、历史文物之邦、名人荟萃之地"的盛誉，又有水乡、桥乡、酒乡和书法之乡、戏曲之乡、名士之乡的美称，荣列首批中国历史文化名城，也属首批中国优秀旅游城市。

作为长三角南翼先行规划、先行开发的重点城市和沿海经济开放区，





---

① 董楚平：《吴越文化新探》，浙江人民出版社1988年版，第18页。

绍兴这片古越大地洋溢着生机与活力，具有广阔的发展前景。在科学发展观和富民强市的战略部署的指引下，绍兴正在朝着经济强市、文化强市、生态绍兴、和谐绍兴的方向前进。

## 三、本书的研究范畴、方法和意义

越地非物质文化遗产指越地民风民俗及越地民众的精神与物质创造，是越文化中最富于区域文化特色的一个组成部分，其间存留着古老百越族习俗文化的传统基因。它不限于典籍上记载的古越人原始风情，也包括流传于后世的种种越地的民情、礼俗、衣食住行等生活方式及民间信仰，尤其是从这些习俗信仰中反映出来的越人的质朴、悍勇和开拓进取的心理特征和精神气质。正是这样的气质，使得越文化不仅与讲求礼乐文饰的中原华夏文明有显著差异，就是同邻近地区的吴文化相比，亦呈现出其自身的个性。

随着工业文明的主导地位的逐渐确立，作为生活方式和生产方式的越地非物质文化遗产在浩浩荡荡的全球化浪潮中却依然倔强峥嵘。其主要原因在于：在现代工业社会，政府、学术界、传承人（群体）、文化事业、文化产业等力量一方面合力实施保护，另一方面从内外因推动越地之非物质文化发生良性变异，使之在保持基因谱系的连续性和根脉的原真性的前提下，与工业文明相互对接、兼容、嫁接、吸收与熔铸，进而形成新的和谐与统一。越地非物质文化遗产是物质文化与非物质文化的统一体，前者是后者的物质表现形式或物质载体，后者是一种由相应的文化生态环境滋养的类生命体或“活态”存在，有着自己的基因、精神内核、结构、能量、生命链和新陈代谢，是越文化的核心与灵魂。随着文化生态环境的不断变迁，越文化之非物质文化形态必然要自觉或自发地随之发生非良性变异或良性变异。非良性变异主要表现为其基因谱系受损、畸形或断裂；而良性变异则表现为生命体在面对外来文化和新的生存环境时，兼收并蓄，推陈出新，自我调节，与时俱进，进行基于原质的创新。发生良性变异的越文化仍然是越地民众心理认同的纽带和文化身份的确证。而越文化处于附着性、渗透性元素或因子的状态。所以，越地非物质文化遗产是地域文化与民族文化、越地文化与多种文化、传统文化与现代文化的统一。

本课题研究的基本思路,作为越文化的区域性组成部分,越地非物质文化遗产是浙江省、绍兴市特色文化产业的源头活水。本课题重点对其核心与灵魂——"活态"的非物质文化作一概览。依据联合国教科文组织于2003年第32届大会上通过的《保护非物质文化遗产公约》对非物质文化遗产的分类,越地之非物质文化遗产资源有以下五个方面:

1. 口头传统和表述。越地民众口头传统主要包括浩如繁星的神话、传说、民间故事、民间叙事诗、歌词、祭词、祝词、赞词、箴言诗、歇后语、顺口溜、谜语、谚语、笑话、串话、格言,等等,有关"梁祝传说"、"西施传说",被誉为"中国民间四大传说",在中国人中间,具有广泛的影响力,极大地丰富了我国民间文学表现形式与内容,在我国民间文学发展史中占有重要地位。这些民间口头传统与表述对于越地人民精神的形成与发展、对于越地民众情感的表达和认同、对于民族历史记忆的保存都具有广泛、深远的影响。这些作品已经入选了我国第一批国家和省级非物质文化遗产保护名录,代表着古代越地民间口头传统的很高成就。无数游吟歌手以超常的记忆力和叙事创造力世代承袭、传唱着这些民间口头艺术作品。

2. 传统表演艺术。越地表演艺术民族风情浓郁、地域特色鲜明、文化积淀深厚、种类浩繁多样,越地形成的表演艺术"越剧",在2006年我国公布的第一批国家级非物质文化遗产保护名录中被列为重点项目。越剧是浙江地方戏曲剧种之一。曾称"小歌班"、"的笃板"、"绍兴文戏"。发源于绍兴地区嵊州、新昌一带,流传于浙江、上海、江苏等地为主的全国16个省、自治区、直辖市。20世纪30年代后期以绍兴为古越都城,因而1938年改名为"越剧"。越剧表演艺术与编、导、音、美糅合成完整的综合体,优美舒展、深沉柔韧、悠远苍凉,以浓郁的地方风情裹挟着本真的生命律动,可谓采掘不尽的文化"明珠"。

3. 社会风俗、礼仪、节庆。根据联合国教科文组织《保护非物质文化遗产公约》所指出的"在本公约中,只考虑符合现有的国际人权文件,各群体、团体和个人之间相互尊重的需要和可持续发展的非物质文化遗产",这样,非物质文化遗产就被限定在一个正面的健康的剔除了糟粕的框架之中。越地风俗、礼仪、节庆是体现越地民众在特定自然和社会条件下产生并沿袭下来的行为模式和社会规范。这些行为模式和社会规范在演化过程中

良莠互存,发展演化到今天,一些行为模式和社会规范的陋俗的一面不断减弱,而艺术、娱乐、审美、休闲、体验、寄情的功能凸显,文化、历史、科研价值增强。因此,应该以发展的眼光、科学审慎的态度、具体的分析和合理的利用来对待社会风俗、礼仪、节庆。

4. 有关自然界和宇宙的传统知识与实践。越地民众有关自然界和宇宙的传统知识与实践,有关生态环境保护观念和实践,时间与空间观念,药典与治疗方法,天文与气象知识和实践,计数与计算方法,食物的保存与制作、加工和酿制、发酵知识等,从知识产权保护的角度看,这类非物质文化的情形较为复杂。一些神秘色彩的、预言式的、宏观的宗教方面的知识都与知识产权法的调整领域无关,而一些生产、生活的具体知识则有可能成为专利法中的发明和实用新型。尤为突出的是一些有利于植被保护、水源洁净、生态环境的生产生活知识和具有独特运思模式的可持续发展观,在倡导绿色生活方式、发展资源节约型经济、构建环境友好型和谐社会的今天,是我们可以深入挖掘、广泛利用的一笔精神财富,有着较大的意义和实践指导价值。例如绍兴黄酒,它是中华民族宝贵的历史文化遗产,具有较高的学术价值、历史价值、艺术价值和良好的经济价值。

5. 传统的手工艺技能。按用途分,越地民众传统手工艺技能包括生产与生活两大类;按物化所需材质分,则包括皮革、金属、编织、草木、骨角、石料、纸料和混合材质等类型。其中绍兴"三乌"——乌干菜、乌毡帽以及乌篷船,都凝聚着手工艺技能的智慧与血汗,绍兴的金银首饰品打造,也在国内令人叫绝。"嵊县竹编"历史悠久,早在魏晋时期,在日用竹编竹箩、竹篮的基础上,就能编织出精工细致的竹篾团扇,后一直朝着日用兼欣赏的方向发展。北京故宫博物馆藏有清代嵊县竹编。1954 年曹水根编制的《六角花篮》,在法国巴黎世界博览会获奖。动物题材的竹编工艺品,是嵊州竹编的一大特色,形象生动,并与盒、罐等实用性巧妙地结合,提高了实用品的艺术欣赏价值。编织手法多样,有龟背、传丝、打束、缠股盒结边等二百余种。绍兴民间手工艺技能在新的历史条件下保护和发展了自己的特色。

本书的研究方法主要采取:(1)行动研究法,通过与绍兴文化管理部门的联动,通过普遍查考和个案了解的结合,检测就本课题研究所运用的对策与措施的效果,进一步加强或及时调整研究的方式、内容。(2)研究调查法,通过实地调查研究和走访当地的实地调查,通过访谈、实录、录音、录像等调查形式，了解绍兴非物质文化遗产的现状和源流考辨。(3)文献研究法，通过对建构主义理论、现代信息传播理论和民俗文化学的基本理论观点的具体运用，为本书的研究打下扎实的理论基础。通过档案、文献、报刊、杂志和网络等媒体，了解掌握国内外非物质文化遗产的研究现状和趋势，进一步明确研究方向。

在研究过程中，尽量吸取国内外的研究成果，力求站在高起点，采用先进的、跨学科探索的研究方法，站在时代学术潮流的前沿；在研究范围上，不仅研究单纯的非物质文化遗产，而且要研究与非物质文化遗产密切相关的一切文化现象、社会生活、行为观念，将越地非物质文化遗产的研究向更广、更高、更深的层次推进，这对于浙江省和绍兴市的物质文明和精神文明建设将具有深远而现实的意义。

# 第一篇

# 越地非物质文化遗产形态分析（上）

# 第一章　口头传统和表述

## 一、概　况

越地历史源远流长，具有深厚的文化积淀，在此基础上也形成了丰富的民间口头传统和表述，主要表现为绍兴地区的方言和民间文学。

语言是文化和思想的载体，具有特色的方言本身亦可是非物质文化遗产。“方言”一词，在语源上由希腊文 dia（联系）和 legein（语言）二词构成。英语作 dialect。《韦氏大字典》释 dialect 作：“为一群人所使用的一种语言，它和另一群人所使用的语言，在词汇、语法或语音特点上具有区别。”《韦氏美国语新世界字典》释作：“语言的地方特点的总和。”这两种解释合在一起，阐明了“方言”一词的科学含义。方言是语言的变体，根据性质，方言可分地域方言和社会方言，地域方言是语言因地域方面的差别而形成的变体，是全民语言的不同地域上的分支，是语言发展不平衡性而在地域上的反映。社会方言是同一地域的社会成员因为在职业、阶层、年龄、性别、文化教养等方面的社会差异而形成不同的社会变体。绍兴境内南山北海,俗谓"十里不同音",各地之间尤其是城乡之间语音差别很大,即使是城里口音,也因年龄、文化、经历以及受普通话影响的程度存在个体发音差异。目前,绍兴地区被称做非物质文化遗产的方言有越谚和绍兴方言两种。

越谚,或者说越地谣谚,是绍兴方言的前生,它渊源古老,历史悠久,具有丰富的文化内涵,发展过程也相当复杂。绍兴地区最早流行的方言是古越语,早在史前,随着越人的迁徙流播,这种方言就传播到国内不少地区以及海外,包括日本等地。在现在的绍兴方言构成中,可发现古越语的遗留。春秋时代吴越争霸以后,经过历代的数次移民,越地的人口构成发生巨变,北人南下,北方语音不断融化着越音,越族的语言以及文化传承渐渐与汉族融合,直至被汉族彻底地同化。因此,绍兴方言的另一个源头是古代汉语,而且实际上古代汉语成为绍兴方言的主要源头。

现在所说的绍兴方言又有广义和狭义之分。广义的绍兴方言包括绍兴市所辖五县一区及其临近地区的方言;狭义的绍兴方言则仅指绍兴县"东头埭"土语。东头埭与西头埭相对,前者为旧会稽县属地,后者为旧山阴县属地。绍兴城区所使用方言以东头埭土语为主,杂以西头埭土语,其语音在个别字上至今仍存差异。对于现在的绍兴方言来说,绍兴方言属吴语系太湖片临绍小片,在吴语系中是有一定代表性的。绍兴方言通过越剧、绍剧、莲花落等戏曲形式和鲁迅、周作人等名家作品以及客居外地的绍籍乡人,传播于国内外。20 世纪 50、60 年代,嵊县话还曾经被浙江人民广播电台用做对农村广播用语。

绍兴民间文学是越地民众千百年来智慧的沉淀,其常见式样有:神话、传说故事、谚语、歌谣、谜语、对联、顺口溜、笑话、对课、歇后语、绕口令等等。在绍兴民间文学作品中,最有影响的要数传说故事。其中著名的西施传说、梁祝传说,以及徐文长故事先后被列入第一批和第二批国家级非物质文化遗产名录。除了众多脍炙人口的传说故事,越歌也是颇富地方特色的文化遗产,与绍兴师爷故事一同被列入浙江省第二批非物质文化遗产名录。

绍兴民间文学的起源,可上溯到尧舜和大禹时代。《水经注》卷四十引《晋太康地记》:"舜避朱丹于此,故以名县。百官从之,故县北有百官桥。"说的是舜为了避让尧的儿子,来到江南(今绍兴和上虞)并造福一方,深受

百姓拥戴。因此，在舜去世后，百姓将上虞一条由南向北流入杭州湾的大江命名为“舜江”，即现在的曹娥江；将当地称为“百官”，还在绍兴南面山区的双江溪建了一座舜王庙，塑了舜王像，从此就有了关于舜江、百官和舜王庙的种种传说。有关会稽山的传说以及大禹治水中的“夏履桥”、“型塘”等传说故事也有可稽考。据《史记·夏本记》载：“或言禹会诸侯江南，计功而崩，因葬焉，命曰‘会稽’。”又，《吕氏春秋·音初》记载道：“禹行功，见涂山之女。禹未之遇，而巡省南土。涂山氏之女乃令其妾候禹于涂山之阳。女乃作歌，歌曰：‘候人兮猗！’实始作为南音。”这可谓是绍兴最早的民歌。及至春秋战国时期，越地民间文学愈发繁荣，达到鼎盛。与越王句践有关的传说数不胜数，其中解释了许多地名的由来，如投醪河、前观巷、后观巷、作揖坊、宣化坊、凰仪桥、仪巷弄、西咸欢、东咸欢等；此外还有越王连带的关于范蠡、文种、西施、东施、郑旦等众多名人的传说故事。

绍兴是一个梦幻和现实并存的地方，两千多年来，传说的浪漫与历史的庄严时时交织在一起，绘出了有声有色、有情有义的民间文学长卷。我国古代著名的四大传说，就有两个落户绍兴。《天仙配》中的牛郎董永的家就在越城区东湖镇，今日的董家堰。《康熙会稽县志》云：“凡堰之董姓者，均云为董永之后。”《梁山伯与祝英台》的女主人公祝英台的老家就在上虞的祝家庄，梁山伯之墓则在绍兴县（原会稽县）的平水镇（现为自来水厂）。① 另外，中国古代四大美女之首的西施，其家乡就在诸暨市，与之相关的西施殿、苎萝山、白鱼潭、浣纱石等名胜古迹至今尚存；陆游与唐琬的爱情故事至今仍吸引着无数中外游客到其故迹沈园凭吊追忆；明代徐文长的机智、幽默一直在民众间口耳相传，其爱国爱乡爱民和惩罚贪恶的故事尤为贫苦老百姓喜闻乐道；绍兴师爷故事也以其独特的传奇色彩和智慧形象广泛流传，著称于世。

从以上列举的作品看来，绍兴民间文学体现出三大特点：一是起源早，二是多与历史人物有关，三是都与美有关，体现了一定的审美倾向。由此也决定了绍兴民间文学具有多方面的价值，对于研究越地的社会学、历史学、民俗学、美学等等都有极其重要的作用。其口头性、可读性有利于在广

---

① 参见李永鑫主编：《绍兴市非物质文化遗产读本》，西泠印社出版社 2007 年版，第 2—3 页。

大民众间生生不息并流传至今，而其内在的文学性和思想性使之即使在今天仍然富有经久不衰的魅力，并被转化成其他的文艺形式，如电影、电视、小说、通俗文学、曲艺、戏剧等等。实际上，许多备受欢迎的文艺作品的底本或题材都来自于乡野口头文学。例如梁祝传说故事，无论是关于梁祝的电影、电视，还是小说、戏曲，甚至音乐，都脱离不了民间梁祝传说的底色。从文化发生的规律来看，也是先有口头传统和表述，然后才发展出更丰富的表演艺术，然而随着传播技术的进步，口头传播逐渐式微，口头文学也濒临被日益丰富多彩的表演艺术湮没的危险，对属于文化遗产的口头传统和表述进行抢救与保护刻不容缓。这也是为什么在国际公约定义的五类非物质文化遗产表现形式中口头传统和表述位列第一的原因。

## 二、民族语言

### （一）越谚

《越谚》是中国清代越地方言、谣谚集。它是清光绪四年（1878）会稽人范寅撰，为绍兴方言集大成之作。

范寅（1827—1897），名广济，字仰川。又字虎臣，号啸风，别署扁舟子。浙江会稽（今绍兴）皇甫庄人。其始祖是北宋名宦贤臣范仲淹。范寅是他的28世裔子孙。范寅少年孤贫，但好学，且兴趣广泛，每有领悟，便欣然忘食。范寅虽然科举坎坷，但实属博学多才。由于生在越地，对当时越地方言之生动古朴颇有感触，遂花数年时间，“爰据句践旧都之区”，潜心搜集越地乡言俚语，民歌童谣，终于光绪四年（1878）著成《越谚》，结集成书。

范寅所著《越谚》全书分为上、中、下三卷，卷上著录“语言”，卷中著录“名物”，卷下著录“音义”，每类开头有小序。下卷附论收编者所写《论雅俗字》、《论堕贫》等关于文字学及越地民情、自然变易等的短论5篇。书后又附有《越谚剩语》两卷，作为正编未刊资料的补充。《越谚》记录的是当时的绍兴方言，记录了不少当时口头流传的民俗语言，对研究越语音、词汇、语法、文化很有价值，可以说是一本绍兴方言的“辞海”。

绍兴是文化深厚之乡，语言发达之地，于越民族形成之日，即越地语言诞生之时。越语源远流长，融于汉语，难以泯灭，兼容并包，生生不息。研

究越方言的人和成果历来不少，汉扬雄的《方言》里有关越地词语有 11 条。明祁彪佳撰有《里居越言》12 册，可惜早已荡为灰尘；清初毛奇龄也曾研究越语，撰有《越语肯綮录》1 卷，收入萧山陆氏补刊《西河合集》之中，共 24 条；康熙时，会稽人周徐采撰有《越谚》2 卷，可惜已经亡佚；乾隆间茹敦和撰有《越谚释》2 卷，曾于道光二十九年刊行，今有道光本和茹氏家刊本流传；嘉庆、道光间，沈复粲撰有《方言注》一种，可惜也已不传。此外，在晚清越人之中，还有两位著名学者也有越语研究的成果。一位是平步青，他撰有《玉雨淙释谚》一篇，收入平氏《霞外攟屑》卷十，他以为方言俚语皆有自来，故有此作，其所释方言俚语多与越谚类比，所以此篇实为研究越谚之作。另一位是李慈铭，他研究越谚及古代越语。与上述诸位研究先贤相比，真正对越方言的研究影响较大的是范寅，他在光绪年间撰作《越谚》3 卷，此书有光绪刊本及石印本等几种版本，流传较广。①

《越谚》上卷语言类，辑录谚语、俗语和民谣。分为述古之谚、警世之谚、借喻之谚等 18 组。中卷名物类，辑录上天下地、鬼神人物、草木果蔬等的异名，以及关于技术、风俗的词汇，分为天部、地部、神祇等 24 组。下卷音义类，辑录方言词语，分为一字六音、两字并音、单辞只义等 10 组。就是说《越谚》所辑录的不仅仅是谚语，其中有语词（主要是名词、动词和形容词，此外也涉及一些拟声词、语助词），还有成语、惯用语、歇后语和谚语。如此看来，范寅的《越谚》实际上是一部记录越地熟语的语言学方面的著作。

《越谚》的中卷全部辑录的是词。其主要是表示各种事物名称的名词，如：有关于天、地、时间的名词，有关于各种人的称谓的词；有神祇、鬼怪；有各种疾病的名称；有人的身体各部位器官的名称；还有器用、货物、饮食、服饰、花草、树木、虫豸、禽兽、水族、气味、技术技巧以及风俗等的称谓名词；后面的“形色”部分则多为表示人或物的状态词和颜色词。

但是中卷里也有一小部分谚语、俗语或歌谣。主要在最后“风俗”部分里。

《越谚》下卷范寅称之为“音义”。这一卷有三部分：前面部分谈语词，

---

① 参见陈桥驿：《绍兴方言·序》，杨葳、杨乃浚编著《绍兴方言》，国际文化出版公司 2000 年版，第 3—4 页。

中间有六篇附论，后面又有《越谚剩语》两卷。除去六篇附论，应该说都是从语言学的角度来解释词语的音和义的。

六篇附论的前面，范寅从十个方面分析、说明字的读音和意义：一字六音、四同一异、两字并音、叠文成义、字音各别、北方口音、重文叠韵、单辞只义、声音音乐、发语语助。

下卷的后面又有《越谚剩语》，卷上双音节词，也有三音节惯用语和四音节成语。卷下多为四音节成语，也有少数双音节词。《越谚剩语》的上、下卷，区别在于卷上为妇孺口头长谈者，口语性较强，卷下则为学士雅言，它们有的近于或同于通语。卷下更接近通语，而卷上仍有许多有越地特色的语词。①

《越谚》曾经有过很多版本，但都不尽如人意。在保护非物质文化遗产的行动中，上海古籍出版社于 2006 年出版了手抄版《越谚》。此次刊印的《越谚》为范寅裔孙范瑶书先生提供的谷应山房藏版、光绪壬午仲夏刊本，由绍兴市档案馆和绍兴越文化研究会联合编撰，经绍兴文理学院教授、著名越文化研究专家邹志方先生点校核对，金鸿先生用小楷书法写就。

《越谚》对所收谚语、民谣、方言词语、事物名称等，大都加有小注，分别标明词语的出典、含义、读音、用法以及有关资料。该书以记录口头俗语为目的，对于方言、谚语，有一语即记一语，对于歌谣，也完全照口头传唱著录，不避土音俗字。因此，保存了越中方言、谣谚的第一手资料。《越谚》的古怪字较多，大部分已由原作者范寅注上音，但有相当一部分未注音，此次刊印的手抄版《越谚》，采用跟原作者一样的注解方法，即用音同字不同的同音字注音，以纯粹的绍兴音来弥补那些未注音的古怪字。所不同的是，凡是此次校注者加注之音和某些释义，都用上括号，以与原文区别。如今越地经济社会发展日新月异，志士仁人在承传文明之时，颇重地方文献。该手抄版的刊印对扩大阅读、研究《越谚》的群体及保存地方文献都有重要的意义。

### （二）绍兴方言

绍兴方言属吴语系太湖片临绍小片，其方言语音有一整套全浊声母，

① 参见侯友兰：《〈越谚〉的构成》，《湖州师范学院学报》2006 年第 6 期。

无舌尖后音；不分尖团，也不儿化；韵尾有 n、但无辨字作用；声调保留古四声，各分阴阳。由此形成绍兴话的诸多特色，比如发音响亮、吐字沉实、韵调排列严整，等等。绍兴方言语音，读书音和白话音差别大，而白话音中保留着不少中原古音。

对绍兴方言的研究由来已久。以现代语言学方法表述绍兴方言，始于20年代末赵元任编撰的《现代吴语研究》。这也是中国第一部用现代语言学的方法调查汉语方言的研究报告，书中记录了绍兴县、诸暨县王家井、嵊县太平、崇仁四个点的语音材料、少量词语和语法例句。1959年，王福堂发表《绍兴话记音》，比较系统地介绍了绍兴县东头埭土语的语音和一些特殊的语法现象。浙江省部分高等院校对绍兴地区方言作过几次普查，成果汇于《浙江方言分区》、《浙江方言词》以及绍兴市民间文学集成办公室编的《绍兴市谚语卷》。其后，钱乃荣对《现代吴语研究》中几个点进行跟踪调查，并补充嵊县城关镇、诸暨城关镇的方言材料，汇集吴语各地的音系、连续调、二千多个字音、近千条词语以及语法例句和标音举例等，著成《当代吴语研究》，与赵元任的《现代吴语研究》前呼后应，成为一个连续的有机体。此外，尚有若干研究论文，如钱曾怡的《嵊县长乐话语法三则》等。

绍兴方言渊源古老，历史悠久，其发展和传播过程也相当复杂。越地最早流行的方言是古代越语。早在距今约七八千年到一万年的新石器时代，在绍兴及周边土地上，就有了祖先们生活、劳动的足迹，而且已达到相当的文明。在这片土地上繁衍生息的是于越族人。于越族是个古老的民族，究竟起于何时，难有文献考证。对于于越这个部落，传说很多，最有名的要数大禹治水的神话，传说大禹治水经过绍兴，用疏导的方法驱走滔滔洪水，让越人回到了祖辈的故土。绍兴至今有纪念大禹的禹庙和禹陵，祭禹被列为非物质文化遗产。到了公元前490年，越王句践在被吴国释放后，卧薪尝胆，建都绍兴，号称"大越"，绍兴成为越族的经济中心和部落中心。而这时祖先们使用的语言，我们称为"古越语"。绍兴地处越中，又是越国故都，其方言的源头当是越语无疑。在现在的方言构成中，就有古越语的遗留，如陈桥驿先生指出绍兴话中表示"非常"的副词"奈格奈格"就是；"二"读"ni"，也是越语。还有"句践"是越语，"会稽山"（即茅山）是越语，"干将"、"莫邪"越语语义分别为"铁匠"、"妻子"，这也是越语。但由于可稽考的资料比较少，如今在越语的认定上有相当的困难。

句践后来打败吴王，越国大盛，迁都琅琊，一度称霸中原，越人开始第一次移民，越族部落本身与周边部落，特别是中原汉族相融合。由于汉族的强大，越语受到汉语的冲击，被汉语所逐渐同化。此后，秦始皇强迫越人迁徙，又驱赶某些北方汉人到越地，这是越人的第二次移民。到了南北朝时期，特别是永嘉之乱后，晋朝政权东迁，中原士民大量南迁，会稽成为南方重邑，一时成为权贵云集之地。南北朝之初，山阴县已经号称“海内剧邑”，非常繁荣。这是绍兴历史上的第三次大移民，是越族与中原汉族的又一次大融合。至南宋时，赵构偏安江南，绍兴一度成为临时首都，北人也大量进入绍兴。这样经过历代的数次移民，越地的人口发生了很大的变化，北方语音不断融化着越音，越族的语言以及文化传承渐渐与汉族融合，直至被汉族彻底地同化。因此，古代汉语成为绍兴方言的另一个主要源头。

在现在的绍兴方言中，从发音、文字和词汇来看，仍然有大量古汉语的留存。

首先是发音古。古汉语有平、上、去、入四声，在普通话中已消失的入声字，在绍兴方言中仍完好地保存下来。如“一”、“十”、“国”、“合”、“不”、“获”、“屋北鹿独宿”。发音短促、下沉。

其次是文字古。绍兴方言很难记录，为什么？其中一个原因是有许多古字，这些古字在古代也可能是僻字。如：如“䵩䵳”，表示味道涩舌，一般人很难会写；又如绍兴话把“闪电”称为“矆睒”，但这两个字也不容易写出，通常据音而写成“霍闪”；又如“汏”（义“洗”）、“遾”（义“跑”）、“囥”（义“藏”）。有些字甚至在古代汉语中也不常用，属于古僻字，如“颙”指强把头或物没入水中，绍兴话中常说“颙杀”，这在古代汉语中也是僻字。

还有词汇古。如：(1)数：背后责人。《汉书 · 项籍传》：“汉王数羽十罪。”颜师古注：“数，责也。”如：“葛个〔这个〕阿婆专门〔老是〕数新妇〔媳妇〕。”(2)镬，今称“锅”。(3)痠：差。《广韵》：“痠，病劣貌。”如：“葛个人〔痠〕咯。”(4)疴：糟糕，不好。《说文》：“病也。”如：“事体〔疴〕患哉！”(5)解溲：解小便。《国语 · 晋语四》：“少溲于豕牢。”韦昭注：“溲，便也。”如：“伊去解溲去哉。”这些古词语，有的作为语素而存在，如古代称筷子为“箸”，现在的绍兴方言已称筷子为“筷子”，却把插筷子的器具称为“箸笼”，把用筷子将麦糊一点一点刮到沸水锅里烧的面食叫做“箸扴头”，“箸”成了一个语素。又如绍兴有句谚语“吃过爨筒热老酒，跑过三山六码

头”,喻见多识广,其中的“爨筒”,是越地的一种烫酒专器,而“爨”是个古词语,义为烧火做饭;绍兴人把眼屎叫做“眼眵污”,“眵”是个古词语,义为眼睛;把饭煮沸以后的汤水叫做“窨汤”,“窨”是个古词语,《说文》:“窨,地室也。”喻为此汤如地室之水渐汇而成,是整锅饭的精华。也有的古词语以俗语的形式存在,如绍兴话中有“赤脚徒跣”,指不穿鞋袜跑来跑去,其中“徒跣”非常古雅,《战国策·齐策》:“田单免冠、徒跣、肉袒而进,退而请死罪。”“徒跣”是赤脚的意思。

绍兴方言虽然古,但很生动直观,如“羡慕”叫“眼热”,“舍不得”叫“肉痛”、“勿割舍”,“轻浮”叫“轻骨头”,“针”叫“引线”,“橡皮筋”叫“宽紧带”,“一种颜色”叫“一抹光”,“无论好坏一块儿算”叫“一脚踢”,“揭人老底”叫“挖脚底板”。有些话表示的情状,普通话可能达不到这种效果。如“咪”,绍兴人常把饮酒的过程描述为“老酒咪咪”,“咪”字除了表示饮酌外,有品尝之意,有陶醉之情,普通话似乎没有相应的词可以表现。绍兴人喜欢在动作描述时用一些摹声词,如“水答答滴”、“汗嗒嗒流”、“嘣嘣敲门”、“哈哈哈笑”等,使动作的描述更具体直观。这种表述方式,给人如见其物、如闻其声的艺术感受,说明绍兴人善于利用形象来反映客观世界。

除了生动,绍兴话还颇富特色。绍兴有不少属吴方言区特有的字,如:“佡”谓人之自负而轻狂者;“奣”谓天明貌;“閄”谓隐身忽出惊人之声。又如“覅”、“嫑”,等等。这些字合形合义又合音,越地人往往一见即知。

绍兴有三个语气词,别的方言区没有。它们是“带”、“咚”、“夯”,“带”表示近指,“咚”表示中指,“夯”表示远指。如“来带”意为“在这里的”(这里的“来”相当于“在”);“来咚”意为“在近处”,“来夯”意为“在那里”。在它们后面加上语气词“哉”,则表示已然状态,如“来带哉”意为“已在这里”,“来咚哉”意为“已在近处”,“来夯哉”意为“已在那里”。由此可见,语气词“带”、“咚”、“夯”具有指示代词的意义。有一则笑话:开会时,主持人问:“老李在不在?”老李是个外地人,回答:“来咚哉。”结果大家轰堂大笑。他觉得说错了,马上说:“来夯哉。”结果大家笑得更厉害了。其实他应该回答“来带哉”。外地人往往分不清。

绍兴话的语序也独具特色,往往把要强调的意思放在前面说,凸显出一种干练务实的风格。如:

“我吃完了饭。”(普通话)

绍兴话则经常说成：

“饭我吃过哉。”或者“我饭吃过哉。”

“天快亮了。”说成“天亮快哉。”

“上海快到了。”说成“上海到快哉。”

“我打不过他。”说成“我打伊不过。”

“把它扔下去。”说成“扔伊落去。”

绍兴方言不但是有悠久历史的生动而富有特色的方言，而且在方言中蕴涵着丰富的地域文化色彩。除了具有方言的一般价值外，还具有丰富的文化内涵。绍兴地处越中，越文化在方言中有丰厚的积淀；绍兴又是历史文化名城，是著名的水乡、酒乡、名士之乡，深厚的人文底蕴必然体现在方言中。

第一，绍兴方言体现绍兴人干练务实的优秀品质和节俭的价值取向。

绍兴境内地势南高北低，几千年前，南有山洪之患，北有潮汐之害，人们为了生存，进行了数千年连续不断的治水斗争。大禹治水 13 个春秋，披星戴月，“三过家门而不入”。东汉永和五年会稽太守马臻领导民众围堤修筑鉴湖，鉴湖水利工程成为我国江南一带最古老的灌溉工程。后来历代都有一些治水的事迹。绍兴人民在改造自然的斗争中，绍兴人形成了干练务实、勤俭创新的优秀品质。方言中有大量的俗语体现了这种精神，具体的如：绍兴人求“实”忌“空”，绍兴话中有“实打实”、“硬派硬”、“丁是丁，卯是卯”，而“吃得空”、“空手党”、“空口说白话”、“空口许愿心”、“空思想拜堂”、“空手打白拳”、“吃空心汤团”、“无本钱生意”、“上坟船里造祠堂”、“悬空八只脚”则是对“空”的贬斥；绍兴人尚“勤”，绍兴话中有“懒惰无收割”，“一懒百病生”；绍兴人坚韧，绍兴话中有“硬骨头”、“硬气筋”、“经熬炼”、“硬嚼螺蛳壳”、“盯牢黄包车”；绍兴人活络，绍兴话中有“兜得转”、“船通水活”，讥讽“坐煞水”（无源之水，引申为无源之财）、“吃死饭”、“版版六十四”。绍兴人乐观，绍兴话中有“大不了”、“怕伊啥”、“跌交坐坐”。这些俗语丰富生动，个性鲜明，可以说绍兴人传统的优秀品质无不体现在其中。同时绍兴民间节俭成俗，讲究藏富低调，“闷声发大财”，绍兴人尚“俭”，绍兴话中有“做人家”、“肉痛”、“勿割舍”，而“吃白饭”、“吃倒算”、“无结煞”（不节约，不检点）、“烂料”、“出屁股”、“欠债满大路”是对“懒惰”和“浪费”的贬斥。谚语中有“省吃餐餐有，省穿件件新”、“有了一千一

万,也要薄粥搭餐"等语,反映绍兴人们节俭的价值取向。

第二,绍兴方言体现绍兴人尚古雅尚知识的名士文化。

毛泽东诗句中的"鉴湖越台名士乡"点出了绍兴地域特色文化中最重要的标志,那就是名士文化。不光是大禹、句践、范蠡、马臻、王羲之、陆游、王阳明、徐文长、蔡元培、鲁迅、秋瑾等大名鼎鼎的人物,在历史文献中有记载的历代各个领域的代表人物更是数不胜数,他们留下的思想、文化遗产,熏陶着绍兴的民众,使绍兴形成了尚古雅尚知识的名士文化。绍兴人尚古,爱说"自古道",在日常用语中更有许多古语词。绍兴人崇尚知识,在民间教育上一贯有重教重文、耕读传家的传统,家境再穷,不到万不得已、山穷水尽的地步,绍兴人总是要把自己的小孩送到私塾或学校读书,"走路眼"是最基本的要求,最上者当然是去博取功名。在绍兴,历朝出的举人、进士不计其数,有名有姓的进士有2238名,其中文武状元28名,至今留有"状元弄"、"探花桥"、"探花台门"等地名。现当代,出了鲁迅、蔡元培、马寅初、许寿棠、周作人、刘大白、柯灵等现代名家。因此,绍兴人把男孩称为"小官人",即未来的"官人",因为封建社会读书做官是男孩的最好出路,这个传统观念根深蒂固,"小官人"既是尊称,也是爱称。另外,绍兴人非常求"雅",连骂人都求委婉,"食祭"(吃的詈词)比人为鬼;"食槽"比人为畜;骂人未成年而夭折,则谓"拗青花"、"十九公公"、"化坛鬼";骂人"傻"说"十三点"、"钟头敲出"。

第三,绍兴方言反映了绍兴特有的水文化和酒文化。

绍兴是著名的水乡,人称"东方威尼斯",水文化无处不在。在方言中,与水有关的话非常多,如普通话中骂人狡猾为"老狐狸",绍兴人则为"踏道泥鳅",用泥鳅的"滑"比喻人的"滑"。普通话说人倔为"牛脾气",绍兴话说"撑硬头船"。普通话说人做事不踏实为"马虎",绍兴人称为"浮尸",用浮在水面的尸体随波逐流喻之。普通话骂胖子为"猪",绍兴话骂为"后海死尸"。普通话说"跑单帮",绍兴人说"放单钓"。普通话说"活络",绍兴话说"船通水活"。普通话说"一去不回",绍兴话说"放湖灯灯"。普通话说"知其不可为而为之",绍兴人说"打清水网"。普通话说"蛮横",绍兴话说"鲀鲦",此鱼背有刺,喻人有刺。这类比喻贴近生活,生动形象,富有表现力和感染力,体现了浓郁的水乡文化特色。再如螺蛳是水乡常见的水产,绍兴话中有不少关于螺蛳的谚语,"剁螺蛳过酒,强盗来了勿肯走"、"螺蛳壳里做道场”、“硬嚼螺蛳壳”、“清明螺，抵只鹅”、“海马屁打仗，螺蛳肉搅酱”、“嗍臭螺蛳——呸”、“吃隔夜螺蛳”（过时）、“腌菜缸里养螺蛳”。

与水相伴而生的是酒，绍兴酿酒历史极为悠久，相传春秋战国时期会稽即以“酒”闻名，《吕氏春秋·顺民》：“越王苦会稽之耻，欲深得民心，以致必死于吴。……有酒流之江，与民同之。”越王投酒之江今传为“投醪河”，位于绍兴城南。唐宋时谓“城中酒垆千百所”，且为皇家贡品。绍兴自古以来无处不酿酒，无处没酒家，酒成了绍兴人生产活动的重要内容，生活的必需之物，于是就形成了各种各样的酒俗与酒习。反映在谚语中典型的有：“越酒香天下”、“游过三江六码头，吃过爨桶热老酒”、“老酒日日醉，皇帝万万岁”、“前世勿修，霉豆腐过酒”、“吃饭要过口，吃酒要对手”、“陈酒腊鸭添，新酒豆腐干”、“扯得尺布勿遮风，吃得壶酒暖烘烘”、“老酒糯米做，吃得变肉肉”、“偌会雪花飞，我会老酒咪”、“伲子要亲生，老酒要冬酿”、“做酒靠酿，种田靠秧”、“人要老格好，酒要陈格好”、“陈酒味醇，老友情深”等等，不胜枚举，据说有好几百条。

第四，绍兴方言反映了越地的民俗文化。

**1. 反映岁时节气民俗**

有许多谚语，如：“年三十夜格吃，正月初一格穿”，绍兴旧俗除夕夜的晚餐须是一年中最丰盛的，正月初一日无论穷富一家老小都要穿新衣。“年三十夜吪太婆”（除夕一家和睦，长辈不再打骂子孙，显示一种人性化的轻松气氛）、“三十年夜长明夜，正月初一赶鸡睡”（除夕守岁是华夏民族共同的风俗，而根据绍兴旧俗，正月初一须早睡，以示为新的一年积蓄力量）、“大寒小寒，杀猪过年”、“二十夜，连夜夜，点得红灯做绣鞋”等谚语都反映了绍兴百姓的过年风俗。

“正月灯头，二月坐头，三月坟头，四月田头”：民众的生活依着自然气候的变化而自由律动，洋溢着农业文明特有的恬淡、宁静。类似的农谚还有“正月灯，二月鹞，三月上坟船里看姣姣〔言女子〕”、“三月三，荠菜当灵丹”、“三月三，荠菜煮鸡蛋”等，都反映了春三月的民间风俗。

“清明吃艾饺，立夏吃樱桃”、“清明团子松花糕，上坟芽豆呱呱叫”、“冬至馄饨夏至面”、“立夏吃樱桃，一年勿发痧”：反映了与自然节气相适应的饮食风俗。

“五月五，买桃〔条〕黄鱼过端午”：民间端午须吃五黄，即黄瓜、黄鱼、黄

梅、黄鳝、雄黄酒，据称能避邪毒，此俗在江南习传颇广，不独绍兴，至今犹存。与此相关的歇后语有“四王庙里吃黄瓜——五黄俱全”，旧时“四王庙”位于绍兴城西郭门，端午节照例于午前演一台大戏。

“立夏秤人，重阳登高”：重阳登高是中国古旧的民间习俗，但立夏秤人的习俗却为绍兴特有，寄寓了绍兴百姓对自我的重视。

“冻九焐四”：绍兴地处江南，冬寒夏暑，四季分明，民间有九月少穿衣以为寒冬锻炼精骨、四月穿厚衣以备暑热的习俗。

**2. 反映民间的信仰民俗**

绍兴人信佛教，绍兴话不少与佛教有关，如“阿弥陀佛”原是佛教用语，在绍兴话中有“可怜”的意思，说“这人真可怜”会说“葛个人真当阿弥陀佛”。又如“前生前世”原是佛教轮回中“前世、今世、后世”三世中的“前世”，绍兴人表示“前世的债，没有办法”。

“肚痛厌憎灶司”：灶神在越俗中是察过报安之神，与个人的身体康健无关，有人肚痛埋怨灶神，言其无理取闹之意。“生煞的命，钉煞的秤”，“逃勿过的命，躲勿过的影”，“三斗三升命，再添一斗要生病”，“头象冬瓜，一世荣华”，这些反映了绍兴百姓民间俗信中的宿命观念。

**3. 反映礼仪民俗**

婚丧习俗是民间习俗中的重要内容，传统社会对这两件大事都极为重视，形成了复杂的礼仪习俗。如：

“会亲酒”：男女双方的亲友集在一起，媒人将双方帖子调换，男方将聘礼交给女方，事毕聚宴，谓之“会亲酒”。

“哭马桶”：新娘将上轿前，母亲坐在马桶上哭几声“肉呀，肉呀”表示母女难舍之情。

“坐稻蓬”：花轿放在礼堂中间，新娘坐在轿内等做花烛，谓之“坐稻蓬”。

“十碗头”：凡亲属邻居来吃喜酒，八人一桌，每桌十碗菜，谓之“十碗头”。

“子孙桶”：做嫁资用的马桶。

“四四落”：嫁妆每色四件。今“四四一十六”表示样样都齐。

“养新妇”：即“童养媳”。

“哄丧事”：旧俗人死以后，入殓、开吊、出丧、做七，名目繁多，越哄越大，浪费钱财，花费精力，活人往往不胜其苦，故曰"哄丧事"。

"送无常"：旧俗认为人死是阎王命无常来索命的，所以其子女亲人须到河边或大门口"送无常"。

"叫河港"：人死后，女儿必须到河边大声号哭，此为曹孝女遗风，以示家有孝女。

"做水陆"：请僧做水陆道场以超度亡灵。

"吃大豆腐"：丧事人家必有，代参加丧事。

反映生活习俗的俗语，如：

"舍姆羹"：孩子出生后，外婆家必送食品到女儿家，称为送"舍姆羹"。

"记货兆"：清范寅《越谚》释为：孩子初往外家，外祖父母及舅父母赐鸡、鹅、猪、羊等物为礼。名曰"记货兆"者，喜与孩子诙谐，谓初见须执贽以为礼，今孩子未能备礼尊长，反施礼，因戏曰"记货兆"，故意误认"执贽礼"三字也。

"老嬷鸡"：外孙初去外婆家，外婆家必赠一只鸡，称"老嬷鸡"，意为鸡生蛋，蛋生鸡，越盘越多，成人后卖掉可以讨老嬷（老婆）。此亦戏言成名。

"斩脚筋"：小儿满周岁后还不会走路，父母便将稻草置其胯下，一人扶着他蹒跚地走路，一人在他脚后用力将稻草斩断，谓之"斩脚筋"。

"百家衣"：婴儿降生后，其长辈到邻家讨来各色小布头，连缀起来缝成一件衣服，谓之"百家衣"。

"满月酒"：婴儿满月时，家里会摆下酒席，称为办"满月酒"，亲朋好友执礼以贺。

"排八字"：瞎子先生按年、月、日、时的生辰，按干支推出八个字，以算出流年吉凶，或合婚动土。①

这些习俗有的在民间还在流行，有的已经消失或快要消失了，这些都是属越文化的珍贵遗产，在绍兴方言中有着生动的表达和记录，因此方言成了"文化的积淀"。如今，在推广普通话的浪潮下，方言相应成为弱势语言，对于在普通话的教育语境中成长起来的年轻一代已经变得陌生，保护方言，也就是保护行将消逝的古老记忆。绍兴境内南山北海，俗谓"十里不

---

① 参见王敏红：《语言的"化石"文化的积淀——透视绍兴方言》，越州讲坛"越文化系列"讲座，2007年3月25日于绍兴市图书馆。

同音”，城乡语音差别很大，不同区县之间也由于地理、历史、文化等因素存在一定差异，对于那些在文化上处于相对边缘的地域，方言保存地方文化特色的价值更加重大，其抢救和保护工作也更加紧迫。

## 三、民间文学

### （一）传说故事

#### 1. 西施传说

西施居中国古代四大美女之首，是中国传统文化中美的象征。李白诗云：“西施越溪女，出自苎萝山。”出生于春秋末越国苎萝的西施姓施名夷光，与昭君、貂蝉、杨玉环并称中国四大美女，俗云“东方维纳斯”。西施在我国无人不晓，“貌若西施”、“情人眼里出西施”、“东施效颦”等成语均与西施有关。而在历代文学作品中，歌颂西施的诗词、曲赋、戏曲、小说更是汗牛充栋，多不胜数。西施传说的发端地——浙江省中北部的诸暨，曾是春秋时期越国的古都。诸暨是古越文化发祥地之一，其历史可“远溯诸虞夏周而上”，诸暨原为古诸稽国，后为商王朝所灭。

西施传说产生于春秋末期，起源于民间口头讲述，最早的文字记载见于《墨子》和《孟子》等，经历代民间艺人口耳相传，流传范围扩大，内容不断丰富，故事逐渐完整，现存篇目126篇。诸暨作为西施传说发生和流传的源头，是传播最广泛、内容最丰富、传承脉络最分明的地方。西施传说以吴越争战为历史背景，以西施一生传奇经历为主干，以人物传说（如“东施效颦”）、地名传说（如“白鱼潭”）、物产传说（如“香榧眼”）、风俗传说（如“三江口水灯”）等为枝叶，从不同角度歌颂了西施的美丽、善良和“为国甘献身”的奉献精神。

“西施传说”的主要内容有：

人物传说。这是西施传说的主体。以吴越战争为历史背景，以西施一生的大量传说为枝干，在此基础上生发出一系列人物传说，如范蠡、东施、郑旦、句践、夫差、伍子胥等人的传说。讲述西施出生的《明珠美人胎》以及讲述西施入吴的《三年送西施》等都是这类传说中流传最广的篇目。

地名传说。其中最脍炙人口的是《白鱼潭》，从这则传说里演化出了成语“沉鱼之美”。这一类传说还有《金鸡山》、《浣纱石》等。流传在外地的有德清的《西施画桥》，嘉兴的《学绣塔》、《女儿亭》以及苏州的《玩月池》等。

物产传说。诸暨的许多特产都和西施的传说有关，例如《香榧眼》讲诸暨特产香榧是西施从天上带来的仙果。在嘉兴一带流传的《西施与范蠡》和在山东流传的《西施饼》，也是这一类传说。

民俗传说。这类传说甚至成为诸暨民间千百年来的风俗习惯，如《西施送蚕花》使当地的老百姓将西施作为蚕花娘娘来崇拜纪念。而最具代表性的则是《三江口水灯》，讲述西施入吴时，船过三江口适逢晚上，当地村民点燃禾草投入江中，为这位“为国甘献身”的美人照明，后来为纪念西施年年放水灯。此类传说还有《望囡麦草扇》、《西施团圆饼》等。

在传说中，许多内容还带有神话传说的色彩，如《西施出世》以及西施死后成仙的传说。这类传说通过老百姓的想象、神化，来表达对西施的崇敬爱戴和对安宁生活的祈求。

“西施传说”虽然分类众多，但有一点是共同的，那就是所有的西施传说都从不同角度歌颂了西施的美丽、善良和献身精神，表达了百姓对这种精神的崇敬。

“西施传说”具有四个特征：一是历史的悠久性。从春秋时期一直流传至今，已有2500多年的传承历史，可以说是和古越文化同步产生发展的；二是地域的广泛性。它发端于诸暨，辐射江浙乃至全国，甚至远播东南亚国家和地区及世界各地华人区，新加坡有“西施街”，日本每年举办“西施节”，评选“西施小姐”；三是内容的丰富性，它涉及人物、地名、物产、风俗等，几乎涵盖了民间文学涉猎的所有领域，蕴含了浓厚的地域文化特色；四是形式上的多样性，它的传承方式从口耳相传延伸至说唱、戏剧、影视、文学等形式的传播。

2006年5月，“西施传说”入选第一批国家级非物质文化遗产名录。作为中国丰富多样的人物传说之一，西施传说具有多方面的重要价值：

一是在文学艺术研究方面。“西施传说”类别完整，体例丰富，并具有浓厚的地域特色，在一个题材中能产生这样系统的民间传说并不多见，对于我国民间文学的产生、发展具有很重要的研究价值。传说作为文学普及读物，流传极广，老少咸宜，而且历来是各种文学样式的创作源泉，以西施

传说为题材的文学作品多种多样；同时，通过文学形式的传播，又扩大了“西施传说”的影响，丰富了传说的内容。研究其中相辅相成的关系，对繁荣文学艺术具有重要意义。受西施独特魅力的吸引，除了以民间口耳相传的形式获得传播，西施传说还以多种形式进行传承播布，表现这一题材的作品遍及文学、戏剧、美术、影视等门类，对于促进文学艺术的繁荣和其中各门类的互相交融渗透无疑具有重大作用。

二是在史学研究方面。西施在春秋时期吴越历史中具有不可或缺的地位；“西施传说”依存于吴越历史而产生，是古吴越文化的重要遗存，是对古吴越历史文化的民间诠释，我们通过西施传说不仅可以捕捉到春秋时期政治社会形势和吴越战争历史的信息，对研究春秋史有重要参照价值，还可得到许多民俗学、历史学方面的信息。保护好这一宝贵遗产，将对吴越历史和文化研究起到重要的推动作用。

三是在美学研究方面。西施是中华文化中美和忠贞的化身，位列中国古代四大美女之首。与另外三个美女传说不同的是，她不仅在稗官野史和民间传说中出现，也是经史典籍中美的代名词，成为一个全民族认同的审美符号。因此，西施的形象在我国传统文化审美趋向和美学价值的研究上具有独一无二的地位，而大量的西施传说，正是产生这种美学价值的土壤。



四是在人文研究方面。“西施传说”褒扬真、善、美，崇尚英雄主义和深明大义、为国献身的伦理精神，表达了人民积极向上的精神追求，对于弘扬优秀的传统人文精神有积极意义。

西施故里诸暨市在西施故里物质形态的保护成绩卓著。但西施传说这一精神形态却面临危机。过去，有关西施的各类故事在民间广为流传，但如今许多故事内容已鲜为人知。由于这些故事一直以来都是口头传播，若再不对这些传说故事加以收集整理，很可能会随着时间的流逝而从民间消失。据普查，全市擅长讲述“西施传说”的人已不多，有的相继谢世，有的年事已高，目前能较完整地讲叙西施传说的故事手不足 30 人。作为一种口头文化遗产，西施传说正在日渐萎缩，陷入濒危之境。据有关人士介绍，外来文化和现代文化对民间习俗的保存产生了很大的冲击，传统节日不再受重视，西施传说的载体日渐消失：“司马庙会”已不再举行，三江口水灯的规模日见萎缩，西施故事也鲜有人传播；而生活方式的改变也导致传说濒危，如西施和麦草扇的故事，就因为麦草扇已消失而不为人知；讲故事式的休闲环境也基本上消失；传讲故事的人因年事已高逐渐退出传播圈子。

意识到西施传说所处的危急境遇，诸暨市采取了紧急行动，决定将“西施传说”作为申报内容参与非物质文化遗产代表作的申报。2005 年 9 月，“西施传说”作为浙江省 93 项申报项目中为首的项目上报国务院，2006 年 6 月 10 日，国务院公布了首批获准名录，“西施传说”获得批准。在国务院批准文化部确定的第一批国家级非物质文化遗产名录中，“西施传说”在民间文学类中排名第十，仅次于“白蛇传传说”、“梁祝传说”、“孟姜女传说”和“董永传说”四大传说之后，位于“济公传说”之前。

据诸暨市申遗小组负责人介绍，目前，“西施传说”的抢救和保护工作已全面展开。自 2004 年开始实施十年保护计划以来，该市对民俗民间艺术进行全面普查，彻底摸清其产生发展的历史沿革、故事篇目、传讲人才、流传区域等，并建立档案。在此基础上建立西施文化生态保护区，对西施传说的原生地实行重点保护。发展西施传说传讲队伍，开办西施民间艺术职教班，在学校开展西施传说教学活动，培养下一代故事手，为西施传说的保护和发展创造适宜的传播条件。



**2. 梁祝传说**

“梁祝传说”形成于东晋，说的是上虞祝家庄才女祝英台与梁山伯的爱情悲剧，在民间广为流传，可谓家喻户晓、妇孺皆知，被誉为爱情的千古绝唱。“梁祝传说”是我国影响最大的民间传说，其文学性、艺术性和思想性都居各类民间传说之首，与《孟姜女》、《牛郎织女》、《白蛇传》并称我国四大民间传说。

“梁祝传说”形成于东晋穆帝、孝武帝时代，距今已有 1600 多年。历史上的梁祝传说有多个不同版本，唯化蝶版本最为动人，也最具影响力。梁祝化蝶传说的大致内容是：祝英台女扮男装赴杭求学，途中邂逅同到杭州求学的会稽（今绍兴）书生梁山伯，一见如故，相谈甚欢，在草桥亭上撮土为香，义结金兰。二人结伴来到杭州城的万松书院，拜师入学，同窗三载，结下深厚情谊。英台深爱山伯，但山伯却始终不知她是女子。祝父思女，催归甚急，英台只得仓促回乡。梁祝分手，依依不舍。在十八里相送途中，英台不断借物抚意，暗示心迹。山伯忠厚纯朴，不解英台良苦用心。英台无奈，谎称家中九妹，品貌与己酷似，愿替山伯做媒，可是梁山伯家贫，未能如期而至，待山伯去祝家求婚时，岂知祝父已将英台许配给家住鄮城（今鄞

县)的太守之子马文才。美满姻缘,已成泡影。二人楼台相会,泪眼相向,凄然而别。临别时,立下誓言:生不能同衾,死也要同穴!后梁山伯被朝廷诏为鄞县(今奉化县)令。然山伯忧郁成疾,不久身亡。遗命葬鄮城九龙墟。英台闻山伯噩耗,誓以身殉。英台被迫出嫁时,绕道去梁山伯墓前祭奠,在祝英台哀恸感应下,风雨雷电大作,坟墓爆裂,英台翩然跃入坟中,墓复合拢,风停雨霁,彩虹高悬,梁祝化作一双彩蝶翩翩起舞。

梁祝传说富有江南地方特色,其魅力在流传过程中被许多艺术形式所接受,如鼓词、故事、歌谣、传奇、木鱼书、戏剧、曲艺、音乐、电影、电视、剪纸、文学、民俗等,丰富的表现形式及各种艺术的不同特点,使之形成大量形式、内容异彩纷呈的"版本"。根据梁祝传说改编的越剧《梁山伯与祝英台》、小提琴协奏曲《梁祝》、电影《梁山伯与祝英台》等各种文学艺术作品,以及由此而形成的求学、婚恋的独特风尚,构成了庞大的梁祝文化系统。千百年来,它以提倡求知、崇尚爱情、歌颂生命生生不息的鲜明主题深深打动着人们的心灵,以曲折动人的情节、鲜明的人物性格、奇巧的故事结构而受到民众的广泛喜爱。梁祝传说和以梁祝传说为内容的其他艺术形式所展现的艺术魅力,使其成为中国民间文学艺术之林中的一朵奇葩,也使梁祝传说成为最具辐射力的非物质文化遗产之一。

梁祝文化在长期的传播和发展中形成,具有以下主要特征:

根植于民间,流传时间悠久。"梁祝传说"形成的时间有1600余年,主要靠人们以民间传说的方式,口头传承而保留下来。目前国内最早的关于梁祝的文字记载,为初唐梁载言的《十道回蕃志》,所记梁祝同学、同冢等内容不到80个字;到晚唐张读的传奇小说《宣室志》中的梁祝,是至今我们看到的较早的梁祝文艺作品,故事初具规模,也仅120余字。到了元曲兴盛时期,元杂剧四大家之一的白朴,创作了《祝英台死嫁梁山伯》杂剧,为民间戏曲表演梁祝故事开了先河。故事在基本定型之后,依然没有停止它的流传发展,反而出现更多新的异说。

流传区域广泛,远播世界。梁祝传说自形成以来,主要流传于宁波、上虞、杭州、宜兴、济宁、汝南等地,并向中国的各个地区、各个民族流传辐射。在流传的过程中,各地人民又不断丰富发展传说的内容,甚至还兴建了众多以梁祝传说为主题的墓碑和庙宇等建筑。据目前所知,全国有浙江、江苏、安徽、山东、河北、河南、甘肃、四川、云南、广东、福建等11个省,保留着

"梁祝"文化的遗址。其中有浙江宁波梁山伯庙、浙江上虞祝家庄遗址、浙江杭州万松书院、江苏宜兴善卷洞、江苏江都梁祝墓、安徽舒城梅心驿梁祝墓、山东嘉祥梁祝墓、山东济宁微山马坡梁祝墓、山东曲阜梁祝读书处、山东邹县峄山梁祝读书处,河南汝南红罗山梁祝读书处、河南汝南马乡梁祝墓、河北河间林镇梁祝墓、甘肃清水梁祝墓、四川合川梁祝墓等17处之多。

梁祝传说早在一百多年前就流传到了朝鲜、越南、缅甸、日本、新加坡、印度尼西亚等许多亚洲国家,并由此而传入欧美。1873年,它的第一部爪哇文译本问世,此后马来文、巴厘文、马杜拉文的译本也相继问世。半个世纪前,刘半农的女儿刘小蕙,曾从法文转译出自俄文版的《誓约》(俄国学者尼·盖·加林·米哈依洛夫斯基于1898年环球旅行经朝鲜时采集到的流传于朝鲜北部的梁祝故事),可见在当时俄法等国也都能见到这一传说。特别是20世纪50年代周恩来总理把我国第一部彩色戏曲电影《梁山伯与祝英台》带到日内瓦放映后,在西方社会引起了轰动,该影片被誉为"东方的罗密欧与朱丽叶"。而随着小提琴协奏曲《梁祝》的演出成功,使这一传说飞越重洋,在英、美、法、德、意、澳、日及原苏联等世界众多国家和地区风靡一时,协奏曲的片段被法、美、日等国家艺术家们在电影、舞曲等多种艺术表演形式中选用,柬埔寨还以本国文将其改编成连载故事。其影响之大在中国民间传说中实属罕见。

其思想内涵具有永恒性和普遍性。梁祝故事所反映的思想内容十分丰富,如追求爱情自由、强烈的求知欲望和生生不息的生命观,也体现了一种民族精神。祝英台女扮男装,为的是寻求男女平等,习书学文;敢于违抗"父母之命,媒妁之言",为的是追求真正的爱情,摒弃"门当户对"、"夫贵妻荣"的传统婚姻观念;当见到梁山伯为自己病死时,她又以死抗争,不惜献出自己年轻的生命。而梁山伯对祝英台情深义重,对爱情忠贞不渝;这都体现了中华民族的优良美德。

梁祝对于今天的意义,还在于它表达了一种独特的生命理念和意识——生命的生生不息。这是中国特有的,或者说是越地首先有的,然后在中国各地有所传承发展。梁祝最后是化蝶了,化蝶这样一个结局,固然偏于浪漫主义,或许还有一些虚幻,但是这却反映了一种对生命的独特认识。在浙江大地的古越人中间,对于生命的理解,有着一种独特的感觉,他们认为生命是永存的,生命又可以转化的,人死了以后不过是换了一个地

方去住住罢了。这种生命的意识和天地自然共存的一种融合意识，生命可以转化一种理念，是古越人一种强烈的生命意识的表现。这种精神延续到今天，就是一种坚忍不拔、生生不息的民族精神的延续，这也正是梁祝传说作为非物质文化遗产而具有的独特内涵。①

梁祝文化还具有极其丰富的传播形式。单从民间工艺美术来说，就有年画、版画、剪纸、艺术模型、彩陶瓷塑、蝶翅工艺、石雕木雕、刺绣草编、泥塑面塑等等。梁祝文化展示最丰富的当属戏曲，在中国上百个戏曲剧种中，几乎都有梁祝的剧目。梁祝文化由民间的通俗文学而戏剧化而艺术化，并以民间故事、歌谣、传奇、木鱼书、戏剧、曲艺、音乐等形式传播。新中国成立后，随着对梁祝文化的进一步开发和持续发展，有了电影、小提琴协奏曲、歌剧、芭蕾舞剧、电视剧乃至杂技艺术、文化旅游等，几乎涉及了艺术领域中所有主要的艺术形式，成为家喻户晓的文化现象。特别是由设在宁波的“中国梁祝文化研究中心”组织编纂，由中华书局出版的《梁祝文化大观》，内容包罗万象，极为丰富，被文化大师钟敬文先生誉为“蔚为大观”的巨著，被北京国家图书馆和联合国科教文组织收藏。

同其他口头文学和非物质文化遗产一样，近20年来，由于受现代化和城市化的影响，以口头传承为主的梁祝传说受到了前所未有的冲击。梁祝传说传承的环境正在消失，原有的口头传承人相继去世，年轻一代不愿接续，即使在梁祝传说的发源地，大部分青年人也已经不能完整地讲述梁祝故事。在不久的将来，很可能再也找不到梁祝传说的传承者、说唱者。梁祝传说的传承面临着断代的危险，因此，将梁祝传说作为一种无形的文化遗产加以保护，已是迫在眉睫的当务之急。②

**3. 徐文长故事**

徐文长（1512—1593），名渭，初字文清，改字文长，号天池，又号青藤道人、田水月等。浙江山阴（今绍兴）人。他是我国明代杰出的文学家、书画家和戏剧家，是中国历史上罕见的奇才和怪杰。徐文长自幼聪慧，文思敏捷，胸有大志，一生遭遇却十分坎坷。他参加过嘉靖年间东南沿海的抗倭斗争和反对权奸严嵩，却终身不得志于功名，“不得志于有司”，一度精神失

---

① 参见陈勤建：《梁祝传说和非物质文化遗产保护》（文澜讲坛·非物质文化遗产保护系列），2006年5月30日于浙江图书馆。

② 参见胡剑平：《人民日报》（海外版）2004年5月15日，第7版。

常。最后入狱七八年，获释后已是35岁，贫病交加，以卖诗、文、画糊口，潦倒一生，落魄人间。正是他坎坷的经历造就了他个性中既有幽默诙谐、爱国爱乡、蔑视权贵、惩罚贪恶的一面，又有愤世嫉俗和放荡不羁的一面。“几间东倒西斜屋，一个南腔北调人”这副对联是中晚年的徐文长对自己的最好写照。综其一生，袁宏道评曰：“予谓文长无之而不奇者也，无之而不奇，斯无之而不奇也哉，悲夫！”①

在艺术上，徐渭是一代奇才，以其在诗、书、画、文、曲等各个方面的杰出成就和“本色当行、独抒性灵”的艺术风格，以及狂放不羁、特立独行的处世方式吸引了不计其数的追随者，其中有八大山人朱耷、甘当“青藤门下牛马走”的郑板桥等，近代艺术大师齐白石在提到徐渭时曾发出感叹：“恨不生三百年前，为青藤磨墨理纸。”在民间，“徐文长”这个名字比“徐渭”流传更广，由于富有个性魅力和传奇色彩，徐文长成了一个形象丰满的“箭垛式”人物，是老百姓心目中机智人物的典型代表，民间文学界素有“北有阿凡提，南有徐文长”之说。徐文长富于传奇色彩的一生和处世为人的独特方式带有浓厚的平民色彩，他以旷世奇才之能与普通的平民生活在一起，一方面给市民的世俗生活注入了不平凡的色彩，另一方面也由此引起了市民普遍的崇拜，深受老百姓的喜爱，两者结合在一起组成了徐文长与民间的精神联系，也成为传说形成与流传的感情和素材基础。传说中大量存在的徐文长与恶劣乡绅斗争的故事(《借佛骂剥皮》)、对权贵的篾视和讽刺故事(《僧在有道》)、与底层百姓的亲近(《埠船上讲故事》)以及为市民排忧解难的故事(《嫁乎？不嫁?》)等等都带有徐渭本人生活的影子。这些故事中表现出来的与民同在、与民同乐、为民作主、自由洒脱的人格精神与徐渭的历史身份与平生活动是一致的。所以后人记徐文长的事，也多有取自于传说者，如陶望龄在《徐文长传》中记录了这样一段情节：徐渭“日闭门与狎者数人饮噱，而深恶诸福贵人，自郡守以下求与见者，皆不得也。尝有诣者伺便排户半入，渭遽手拒扉，口应曰某不在”②。

“徐文长故事”产生于明代中晚期，流传至今已有四百多年历史，其产生源于民间口头的传说，以历史人物徐文长的逸事趣闻为基础，又吸纳了

① 袁宏道：《徐文长传》，《徐渭集》，中华书局1983年版。

② 陶望龄：《徐文长传》，《徐渭集》，中华书局1983年版。

大量的机智人物故事类型，日积月累，渐趋丰满，经民间广泛流传，多次收集整理，形成了一个庞大的故事群，现存篇目约335篇。

“徐文长故事”流传在绍兴市全境，尤以越城区和绍兴县传播更为广泛，浙东沿海的市县，周边不少省、市以及海外华人居住的地方也有流传。“徐文长故事”以明代中晚期历史为背景，从徐文长少年时代的传说故事“竿上取物”起，一直说到他的临终遗言《化千成万宝中宝》止。“徐文长故事”以聪明才智、幽默诙谐和惩恶扬善为主线，以爱国爱乡、亲近平民、蔑视权贵、愤世嫉俗为核心。它植根于民间，流传于民间，具有民间故事的原生性特点。同时，由于纵向传承和横向流布，在人们口耳相传中不断加工创作，使故事更为丰富，可以说它是越地民间文学生存和发展的缩影。

流传至今的“徐文长故事”形态丰富，篇目繁多，就其发生机制而言，大略可以归为两类：一是徐文长逸闻在民间的演绎：有些是取材于徐渭“少而慧”的童年，另一些则取材于徐渭成年后在“十字街头”复杂的平民生活，比如《借佛骂剥皮》、《僧在有道》、《埠船上讲故事》等；二是各种民间传说在徐文长身上的附会，比如《泰山石敢当》、《廿年媳妇廿年婆》、《落雨天，留客天》等。①

“徐文长故事”具有以下特征：历史悠久，自发端流传至今，已有近四百多年的传承历史；地域广泛，它不但流传绍兴市全境，辐射江、浙、沪乃至海内外华人居住的地方；内容丰富，全方位展现徐文长聪明才智、幽默诙谐、爱国爱乡、亲近平民、蔑视权贵、惩罚贪恶等个性品质；表现形式多样，具有浓郁的绍兴特色和乡土气息。

“徐文长故事”具有重要的民间文学价值，它不仅是民间文学的热门题材，也是诗歌、散文、传记文学、小品、电影、戏剧、曲艺等文艺样式创作、改编的热门题材。民间流传的徐文长故事还为历史研究提供了有益的资料，对于绘画史、书法史、抗倭史、楹联史、科举史、典当史、航运史都有一定的研究价值。通过徐文长各个类型的故事，也反映了创作、流传不同故事的各个阶层的绍兴人民的审美差异、价值差异，在故事的流传过程中，将历史人物徐文长与绍兴师爷和当地一定的历史事件、文物古迹、自然风光、社会风俗结合起来，反映了越地人文和民风民情，对绍兴地域文化和民俗学的

① 参见宋浩成：《民间文化视野中的徐渭》，《绍兴文理学院学报》2004年第3期。

研究具有较高的价值。

在越地广泛流传的徐文长传说是对历史人物徐渭的民间形象的演绎，更是民众历史情感的表达方式。其中大量存在的内容复杂、形象多样的传说是民间文化性格的对象化显现，也是底层百姓精神生活的一大内容。民间的创作不是单向的而是多维的，他们创作的动力不仅仅来自于历史人物本身，更来自于自身的生活需要，他们遵循的不是历史哲学而是生活哲学。因此在民间传说中，徐文长的形象远比我们在书面文学中看到的要复杂和鲜活得多。这种复杂和鲜活是民间文化的固有特征。“在民间文化视野中，徐渭已经成为了一种历史风物，是民众历史情感和于越民间文化性格的对应物。通过对徐文长传说的考察，我们可以发现越地民众对这位独特的历史人物的亲昵和崇敬，以及对庸常生活的朴素追求，也能从中体会到越文化背景下民间社会具有鲜明地域色彩的文化性格，看到被主流意识形态长期遮蔽的民间文化原生态的自然品格。”①在民间文化视野中，徐文长已经不再是一个可以被定义被考证的历史人物，而更多地表现为一种民间风物，是越地民众历史情感的载体和民间文化性格的对应物，是历经数百年的沉积下来的属于民众的精神文化遗产，它充分展现了越民族百姓的机智、幽默、风趣的性格特征，同时也真实地反映了民间文化中原始、纯朴的以及充溢着田野趣味的欢乐性格。

由于现代传媒手段的不断丰富，给民间故事的传讲带来很大冲击，电影、电视、电脑等现代传媒工具，极大地丰富和改变了人民的休闲方式、娱乐空间，讲故事的形式逐渐淡出和减少，也淡化了徐文长故事的流传。同时，徐文长故事的民间传讲者也后继乏人，流传面正在逐步缩小，青少年一代对它的了解也越来越少，亟需保护。2007 年 6 月，“徐文长故事”入选浙江省第二批非物质文化遗产名录。

**4. 绍兴师爷故事**

幕府被称为中国的“无形政府”，是中国传统政治制度的产物。绍兴历史上以盛产幕吏闻名，自明代开始，在长达四五百年的封建幕僚制度中，上自总督、巡抚，下至府衙、县衙都聘有绍兴籍的师爷，当时朝野流传有“无绍不成衙”之说，说的就是这种情况。绍兴籍（指绍兴府，下辖山阴、会稽、萧





---

① 宋浩成：《民间文化视野中的徐渭》，《绍兴文理学院学报》2004 年第 3 期。

山、诸暨、余姚、上虞、嵊、新昌八县)的幕友即著名的"绍兴师爷"①,数量极多。他们广泛分布在全国各地大大小小的衙门中,形成了一个庞大的地域性"师爷帮",彼此互通声气,互为党援。《文明小史》曾说到绍兴师爷在衙门中的情况:"原来那绍兴府人有一种世袭的产业,叫做作幕。什么叫做作幕?就是各省的那些衙门,无论大小,总有一位刑名老夫子,一位钱谷老夫子,……说也奇怪,那刑钱老夫子,没有一个不是绍兴人,因此他们结成个帮,要不是绍兴人就站不住。"有名的绍兴籍师爷,如杭州府首席刑名师爷周省三是绍兴府会稽县人,幕学专著《佐治药言》的作者汪龙庄是绍兴府萧山人,《雪鸿轩尺牍》的作者龚萼是绍兴城里塔山下人,另一部师爷名著《秋水轩尺牍》的作者许思湄是绍兴府新昌人。《文明小史》里写的师爷余豪是会稽人,《如此官场》里的师爷宋锦诗也是会稽人,《歧路灯》写了两个师爷——荀药阶与其表侄莫慎若,皆是山阴人。

"无绍不成衙"不仅表现为绍兴师爷遍布各地衙门,也表现为很多地方的衙门中书吏多绍兴人,绍兴籍大名士李慈铭在日记中写到这种情况:"吏皆四方游民无籍者充之,而吾越人更多。"此"越人"即绍兴府人。在京师许多衙门中,书吏之职几乎被绍兴人垄断。夏仁虎引《旧京琐记》云:都中书吏,"原贯以浙绍为多"。金安清《水窗春呓》说:"六部胥人皆绍兴籍。"有一首竹枝词也反映了六部书吏多绍兴人的情况:"部办班分未入流,绍兴善为一身谋。得钱卖缺居奇货,门下还将贴写收。"这首竹枝词反映了绍兴籍的书吏最善谋划以及为己谋私的情况。清代京师书吏多绍兴人这种情况,源于明万历年间朱赓辅政。清乾嘉时人昭梿曾谈及这种情况的源流:"各部署书吏,尽用绍兴人,事由朱赓执政,莫不由彼滥觞,以至于今,未能已也。"②朱赓是绍兴府山阴人,他利用职权引用了很多绍兴籍书吏。这些书吏互相牵引,互为党援,形成了"书吏绍兴帮",或曰"绍兴籍胥帮"。

幕友和书吏所以多绍兴人,与绍兴人文化素养高、苛细精干、善治案牍等特点有关,这些特点皆适宜作幕为胥。绍兴人所以不远千里入都为胥,又与绍兴人不恋乡土的乡风和当地人多地少的经济状况有关。明人王士性《广志绎》说到明代的情况云:"绍兴、金华二郡,人多壮游在外。如山阴、

---

① "绍兴师爷"者,并非皆绍兴籍人,其他地方的人也有,但以绍兴籍人为多,故常以"绍兴师爷"作为师爷的泛称。

② [清]昭梿:《啸亭续录》卷上。

会稽、余姚，生齿繁多，本处室庐田土，半不足供。其儇巧敏捷者，入都为胥办，自九卿至闲曹细局，无非越人。”①清代沿明之俗，未改旧况。到了清代，绍兴对幕友一职几成垄断之势，故幕友又被泛称为“绍兴师爷”。从“绍兴师爷”中引出的传说，经历代民间艺人口耳相传，形成了“绍兴师爷故事”。

绍兴师爷在世人心目中历来具有两面性。一方面，他们都满腹经纶、富于韬略，在撰文和处事上能别出心裁，应变解难，但一般是民间的落第秀才和落魄文人，没有官位和权势，因此具有机智过人与为民着想的优秀品质，为广大人民拥护而闻名于世。特别在清代，由于捐官制度的泛滥，各级官吏腐败无能，简直使绍兴师爷普遍成为各级衙门中的顶梁柱。另一方面，由于官场黑暗，迫于生计，或是为明哲保身，绍兴师爷们为人处事不得不圆滑世故，难免给人留下一副诡巧奸诈的不良印象。明、清时，因名幕辈出，声名扬及国内外，故褒多于贬；晚清之后，因幕风日下，劣幕充斥官场，遂贬多于褒。民国之后，一度把绍兴师爷看成是一伙工心计，多诡计，嗜钱财，喜作狭一类人物。及至新中国成立，市军管会编印之《绍兴概况调查》中亦称：“绍兴师爷的特点是通文达理，处世接物机警圆滑，计策甚多，博得长官信托倚赖，一般老百姓到衙门里去，见了很是畏惧。”有人曾将绍兴的“绍”字概括成：“搞来搞去，终是小人；一张苦嘴，一把笔刀。”霎时间，一副活脱脱的绍兴师爷的形象就栩栩如生地浮现在眼前。更为甚者，还有人以“绍兴”二字笔画编成一首俚词，贬讽此等绍兴师爷云：“拗七拗八，一枝刀笔，一张利嘴；到处认同乡，东也踱半个月，西也踱半个月，一言以蔽之，曰八面玲珑。”其实，这些都是对劣幕参与封建官场诸种恶行之勾勒。为数不少之劣幕，或为主官鹰犬，助纣为虐，鱼肉良民；或欺上凌下，营私舞弊，中饱私囊；或互通声气，包揽诉讼，朋比为奸；或枉道事人，毁信废忠，交私逢恶。这样，遂自毁“招牌”，成为害群之马，致使社会对师爷一业毁多誉少。此外，民国肇元，政论对清朝官僚政治予以一概否定，绍兴师爷亦难免池鱼之殃；一些小说、故事家流，为引人入胜，捕捉、虚构情节，编写出《徐文长的故事》、《恶讼师》等文集，遂让绍兴师爷给后人留下很坏的印象。

正是因为其颇受争议的两面性，绍兴师爷这个群体备受世人关注，并引发了一系列脍炙人口的“绍兴师爷故事”。“绍兴师爷故事”的产生，以封

---

① ［明］王士性：《广志绎》。

建幕僚制度为历史背景，以“绍兴师爷”其特色甚浓的传奇、巧计、智慧为主题，源于民间口头的流传，后又记载于历史经典。《明史》、《清史》等都有关于“绍兴师爷”人物的介绍。前文徐文长故事中介绍过的徐渭即为典型的绍兴师爷。“绍兴师爷故事”从不同角度描述“绍兴师爷”处世精明，治事审慎，工于心计，善于言辞和足智多谋等形象。在绍兴师爷故事中，不乏为老百姓排忧解难、扬善惩恶的佳话，也包含有纯粹表现绍兴师爷谋略过人的机智故事。

“绍兴师爷故事”具有以下特征：历史悠久，自发端流传至今已有四五百年历史；地域广泛，它不但流传绍兴全境，而且辐射全国，名声扬及国内外；内容丰富，它涉及社会的政治、经济、军事、司法等诸多层面；形式多样，除口耳相传外，还有小说、戏曲及电视连续剧等。

“绍兴师爷故事”的重要价值：(1)文学价值。它历来是各种文学形式的热门创作题材，以它为题材的文学作品门类完整，体裁丰富，研究其产生和发展过程，对繁荣文学艺术具有重要价值。(2)史学价值。它依附于封建幕僚制度，有助于研究古代中国特殊政治群体，揭示古代中国官场的深层基因。(3)社会价值。在封建官僚政治舞台、社会生活中扮演重要角色，其中蕴涵的是非观、审美观等等意识形态对人们的社会行为具有潜移默化的影响。

由于社会生活的变革和发展，绍兴师爷传说作为一种口头文化遗产，正在日渐萎缩，处于濒危状态。绍兴师爷故事赖以生存、发展的社会基础和传承环境发生了变迁，茶店等传讲场所的凋敝和丧失势必造成绍兴师爷传说的式微。与此同时，一些有影响力的传讲人或是相继谢世，或是年事已高。传讲队伍出现青黄不接、后继乏人的状况。此外，现代文化和外来文化也对绍兴师爷传说的传播造成了不小的冲击。随着经济社会的快速发展，人们的娱乐休闲方式发生巨大变革，口头传说已鲜有市场，绍兴师爷传说遭到其他各种新兴娱乐方式的排挤。另外，绍兴师爷传说在流传过程中，还不可避免地掺杂一些现代理念的元素，形成一些所谓的新故事，破坏了传统的原始状态。

### （二）越歌

“越歌”，是产生和主要流传于绍兴一带的歌谣，起源于原始社会中人类为生存而从事的物质活动，是中国民间文学宝库的重要组成部分。

绍兴历来有搜集、整理和研究民歌的传统，一般认为，越歌至少在春秋末期就有流传，如东汉会稽赵晔所著《吴越春秋》一书中《句践阴谋外传》就载有《弹歌》：“断竹，续竹，飞土，逐肉。”《越王无余外传》载有《涂山歌》，(禹)唱云：“绥绥白狐，九尾厖厖。我家嘉夷，来宾为王。成家成室，我造彼昌。”

秦汉以来，“越歌”在历代编印的民歌集和其他文集中时有所见。如《初学记》卷十八引晋周处《风土记》的《越谣》：“卿虽乘车我戴笠，后日相逢下车揖。我步行，卿乘马，他日相逢卿当下”，是反映西晋时代越人交友的祝歌。其他像宋代郭茂倩《乐府诗集》、明代冯梦龙《山歌》、杨慎《古今风谣》、清代郑旭旦《天籁集》、杜文澜《古谣谚》等著作也有越歌编入。其中清代山阴悟痴生编的《广天籁集》，收集清代浙江儿歌23首，绍兴儿歌所占比重较大。又如晚清绍兴籍语言学家范寅于光绪四年(1878)编成《越谚》上、中、下三卷，其中上卷收有若干绍兴歌谣。

民国初期，现代著名作家周作人曾在《绍兴县教育会月刊》第四号发表《儿歌之研究》等文章，开始了几十年的收集绍兴儿歌的活动。1931年，绍兴籍民间文学学者娄子匡、陶茂康出资创办《民间》丛刊，发表民歌童谣、传说故事、谜语童话、联语俗谚等，翌年8月出版第十二集后，与杭州中国民俗学会合作，改称《民间月刊》，由陶茂康、钟敬文、娄子匡等编辑，直至1934年4月出版第二卷第十、第十一卷合刊为止。1931年7月，娄子匡编述的《越歌百曲》由上海儿童书局出版。赵景深、孙席珍分别写序，内收儿歌50曲。在此期间，周建人参与编辑的《童谣》(67首)也由商务印书馆出版。

新中国成立后。“越歌”继续在传承，并赋予新的时代意义。从1986年冬开始，绍兴有关部门遵循中央指示精神，在全市范围内组织力量开展民间文学普查，并从全市民间文学普查所得的8641首歌谣中精选385首歌谣，编纂成《绍兴市歌谣卷》。近年来，随着政府日益重视非物质文化遗产的保护工作，各方面投入的加大，越歌的收集、整理和研究必将出现一个新的局面。

“越歌”是绍兴民众生活、劳动、习俗、思想、感情、斗争等全方位的真实记录和生动写照，其内容是相当丰富的，择其重要方面大致可分成十大类别：(1)时政歌谣。反映民众的思想感情，反映人心的向背。(2)劳动歌谣。

讴歌美好的田园风光,又倾诉劳动者的辛劳、苦楚和无奈。(3)生活歌谣。反映民众生活甜酸苦辣,对未来幸福、美满生活的期盼和憧憬;(4)礼仪歌谣。涉及生育、婚嫁、庆寿、做生日、丧葬、建房、行乞、节令等许多方面;(5)情歌。表达男女间思念、眷恋、祝福等恋情爱意。(6)儿歌童谣。大致可分为:教诲儿歌童谣、游戏儿歌、绕口令、催眠曲、社会儿歌童谣。(7)历史歌谣。它以重大的历史人物、历史事件为内容,是解读历史的好材料。(8)地方歌谣。以歌谣形式反映越地富有特色的民风民俗和景观等,内容十分广泛。(9)时令歌谣。反映节气时令与人们的生活、生产劳动关系相当密切的内容。(10)其他歌谣。①

"越歌"具有优秀的非物质文化遗产所具有的共同特征,如对于民俗、民情的依存性,"越歌"本身的原生性,传承方式的口头性和内容的广泛性、变异性。可以说,除此之外,"越歌"还有如下若干鲜明的特征:

1. 产生历史的悠久性。"越歌"至少有2500年的传承历史,从春秋时期一直流传到今天。它是与古越文化同步产生,并随越文化历史的发展而发展。

2. 流传地域的广泛性。"越歌"发端于绍兴,辐射到江浙沪乃至全国,甚至远播海外华人世界。

3. 反映内容的丰富性。"越歌"吟唱的对象包括人、事、地、物,涉及时政、生产劳动、生活、礼仪、爱情、少年儿童、历史、地方、时令节气、传说故事、叙事、谜语、讽刺、游戏等,几乎涵盖社会的方方面面,蕴涵浓厚的地域文化特色。

4. 传播形式的多样性。除口耳相传的方式外,从民国时期开始,"越歌"传承呈现图书、音像、影视、报刊等多种现代化传播方式。又有美术工作者将越歌配发相应的漫画,提高宣传效果。有的"越歌"被吸纳在戏剧、影视、文学作品里,出现在舞台和荧屏,以民众更加喜闻乐见的方式传播和传承。

富有地域特色的越歌来自民间,真实地抒发了人民大众的心声,是越地民众生活中不可或缺的组成部分,颇具重要价值:其一,文学价值,它是

---

① 参见李永鑫主编:《绍兴市非物质文化遗产读本》,西泠印社出版社2007年版,第16—17页。

民间文学样式之一，也是各种文学样式的创作素材，对于转换、加工成其他文学样式（如小说，戏曲等），对于研究历代诗歌乃至文学，有较高的文献资料价值；其二，史学价值，越歌真实生动地记录了历史，突出反映在历史、时政等歌谣方面，对于人们了解和研究各个历史时期绍兴的政治、经济、军事、文化、教育、卫生、风俗、民情提供了翔实的历史史料；此外，还具有艺术价值、教育价值、资政价值和实用价值。对我们来说，越歌既有深远的历史意义，又有深刻的现实意义。它对于我们弘扬优秀的民族文化，繁荣文学艺术创作，发展旅游经济，建设文化大省和文化强市，均有益处。

时至今日，越歌仍在口耳相传。但现代文化和外来文化对传统习俗、乡土文化造成了很大的冲击，"越歌"的生存、传承环境发生了很大变化，"越歌"的传承和研究队伍萎缩，后继乏人，前景堪忧。对"越歌"这一优秀的非物质文化遗产进行抢救和保护势在必行。

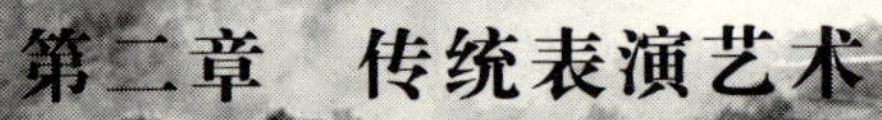

# 第二章　传统表演艺术

## 一、概　况

表演艺术是通过人的演唱、演奏或人体动作、表情来塑造形象、传达情绪、情感从而表现生活的艺术。代表性的门类通常是音乐、舞蹈、戏剧等。有时将杂技、相声、魔术等也划入表演艺术。在联合国教科文组织公布的《非物质文化遗产公约》中，传统表演艺术是非物质文化遗产的五类表现形式之一。在我国的非物质文化遗产保护工作中，根据国情和传统分类方法，又将传统表演艺术细分为民间音乐、民间舞蹈、传统戏剧、曲艺、杂技与竞技等几个类目。

以绍兴为中心的越地，素称鱼米之乡、文物之邦，人民勤劳善良，富于想像力和创造力，文化艺术发达。从考古出土的文物来看，表明绍兴古代歌舞盛行。其中，战国时期的墓葬青铜屋，室内有两女跪地而歌，伴有鼓、笙、琴、瑟四乐师；西晋堆塑谷仓上有一舞者造型，并有一乐人拨弦伴舞。

这些浮雕造型反映了古代越地歌舞表演艺术已经发展到相当高的程度,对表演艺术的欣赏和审美成为当时人们文化生活的一部分。这些歌舞相伴的造型也印证了古越国文化中的乐、歌、舞艺术实为一体。在古越族先民的表演艺术形态中,乐、歌、舞三种要素相辅相成,密不可分。

音乐和舞蹈是表演艺术的两种基本要素。音乐以声音为物质媒介,擅长表现人的情感、情绪的状态及运动过程。因此音乐主情而不主形,是情感的艺术。受表现媒介的制约,音乐表现的情感往往是微妙、复杂而宽泛的。而舞蹈是人体动作的艺术。它通过有节奏、有组织和经过美化的流动性动作来传情达意。舞蹈表情运用舞蹈手段表现出人的各种情感,"舞以宣情"。这样的表现形式正好契合越人的性情特征和审美趣味,无论是慷慨激昂的复仇精神,还是婉约细腻的水乡温情,天生就有一种艺术的渲染力,也尤其倾向于在劳动和生活中自觉或不自觉地抒发出来,因此越地的表演艺术也就格外地发达兴盛起来。

如同任何其他艺术形式一样,越地民间音乐起源于原始社会中人类为生存而从事的物质活动,表达了人类复杂多样的情感需求。古越先民传唱的山歌、采茶歌、情歌、酒歌、儿歌等等,散落在古越大地,浩如烟海,灿若繁星。乐器的发明和创造大大丰富了越地民间音乐的形式和内容。出土文物和史籍记载中就有古越族崖墓出土的十三弦木琴,古越先民用以娱乐和在战事中"击鼓鸣金"的铜鼓和木扁鼓等几种古乐器。

按照演奏乐器的不同组合,越地民间音乐主要有丝竹锣鼓、吹打乐、丝竹乐、锣鼓乐等。丝竹锣鼓即绍兴俗称的"十番",是一种较大型的民间乐队,所用乐器以丝竹为主,小敲小打,曲调缓慢抒情,曲牌较古,乐曲基本为套曲形式,开头有引子,结束有尾声。吹打乐是越地民间器乐的一个主要乐种,其中著名的有嵊州吹打和上虞吹打。吹打乐均以唢呐为主加打击乐演奏,特色乐器有五小锣(个、斗、争、尽、丈五音)和四大锣(争、尽、才、冬四音)。大型的吹打乐又伴有丝竹,富于表现,广泛应用于民间婚丧嫁娶场合。丝竹、丝弦乐也是在越地经久流传的乐种,据明代张岱《陶庵梦记》:"越中琴客,不满五、六人,经年不事操缦,琴安得佳,宁虚芳日,杂丝和竹,用以鼓吹清音。"绍兴丝竹主要分布于嵊州的崇仁镇、长乐镇一带,主要乐器为五大件:二胡、琵琶、扬琴、三弦、洞箫,以三弦为主领奏。锣鼓乐在民间器乐中也占有重要地位。但凡"社戏"上演,开戏前必以锣鼓招引观众,

谓"开场锣鼓"。在哑目连戏和佛教寺院音乐中,亦有锣鼓的用场。主要锣鼓乐器用大锣、大钹、次钹、普钹、大堂鼓等五件。在绍兴,还有"清音班"在水上迎会中表演的《龙舟》乐曲,以及《大花烛》、《水上行船鼓》等喜庆场合专用的一整套吹打乐演奏中掺杂说唱的民间乐曲。

民间音乐的丰富和发达也促进了越地的舞蹈艺术。越地的民间舞蹈反映了浓厚的越文化特色,与当地的庙会、节日等风俗传统密切相关。根据其内容、风格和表演形式,大致可分为模拟动物舞、灯具舞、面具舞、人物化妆舞四部分。模拟动物舞包括舞狮、舞龙、舞牛、竹马舞等,用竹、木、布、纸等材料制作各种动物的模型,用舞蹈动作模拟动物的形象、习性,展示人对动物的情感诉求。模拟动物舞多与农业生产活动相关,比如舞龙就起源于祈雨的仪式,舞牛则表达了农民对耕牛的深厚感情。灯具舞凭借形状各异、五光十色的灯具作为舞蹈道具,有船灯(又称旱船)、花灯、马灯舞等形式。面具舞流传在新昌、嵊州、上虞等地,由多人甚至上百人佩戴面具在迎神赛会的场合集体演出,具有面具造型怪异、动作风趣幽默、随意性强的特点。人物化妆舞是越地较为普遍的民间舞蹈,表演者根据节目内容装扮成各种角色,如流传在宁绍平原的"调无常"。"调无常"由黑白无常和送鬼者几种角色构成,原本有着驱鬼消灾的寓意在里头,又称"太平舞"。在越地民间舞蹈中,糅合了多种表演艺术的成分,如化妆舞"哑鬼戏"中的"女吊"、"送夜头"多借用云步、小台步、前翻滚、后下腰等等戏剧动作;舞龙中的钻凳、要叉,"夜魃过河"中的扫腿,则是融合了武术、杂要中的技巧;而各种舞蹈的伴奏和伴唱,更是离不开民间音乐的贡献,形成了独有的地方特色。

在南宋陆游的《剑南诗稿》中有诗篇写道:"斜阳古柳赵家庄,盲翁负鼓正作场;死后是非谁管得,满村听说蔡中郎。"描绘的正是村民们围聚听鼓词的盛况,反映了民间曲艺源远流长。越地曲艺是一种说唱文艺,以一至二或三人说唱故事为主,代言为辅,往往以一人模拟故事中的人物叙事,使用扇子和手帕等简单道具,乐器也仅用小锣、笃鼓、惊堂木、胡琴等。由于小型灵活,贴近生活,娱乐性强,因而遍布乡村,深受农民欢迎。根据实际需要,具体又发展出多种形式,有称为"越郡南词"的平湖调、盲人传习的绍兴词调、具有宗教色彩的绍兴宣卷、沿门走唱的绍兴莲花落、曾被官府榜禁的鹦哥戏("对子戏"),还有越剧前身——嵊州落地唱书,等等。

越地曲艺与戏剧往往难舍难分。除嵊州落地唱书衍变为越剧这样的艺术“变身”以外，还有不少曲艺与戏剧互相汲取、互相借鉴的美谈。例如，女子越剧老戏《碧玉簪》、《血手印》等剧，原来移植于宝卷的本子；胡兆海演唱的莲花落《崔姐姐回家》，其中一些唱段就是借鉴于越剧的“弦下调”等腔调。在曲艺的丰富滋养下，越地戏剧也有蔚为可观的发展。到了明、清，越地成为一个多声腔剧种并存的地区，有余姚腔、昆腔、目连戏、徽戏、乱弹和民国初期的女子越剧等等。越地戏剧和曲艺的生存形态随着演艺市场的兴衰而荣枯相生。旧绍兴是一个专业乐户聚集并时代绵延的地区，这些职业伶人活跃在越地各集镇村落以及庙会节日的活动中，为了生存，他们不断创新摸索，发展出高超的演艺，促成了越地戏曲声腔的繁荣。戏曲不仅为市民和农民提供了娱乐和消遣，对于社会，它还有更深刻的意义和更重要的价值。艺人们通过戏曲情节传播的历史故事、忠孝节义的道德观念、对命运的抗争、对黑暗腐朽的恶势力的鞭笞，等等，都在客观上执行着教育、规范和监督的功能，在文化生活欠缺的边远乡村成为社会化和再社会化的重要部分。越文化的精髓之所以能够深入人心，与戏剧和曲艺的繁荣与流行是分不开的。

杂技与竞技艺术是表演艺术中较独特的一个类别。民国初期，曾有人写竹枝词这样描绘女艺人表演走绳索的情景：“小脚伶仃走绳索，不教走得弓鞋落。看上仙人担子挑，故扭纤腰工做作。一阵锣声催快跑，婷婷袅袅到绳梢。步虚仙子应相妒，妒尔身轻立得牢。”①词中既夸赞了艺人高超绝伦的技艺，又揭示了艺人生涯的艰难、辛酸与无奈。越地杂技与竞技艺术萌发自于越先民的劳动、生活和军事活动。距今7000年前的河姆渡遗址、4000年前的绍兴马鞍遗址均有石球、石箭等狩猎和竞技运动器具出土，春秋末期还有“竞渡起自越王句践练水师”之说，历史上亦颇多关于角抵、相扑、投射、蹴鞠、武术等竞技名目的记载，并且自宋至清绍兴多出武状元、武进士，充分反映了越人的尚武精神。民间亦流传有蹬坛、转盘、走钢丝、耍大旗、调吊、翻九楼等等杂耍项目，除了少数项目有幸进入现代的杂技舞台，大多数项目都由于传统演出环境的丧失和传承人的职业转变而逐渐凋零，面临失传的境地。

---

① 李永鑫主编：《绍兴市非物质文化遗产读本》，西泠印社出版社2007年版，第73页。

## 二、民间音乐

### 1. 嵊州吹打

嵊州吹打起源于庙会文化，千百年来世代相传，它与佛教音乐密切相关，主要用锣、鼓、二胡、京胡、三弦、钹、唢呐、长号等乐器来演奏。

早在春秋战国时期嵊州就有“村民社赛”、庙会祭祀活动，上演的民间音乐如《辕门》、《绣球》、《妒花》、《十番》、《五场头》、《节诗》、《将军令》等层出不穷，内容极其丰富。

东晋名士古代音乐家、塑雕艺术家戴逵于永和、升平年间隐居嵊州（今名戴望村），儿子戴隅终身居于嵊州，至今留下招隐桥、洗履桥和“二戴书院”遗址。戴逵的入嵊，为嵊州的民间音乐注入了中原流行的音乐元素，使之旋律更加优美，内涵更为深广。

嵊州吹打到明清更为盛行。据《嵊县志》民间艺人的口碑材料和明代文人余怀的《板桥杂记》、张岱的《陶庵梦忆》等著作所载，嵊州和浙东一带流行的吹打乐情况已很热闹。从事吹打乐的演奏班社组织遍布乡镇和农村。有演奏宗教乐曲为职业的乐师班、道士班，有清唱戏文和吹吹打打的戏客班（亦名嬉客班或坐唱班）以及专门从事器乐演奏的各种“班、堂、社”等组织，逢有婚丧喜庆，丧葬祭祀，迎神会及龙灯舞狮等活动，均结班演奏。代代相传，延续不断。尤其在庙会活动中，乡乡村村争相上阵，舞龙、舞狮、舞灯、高跷各支队伍互比高低，此时鞭炮齐鸣、鼓乐高奏、群情振奋，伴奏鼓乐多以锣鼓为主。

到明代中叶，嵊州庙会遍及乡村，每年从二月开始一直延续到十月间，连续不断。境内村村有庙有祠堂，庙堂之中又有戏台。据《长乐镇志》记载：长乐镇早年就有民间唱戏、丝弦乐、吹打乐，明末清初，“嬉家生”①、办科班等活动就较为活跃，以寄托农民祈求平安、丰收的美好愿望，也是当时人民的主要文化娱乐活动。长乐民乐艺术既承袭了嵊州土生土长的民间艺术，也吸收接纳了东阳、诸暨等周边地区文化影响。及至民国时期，深厚

① 长乐人称乐器为家生，嬉家生即玩乐器。

的民间音乐根基，孕育了一大批年轻有为的音乐人才，多数成为越剧音乐的原创者。其中还涌现了优秀的革命音乐家任光。①

新中国成立后，群众文化空前活跃，人民多以自拉自唱、自娱自乐为主。代表人物是黄泽镇白泥坎村农民魏淇园。他在民间器乐基础上，创编了吹打乐《春风、夏雨、秋收、冬乐》四季组曲，又称田园组曲，其中《夏雨》于1957年1月在浙江省第二届民间音乐舞蹈观摩大会上获一等奖；3月，演奏队参加全国第二届民间音乐舞蹈会演，被邀至怀仁堂演出，受到周恩来总理等领导人的接见。《夏雨》还由中国唱片社制成唱片。1958年，魏淇园带领的民间乐队在杭州饭店小礼堂为伏罗希洛夫（前苏联国家元首）等外宾演出，周恩来总理亲切地称他为“我们的农民音乐家”。

1949年至20世纪80年代，嵊州民间音乐逐渐形成东西乡两大派系，西乡一派以长乐镇农民乐队为代表，在传承中逐渐形成锣鼓与吹奏相结合的演奏方式，其中“尖号”的吹奏方法，将吹气演奏改为吸气演奏，使得号声更加高亢激越，穿透力、传递力更强。这种吸气演奏法在全国民乐吹奏乐器的演奏中是极为独特的。其乐队编制的特点是“五锣、三鼓、三大锣”（五锣：由个锣、争锣、尽锣、斗锣、丈锣组成，五个形制大小不一的锣，一人演奏。三鼓：由板鼓、小堂鼓、大鼓组成，一人演奏。三大锣：罗锣、乳锣、大锣组成，一人演奏。另外还有小钹、水镲、大钹，分别由二人演奏。）配套组合，吹奏乐器包括唢呐、长号等，另外还有丝弦乐器。主要传统乐曲有《辕门》、《绣球》、《妒花》、《十番》、《节诗》、《将军令》等。东乡一派以黄泽农民乐队为代表，偏重于丝弦乐演奏，风格倾向于纤柔细腻，曲目多为民歌小调及一些传统的民间丝竹乐曲。

——西乡吹打乐

乐器以打击乐器锣、鼓为主，故称锣鼓队，又以锣鼓队中的唢呐长期以来吹奏单一的“骑马调”，故又称锣鼓队为“骑马调”，又称敲打、响器。长乐民风豪爽耿直，敢于创新，因此在民乐的传承中逐渐走向锣鼓与吹奏结合的风格，激越高昂，节奏鲜明，气势磅礴，演奏风格热烈、振奋，真正从“骑马调”中脱颖而出。

---

① 任光（1900—1941），生于越剧之乡嵊县。1919年，赴法国留学作曲。归国后，抗日战争爆发，他投身于轰轰烈烈的抗日救亡音乐活动中，创作了一批极有影响的抗日救亡歌曲与电影歌曲，代表作有《打回老家去》、《渔光曲》等四十余首著名歌曲。

长乐乐队自编自演的吹打乐曲多次参加省、市的重大活动，多次得奖。《欢天喜地》参加1989年浙江省第二届音乐舞蹈节调演，获表演二等奖。受到全国人大常委会副委员长严济慈的赞扬和接见。《越王台》参加1989年浙江省首届民族器乐比赛，《闹春》参加1990年浙江省第三届音舞节调演，《斗角》参加1993年浙江省第四届音舞节调演，分别获奖。同时，1989年至1990年连续二年参加浙江省广播电视厅、浙江省广播电视台、浙江电视台举办的国庆文艺晚会（现场直播）演奏。

——东乡吹打乐

乐器主要以弦乐器二胡、京胡、三弦为主，这三件乐器俗称“丝弦家生”。演奏风格清新优雅、婉转动听，演奏多以传统曲谱和富有民间情趣的小调，有《高山流水》、《玉屏风》、《跌落金钱》、《平湖调》、《孟姜女》、《双看相》、《杨柳青》等。1953年2月，乐队演奏的《大辕门》获华东地区民间音乐舞蹈会演一等奖，同年4月去北京参加全国第一届民间音乐舞蹈会演，其中《万民伞》参加浙江省文化广场活动并获奖。

嵊州吹打是浙东民间音乐——“浙东锣鼓”的重要组成部分，既有庙会音乐的影子，又有佛教音乐的踪迹，更有民间小调的本色，富有击吹奏融会一体，江南山歌小调风味浓郁，节奏鲜明，刚柔相济，涵盖北方锣鼓的阳刚，汇集江南丝竹的委婉特色。嵊州吹打对于研究我国民间音乐的产生发展，以及研究嵊州及周边浙东地区的民俗风情、意识形态等具有重要的参考价值。嵊州民间音乐是越剧音乐的基础，也是越剧的重要组成部分，对越剧唱腔及伴奏音乐的发展也产生了一定的影响。有的艺人由此走上舞台，直接促进了越剧的发展。嵊州吹打在传承中还注重提高完善，并与民风民俗紧密相关，对中国民乐的继承创新和发扬有着一定的先导作用。

2005年5月，“嵊州吹打”被浙江省人民政府列入首批非物质文化遗产名录。2006年5月，入选第一批国家级非物质文化遗产名录。

**2. 上虞吹打**

上虞市位于浙江省东北部，北临钱塘江河口，陆地与余姚、嵊州、绍兴接趋于壤。东南为四明山余脉，北部属宁绍平原，曹娥江纵贯全境。上虞历史悠久，人才辈出，经济较发达，为民间吹打乐的繁荣发展，提供了广阔的空间沃土。

上虞民间吹打乐源远流长。从上虞出土的春秋陶扁钟，汉六朝的埙，五谷瓶上堆塑乐俑及青瓷谷仓上的弹瑟堆塑俑等文物都反映了上虞民族民间音乐的悠久历史。曹娥江上的龙舟竞赛以击鼓指挥，早在汉代，曹娥之父曹盱就是一位优秀的鼓手和民间乐手，据《上虞县志》记载，曹盱能“抚节按歌，婆娑乐神”。

上虞市民间吹打乐在漫长的历史进程中不断发展，南宋已很盛行。明清时期日趋繁华，达到鼎盛状态。相传明嘉靖年间，民族英雄戚继光带兵抗倭，曾借锣鼓以抗倭寇。上虞县志记载：“相传明时倭奴入犯，各村团练乡勇，学习队伍保障，一方有警，则交相接应，后太平无事，遂以戈矛为旗帜，借神通以驱疫，亦保甲遗意也。”又有：“乾嘉以来，礼拜毕三月中，里人又聚各社各旗，迎东岳帝于城中，乃东西两乡，谓之花迎，羽葆鼓吹，绣织锦旗，高跷、文马、鱼龙百戏，约排列三四五里许，每年所费甚巨，可见风俗之日靡也。”当时各地庙会盛行，其中最大的庙会属县城丰惠的东岳庙会，庙会中最热闹的要算民间吹打乐，有民谚云：“花迎迎过年，可惜要种田。”

明、清是上虞吹打的鼎盛时期，全市吹打班不下千余个，各村各堡至少一班，有的甚至二三班。上虞吹打班社有“十番班”、“道士班”、“堕民吹敲班”等。按演奏形式可分为：

大敲：又称大敲棚。分龙船大敲和纱船大敲两种。乐器有大堂鼓、小堂鼓、单面鼓、板鼓；锣有抬锣、大锣、二锣、京锣、小锣、月锣（当锣）、凤锣、争、斗、尽、四小锣、大钹、金钹、次钹等。曲目有《花二场》、《文武辕门》、《噶嗒志》、《大敲》、《三敲》、《五场头》等。

小敲：又称背敲，因精美的锣鼓架缚于乐手肩背上而得名。乐器与大敲基本相同，只是小敲的乐器编配简单一些，曲目除大敲曲目外，还有《搜轿吹》、《马上吹》、《拜笛》、《花烛吹》、《行路调》等11首。

细吹细敲：又称“打番”、“行宫”，乐器有笙、萧、管、笛、提琴（形似碗胡）、四弦胡，以及京锣、金钹、小锣、月锣（当锣）、九圆锣、双磬、铃、小堂鼓、单面鼓、板鼓等。曲目有《步步高》、《福禄》以及江南传统丝竹曲牌等。

上虞吹打有以下特征：大敲、小敲粗犷宏大，特别是招军（先锋）激越尖厉的音调与丰富的锣鼓点相结合，更凸显上虞吹打的特色。细吹细敲文静幽雅，或活泼欢快，反映了江南越国乡民思想感情的另一面。

新中国成立后，有关部门对上虞吹打展开了一系列的保护工作，在本省及华东有一定影响。1953年，上海音乐学院采录了《文武辕门》。1955

年《大敲》参加宁波地区文艺会演，获优秀奖；20 世纪 80 年代开展了以民间吹打乐为重点的抢救整理工作，调查走访了 56 个乡镇和 800 余个村，了解了 300 多个民间吹打班的状况，搜集了大量的吹打曲牌和唯一幸存的装束道具，掌握了一批有影响的民间艺人及其传承关系。《花二场》等 24 首曲牌编入《民间器乐曲集成》；20 世纪 90 年代，开展争创"中国民间艺术之乡（吹打乐）"活动，1990 年出版的《中国民族民间器乐曲集成·浙江卷》收入上虞吹打乐曲《文武辕门》、《大敲》、《花二场》等共 24 首。1999 年上虞先后被命名为国家级"中国民间艺术之乡（吹打乐）"和"浙江省民间艺术之乡（吹打乐）"。进入新世纪以来，上虞对全市的吹打乐状况进行了重新普查、走访、搜集抢救，用现代化手段加以保存和保护。

目前，全市尚有 165 支吹打乐班社活跃在民间，代表性的有玩石村吹打班（十番行牌），裕丰村吹打班（背敲）。2007 年 6 月，"上虞吹打"入选浙江省第二批非物质文化遗产名录。

## 三、民间舞蹈

### 1. 哑目连

哑目连，俗称"哑鬼戏"。因以哑剧的形式演出目连戏而得名。流行于上虞县百官、湖田、叶家埭、松厦、章家、陆家、西华一带。全剧无一句台词，全凭身段、手势、表情、舞蹈以及武技的表演，伴之以锣鼓与目连号，或快或慢，或响或喑，垫其舞步的节奏，敷演刘氏破戒开荤获罪于神明，被五鬼捉拿后打入地狱受罪的故事，故绍兴方言称之为"柯〔捉〕刘氏"。全剧 22 出，其关目故事与调腔《救母记》有关情节相符。其中《夜魅过渡》等，表现上虞农家的水上生活，具有浓厚的乡土气息。

《哑目连》是上虞中元节"盂兰盆会"的产物，是为配合一种叫"太平会"的活动而编演的戏剧。之所以采用哑剧的形式，据说是因为最初是戴面具演出不便开口说话的结果。其传承方式仅靠老艺人言传身教，全凭演员们的心领神会和耳濡目染，并无文字脚本，唯凭一张牌文世代相传。演出时，则将剧情写成一个总折片贴在墙上，依序排练。

上虞"哑目连"为全国仅有，具有很高的研究价值与欣赏价值，已濒临灭绝,急待抢救和保护。

2. **哑背疯**

“哑背疯”是绍兴市首批非物质文化遗产名录之一,流传在嵊州黄泽镇前良村一带的独舞,是当地目连戏的一个片段。据老艺人陈香堂介绍,目连戏可连演三天三夜,内容丰富,形式多样,其中融合了戏剧、民间音乐、民间舞蹈,还有类似武术、杂耍等民间艺术。“哑背疯”在农闲或春节、元宵节等节日时往往与目连戏一起演,庙会时则单独演出。

“哑背疯”表演时,由一人利用特制道具扮成哑巴、疯瘫(瘫痪)婆两个角色,上半身扮疯瘫婆,下半身扮哑巴,形成一个哑巴背疯婆的形象。“哑背疯”既舞又唱,它的音乐采用调腔音乐,只用锣鼓而无丝弦伴奏,唱腔由一人领唱众人合唱,把瘫妻哑夫在茫茫人世间苦苦求生的情景恰如其分地表达出来。

“哑背疯”源于唐朝说书,宋元以后才慢慢发展为舞,明末清初是此舞的形成期,至今有三四百年的历史。关于“哑背疯”有个生动的民间传说:过去有个万贯家财的员外,盘剥穷人心狠手辣,后来天上神灵知道了此事,有意让他生了两个败家子,以示惩罚。一天,员外的已故父亲托梦给他,叫他赶快改恶从善。从此,他积德施善,救济穷人,神灵知道后,便又收回了他两个败家子的劣性。当时,有户人家,夫是哑巴,妻是下身瘫痪者,生活非常困难,便想前去求助。由于两人都是残疾,商量后,决定由夫背妻一起去,两人经过艰难跋涉,最后终于得到了员外的帮助。“哑背疯”就是依据这个传说,从说书慢慢演变为表演行路的歌舞。其唱词主要叙述哑夫瘫妻在茫茫人世间求生的辛酸情景,宣扬劝人为善、互助互爱的伦理道德,其舞蹈则表演行路的一段。

其实这类舞蹈艺术形式越南、印度与中亚等国也有,旧时我国东南各省地方戏中也时有演出,绍兴目连戏中也有《背疯》,旦角胸前装一老人头,谓是老翁背负哑女,赶路山行,作极艰苦状。

“哑背疯”的舞蹈动作来自于日常生活,比如迈门槛、擦汗、扇扇,极富生活气息。其动作变化主要在步伐上,要沉、稳、屈,演唱时由演员即兴发挥定调,经常是一人领众人和的形式。由于是来自生活,表现生活,入木三分地刻画了世态百相,“哑背疯”深受老百姓喜爱。

“哑背疯”流传至今,全靠老艺人言传身教,代代相传。1956 年,目连戏

传承人陈香堂赴沪参加鲁迅先生逝世20周年纪念演出,引起很大反响,得到了袁雪芬、范瑞娟、王文娟等著名越剧表演艺术家的好评,时任上海市市长陈毅也对前良目连戏中的"哑背疯"给予很高评价,并发给锦旗以作纪念。1984年上虞市文化馆组织人员,对此进行挖掘整理,由单人舞改为集体舞,搬至街头、广场演出,还在绍兴市民间艺术大会比赛上获了奖。但是如今"哑背疯"已很少演出,急需抢救。

3. **舞龙**

舞龙是民间较为常见的舞蹈形式,在越地分布广泛,较著名的有嵊州、诸暨、新昌等地的舞龙。各地的舞龙在大同小异的基础上又各有特色,如嵊州舞龙中的龙,有板龙、布龙、草龙等,而诸暨舞龙分板凳龙、布龙(滚地龙)、竹龙三种,龙首前有民间"铳队"、"响叉队"开道。以下以嵊州舞龙为例进行介绍。

嵊州舞龙中的龙,有板龙、布龙、草龙等,特别是布龙较为普遍,在颜色上多以红、青、黄、白、黑五色为主。旧时舞龙普及全市,多在庙会节庆时举行,有长乐龙、石璜龙、富润龙、崇仁龙、城关殿前龙、南山玠溪龙、甘霖龙等。现在保存较好,活动经常,并有时应邀外出演出的有贵门乡玠溪的两支男舞龙队、甘霖镇黄箭坂村近年重建的男女各一支舞龙队。

玠溪布龙现存青龙、黄龙两条,晚清时期传入,一直传承至今。鼎盛时期有青、黄、白、黑四条龙。现有18节黄龙和16节青龙,龙身全长40米,连乐队要50多人参加活动。玠溪舞龙队近年对龙具已更新替换,对服装和道具也有创新改进,经常应邀去外地乡镇和市里参加展演并获多次表彰和嘉奖,但舞龙人员年龄趋大,而山区青年多外出打工,因此培养接班人已是燃眉之急。

黄箭坂舞龙,相传已有130多年历史。当时由爱好舞龙的20多户人家自愿组成"龙会",购有"龙会"土地20多亩,收入全部用于舞龙活动,每年舞龙人家轮种"龙会"田,负责发动组织和修补或添置龙具服装。活动辐射至浦桥、富润、市区……2004年农村文化示范村试点中,该村投资近万元,从奉化买来青、黄两条11节长20多米的布龙,由该村72岁的老艺人袁益夫指导排练,并重建男女各一支舞龙队。

布龙由龙头、龙尾、龙身三部分组成。龙头制作精细,眼珠突出,下嘴巴会动,滚动时一张一合,威武庄严,形象逼真;龙身由绘有龙鳞龙爪的长布联缀而成，长20—50米，分若干节，少至9节，多至24节。龙身内由木柱篾笼支撑成骨架，每根支撑有一人舞动。前为龙头，后为龙尾，因龙身柔软，表演就格外灵活。舞龙多有锣鼓配舞，以烘托气氛。鼓号声中一擎“珠”者上场，引龙起舞。龙身可以随意滚动，它具有轻巧、柔顺、灵活的特点，可以随“龙珠”俯仰，时而上天，时而着地。有“单龙抢珠”、“双龙抢珠”、“双龙翻滚”、“双龙飞舞”、“一龙翻滚，一龙飞舞”等阵式，表演形式丰富多彩，变化多端，有盘、滚、游、翻、跳、戏等几十个套路。有的舞龙人像表演杂技似的，可以让龙昂首升天，龙身随舞龙人相叠盘旋而上，形似人们意象中的龙。①

在越剧尚未登上舞台时，每逢节日喜庆和庙会、祭祀等大型群众活动之时，舞龙、舞狮、高跷等等民间表演艺术纷纷粉墨登场，舞龙普及全市。龙是我国古代“四灵”之一，传说有兴云布雨、驱邪降福的神通，所以人们常常模拟龙的身体和动作，祈求风调雨顺，国泰民安。趋吉避邪是老百姓尤其是庄稼人的普遍心理，再加上优美的表演和壮观的气势，舞龙深受百姓喜爱。



## 四、传统戏剧

### 1. 新昌调腔

新昌调腔是古老的戏曲声腔之一，又名“高腔”、“高调”，因仅存新昌县一个专业剧团，故称“新昌高腔”。以新昌为中心，流布于浙东绍兴、萧山、上虞、余姚、嵊县、宁海等地。

新昌调腔的渊源有四种说法：一、为明末张岱《陶庵梦忆》中所记载的“调腔”遗存；二、为明代南戏“四大声腔”之一的“余姚腔”之遗音；三、为明末徽池雅调的遗音；四、为元代南唱之北曲（北杂剧）。近来又有较折中的观点，认为调腔是元朝统一后“北曲南移，南腔北上，南北声腔交流”的产物，从产生到现在约有六百多年的历史。无论何种说法，戏曲界的专家均一致肯定新昌调腔是“中国戏曲的活化石”，是浙江以至全国最古老的声



① 参见王敏夙：《嵊州：宝贵的民间文化艺术》，《今日嵊州》2006年3月3日。

腔、剧种之一。

调腔一名最早见于明末清初绍兴人张岱《陶庵梦忆》:“朱楚生,女戏耳,调腔戏耳。”张岱《陶庵梦忆》所云之朱楚生者,即为当时著名之调腔戏演员。“女戏”,是指唱调腔的女戏子。调腔,绍兴人称为高腔或高调,以其“不托管弦、徒歌干唱、人声帮接、锣鼓伴奏”为其演唱特色。明代著名文学家张岱在《陶庵梦忆》中就连夸调腔“妙绝”、“又复妙绝”。调腔流行于旧绍兴府、台州府所属各县和宁波、舟山、温州及浙西等部分地区。

清初,新昌调腔进入全盛期,以杭州为中心向外流传。唱腔有调腔、昆腔、四平,以调腔为主,并有帮腔,是绍兴地区唯一以南北曲为剧本的。明末至清中叶,调腔与昆腔一起在绍兴盛行。清代的时候,调腔的班社可谓遍地开花,单是新昌一地就有宋凤台、老凤台等几十家演出团体。当时有句俗语叫“年终封箱,艺人返乡,说声做戏,即可登场”,由此可见当年演出的盛况。清末,昆腔趋向衰落,而调腔独受宁、绍、温、台一带观众欢迎。李慈铭《越缦堂日记》载,咸丰、同治间,绍兴城里有“群玉班”,新昌先后有“老凤台”、“凤舞台”、“大通元”,俗称有“十二副半”调腔班,从业人员达200人。

至抗日战争开始,兵荒马乱,民不聊生,绍兴调腔趋向衰落,调腔演员加入乱弹班演出,而新昌调腔一枝独秀。民国以后,各地的调腔演出活动渐趋减少,至1959年,新昌县成立专业高腔剧团,调腔即以“新昌高腔”之名入载典籍。虽历经曲折,新昌调腔仍活跃于当今舞台。

新昌调腔音乐可分为剧唱音乐和场面音乐两部分。剧唱音乐由文(唱辞)乐(唱腔)两者构成。剧唱的文体以曲牌为基本结构单位。调腔唱词严谨,曲牌丰富,如今尚存传统曲牌360多只,分“套曲”和“只曲”两大类。“套曲”由多只曲牌按一定规律联缀而成,现存有“点绛唇套”、“新水令套”、“一枝花九转套”、“梁州序套”等32套。“只曲”是由单一曲牌作反复演唱,尚存有“桂枝香”、“孝顺歌”、“驻云飞”、“风入松”、“急三枪”等37支。其中,“风入松”、“急三枪”两支联缀体中,竟还能找到唐、宋时期古典歌舞“踏歌”和“转踏”的遗响,真是弥足珍贵。在浙江各路调腔曲牌中,新昌调腔曲牌最为丰富。

调腔的脚色行当有“三花、四白、五旦堂”之称,三花为大花脸、二花脸、小花脸,四白为老生、正生、副末、小生,五旦堂为老旦、正旦、贴旦、小旦、五旦。其表演以精湛细腻著称，有擎椅、掌烛、背身踢靴等绝技。

调腔音乐的特色有三种：一为帮腔，二为叠板，三为干唱。“帮腔”是演员在演唱时，唱腔的句尾则由后场帮唱或接唱，它既不是简单的“一唱众和”，更不是其他戏剧中常用的那种幕后合唱，而是根据剧中人的心理状态和典型环境，有规律、分层次地予以应和。常在每句唱词的句尾采用一字或数字的帮腔，或者迟一拍用不同旋律重复句尾几字；帮腔纯用人声，各句旋律有逐渐下滑的趋势。让令人感到惊奇的是，同样一句唱词，通过帮腔这一形式，能达到其他剧种所达不到的艺术效果。

调腔不用管弦伴奏，仅以打击乐配合演出，后因受昆曲和乱弹的影响，在少数折子戏中采用笛子和板胡伴奏。调腔的伴奏乐队构成极为简单，仅由 6 人组成，负责鼓板、小锣等的演奏。现代的调腔唱腔中已夹杂着各种各样的乐器，这是随着社会的发展而逐渐变化而成的。

新昌调腔在以下两方面具有显著的传承价值：

其一，与众不同的声腔。

在调腔古戏中则是“不托丝竹，锣鼓助节，前场启齿，后场帮接”的干唱形式。这是演唱中的最高层次，没有相当高的演唱技巧，是难以把握的，这在其他戏曲声腔中已很难听到了，新昌调腔却一代复一代地承传下了这种古老的演唱方式。1992 年 6 月，文化部举办“天下第一团优秀剧目展演”，新昌调腔剧团演出的《北西厢·请生》一折，就以调腔传统的表演手法及高难度的“干唱”形式，倾倒了与会专家和观众，一举夺得优秀剧目奖、编剧奖和表演奖。出人意料的是，一个仅由五人组成的乐队，居然捧得了整个展演中仅有三个音乐奖之一的乐队伴唱伴奏奖。

新昌调腔还有一个奇特的现象，就是没有曲谱。前辈老艺人积累了一整套简单的符号附注在古抄剧本的唱句之旁，形似蚯蚓，名曰“蚓号”，艺人见了就会根据注明的曲牌和不同的符号唱出特定的腔调。

调腔既无曲谱，那么这 360 余只传统曲牌是从何而来的呢？这里有几位有功之臣：一位是上海音乐学院的滕永然，他早在 20 世纪 50 年代初就来浙江采风，根据艺人的唱腔，记成了曲谱和文字。后来，方荣璋先生花费大量心血整理成了《调腔曲牌集》。到了 1983 年，他又编写成了一部 52 万多字的《调腔乐府》。这一成果不仅填补了中国地方戏曲音乐调腔门类的空白，还为后人研究调腔提供了大量翔实的资料，绍兴市文联特授予他“鲁迅

文学奖”。后来，一位名叫吕月明的乐师又在《调腔乐府》和调腔所保留的其他音乐档案的基础上，扩编为《调腔音乐集成》，全书125万字。

其二，丰富的剧目。

调腔的艺术价值除了与众不同的声腔，还有丰富的剧目。调腔所拥有的剧目可说是贯穿了整部中国戏曲发展史。它不仅拥有素有“戏祖之称”的目连戏、始于宋时的老南戏、形成于元代的元杂剧以及明清时期的传奇剧，还有新编历史故事剧和现代戏。其内涵之丰富，形式之完备，在国内现存的剧种中是保存得相当完好的。在调腔档案中，仅保存的古剧抄本就达230多本，晚清以前的古剧抄本就达159种，其中属于元杂剧的《北西厢》、《汉宫秋》、《妆匣记》等剧目为调腔所独有，是极为珍贵的文化遗产。新昌调腔剧团是全国唯一能演《北西厢》的艺术团体，其演出的《汉宫秋》亦能保持元曲的原貌。调腔目连戏在我国目连戏系统中占有重要地位，167出调腔目连剧目中，为其他剧种所没有的多达72出。1959年新昌高腔剧团成立后，继承传统，更新演出剧目，创作出《三搬石门槛》、《接犁》、《古堡春雷》、《猎女嫁虎记》、《智取玉麒麟》、《满江红》、《黄浦江激流》、《红珊瑚》、《杜鹃山》等剧本。

新昌地处浙东山区，环境相对闭塞，调腔因而得以在这一隅之地保存下来。在调腔散曲“风枪联缀体”中还能找到唐时“踏歌”和宋时“转踏”的遗响，对于古代戏曲、音乐的研究具有极其重要的意义。调腔深深地影响了周围的剧种，宁海平调是它的分支，越剧、台州乱弹、瑞安高腔、绍剧等地方剧种也都从它的剧目、声腔和表演中得到一定的滋养。

清末民初战乱频仍，加上新剧种不断兴起，新昌调腔因之走向衰落。新昌调腔剧团是全国尚能演出元杂剧《西厢记》的唯一剧团。目前调腔戏受到社会变革的影响，处于濒危状态，剧团资金匮乏，演艺人员青黄不接，断层严重，又因观众稀少，难以靠演出收入维持生存，处于奄奄一息的状态。只有及时采取有效措施，才能保证这个剧种继续生存下去。

2006年5月20日，新昌调腔经国务院批准列入第一批国家级非物质文化遗产名录。

**2. 越剧**

越剧流行于浙江、上海、江苏等许多省、市、地区，它发源于浙江省绍兴地区嵊县一带，清末在曲艺“落地唱书”的基础上吸收余姚滩簧、绍剧等曲种、剧种的剧目、曲调、表演艺术而初步成型，清光绪三十二年（公元1906年）春开始演变为在农村草台演出的戏曲形式，曾称小歌班、的笃班、绍兴文戏等。艺人初始基本上是半农半艺的男性农民，故称男班。1925年9月17日上海《新闻报》演出广告中首次以"越剧"称之。1916年越剧进入上海时称为"绍兴文戏"，1930年以后又发展成为全部由女演员演出的"女子绍兴文戏"。1938年改称越剧。以后在发展中进一步走向成熟，形成优美抒情的艺术风格。

越剧从起源到成型，再到发展和成熟，是民间艺人和戏剧艺术家们不断探索、不断创新的智慧成果，也是民间戏剧艺术适应时代发展和民众文化需求的历史产物。

清同治年间（1862—1874），嵊县农村出现"落地唱书"，以"四工合调"说唱《养媳妇回娘家》、《蚕姑娘》之类的短篇农村故事，很快流行当地并逐渐传至杭、嘉、湖一带，形成长于叙事的新调"吟哦调"，开始说唱《赖婚记》、《金龙鞭》等长本书。光绪三十二年春节期间，嵊县农村六名艺人首次化装登台，演出《十件头》、《赖婚记》、《倪凤扇茶》，因只用笃鼓、檀板按拍击节，的笃之声不断，故称"的笃班"或"小歌班"，渐次衍变为一种地方戏曲，并流行于绍兴、宁波一带。剧目多半反映农民生活，主要有《卖婴记》、《卖青炭》、《箍桶记》等。

民国初，小歌班流向上海，并以"绍兴文戏"（男班）为名与乱弹班——绍兴大班相区别。1921年，绍兴文戏改原来的徒歌清唱为以丝弦伴奏，称为"丝弦正调"，出现魏梅朵、王永春、支维永、马阿顺、张云标、白玉梅、马潮水等一批优秀艺人，男班进入全盛时期。

1923年，嵊县首次出现绍兴文戏女子科班。此后，女子戏班林立，称为绍兴女子文戏，简称女子文戏。女班所演剧目，多自绍剧、京剧移植，故又称文武女班、女子绍剧等。其时，为适应女子演唱而变"丝弦正调"为"四工调"，演出于绍兴、宁波和上海。1936年左右，绍兴女子文戏因扮相俊美、嗓音甜润、唱调流畅，逐渐取代了男班在上海的地位。当时著名女演员有施银花、赵瑞花、王杏花、屠杏花、姚水娟、马樟花、筱丹桂等。演出剧目多为才子佳人戏，如《梁山伯与祝英台》、《三看御妹》、《龙凤锁》、《碧玉簪》等。1938年，女子文戏创演新戏，开掘新的表演程式，并改称"越剧"。

1942年起，著名越剧演员袁雪芬等进行越剧改革，以剧本制代替幕表

制，建立导演制度，改进服装、化装、布景、灯光，充实乐队，在“四工调”的基础上发展出新调“尺调”，著名越剧演员范瑞娟又创制了“弦下调”，越剧唱腔逐渐形成多种流派。1943 年，中国共产党领导的浙东四明山革命根据地对越剧进行改革。剧团（称社教队）实行男女合演，编演《红灯记》、《桥头烽火》、《浙江潮》等现代戏。

新中国成立后，越剧得到迅速发展，演出团体遍布全国，成为除京剧以外的又一大剧种。越剧在长期实践中，进一步形成了一种优美抒情、诗情画意的独特风格，出现了一批代表性剧目，如《梁山伯与祝英台》、《西厢记》、《红楼梦》、《祥林嫂》、《山花烂漫》、《胭脂》等，其中绝大部分已摄制成影片。越剧还多次出国演出，在香港也受到观众的热烈欢迎。越剧演员队伍有了新发展，不断培养出新的人才。20 世纪 50 年代，遵照周恩来总理的指示，浙江省越剧二团、上海越剧院等先后开始进行男女合演试验，对男女唱腔的革新作了有益的尝试，大大开拓了越剧的题材和表现能力。

越剧是一个晚出的剧种，它善于博采众长，为我所用。越剧唱腔属板腔体，早期曲调单一，后来吸收其他剧种、曲种音乐，逐渐丰富起来。越剧曲调清悠婉转，优美动听，长于抒情，主要有尺调、四工调、弦下调三大类，其中尺调又分慢板、中板、连板、散板、嚣板、二凡、流水板等。越剧的脚色行当分为小旦、小生、老生、小丑、老旦、大面六大类，其中小旦又分为悲旦、花旦、闺门旦、花衫、正旦、武旦六种，小生又分为书生、穷生、官生、武生四种，老生又分为正生、老外两种，小丑又分为长衫丑、官丑、短衫丑、女丑四种。越剧早期演出较为简单，后来搬用其他剧种的动作程式，又从生活中提炼出一些基本动作。1942 年，在袁雪芬等人的倡导下，越剧一方面吸收话剧、电影的表演方法，真实、细致地刻画人物的性格和心理活动，一方面学习昆曲、京剧优美的舞蹈身段和表演程式，使外部动作更细致、更具节奏感。这两方面有机结合，形成了越剧表演写意与写实相结合的独特艺术风格。

越剧有不少为人熟知的优秀剧目，其中较具代表性的有《梁山伯与祝英台》、《红楼梦》、《祥林嫂》、《西厢记》、《追鱼》、《情探》、《盘夫索夫》、《柳毅传书》、《碧玉簪》、《三看御妹》、《打金枝》、《玉堂春》、《琵琶记》、《孔雀东南飞》等。

舞台美术也是越剧中极具特色的一个有机组成部分。从 20 世纪 30 年代初起，越剧就开始采用带有中国画特色的立体布景、五彩灯光、音响和油彩化装，服装样式结合剧情进行设计，在继承传统的基础上借鉴古代仕女画，款式清新自然，色彩、质料柔和淡雅，对传统戏曲服装做了很好的发展。

越剧在短短百年内发展成熟起来，成为中华戏曲百花园中的奇葩。新中国成立后，越剧迅速传播到华东、西南、华北、西北、中南、东北等地，并随着对外文化交流的开展，以其典型的东方艺术特征在国际上赢得了一定的赞誉。进入21世纪以后，随着人们精神需求的多元化和文化艺术形式的多样化，越剧的生存发展出现危机。

**3. 绍剧**

绍剧是以唱乱弹为主兼唱昆腔、高腔及部分小调俗曲的多声腔剧种，其中乱弹以“二凡”、“三五七”和“阳路”为主调。绍剧流行于绍兴、宁波、杭州及上海一带，旧称“绍兴乱弹”、“越剧”，俗称“绍兴高调”、“绍兴大班”，1950年改称绍剧。

绍剧约形成于清康熙年间，乾隆时已十分盛行，历道光、同治至光绪，风头犹劲。自清末民初开始，绍剧升平舞台等班进入上海，在虹口大春园戏院、镜花院、笑舞台、大世界等处演出。在绍兴本地，绍剧也相当盛行，有“越中第一舞台”、“文明舞台”等二十余班。至1934年前后，名伶辈出，先有筱凤彩、梁幼侬、林芳锦等粉墨登场，继而又有老生吴昌顺、筱芳锦、陈鹤皋，大花脸胡福堂、筱扬松，二花脸汪筱奎，老外陆长胜等登台亮相，演出连台本戏《西游记》、《济公案》等。抗战期间，班社虽少，名角却不少，有老生七龄童、十三龄童，武生六龄童，旦角筱玲珑、章艳秋等。六龄童的悟空戏，闻名至今。

绍剧剧目颇为丰富，例如《龙虎斗》、《女吊》。绍剧后期也发展了部分取材于《西游记》的猴戏，名演员六龄童（章宗义）扮演的孙悟空，别具一格地塑造了一个有勇有谋、正义善良的艺术形象；七龄童扮演的猪八戒，则塑造了一个憨态可掬、可笑可爱又可气的艺术形象，令观者为之抚掌叫绝。新中国成立后，绍剧获得较大发展，至1965年，除浙江绍剧团外，尚有其他专业绍剧团五个，至1982年减为三个专业剧团。本时期所演的剧目，以整理改编的传统剧《龙虎斗》、《芦花记》、《孙悟空三打白骨精》与新编历史剧《于谦》等较有影响。毛主席对《孙悟空三打白骨精》曾给予高度评价，写了著名的七律《和郭沫若同志》。绍剧无论唱腔、表演或剧目，均有很高的艺

术价值与研究价值。如今只剩下一个浙江绍剧团，且后继乏人，已近濒危，急需抢救与保护。

4. **目连戏**

绍兴目连戏，产生于旧时绍兴地区的新昌、嵊县、绍兴、上虞等县。流行于诸暨、萧山、余姚、宁海、东阳、兰溪、衢州、建德、宁波、杭州等地。目连戏的产生时间在明代之前，明祁彪佳《曲品》、《祁忠敏公日记》及张岱《陶庵梦忆》均有演出记载。一律唱新昌调腔，现存剧目有新昌前良村（今属嵊州市）清咸丰十年（1860）抄本《救母记》、清光绪九年（1883）绍兴抄本《救母记》、光绪九年绍兴敬义堂抄本《旧抄救母记》、民国初年胡卜村抄本《救母记》、民国十五年新义和班抄本《目连戏》、民国三十六年"吕顺铨抄本"《救母记》、1962 年据民国九年"斋堂本"整理的《绍兴救母记》等七种。明清两代极盛，当局曾下令禁演。（见绍兴师爷秘本《示谕集鈔》）民国时期的盛况，鲁迅等人的文章多处写到。新中国成立后只演过一二次，现已濒临绝境。

绍兴目连戏不仅古老，内有 28 出为明郑之珍本所未收，可见比郑本早，而且所唱的调腔为南戏四大声腔之一余姚腔的遗音，成了研究南戏声腔的活化石，受到学术界极大的关注。鲁迅高度评价绍兴目连戏，称其是"真正的农民和手工业工人的作品"，连续写了《无常》、《女吊》、《目连戏》三篇，他如周作人、柯灵、谢德耀、赵景深、伊兵、许钦文、郭汉城、戴不凡、周贻白、董每戡、钱南扬等大家均有论文存世。因此，绍兴目连戏闻名中外，国外汉学界每年都有人到绍兴采访，成为世界文化的组成部分。目前已濒临灭绝，急需抢救与保护。

5. **绍兴鹦哥班**

绍兴鹦哥戏，俗称"绍兴滩簧"，原由"余姚滩簧"演变而成，初时不分"姚滩"、"绍滩"，只统称"滩簧"。因其内容大多表现男女爱情，犹如鹦哥似的总是成双搭对，故称为"鹦哥戏"。越剧未诞生之前，"鹦哥戏"已在嵊县乡间盛行。鹦哥艺人常在农闲时节，去村坊晒场，用四只稻桶倒覆，上铺门板，搭成"草台"演出。嵊县民间艺人就将当时农曲小调、民间说唱并吸收"鹦哥戏"曲调，以劝人为善、祝福吉祥词句沿门唱曲乞讨，后渐演变为坐堂演唱，名曰"落地唱书"。鹦哥戏的传统曲目，素有"七十二本鹦哥戏"之说，全是反映下层百姓生活的小戏，多为男女私情、家庭纠纷、世态人情之类。表演戏谑滑稽，语言通俗风趣，深受市民和农民欢迎，当时有“看了鹦哥班，男人勿出畈，女人勿烧饭”之谚。光绪三十二年(1906)春嵊县剡南艺人李世泉、钱景松、高炳水等在临安乐平村仿效“鹦哥戏班”搭草台演出，宣告了越剧的诞生。清末民初已有鹦哥班的活动，20世纪30年代前后比较兴旺，属滩簧中“后滩”的一支，流行于绍兴、嘉兴、湖州一带，也曾流布到上海、苏南等地。

鹦哥班的演出较为随意，可仅由两位艺人自奏自演，也可多至6名演员表演、二人伴奏。它是以象征性的装扮和摹拟性的道具、以旦和丑两门脚色的人物表演故事的“戏弄”，表演的主角多为属于劳动人民阶层的无名氏。其装扮和道具的简陋正如绍兴民谚所云：“鹦哥戏，勿是戏，也无刀枪也无旗，也无纱帽也无衣。”

1956年在绍兴登记的鹦哥戏艺人有十多位。1961年，绍兴县文化主管部门和曲协开办的曲艺培训班中，有鹦哥戏学员15名。“文革”前，陆续上演了一些大中型剧目。“文革”结束后的四五年间，又恢复演出了一批剧目。1981年后，绍兴县曲艺团撤销了所属的绍兴滩簧剧团。此后绍兴就没有专业的鹦哥班了。

绍兴鹦哥戏是很有特色的乡土艺术，在表现乡村平民生活方面有其独到之处，因其创作和表演的机动灵活，有着丰富的传统曲目。目前绍兴鹦哥戏虽在群众业余文艺活动中还偶有出现，但演员稀少且分散，处于无组织的自生自灭状态，演出场地缺乏，几无专业演员，颇有湮灭之虞。

**6. 西路乱弹**

西路乱弹，又名诸暨乱弹，是一个以唱乱弹为主，兼唱徽调、梆子、调腔的多声腔剧种，其中乱弹腔以“二凡”和“三五七”为主调。西路乱弹流行于绍兴地区所属各县及周边的浦江、义乌等地。

西路乱弹约形成于清初，清中叶以后已十分盛行，仅诸暨一县就有“老长春”、“老洪福”等乱弹班数十个。清末，西路乱弹开始衰落，仅存三四个班社。抗战期间，班社纷纷解体，艺人流散。建国前夕，仅剩“文明洪福”一班。新中国成立后，于1962年成立诸暨乱弹剧团，1965年因文艺团体整顿而撤销。诸暨乱弹中的徽戏，来自杭嘉湖水路徽班；梆子腔亦由杭嘉湖水路传入，后又传给绍兴乱弹。绍兴乱弹《斩貂》一折，唱西路二凡，即传自诸暨乱弹。西路乱弹在音乐、唱腔、道白、表演等方面，均有异于其他乱弹戏

之处，有一定的欣赏价值与研究价值，并为研究浙江乱弹的来源及其戏路流变提供了珍贵史料。该剧种现已濒危，急需抢救与保护。

## 五、曲　艺

**1. 绍兴平湖调**

绍兴的平湖调也是一个古老的表演艺术，历史悠久，绍兴平湖调又称“越郡南词”，简称“绍兴平调”，是流行于浙江绍兴及其周围地区的一种曲艺形式，因所唱主要曲调为“平湖调”而得名。相传这一曲艺初创于明代初期，成型于清代初期。绍兴平湖调的表演方式为一人自弹三弦说唱，以唱为主，间有说白。据清人著作《六红诗话》、《证谛山人杂志》记载，乾隆前后，绍兴出过一个叫胡嗣元的著名人物，承前启后，把平湖调带入全盛时期，当时与柳敬亭之说书、苏昆生之昆曲鼎立而三，传承至今。

平湖调演唱为坐唱形式，由三位演员分操小三弦、扬琴和二胡，谓之三品，加洞箫、琵琶即为五品，再加双清、笙为七品，再加月琴、头管，即曰九品；无论几品，都只有弹三弦者一人说唱，其余人演奏，开台必先唱节诗，而后接以回书，以唱、说功夫，抒情叙事，摹景观物，塑造人物。据不完全统计，书目有 130 回，还有“节诗”（相当于开篇）百余首。演唱时，先唱节诗，后接回书。用绍兴官话演唱，唯丑角偶用京白、苏白、杭州白。以平调为基本调是通用唱调，附加有喜悦的方调、愤怒的油葫芦、悲哀的唐调、欢乐的落金钱等四大曲牌；另有琐南枝、寄生草及滩簧调。

演唱者多有较高文化修养，旧时其演唱者和欣赏者多系上层社会的人，并无职业性艺人，演唱范围极小。平湖调回书多出于文人之手，以“基本调”（即“平湖调”）为通用唱调，辅之以“方调”、“唐调”、“锁南枝”、“满江红”、“离景调”等十余种杂曲小调。“基本调”的变格称“细调”。唱辞以七字齐言对偶句为基本格律，间加逗，首句及偶数句韵。唱段末尾，常用三句为一单元的形式，称“凤点头”。平湖调文辞高雅，曲调优美，旋律丰富，风格独特，具有较强的文学性、音乐性和艺术性，是明清江南曲艺唱曲艺术在绍兴的传承和发展，它对于培育和提高流传地民众的文化素养，有着十分重要的作用。由于曲高和寡，听众极其有限，平湖调自 20 世纪 40 年代开始衰落。时至今日，绍兴平湖调后继乏人，濒临消亡，急需加以关注和保护。

**2. 绍兴莲花落**

莲花落，亦称“莲花乐”、“莲花闹”，是绍兴等地的一种曲艺。因演唱中间有“哩哩莲花落”之类的帮唱过门而得名。因其演唱生动活泼，唱词通俗易懂，唱腔朴实流畅，富有浓郁的生活气息，莲花落为群众喜闻乐见。绍兴莲花落多为一人用绍兴方言说唱，语言生动活泼，唱词通俗易懂。说、唱并重，演唱者手执纸折扇作道具，三敲板击节。基本曲调简而流畅，特色鲜明。四弦胡琴为主奏乐器，辅以琵琶等伴奏。流行于绍兴、上虞、嵊州、诸暨、新昌和杭州周边县(市)、区。

莲花落曲艺渊源，据有关资料记载，最初是丐者卖艺所演唱，宋元时期已经十分流行。绍兴莲花落相传始于清光绪年间，时有“下三府”(今杭、嘉、湖一带)绰号“长手指甲”之张姓艺人来绍兴卖唱，并收徒定居于绍兴。先后收上虞松厦沈阿发、绍兴坡塘唐茂盛为徒。其时，唱词信口编造，无固定内容，亦无固定基调。

民国初年，唐茂盛受越剧呤嗄调及宣卷调之影响，开始采用接调方法，创造出一套基本唱腔。其演出形式亦由沿街卖唱而改为登台演出。后逐渐形成有故事情节的段子，称为“节诗”。据传，节诗只有 18 只半，第一节诗的唱辞各用一韵，共有 18 个半韵。节诗如《娘家节诗》、《长婆节诗》、《分家节诗》、《箍桶节诗》等，内容多取材于民间生活，故事主人公多为农夫农妇或手工业者，一个节诗叙述一个情节较为简单的故事，具有滑稽、夸张、讥讽、幽默的特点，具有浓郁的生活气息和乡土气息。继而开始说唱长篇，仍以民间轶事、传说为题材，如《闹稽山》、《马家抢亲》、《天送子》等，后借鉴和吸收戏剧及其他唱说文艺本子，如《何文秀》、《百花台》、《顾鼎臣》、《游龙传》、《龙灯传》、《珍珠塔》、《后游庵》等。

近年来，绍兴莲花落表演、唱腔及音乐，皆有较大发展，在伴奏上有时加用琵琶、扬琴、二胡、笛子等乐器，还根据剧情需要，穿插演唱绍剧、越剧及部分民歌小调，并开始进行男双档演出的尝试，除发挥原说唱特点外，还增加表演部分。其书目日益丰富，由绍剧改编的《血泪荡》录音，已为浙江人民广播电台保留节目。

绍兴莲花落约产生于清同治末光绪初年(1878—1883 年之间)，民国四

年(1915)从农村走向城镇,曲种基本形成。新中国成立前濒临消亡,建国后有少量艺人演唱。20世纪70年代后期由于涌现了几位在群众中有影响的演员,又进行曲目上的创新和表演上的改革,成为具有地方特色和有全国影响的曲种之一。

3. **绍兴宣卷**

宣卷,是"宣讲宝卷"的简称,是佛教倡导制度下的产物,原为宗教的"俗讲"形式,内容多为宗教故事和劝世经文。据《辞海》"宣卷"条:"〔宣卷是〕曲艺的一个类别。旧时江浙等地称宣讲宝卷为'宣卷'。清末出现专业艺人,曲目题材多取民间传说。曲调和伴奏均较简单。有苏州宣卷、四明宣卷、杭州宣卷等。各种宣卷大多在建国前已趋向衰亡,其曲调则为一些地方戏曲、曲艺所吸收。"①宣卷讲时用"白",即散文;唱时用"偈",也叫"吟",即韵文。把散、韵两种文体结合一起,作为宣传佛教教义和劝人为善的形式和工具。后来逐渐地演化成一种近似曲艺的形式。自清朝同治、光绪时起,宣卷转为说唱世俗故事为主的娱乐性文艺形式,并大量移植、改编弹词和戏曲的书(剧)目,宣卷遂成为清末和民国时期在我国江南相当流行的一种曲艺。

宣卷的内容皆与佛教经籍有关,如《目连宝卷》、《刘香女宝卷》,也有的与戏曲同目的,如《琵琶记》、《西厢记》、《循环报》、《粉玉镜》等,或来自民间传说故事,如《玉蜻蜓》、《珍珠塔》、《玉鸳鸯》、《碧玉钗》等。说唱宣卷作为一个行当来说,参与其事的有僧、尼、道士,更多的是以此为生的艺人。艺人的介入更丰富了宣卷的内容、曲调和娱乐性。

曲艺性质的绍兴宣卷形成于清末。宣卷有时也分生旦净丑各种角色演唱,但宣卷调无行当及男女腔之分,主要运用不同音色表现各种人物。当其中任何一人敷唱文辞时,听者亦可以帮唱"南无阿弥陀佛"。流行于绍兴及其周边农村。现存民国七年(1918)的绍兴宣卷手抄本《珠塔宝卷》、《瑞珠宝卷》(即《玉蜻蜓》)中,人物已按戏曲角色制分生旦净末丑行当,而丑角均用绍兴方言。绍兴宣卷一般以三人或四人为一班,一人主唱、其他人帮腔;演唱者自奏二胡、三弦等乐器伴奏;也有说白。

中华人民共和国成立后,绍兴宣卷曾经被作为迷信活动而禁止。自20

---

① 《辞海》中册,上海辞书出版社1999年版,第2892页。

世纪80年代初至今,在绍兴农村演唱绍兴宣卷的艺人颇多,以结合民俗礼仪活动(如节令、娱神、贺寿等)的方式进行演出。

绍兴宣卷曲目众多,源流久远,为南方宣卷类曲艺中仅存的几个曲种之一,对于研究曲艺与宗教、民俗的关系具有一定价值。目前,演唱绍兴宣卷的民间班子约有三十多个。

**4. 绍兴词调**

绍兴词调,又名花调,俗称话词。系由盲艺人(女性居多)演唱的绍兴地方曲艺,由三至九人分角色演唱故事,是弹词向滩簧过渡的一种曲艺。流行于绍兴及其周边地区。

宋代和明代的资料中均有关于绍兴"盲翁作场"唱曲艺、"村瞎子弹唱词话"及"搊弹说词"的记载。绍兴词调现存的书(曲)目及其内容、唱词词格、演唱形式等,都反映出它与兴盛于元、明的词话有传承关系,是相当古老的一个曲艺品种。1916年12月12日,鲁迅先生家演唱"花调"——绍兴词调,庆贺鲁母六十寿诞,可见绍兴词调当时颇受市民欢迎。20世纪30年代,绍兴词调相当兴盛,艺人有五六十名;50年代初进行艺人登记时,尚有22人;至60年代中期,还有10位艺人演唱。

绍兴词调历史悠久,书(曲)目丰富且版本古老,唱腔音乐古朴,对杭州、宁波的曲艺音乐有一定影响。绍兴词调的传统长篇书目,旧传有18本,现在仅存8本中的36回,失传严重,且其中有些是绍兴词调特有的书目;尚存"节诗"(开篇)50余首。目前艺人几已不存,曲种将成绝响。绍兴市文化部门正加紧搜集资料,组织青年女演员学习、继承。

**5. 嵊州落地唱书**

"落地唱书"是嵊州土生土长的曲艺,与其他曲艺的区别在于"落地"。其他曲艺形式,演唱时要有一个小小的舞台,而落地唱书则不要特定的条件,在农家檐下门口、台门堂前,站立于地均可演唱,由此而得名"落地"。

"落地唱书"是嵊州民间的一种说唱艺术,它是越剧的母体。它最早的演唱者,是以嵊州剡北马塘村金其炳为代表的农民。落地唱书的前身,是嵊州的田头歌唱,经过五十多年的发展,可分"落地唱书"前阶段——沿门唱书和后阶段——走台书,由农民自娱性歌唱演变成半职业和专业化演唱曲艺的组织,这是嵊州艺人善于学习、勇于创新的结果。到1906年,"落地唱书"搬上舞台,发展成为最早的越剧——小歌班。

田头歌唱是越剧的根脉，由嵊州民间的山歌小调和宣卷佛曲有机组合而成。生性乐观的嵊州儿女，在辛勤耕耘的同时，经常以自娱自乐的歌唱方式抒发感情、丰富生活，同时也造就了一批能歌善舞、多才多艺的民间艺人。特别是在清咸丰元年(1851)前后，嵊州甘霖镇(原剡北乡)马塘村的农民金其炳，利用嵊州的山歌小调结合"佛曲"、"宣卷"，创造了"四工合调"后，田头即兴演唱的形式很快被发扬光大，一时间，嵊州的乡村到处传唱着这种经过初步加工的朴素的歌唱形式。人们给了它一个好听的名字——田头歌唱，而"四工合调"成为"落地唱书"的主要曲调。它是"落地唱书"的母体。

晚清时期，嵊州旱涝灾害不断，加上田赋捐税，民不聊生，逃荒求乞者无数。1863 年前后，金其炳等部分破产的农民，不愿离家出走，也不愿提篮讨饭，为了生活，凭着自己会唱"四工合调"，便仿效新春佳节时"扫地佬送元宝"的形式，沿门挨户去唱"新年新春喜洋洋，五谷丰登粮满仓"等吉利话，以求施舍给年糕粽子等物，"沿门唱书"(沿门卖唱)由此得名。以后，金其炳他们又把嵊州的民间故事编成书目演唱，如《相骂本》、《十件头》、《箍桶记》、《懒惰嫂》、《卖婆记》等一大批小书目，这些小书目有情节故事，很能吸引人，这是"落地唱书"质的大飞跃。这种送上门的曲艺受到广大农民的欢迎。此时，卖唱人为提高艺术效果，仿效嵊州古有的"紫云班"(绍剧)的乐队，自制枣树尺板、毛竹节鼓(后发展成鳖鼓)作伴奏乐器，并两人配档，一人主唱，一人打板接腔。不仅在春节，就是在平常农闲时也到处卖唱，从而成为半农半艺的半职业艺人。清同治五年(1866)前后，嵊州的"沿门唱书"流行到新昌、东阳及杭嘉湖等地。这是"落地唱书"的初级阶段。

日趋完善的"沿门唱书"推进了"落地唱书"的发展步伐，在形式上由"沿门卖唱"转化为进茶楼小舞台演唱。其内容及曲目和曲调也有所不同。约在清同治初期，"落地唱书"向邻县扩展。到清同治末期，已流传到了省内的余杭、安吉、临安等地。那时唱书最好的是金和林、相来鑫。金是个补鞋匠，1875 年后挑着鞋担到余杭，边补鞋边唱书。1879 年春节，金和林首进余杭县方井街(今方县街)全城最大的茶馆岳阳楼(现已毁)唱书，并改艺名金芝堂(相来鑫改艺名相金堂)，把名字绣在桌围上，挂在茶楼小台上的桌子前，自己站立在桌后时坐时立时走，围着桌子演唱，伴唱者则坐于桌旁，击鼓打板，接腔帮唱。"落地唱书"高级阶段的"走台书"由此产生。

1889年间，金芝堂等在余杭城郊葫芦桥河埠唱书，吸取“湖州三跳”的“劝世调”之精粹，融化于自己的唱书曲调中，改帮腔衬字“四工上合尺”为“呤嗄呤嗄”。又经不断实践改进，创了新曲，以帮腔衬字为名，命名“呤嗄调”。“呤嗄调”的诞生，不仅使唱走台书的艺技、效果大大提高，更为以后越剧的诞生，在音乐唱腔上奠定了基础。从此，不少农民弃农习艺，专工此业。

当然，“落地唱书”所以能在19世纪80年代得以迅速发展，还因为当时正处在太平天国之后乱离初定，城市和农村市镇的商业急待繁荣的历史时期；同时他们活动的地区又正好处在民间文艺十分繁荣、曲艺听众面广人多的杭、嘉、湖一带。但是也不能忽视艺人们的传承和创新，如果没有以金芝堂为代表的这一代艺人创造性的开拓，“落地唱书”是不可能形成为人们喜闻乐见的曲艺，自然更没有条件发展成越剧的。①

## 六、杂技与竞技

### 1. 调吊

调吊是一项纯粹运用人体肢体语言进行表演的空间悬垂运动，风格独特，技巧性强，与竞技体操中的吊环和杂技中的皮条有相似之处。一百多年来，经几代调吊艺人的提炼加工，绍兴的调吊有了较高的艺术性和观赏性，动作惊险、刺激，具有浓郁的水乡地方文化特色，并对江南地区的社戏的研究和杂技表演中的空中调技发展具有很高的参考价值。

作为个人锻炼身体的方法和民间杂耍，“调吊”有着悠久的历史，据说早在唐代就有其踪影。《唐传奇》以及宋代的《太平广记》，清代的《聊斋志异》均有对空中杂技的精彩描写，说明从唐代以来我国就有技艺高超的空中杂技表演。据已故老艺人回忆，大约在二百年前，调吊就在浙江绍兴和安徽安庆一带出现。开始只是江湖艺人的杂耍，叫“三上吊”、“杠上单吊”等，动作简单。绍兴第一个有名的调吊艺人，是清末绍兴城里仓桥头的金阿祥。金阿祥以摇船为业，体格强健，在不断的摸索和实践中，创造出“十

① 《越剧发展史——越剧落地唱书时期》，嵊州文化广电新闻出版局提供，参见“中国浙江政府网”，“嵊州·越剧寻根”http://www.szzj.gov.cn。

八吊"至"四十九吊"复杂的动作。经过子孙几代的创新和发展,形成"七十二吊"甚至"一百零八吊"的高超吊技。

调吊作为庙会民俗活动的惊险节目,具有很大吸引力,为广大人民群众喜闻乐见。清同治末年,调吊被目连戏和绍剧"平安大戏"所借用,成为其中最精彩的节目——《男吊》。鲁迅在《女吊》文章中,就有对男吊精彩演出的具体描述,证明在1986年以前,调吊在绍兴当地已有很大影响。当时,调吊艺人还被许多剧团特邀作为加演节目,以招睐观众,保证票房。

清末至20世纪50年代,调吊活跃于绍兴、萧山一带,演出足迹曾达杭州、宁波、上海、北京等地,并多次在鲁迅纪念会上表演。调吊技艺的继承者将它发展到了运动场上,多次在市、省及全国体育运动会上表演。1953年曾代表华东地区参加全国民族形式体育表演及竞赛大会,获得金质奖章,并受到了贺龙副总理的嘉奖。1961年,"调吊"曾受到周总理的好评。

"调吊"有着多种社会价值,它是绍兴民间艺人的独创,动作难度大,技巧性强,充满生活情趣,同时又非常惊险,具有很强的观赏性以及江南水乡地方文化特色。调吊对于绍兴及江南地区民间社戏的研究以及杂技中空中吊技的发展具有很高的参考价值。

时至今日,绍兴调吊的生存状态不容乐观。首先,随着当代社会文化的变迁,"调吊"赖以表演的民俗庙会活动急剧消失,因此该活动也日益减少。其次,目前掌握"调吊"技艺的艺人越来越少,且大多年事已高,调吊的第三代传人已过70岁高龄,第四代传人主要用于个人健身和继承祖传技艺,传承出现断层危机,急需培养新人。

**2. 翻九楼**

"翻九楼"属于一种道教仪式,起源于一个久远的民间传说。那是在二千多年前,秦始皇造万里长城时,孟姜女千里寻夫到长城脚下,得知丈夫在修建过程中死于非命后,号啕大哭,并搭台登高为其喊冤和超度亡魂,致使长城也为此感动而轰然倒塌。后来江南一带为死人招魂,尤其是出现五殇(即因水、火、刀、自缢、分娩而暴死)者,一般就采用"翻九楼"为其招魂、超度。"做孟姜"之始,先由道士们去死者墓前举行"寻魂"、"请魂"仪式,使死者魂魄领受超度,以后便是"翻九楼"。

"九楼"由方桌垒成,有两种方式:一是用9张方桌直垒而成,两旁各用一支在中间埋实的毛竹绑扎加固,称为"一枝香";另一式样是用数十张方桌垒成，底层用13张方桌一字排开，第二层用12张，其后每层递减一张，下面8层的方桌均为桌脚朝下平放，最上面3层的方桌则为一仰一平放置，总共13层。搭“九楼”由懂行的人专职担任，称为“压操”，每一层均有“压操”者一人，他们负责垒起“九楼”，用粗草纸摺垫桌脚，调整厚薄，使之保持平衡稳固，不致打滑。

“翻九楼”之前，有一个称为“赞大贤”（又名“请圣”）的仪式，先是供上三牲福礼，恭请上、中、下三界神道降临。接下来用一支旁有两孔的“画角”，以尖端放置于倒扣在“九楼”方桌上的瓷汤碗底上，孔内插上两只筷子，把两把分量相等的盛有酒的酒壶，分别以壶柄悬挂在筷子上，务必使之保持平稳，然后在桌上重拍三下，若“画角”受震不倒，说明“九楼”搭得安全稳固，这时就可以开始“翻九楼”了。

“翻九楼”，其过程有“翻仰桌”及“翻平桌”两个部分：

“翻仰桌”，顶上第十三层方桌桌脚向上仰放。在急遽的锣鼓声中，两道士从“九楼”两端依次翻跟斗攀缘而上，到第十二层时，两人抓住第十三层方桌的桌档，由外方倒立翻至第十三层；而后，两人即同在桌上倒立，彼此以脚作各式的勾结；而后，一人仰卧，另一人在卧者的胸腹、脚掌、手掌上依次倒立；然后仰卧者起立，另一人在他的头顶、肩部倒立；随后，其中一人逐层翻下，留下的另一人凭桌脚做“钓鱼”、“摇花”等动作。“钓鱼”时用“画角”，表演者两脚各撑住一只桌脚，双手执“画角”撑住第三只桌脚，即为“钓鱼”，待四只桌脚都“钓”遍了，“钓鱼”才告完成。

“翻平桌”，“压操”者待表演者退下后，把第十三层方桌桌脚向下平放，使第十二层和第十三层方桌四脚相接，表演者又翻上第十三层，俯卧桌上，四周旋转，称为“挨磨”，然后要大刀；要刀结束，“压操”者递给他写有被超度亡魂姓氏及孝子姓氏的“文幡”，念咒施法，最后以超度仪式作为“翻九楼”的结束。

“翻九楼”是一种很惊险的活动，具有较强的技巧性和观赏性，宛如“高空杂技”，表演者在层层相叠的桌子间翻来翻去，摇摇欲坠，动人心魄，一有表演，周围群众总会围上去观看。“翻九楼”清末民初流行在绍兴、萧山、义乌、永康一带。由于该技艺十分危险，技巧难度高，在有更多谋生选择的当代已无人愿学，如今已濒临失传。

**3. 童家岭罗汉会**

绍兴县龙峰乡的童家岭村曾有一个专事武术及技巧运动的民间体育

组织——罗汉会。罗汉会的会头叫殷太婆。她以九石米的代价从嵊县(今嵊州市)凡村请来一位叫斌发的武师。武师平时经常穿一藤甲,发功时,一块块肌肉便从藤甲的网眼中凸出来。

罗汉会的学习地点在村头回龙庙(现村礼堂)内。中青年学的是各种拳、捧、刀、枪、剑、棍、拐、扁锐、铜柱、铳、戟、匕首、流星、盾牌等武艺。规定三年学成后,要在伸手不见五指的黑夜里接受一次拳对拳、器械对器械的考试。器械是不开刃的,比试时全凭听觉来进行,胜者被尊为"大罗汉"。

"小罗汉"是在征得教师和家长同意后收来学习各种筋斗的少年儿童。他们先学习"吸壁"(对墙手倒立)、"倒爬虫"(手倒立)、"软腰筋"(做"桥")等基本功。然后再学习"地钟"、"硬钟"、"擦钟"、"丢钟"、"软腰"、"倒挂"、"金宝"、"火坛"、"车水"等十多种筋斗。武师要求很严,如练"擦钟"筋斗,一定要练到能在鼓面上连翻好几个才能休息。新中国成立前,有一个叫李阿虎的小罗汉能一口气在一块砖头上连翻 22 个筋斗,至今传为佳话。

罗汉会最出风头的是赶每年农历九月廿七的两溪舜王庙会。这时,六七名乐师、挑武器担的以及大罗汉们是步行去的。小罗汉则一律红巾抹额,打一英雄结,上扎两颗红绒球,穿着绣花边的裤子,由人用竹轿抬着去。

从童家岭到两溪舜王庙需经十多个村庄,罗汉会每过一村均要表演并受到当地村民们的热烈欢迎。特别是村妇们见到活泼可爱的小罗汉,便一边往孩子的袋里塞油枣、蛋糕、桂花糕等好吃的东西,一边将小罗汉领进卧室,要他们在床上翻几个筋斗,以图吉利。

罗汉会演出时均有乐器伴奏。在舜王庙的整场演出可长达三四小时。先是大罗汉们表演走"编笆阵"、"剪刀阵"、"四角阵"、"梅花阵"。后由小罗汉们翻各式筋斗。有的小罗汉翻得高兴,还会即兴表演,翻出各种新花样来。接下去是大罗汉们的武术表演,有徒手,有器械,有单练,有对练,刀光剑影,引来周围观众不断的掌声和喝彩声。

罗汉会最后的表演是集体造型——叠罗汉。大小罗汉合练。身强力壮的打底,叫做"桩"。做"桩"者的头、肩、背、肚、腿均可站人。体重较重的,站在第二层,叫"二桩"。体重最轻的站在最高层,叫"结顶"或称"竖行牌"。造型从两人开始,一直可叠到九人,称为"掼九大人"。在叠的过程中,罗汉们还能不断做出"鲤鱼打挺"、"凤凰展翅"等各种姿势。

童家岭村的罗汉会至新中国成立初已有五代传人。当年的大罗汉李茂兴至今还保存着使用过的兵器。这类既练武术又练技巧的民间体育组织,对农村开展全民健身、自我娱乐活动很有价值,值得挖掘推广。

**4. 叠罗汉**

叠罗汉是流传于新昌县青坛、南洲、岭脚、细心坑和山头等村的一种民间杂耍,由若干人互相配合,组成各种造型动作。按俗约,村内以7年为一期,招纳十余岁儿童10名"小罗汉"组合活动。1946年,新昌南洲罗汉班叠罗汉,曾"七代"同场。

"罗汉"头扎绣花包巾,身穿排扣打衣和灯笼裤,脚着绣花缀红球薄底靴,缚阔幅腰带,作武生俊扮,道貌岸然,具有长枪、盾牌、短刀、长刀、大刀、飞叉、流星、花棍、铁锏、三节棍等,配有乐队。表演时,先由小罗汉串阵走队,有梅花阵、剪刀阵、穿花阵、盘龙阵等。接着,众罗汉翻筋斗,出台(头手顶桌面翻过直立),转风阵(即戏曲中的"排头小翻"),鲤鱼过滩(凌空跃过桌面),套箍(一人执竹箍,其余从竹箍中穿过),倒竖蜻蜓,翻桌角(手点桌角,转体飞越),绕全桌(单手撑桌面,身绕桌面空转达一周落地),龙吞口(一人立桌上叉开双腿,其余从胯下穿过),背米(八仙桌上叠放一把高椅,上置大鼓,表演者立于鼓面,手捧一畚斗白米,以凌空筋斗落地,畚斗内白米不能洒落)。然后,叠罗汉,有麒麟送子(两人搭肩为底,一小罗汉合掌盘坐或直立于上),走舞踏龟(9至10名罗汉,分3层上叠,快步转圈),独背众人(一大罗汉负5名小罗汉,端立不动),千手观音(分3组,每组一人负2人,排成一线,手前伸作各种姿态,组成多头多手佛像),六叶荷花(即"荷花结顶",分3组,每组一人负2人,围成一圈,上2人于腰际联手,组成6瓣荷叶状)。其后,表演武术。最后舞狮。舞狮有一节目名"狮子钻岩洞",系由12人叠成两层,各以手相接,虚拟"岩石",舞狮者绕"石"钻转。

1950年后,叠罗汉这一杂技形式已少见演出。近年来,随着对文体活动和非物质文化遗产的重视,叠罗汉这项传统活动重新焕发了青春。比如在新昌县小将镇,学习叠罗汉的人逐渐多了起来,各村的叠罗汉爱好者也自发地集中起来,一些孩子也加入到了这个行列中,学习叠罗汉成了小将镇一项群众性的文体活动,这不仅使广大村民的体质得到了锻炼,而且使这项传统活动得到了更加广泛的传承和发扬。以前小将镇青草坪七堡龙亭庙会的迎神队伍中,南洲的叠罗汉武术表演最精彩、最有名,近年来多次

到县里市里亮相献技，南洲村还被评为“绍兴市体育特色村”，2006 年南洲罗汉表演艺术列入首批新昌县非物质文化遗产目录。

实际上，由二人以上的人层层叠成各种样式的叠罗汉广泛存在于世界各地，一般是作为一种游戏或体育活动，常出现于马戏团特技表演、啦啦队表演以及舞蹈表演之中。西班牙的加泰罗尼亚地区将叠罗汉视为当地传统的民族体育活动，传说古代西班牙与法国战争时，加泰罗尼亚人曾以叠罗汉的方法将炸弹扔至敌方城墙内，并以此赢得战争。为纪念此举，叠罗汉成为当地颇具特色的表演活动。在 1992 年的巴塞罗那奥运会开幕式上，就曾表演过叠罗汉这个节目。① 与其他地方不同的是，新昌的叠罗汉蕴涵了越地特有的民俗情感和民俗心理，它有多种不同造型，寓意不同的文化内涵，只有在对中华文化和越文化有一定了解的前提下才能对它充分理解和欣赏。

**5. 响叉**

响叉，亦称飞叉，系由古代民间武术加工成的杂技节目。木棍一端或两端装有“山”形钢叉，叉颈有活络环形铁片，舞之锵锵有声。

响叉表演以前是传统庙会或元宵节迎送龙灯时的重要娱乐项目之一。响叉队为民间仪仗队组成部分。其表演形式特点有：手、眼、身、脚、步势同时配合，要眼明手快，滚、擦有劲，可单独表演，亦可集体表演，可固定场地表演或串街表演，也可登台表演，有单手动作，有双手动作，交换次数不局限，因势利导，因地制宜，串腿叉从脚下滚过，盘头叉从头背滚过，或向高处抛接，作“蜻蜓点水”、“苏秦背剑”、“凤凰展翅”等花式，变化灵活，形式多样，集体表演时，响叉连续发出金属的击碰声“刹唧唧、刹唧唧”，观众听了有一种悦耳的紧张感。

安华绍佳泉村之响叉享有盛誉。新中国成立前夕尚有 15 把响叉，1949 年以后逐步扩大，以后一度式微。诸暨推出“西施故里风情节”后，村里恢复“响叉队”，有男女队员数十人，可随时组织队伍举办活动，还培养青少年，鼓励他们学响叉，有意识吸收他们去参与表演，确保后继有人。

---

① 参见《叠罗汉以前是为了扔炸弹》，《都市快报》2008 年 10 月 12 日第 11 版。此前，2006 年 8 月 17 日央视国际台亦有相关报道。

# 第三章　社会风俗、礼仪、节庆



## 一、概　况

据联合国教科文组织《保护非物质文化遗产国际公约》，“非物质文化遗产”包括：口头传说和表述，包括作为非物质文化遗产媒介的语言；表演艺术；社会风俗、礼仪、节庆；有关自然界和宇宙的知识及实践；传统的手工艺技能。据国务院办公厅《关于加强我国非物质文化遗产保护工作的意见》，非物质文化遗产的范围包括：口头传统，包括作为文化载体的语言；传统表演艺术；民俗活动、礼仪、节庆；有关自然界和宇宙的民间传统知识及实践；传统手工艺技能；与上述表现形式相关的文化空间。从两个文件中的表述来看，“社会风俗、礼仪、节庆”也就相当于“民俗活动、礼仪、节庆”。实际上，礼仪和节庆也应当包含在社会风俗或广义的民俗活动的范畴中。为了表述的方便，本章以下内容将用“社会风俗”指代非物质文化遗产中的这部分内容，凡提及“风俗”或“民俗”之处，若无特别说明，则是包括了“礼

仪"和"节庆"在内的。

社会风俗是特定社会文化区域内相沿积久、约定俗成的风尚、礼仪、习惯的总和,是人们在衣食住行、婚丧生老、岁时节庆、生产娱乐、宗教信仰等方面共同遵守的行为模式或规范,以及蕴涵其间的文化心理。人们往往将由自然条件的不同而造成的行为规范差异,称之为"风";而将由社会文化的差异所造成的行为规则之不同,称之为"俗"。所谓"百里不同风,千里不同俗"正恰当地反映了风俗因地而异的特点。以绍兴为中心的越地也不例外。

关于越地的风俗,史料早有记载:"越人跣行"、"越人披发"、"文身断发",等等。记录了七千多年前越地先民不穿鞋、不戴帽的生活习惯以及为了适应水滨生活而具有的不同于中原地区的习俗。越地的民间习俗,是在于越民族的生活习性的基础上,受地理环境、经济生产、人口流动等等内在和外在因素的影响,经年累月、代代相传发展演变形成的。

悠久的历史,灿烂的文化,顽强的民族基因,酝酿了越地多姿多彩、丰厚浓酽的民俗生活,造就了一个礼仪之邦。越俗中繁缛的婚、丧习俗,隆重的祭祀礼节,四季花样多变的岁时节庆都曾盛极一时,淋漓尽致地体现了越地民俗的悠久历史和深远影响。按照普遍的民俗分类法,越地民俗可分为岁时习俗、生产习俗、生活习俗、礼仪习俗、信仰习俗、社会习俗、消费习俗等等。考虑到非物质文化遗产的分类法,并且兼顾越地社会风俗的特征,本章只着重讨论传统节日、祭祀习俗、生活习俗以及庙会这几类民俗文化遗产。

越地的传统节日形式多样,内容丰富,是于越民族以及生活在古越大地上的汉族和其他民族所创造的历史文化长期积淀凝聚的结果。与我国其他以农业为主的地区一样,绍兴旧时崇尚"四时八节",据说起源于春秋末期依夏历按季节起居生活的越民俗。"四时"指春分、夏至、秋分、冬至,其中,冬至因收获已毕,正当慰劳休养之时,最受重视,越谚有"冬至大如年"的说法;"八节"指元宵、清明、立夏、端午、中秋、重阳、立冬、年节,尤以端午、中秋和新春年节为大节。除了四时八节,还有正月初八迎春牛、二月初二花朝节等与农业生活密切相关的节日活动,这些岁时节日印记着鲜明的农业文化烙印,是传统节日中最主要的部分。此外还有别的一些节日,比如源自宗教活动的七月十五盂兰盆会(此乃佛教称谓,道教称"中元节",

民间又称“鬼节”），七月三十祭地藏王等；又比如结合了多种因素、糅合了多重情感在内的三月初五嬉南镇、游禹庙，七月初七过七夕等民俗节日。

以上这些节日，无一例外都反映了越地的风土人情，携带着越文化的基因。从表面来看，节日离不开衣食住行等物质载体；进一步看，节日离不开人际交往和信息传播；更深层次来分析，节日的种种表象背后都潜藏着民族性格、民俗情感、民俗审美、文化心理和集体无意识等等看不见摸不着却又对人们的举手投足起着实质性影响的无形能量。不管是哪个层次，归根到底都要受越地特殊的地理资源、生态环境、经济形态、历史文化积淀等等背景因素的制约和影响，从越地和越地历史的特殊时空中化育而成的社会风俗必然要打上越文化的特殊印记。例如，越谚“正月灯，二月鹞，三月上坟船里看姣姣”反映了绍兴清明节与众不同的一大特征——因绍兴是水乡，仕女盛装结伴乘船去扫墓，故而形成只有越地才有的“船里看姣姣”的殊景。

“天地君亲师”的祖训是中国传统礼制中根深蒂固的一部分。几千年的宗法家族社会，使祖先崇拜成为民间习俗的重要组成部分，祭祀成为表达和维持这种朴素信仰的惯用方式，越地的许多传统节日就包含了祭祀的内容，例如年节，农历二十三送灶神，要做全堂羹饭祭祖，祭祀是必不可少的环节。节日与祭祀关系密切，除了在节日中进行祭祀，也有一些专门的祭祀活动因其影响深广而发展成相当于节日的形式和规模，如禹祭。“谨祭祀”是越民俗的主要内容之一，祭祀的对象有祖先，有天地鬼神，还有各类动物神或植物精怪，也有历史名贤或传说人物，几乎无所不包。形式上有国祭、地方祭、民祭等。

越地的祭祀习俗中，固然存在相当大一部分属于远古时代因蒙昧无知而衍生出来的信仰活动，例如祭祀“五猖神”的东关“五猖会”，又如病家“送夜头祭祟鬼”，这是在科学尚不发达、人们无法解释眼前遭遇的天灾人祸的时候将不幸的原因归结为种种假想敌的结果；但是，越地的祭祀习俗中还有不少是颇有正面意义和现实价值的“公益”活动。在绍兴，凡有恩泽于当地人民的先贤，历史上德高望重的忠臣义士，各行各业的创始人，都得以立庙入祠享受香火供奉，如马臻、汤绍恩、曹娥、关帝、岳王、包公、海公、孙思邈（药业）、鲁班（建筑）、唐明皇（梨园）、华佗（医术），等等。对这些人物的祭祀，其目的既是表达人们的追思缅怀和感激崇敬，又是宣扬忠孝节

义以激励后人，当然，不排除在祭祀的时候个体可能存有的功利动机。

越地有关衣食住行、婚丧嫁娶的生活习俗和礼仪风尚更是五花八门。最著名也最鲜明的是绍兴的“三乌”文化——头顶的乌毡帽、碗里的乌干菜、水上的乌篷船。“头戴乌毡帽，身穿笼裤大襟袄”是旧时绍兴农民的主要穿着，乌毡帽成为绍兴人服饰习俗的标志。在饮食方面，素有务实精神的绍兴人以节约为本，乌干菜、臭豆腐，都是绍兴人饭桌上常年不断的下饭佳肴。绍兴乌干菜，历史悠久，闻名遐迩，是颇具越地特色的传统土产。在明清时期，曾列为“贡品”，又是绍籍京官馈送同僚的佳品。旧时每到季春，在绍兴差不多挨家挨户动手晒制干菜，场面热闹壮观，既为自吃，又为送人。当时谁家都放着一坛半罐的干菜，当今不少家庭还保持储点干菜备用的习惯。

乌篷船、脚划船，则是绍兴独一无二的水上交通景观，在过去陆上交通尚不发达的时候是不可替代的出行工具，现在则成为绍兴旅游的特色产品。绍兴乌篷船，船体细长如柳叶，头尾尖尖，二头微微翘起，玲珑俊秀，又质朴古拙。船上盖着三至七扇不等半圆形的船篷，用竹编成，有的中间还夹着箬竹。船篷上按习依俗涂上调煤黑的桐油，用以加固和防漏，乌黑油亮，船由此而得名。船篷前后有几扇是固定的，但中间的篷都是可以随意前后挪动的，除了雨天和晚上，中间的篷经常移开叠在或前或后的定篷上，让船肚敞着迎客，既方便游客下船上岸，又可让游客坐着观光赏景。

旧时绍兴城内台门比比皆是，民国初年有民谣曰：“绍兴城里五万人，十庙有庵八桥亭，台门足有三千另”，反映了绍兴的建筑特色。早期的绍兴台门，多为规模宏阔的高官巨贾的私家府邸，显示出主人的社会地位和家庭威仪。及至民国初年，台门逐渐成为普通人杂居之地。

庙会在越地非物质文化遗产中具有独特的地位，它既是多种民俗活动的综合体，又是承载着多种文化事象的文化空间，兼具经济、娱乐、社交、文化等多重功能。绍兴庙会习俗流传颇久，庙会一为禳灾祈福，如迎祭土谷社稷神以求五谷丰登；一为各业崇祀本行“祖师”，如戏业奉唐明皇、纺织业奉钱镠等等；一为纪念各种人物，如岳庙、关帝庙、曹娥孝女庙、西施殿等等。庙会日期多为有关人物生辰、死忌等时日。如俗传五月十六为黄老相公公；六月十六为包拯生日，绍兴城乡即有包公会；九月二十七为舜王生日，绍兴双江溪即有舜王庙会；农历二月十九、六月十九与九月十九为观世音诞辰及得道日,绍兴城东南香炉峰炉峰寺即行香市。庙会循俗演戏祀神。1920 年 9 月,绍兴《越铎日报》报道:“县属昌安门外泰山庙,俗传每年旧历七月十三日为朱太守诞期,由该处十三堡哄迎赛会,并演戏十余台。”“极形热闹,泰山庙空地则赌桌林立,牌九、牌宝、白心宝均皆齐备。”①

乡间,庙会亦称会市,演戏祀神外,多同时举办集市贸易,故乡民亦称赶会市,往往是人头攒动,热闹非凡。近人钱伯华所辑《绍兴史迹风土丛谈三》中“越中灯词:东关十里逐笙歌,百戏鱼龙烛队多,照出隔江明月好,估灯千百下曹娥”,生动地描述了旧时上虞曹娥江两岸民间庙会活动之盛况。特别是丰惠、百官、曹娥、东关的四大庙会,规模宏大,盛况空前,特色各异。有民谚云:丰惠珠宝,曹娥花泡(好看),百官热闹,东关杳杳。② 丰惠庙会队伍装束最为讲究,特别是骑在马上的童男童女,佩戴着各式珠宝显耀过市,更显其富有;曹娥庙会则有六艘龙船大敲出迎,壮观漂亮;东关五猖庙会虽然盛况无比,但迎过一次,下一次何时再迎,相隔甚远,故而杳杳;百官下庙庙会,不但热闹非凡,而且别具一格。如今,各地庙会已今非昔比,随着现代休闲娱乐活动的演变和普及,许多传统节目已然消失,庙会的最初意义正逐渐被淡忘,取而代之的是“文化搭台、经济唱戏”的商品交流会。作为民俗综艺节目和文化空间的庙会亟需重新认识并施以有效保护。

## 二、传统节日习俗

### 1. 端午节习俗

绍兴各县市普遍流行端午习俗。

端午节,节期农历五月初五,又称端阳、重五、重午、天中节等。旧时,人们常于此日佩带香袋,大家小户均悬钟馗或姜太公像,截菖蒲为剑,与艾叶同插于门窗、床铺,并贴朱书“姜太公在此,百无禁忌,诸邪回避”、“五月五日天中节,赤口白舌尽消灭”、“艾叶为旗,招四时之吉庆;菖蒲作剑,斩八方之妖魔”、“蒲龙献瑞,艾虎呈祥”纸条于门窗、墙壁,以雄黄染小儿之额及

① 绍兴《越铎日报》1920 年 9 月 7 日。

② 参见屠仲道:《百官“老十六”庙会》,《上虞日报》2006 年 8 月 11 日“虞舜文化”版。

手、脚心,或于前额书“王”字。如今,仍有喷洒雄黄酒及燃苍术、白芷、蒜皮、蓼草等烟熏室内之习。

此日,食端午粽,亦有食“五黄”(黄鳝、黄瓜、黄鱼、黄酒、雄黄豆或黄梅)及苋菜、荷包蛋之习。俗传雄黄可祛邪,苋菜可避痧,荷包蛋可免因淋雨致病。旧习多于端午节演出《白蛇传》。

端午节这天,绍兴城区尚有“上府山看蜒蚰螺(蜗牛)”之俗。过去绍兴城锡箔工人多达数万,是日,坊主须置酒席款待工人,例行休假。工人在这天中午畅饮一顿后,多在下午休业时涌向府山休息。因此时天气转暖,工人脱去衣服,袒胸赤膊,躺卧于山坡晒太阳,从山下远望,宛如蜗牛之蜿蜒,民间戏谓“赤膊蜒蚰螺”。此时,人们竞相观看,并多以有否上府山看蜒蚰螺相询。1949 年后,锡箔业衰落,箔业工人转业,此俗亦不复现。

**2. 中元节习俗**

农历的七月十五日,佛教称盂兰盆节,道教称中元节,是民俗节日中的三大鬼节之一。届时,无论贫富,家家户户都要祭祀祖先,称为“做七月半”。有新亡者之家,还要请和尚、道士诵经超度,至亲也都要赶来拜灵。南宋陆游在《老学庵笔记》中说;“故都残暑,不过七月中旬。俗以望日具素馔享先,织竹作盆盎状,贮纸钱,承以一竹焚之,视盆倒所向,以占气候。谓向北则冬寒,向南则冬温,向东则寒温得中,谓之‘盂兰盆’。”这天夜里,绍兴乡村还有挂旱灯与放湖灯的活动。

所谓挂旱灯,大抵是在土地庙的东西两侧,各竖两支大毛竹,顶端又各横架一竿,像两个足球的球门。每支横竿上又各悬灯 7 串,每串有灯 7 个,头咬底、底顶头。这样东西均有 49 盏,共 98 盏灯笼一齐点燃,远望像是 14 串大红珠。灯光与月光、萤光争辉,诚所谓“蟾蜍影灭高树颠,萤火飞光不成绿”,堪称一大景观。

湖灯则须全村居民家家户户自己动手制作。一般是用一片大蚌壳做灯盏,里面装以菜油。菜油多少,以蚌壳浮水的力量为度。再剪一段高粱秆,穿一个小洞,贯以灯芯,放于菜油里。接着,有船的坐在船中,无船的趴在岸边,把灯点燃后,外罩一个荷花形的灯笼壳上去,轻手轻脚地把灯漂在河面上,让它随风漂向远处。这时,锣鼓喧天,天光与灯光上下辉映,水天浑然一体。“声隆隆,灯烂烂,千盏万盏莲花散”,景色十分绚丽耐看。也因为放灯于水,最终难免沉入湖底,一去不返。所以绍兴人把讨不回来的债和此去不会再来的人诮之为“放湖灯灯”。

其实,放湖灯就是从“盂兰盆”演化过来的。溯其源头,当在六朝。颜之推的《颜氏家训·终制篇》就说:“有时斋供,及七月半盂兰盆,望于汝。”唐时,宫庭内也曾经流行。据《旧唐书》所说:“代宗七月望日于内道场造盂兰盆,饰以金翠,所费百万。”宋人孟元老的《东京梦华录》说得尤为具体:“以竹竿斫成三脚,高三五尺,上织灯窝之状,谓之盂兰盆,挂搭衣服冥钱在上焚之。”后人且广为装饰,刻木削竹,打蜡剪彩,模花叶之形为盂兰盆。可见唐代宗的盂兰盆和孟元老所说的盂兰盆,已具灯型,到了清代就真正变盆为灯了。顾禄《清嘉录》说:“或剪红纸灯,状莲花,焚于郊原、水次者,名曰水旱灯。”

由于具备较强的观赏性和娱乐性,挂旱灯、放湖灯成为一种饶有趣味且历久不衰的民俗活动,吸引了群众广泛参与。20世纪50年代,为了促进民族文化的弘扬,绍兴县文化馆曾在东湖搞过一次湖灯展览,很受群众的欢迎。此后因历史原因,就没有再见过第二次的“放湖灯”了。

然而,这些起源于祀神娱鬼的活动,却在绍兴形成了不能以灯送人的习俗,因为据说只有鬼才需要有人送灯,以照幽冥之苦,可以泛慈航而登彼岸。远在宋代,就有一句俚谚叫做“赵老送灯台,一去更不来”。老人们一直传说送灯是不吉利的,如果拿灯去赠送亲友是会遭到诟骂的。这正是“盂兰盆”习俗在其演变过程中衍生并存留在民众心理中的一项副产物。

## 三、祭祀习俗

### 1. 大禹祭典

“北有黄帝陵,南有大禹陵。”大禹陵位于浙江省绍兴市,距市区东南约7公里的会稽山。《越绝书·越绝外传记地传》称:“禹因病亡死,葬会稽。”据“夏商周断代工程”研究确定,禹在位10年,葬于会稽时为公元前2062年,距今已有四千多年。

大禹陵是全国祀禹中心。历代祭禹,古礼攸隆,影响巨大。自公元前2059年左右,大禹子夏王启开端,祭会稽大禹陵已有定例,夏初时期的祭禹活动,是中华民族国家祭典的雏形。公元前210年,秦始皇“上会稽,祭大

禹”,是历史上第一次皇帝亲祭大禹陵,开列了大禹祭典的最高礼仪。历代以来,由皇帝派出使者,帝沐赍礼来会稽祭禹者更多。到明代,遣使特祭成为制度。清代,康熙帝、乾隆帝又亲临绍兴祭禹。

古代绍兴祭禹的日子,通常是在俗传为大禹诞辰的旧历3月5日,民国时期,绍兴地方政府曾定9月19日为会稽山大禹陵庙年祭之期。新中国建立以来,人民政府十分重视对大禹陵庙的保护,经常拨款修缮。

1995年4月20日,浙江省人民政府和绍兴市人民政府联合举行了“1995浙江省暨绍兴市各界公祭大禹陵典礼”,承续了中华民族四千年来尊禹祀禹的传统,翻开了新中国祭禹的新的祭祀典章,公祭每五年一祭;地方民祭和后裔家祭则每年一次,绵延不绝。1995年5月15日,江泽民同志还亲临大禹陵视察,高度评价大禹、大禹精神及公祭大禹陵活动,回京后为大禹陵牌坊题写了坊额。自1995年以来,祭禹已成为绍兴市的一个常设节会,采取公祭与民祭相结合的方式,每年举行祭祀活动。

目前的祭禹,公祭时,往往有各级政府派员主祭,仪式也非常隆重。民祭已经突破了原有的传统,凡对大禹精神抱有崇敬之情的百姓,都可以参加祭禹活动,形式也比较灵活。禹氏后裔的祭祀最富有特色,被称为族祭。现大禹陵的禹陵村,至今仍有一百多人的姒姓人家,他们是大禹的后裔,祖传的职责就是守陵与祭禹。2007年4月20日,国家文化部与浙江省人民政府共同主办2007年公祭大禹陵典礼,使祭禹典礼成为新中国成立以后的国家级祭祀活动。

祭禹是自古以来的重要祭典,是我国民族的传统。大禹祭典是中国历代王朝的重要祀典之一,因其绵延不绝,保存完好,是研究中国礼仪文化和祭祀形式的重要历史资料。大禹祭典的制度和礼仪,包括祭品、祭器、祭乐、祭舞和祭文等等,历史久远,蕴涵了十分丰富的民族传统文化的信息,具有重要的历史价值、人文价值、文化价值、艺术价值和学术价值。禹是华夏民族在神州大地奠基立国的一位伟大先祖,对中国历史的演进和发展有着深远的影响。大禹在治水、立国的大业中,所持的爱民为民、舍己为人精神,艰苦奋斗、百折不挠精神,道德为先、以人为本精神,据实行事、革故鼎新精神,位尊不恃、纳言听谏精神,为国为民、远见卓识精神,正是他可与天等齐、与日月同辉的明德,也是我们民族优秀传统的重要内容。大禹事迹、大禹精神感召着代代华夏儿女,大禹祭典,更是牵动着亿万华夏儿女的心。

大禹祭典是弘扬民族精神的重要举措，对中华民族起着无可替代的凝聚作用，其凝聚力已深深渗入民族的血液之中。可以肯定，加强对它的保护，对传承中华历史悠久的传统文化有巨大的意义。2006年5月，“大禹祭典”入选第一批国家级非物质文化遗产名录。

**2. 祝福**

祝福，又称“请大菩萨”，是越地特有的一种传统风俗，系一年中最为隆重之祭祀活动。无固定之日，一般择送灶至除夕间之吉日行之，迟不过立春，以与祝春福相别。

关于祝福的起源，有两种说法，一说祭“南朝圣宗”，为南宋抗金英烈；二是祭黄山西南两个救民于水火的治水英雄。祭祀仪式在农历十二月廿四至廿八。有传统的摆设、供品和跪拜仪式。在杭州滨江三镇和绍兴城乡普遍盛行。西兴祝福主要在萧绍平原滨江三镇，绍兴祝福在绍兴城乡。

祝福起于南宋，盛行于明清，解放后逐渐淡出，如今仅在农村土著居民中奉行，城镇一般少见。萧山闻堰镇有“黄山西南”殿，由著名民俗学家题匾。祝福的目的是祭祀与缅怀英烈，有利于爱国爱乡民族精神的弘扬；年终祭祀大典，有利于新生代的认识历史、激励人们不忘根本、构建和谐；祭祀仪式、供品与摆设等民俗文物，具有地方特色。

由于鲁迅的小说《祝福》与同名的戏剧、电影等，使这一地方性的祭祀风俗得以广传远播。“家中却一律忙，都在准备着‘祝福’。这是鲁镇年终的大典，致敬尽礼，迎接福神，拜求来年一年中的好运气的。”①一首绍兴歌谣：“二十夜，连夜夜，点起红灯做绣鞋，绣鞋做好拜爷爷。”描述的便是当岁暮临近之时，绍兴人家抓紧准备祝福与过年的情境。

按绍兴的老法习俗，自农历十二月二十三日起，“日”就要以“夜”称了，“二十三日”便该叫做“廿三夜”。廿三夜据说是灶司菩萨回天庭述职的日子，每家每户都须在这一天里祭送他。灶司菩萨，又叫灶王爷，是玉皇大帝派在人间监察各家善恶是非的。每到大年二十三，他便将一年中收集的资料带往天庭复命。动身之前，各家便准备酒菜，一来犒劳他的辛苦，二来也担心自家难免有行差踏错的地方，若非大奸大恶，请灶司菩萨吃顿好的，讨个人情，便可以不必报与玉帝知道了——很多绍兴人家会在席中供奉一种

① 鲁迅：《彷徨·祝福》，《鲁迅全集》第2卷，人民文学出版社1981年版。

极富粘性的饴糖，据说也是希望它能粘住灶司菩萨的牙齿，使他不能向玉帝告状说主人坏话。

送灶司菩萨上天之后，便是“请大菩萨”了，这是绍兴人一年中最为隆重和要紧的祭祀活动，俗称：祝福。祝福的用意，乃是祈求新年里的幸福，具体进行的时间不固定，但通常会选择送灶后、除夕前的某个吉日。“杀鸡，宰鹅，买猪肉，用心细细的洗，女人的臂膊都在水里浸得通红，有的还带着绞丝银镯子。煮熟之后，横七竖八的插些筷子在这类东西上，可就称为‘福礼’了。”①老人们说，菩萨是不进不洁之家的，因此在祝福之前必须要把厅堂、祭桌和祭器等掸扫洗刷干净。接着，便是女人们去买鱼、买肉、买酒、买裹粽、买春糕、磨豆腐、做年糕……买办停当后，便宰杀牲禽以作福礼。福礼有猪头（也有单用肉的，但一般量比较大）、全鹅、全鸡，称为“三牲福礼”，是最常见的。有那家境殷实者，便用五牲乃至七牲，一则显示自己的阔绰和气派，二则强调对“大菩萨”的崇敬和虔诚。福礼备好后便悉数盛于木制朱漆大盘中，插上筷子，备以厨刀和一碗牲血。旁边再摆上一盘豆腐、一碟盐、几块年糕、几串粽子，以及三茶六酒，才算齐全。

祝福的禁忌颇多。如绍兴话“鹅”、“我”同音，为免“杀鹅”变成“杀我”，通常将“鹅”叫做“白狗”，或索性将鸡、鸭、鹅等家禽通称为“牲屠”。因此以家禽作福礼时，其实是连“杀”字都须禁忌的——为图吉利，便将之说成“装扮牲屠”或“化牲屠”。福礼的摆放也一律要按照定规：猪头的嘴得朝上；鸡和鹅须曲腿作跪状，头向福神，以示恭迎；鱼要鲜活，以红线穿背、红纸贴眼，悬于龙门架上，取鲤鱼跳龙门之意……摆好福礼，便燃烛点香，由男性当家主持，其余男丁按辈份和年龄等依序行三跪九叩大礼。行礼之时是要保持绝对肃静的，同时不可将酒斟出盅外，亦不可使筷落于地上。

祝福仪式中，不仅女眷一律不能在场，连那些生肖犯“冲”的男丁也要回避，至于寡妇，就更不得参与了——在鲁迅先生的《祝福》里，我们也看到，岂止做了两次寡妇的祥林嫂被排挤在外，连那鲁府的太太、小姐们，也一概没有祝福的资格。

祝福祭神时，先依桌面的木纹横向安置，众人朝外叩拜。斟酒一巡，请下神码后，将银锭（通常为锡箔纸折叠成）烧了（称为“化元宝”），算是送福

① 鲁迅：《彷徨·祝福》，《鲁迅全集》第2卷，人民文学出版社1981年版。

神升天。接着,便开始祭祖,俗称“请回堂羹饭”——这时又须按“横神直祖”的惯例将祭桌改为直向摆放,蜡烛移至“下横头”,撤去香炉,增摆凳椅,大家朝内行礼。礼成后便要用那煮福礼的汤汁下面条或年糕之类分于家人食用,曰之“散福”,意思是分享神明所赐的福分。

据有关考证说,那“大菩萨”的神像上印有“南朝圣宗”四字,相传宋为元所灭,遗民慑于异族统治者淫威,不敢公开设祭,多于深夜子时,悄悄祭祀南宋皇帝。此种带有民族意识之祭祀活动,后演化为答谢神明保佑及祈求来年幸福之举。

**3. 社戏**

社戏是越地古老的地方传统民俗。社戏产生的最早源头,可以追溯到远古时期的祭祀歌舞。祭祀歌舞是古人献给鬼神的首份文艺礼物,也是社戏产生的最早源头。它们主要是为了农业性的生产祭祀而表演的节目。那时,最有影响的祭祀歌舞是由巫觋来表演的,而巫觋是古江南地区、特别是吴越的一大“特产”。在《越绝书》中多有巫觋墓的记载。如:“江东中巫葬者,越神巫无杜子孙也,死,句践于中江而葬之。”汉以降,越觋的影响仍非常大,东汉《风俗通艺》中云:“武帝时迷于鬼神,尤信越巫。”

绍兴水乡社戏在以后漫长历史过程中,经历了音乐、歌舞、武术、杂技、人物装扮等各种艺术表演形式无数次地积累、融化、综合,在宋元时期从古老的祭祀活动与表演方式中脱颖而出,与戏曲紧密结合,使祭祀活动与戏曲表演正式结合为一个不可分割的整体,形成了一个“社祭戏”相统一、相融合的完善过程。春秋两季演出,盛况空前。南宋时,陆游的诗《春社》中就已经有过描写:“太平处处是优场,社日儿童喜欲狂。”可见当时绍兴乡村演社戏的盛况了。

到了元明时期,随着经济的发展和戏曲的繁荣,民间的社戏活动达到了极为兴旺鼎盛的程度。当时的人们已经把社戏演出当成了自己文化生活中的一项极为重要的内容,并对它倾注了极大的热情和兴趣。特别是春祈秋报、节日盛典、迎神赛会等时日,各乡镇群众云集,戏场锣鼓喧天,极为热闹。明张岱《陶庵梦忆》中曾记有这样的绍兴地区的庙会戏活动:“陶堰司徒庙,夜在庙演剧……一老者坐台下对院本,一字脱落,群起噪之,又开场重做。”从这里可以看出,社戏在当时已经非常普遍,观众对戏剧表演的审美要求和鉴赏水平都有了很大的提高。

到了清代，乱弹戏剧成为社戏的主要演出形式，长演至今不衰。清代至民国时期，绍兴的民间社戏仍开展得如火如荼。道光十年绍兴沈香岩《鞍村杂咏·社戏》中记载："麦满平畴菜满坡，春花有望更如何，赛神各社歌声沸，五福长春老保和。"

绍兴水乡社戏真正引起世人关注，是由于20世纪20、30年代，鲁迅写下了《社戏》、《无常》、《男吊》和《女吊》等多篇有关绍兴社戏的文章，回忆自己少年时代看社戏的情景，勾画出绍兴社戏的动人形象。至80年代，鲁迅笔下社戏之名蜚声海内外。20世纪80年代以来，剧团回归民间，社戏传统得以恢复与弘扬，目前仍活跃于各地城乡。

绍兴的社戏大致可分为年规戏、庙会戏、平安戏、偿愿戏，其中以庙会戏为主，在各种神道如关帝、包公、龙王、火神、城隍、土地等等诞辰祭祀活动中演出。鲁迅、周作人等的著作中均有反映。其时名曰演戏酬神，它是整个祭祀活动的一个重要组成部分。

社戏演出的首尾有一定的祭祀仪式，并且演出的程式比较固定，一般按照"闹场—彩头戏—突头戏—大戏—收场"的程式进行，"彩头戏"、"突头戏"一般在白天演。"大戏"即"正戏"一般在傍晚开始。"大戏"的剧目通常以历史戏和家庭戏为主，中间穿插的小戏也比较固定。

社戏的舞台可分成庙台、祠堂台、河台（水台）、街台、草台等几种，其中最具特色的是河台（水台），称为"水乡舞台"，是一种后台在岸上，前台在水里的格局，给观众创造了一种水上、岸上可以同时观看社戏的条件，极具水乡特色。

绍兴社戏堪称是绍兴民众鬼神信仰、宗教观念和中国传统戏剧的"活化石"。千百年来，它除承担其"高台教化"任务外，集民间娱乐于一体，是那个时代民众最隆重、最兴奋的节日。民间艺人在这里找到了展示才艺的舞台，精益求精；老百姓在这里找到了宣泄情感的方式，或争相上台客串，或观看表演，如醉如痴。

社戏来自民间，反映民众的思想意识，形式也为民众所喜闻乐见。在社戏的组织、演出过程中，还充分体现了许多绍兴独特的民风民俗。所以，社戏具有广泛的群众基础，有强大的生命力。由于其内在蕴涵的民间信仰和民众心理，绍兴水乡社戏是研究越地的民间思想史、文化史特别是信仰史的极为宝贵的资料；同时，它又是融戏曲、武术、杂技、歌舞、音乐等等表演成分于一体的独特而高超的民间艺术，具有休闲娱乐、凝聚向心、教育和再社会化等等社会功能。今天，我国的主流戏剧活动进入剧场，成为大众化甚至因为种种因素导致在客观上偏向中上层社会的娱乐表演，与底层民众的距离渐行渐远。但在绍兴，社戏仍然深深扎根于绍兴民众，与老百姓同呼吸、共命运，盛演不衰。无疑，对于想要回归民众、重铸辉煌的戏剧艺术来说，绍兴社戏对民众的亲和力及其历史经验提供了宝贵的借鉴。

## 四、生活习俗

### 1.“绍兴三乌”

“绍兴三乌”又称“三乌文化”，这一名称由来已久。它是绍兴地方特色的一种产物，具体所指的三乌即：乌干菜、乌毡帽、乌篷船。

——乌干菜

乌干菜又叫霉干菜，因其色黑故称乌干菜。一般用芥菜，尚未抽苔的白菜和油菜等腌制后晒干而成。此菜味道鲜美、吃了开胃，夏天用它做汤佐餐，还有消暑防痧之效，据说多年陈的干菜效果更佳。乌干菜加淡笋，经过加工，称为“干菜笋”，也有称“笋干菜”的，用它蒸猪肉，是一道典型的绍兴家乡菜——“霉干菜蒸肉”，当地人则称为“干菜吡猪肉”。此菜肉血红亮、油而不腻，菜含肉油，肉沾菜香，越蒸越糯，其味甚鲜。据传此菜系明代徐文长所首创。

乌干菜由于可以长年保存，经久不坏。不论单吃合烧，荤吃素食，四季皆宜，故而成为绍兴民间独具特色的传统菜品。它不但可以煮笋、烧鱼、炖鸡、蒸豆腐、蒸肉等，还优于作汤。今人还创造性地发明：蒸河鳗、烹大龙虾……咸鲜入味，滋味悠久，令人大快朵颐，构成具有越菜特色代表的“干菜风味”。所以直到现在，家庭腌培红菜、晒干菜的习惯还较为普遍，连许多迁居海外的侨胞主妇，也乐于自制。

——乌毡帽

乌毡帽是水乡绍兴传统的特色生活用品之一。该帽因色黑、顶圆、有卷边而得名。乌毡帽外观简朴，形似黑锅，戴时摺起一半帽沿成倒畚斗形，民间戏称“畚斗帽”。用的原料是纯羊毛、染色、干燥、修整等工艺比较讲

究,生产过程较复杂,先后要经过三十几道工序,全部靠手工操作,需要有一定的技巧。它有隔热、保暖、御寒、避雨、遮阴、当坐垫、防止外伤、不易受潮等多种用途。而且还可以充当便利"盛器",甚至缺小钱时当"押物"等等。过去小城镇及农村的男子人人头上都爱戴此帽,夏天戴了凉,冬天戴了热,既可当草帽,又可当笠帽,一年四季均可戴用,因而它成为有绍兴地方特色的一件生活用品,也成为绍兴人的一个显明标志。

旧时绍兴的制帽业,主要是制乌毡帽的"毡帽作坊",而每家"毡帽作坊"都挂有一幅张牙舞爪的老虎画像,奉之为"祖师爷"。乌毡帽的商标也用老虎图案。为什么毡帽作坊称老虎为祖师爷呢?相传古时有个猎人,因追踪一只被打伤的老虎,直捣虎穴。他在虎穴里发现老虎睡的是一块软绵绵、其形如饼的毡子。很觉奇怪,原来,它是老虎平时拖吃其他野兽以后,将兽毛垫在睡窝里,经老虎身躯的压蹍,天长日久,便压成了毡子。于是猎人把这块毡子带回家,洗净晒干,略作加工后,当做帽子戴,不但冬暖夏凉,而且风吹不动,雨淋不湿,戴着很是舒服。有心者从中得到启发,就以羊毛为原料制作毡子,再以这种毡子做成"乌毡帽",居然得到绍兴本地农民、渔民、山民们的喜爱,一时成为时尚,于是,毡帽作坊如雨后春笋,成为绍兴的一业。

据历史考证,乌毡帽是古代绍兴人从外地学来的。明朝文学家张岱(山阴人)在《夜航船》一书中说:"秦汉始效羌人制为毡帽。"在《快园道古》中记载:会稽人曾石卿作《夜莺儿》:"鹅黄蚕茧燕毡帽。"燕,古称"玄乌"。说明乌毡帽至少在明朝就已经流行于绍兴了。到了清后期,乌毡帽有了更快的发展。在绍兴农村,除了仕、商、学、女人之外,几乎人人都戴乌毡帽。鲁迅先生在以绍兴为背景的许多作品中,写到乌毡帽的就很多。如《故乡》中描写少年闰土的形象时,写道:"紫色的圆脸,头戴一顶小毡帽。"在《阿Q正传》中提到:"阿Q正没有现钱,便用一顶毡帽做抵押……"鲁迅先生笔下朴实灵动的人物,成为当时绍兴普通百姓生活的真实写照。

近年来,随着生产、生活的逐渐现代化、个性化、潮流化,年轻一代的绍兴人已很少戴了,这种毡帽作坊也已不多见,但年老的农民、渔民、山民们还是保留了戴乌毡帽的习俗。而且因乌毡帽具有浓郁的地方特色和广泛的文化影响,深受前往绍兴观光、旅游、访问的港澳同胞、归国华侨和国际友人的喜爱,许多人来绍兴都要置一顶带回去,或者戴上它留影,作为走访鲁迅先生故乡的一种纪念。在现时,绍兴乌毡帽有其特定的市场和特定的人文价值。乌毡帽已成为绍兴的一个标记。

——乌篷船

这种木船船体矫小,船篷用竹编成,中间夹着竹箬,呈半圆形,并用烟煤和桐油漆成黑色,船由此而得名。

乌篷船是水乡独特的、灵巧的、水上交通工具,一般可容纳四至六位乘客。它的动力是靠船老大(船夫)用脚踹桨,船的航向是用划桨,或夹在腋下当舵使用,来控制的。船行进时,船老大脚手并用,船体就轻盈地漂浮在湖面上了。绍兴除小乌篷船外,还有一种大乌篷船(此类船数量极少),这种船的船身雕刻着各式花纹、图案,船头上雕刻着似虎头形象的动物鹢(古书上说的一种鸟)。鹢居海内,性嗜龙,龙见而避之,所以船工就把它的形象雕刻在船头上,使龙不敢作祟,行船可报平安。又有一说,船头上雕刻的动物图案是"螭首",据考这种形同龙头的神物,是龙的九子之一,善治风浪,能使兴风作浪的水族望而生畏。这种大乌篷船,船身高大,篷高可容人直立,船舱宽可以放桌椅,供人打牌、饮宴、看戏等,船尾有两支橹(也有四到八支的,俗称四沓头、八沓头),航速较快,专供少数官宦、富户人家游览、扫墓、迎亲、看戏时用的。

绍兴的乌篷船也常被叫做脚划船。由于脚划船在全国来说比较罕见,又因为脚划船通常是乌篷的,所以两者会合而为一。其实,绍兴习俗,凡用乌篷的大船、小船,埠船,载货船、搭客船,脚划船、手摇船,统统叫做乌篷船。而用白篷的夜航船、檀船、小梭飞等,则称为白篷船。绍兴江河错落、湖泊棋布,被称做水乡泽国,素有"东方威尼斯"之誉,绍兴人出门就遇河,抬脚得用船。所以作为交通工具的船,种类很多,规格不一,乌篷船、白篷船,仅以船篷作区别而称罢了。

绍兴的船篷,习惯用细竹竿弯成拱形,一般一扇篷有三个拱,以竹丝作底、面,中间夹以竹箬,两边及上下,夹以扁竹片,用铅丝扎住。篷的大小以船的大小为准;篷的多少则以船的长度为准,五扇、七扇、九扇、十一扇不等。其中固定的叫定蓬,活动的是便于乘客上下,欣赏沿途风景。船篷多用桐油,猪血,黑粉煎熬成"黑油",涂于篷的外部,能防止雨水渗漏,这就是乌篷,用这种篷的就是乌篷船,包括脚划船、埠船、戏班船等,如果光用熟桐油涂于篷上,其色呈"竹箧黄",与黑色的乌篷相对照,就是白篷船了,如夜

航船、檀船、夜埠船等多为白篷。据考证,白篷船多系夜间航行,在黑漆的水面上,便于识别,有利安全行驶。如檀船,多半夜晚航行在海湾天黑风高之时,满载几十吨货物,乘潮御风,只能用白篷才易被对面来船识见。夜航船、夜埠船用白篷的道理也在此。

绍兴的埠船,旧时乃主要交通工具,以便民为目的。所以,不仅沿途经过的"客埠"理所当然地停靠、搭客,就是荒畈、野地、桥头、岸边,随时有客招呼,也随时停下搭客。因此,一般航行较慢,加上船舱不大,坐的客人又同在左右两条长板凳上,所以是谈天说地的好场合。如果碰上一二个走南闯北的健谈者,则更会满船笑语。夜航船是夜间航行的远距离运输船,因客货两运,客人晚上要睡觉,所以总是六舱的白篷大船。船舱里铺有全套船板,男客睡前、中舱,女客睡后舱,全是统铺。船家出租被褥、席子。夜航船一般在桅杆上悬有船灯一盏,灯上书有"西兴——绍兴夜航"等一类字样。船工除摇橹、打篙的外,凡有纤路的地方都充任纤夫背纤,绍兴夜航船最盛时有东西十几条航线,西线如绍兴至萧山、西兴、闻家堰,坎山、塘头(瓜沥)、临浦、义桥,东线到百官、曹娥、东关、汤浦、哨金等地,都是傍晚下船,天亮到达目的地。因夜航船容量大,时间长,又在晚间,客人们谈天说地更会有充足的条件。社会上的种种奇闻逸事,官场甚至宫廷秘事,神怪荒诞传说都能在夜航船中交流,明代张岱的《夜航船》,就源于此而定其书名。

**2. 吃讲茶**

旧时绍兴民间有在茶店"吃讲茶"的习俗,这实际上是一种广泛流行于社会,调解民事纠纷的民间自发活动。

在外埠人观念中,绍兴人与老酒似乎有一种特殊的亲缘关系;其实,绍兴人与茶结缘更是渊深。绍兴人"谦冲淡和"的民风,在某种程度上言,是接受了茶文化的"淡泊宁静"思想熏陶。绍兴栽茶、饮茶的历史十分悠久,在汉代《神异记》中就有记载。历代,绍兴都是主要产茶区,陆羽《茶经》划分茶区,评定"浙东以越州上"。所产"日铸雪芽"、"卧龙瑞草"、"瀑岭仙""皆与武夷相为伯仲"。① 旧时,绍兴茶馆、茶店、茶室比比皆是。无论城乡山区,只要有小集墟的地方,就会有卖茶的店肆。据民初绍兴公会不完全

① 陆伟民:《绍兴人的"吃讲茶"及其文化意蕴》,《农业考古》1994 年第 4 期。

统计,原山会两地约有大小茶肆五百多家。大致上有两个档次,高档的称茶楼或茶室,一般的则称茶店。新中国成立前,绍兴的茶楼或茶室,往往是行业聚会之所,花巷里的“适庐”是布业聚会处,宝珠桥堍的“第一楼”,是米业聚会处。这些高档次的茶楼、茶室,都内设雅座,而且供应香烟、点心。至于遍及城乡街头巷尾的茶店,则是各行各业、闲杂人等的消闲休憩处所。由于茶客来自四乡八镇,“小道”消息灵通,什么“官场内幕”、“闺秀逸闻”、“侠道传奇”、“豪门隐私”,往往在茶店里能够听到,并可以各抒己见,评头论足。这种茶店有时又是排难调纷的场所,绍兴旧时遇到民间纠纷,往往邀请有关人员到茶店“吃讲茶”。

在旧社会,老百姓最怕吃官司,他们知道“朝南衙门八字开,有理无钱莫进来”的奥妙,所以,老百姓之间,一旦发生了纠纷,宁愿上茶店里去“吃讲茶”,不愿上衙门打官司。“吃讲茶”有一定规矩:一般总是由双方当事人自愿邀集一帮子左邻右舍、亲朋好友、知情人士,约日集合到某家茶店里。旧时的茶店既是老百姓喝茶、听说唱、谈天说地的娱乐、休憩场所,也是民间议是非、判曲直、调解纠纷、息事宁人的处所。诸凡街坊、邻里、亲友之间发生房屋买卖、租赁,田产出入瓜葛,水利灌溉权益,山林开发、砍伐以及婚姻、分家、析产甚至收养义子、领女等大大小小的纠纷时,多半按传统习俗到茶店里去“吃讲茶”解决。

吃讲茶按规矩待双方当事人邀集的“茶客”到齐后,“茶博士”就给每一“茶客”沏上一碗用上边有盖的焖碗盛泡的“焖碗茶”,给坐在“马头桌”上的“调解主持人”泡上一壶上等龙井茶。先请大家喝茶,到“茶博士”冲第二开后,大家就不再“东说梁山西说海”了,由“调解主持人”把手中擎着的茶杯在马头桌上一放,表明“调解程序”开始,这时全场肃静。先由双方当事人当众陈述事情的前因后果及自己所持的理由,指责对方的缺点和错误或驳斥对方的无理和无情,并提出要求处理的意见。待双方陈述完毕,就开始由“茶客”们根据双方的陈述理由和自己亲眼目睹或亲耳听闻的有关事实,进行分析、判断,提出个人处理意见,表示不偏袒一方,也不为任何一方护短,公正、公平的态度。旧时绍兴茶店的一般格局,在靠近店门口账桌头的地方,总是安排有成双的一对桌子,俗称“马头桌”,顾名思义,不无“马首是瞻”的内涵。凡进出茶店的新老茶客,都知道“马头桌”的“尊严”,一般都不会去“染指”而自讨没趣的。有资格坐“马头桌”的,必定是在当地辈分

高、有声望、办事公道、受人尊敬、有一定威信和号召力的地方知名人士，号称"老爷、店王"之辈。如民国初期辛亥先烈徐锡麟的三弟徐叔荪，被尊为"三大人"，曾名重一时。在吃讲茶时，他们总是担任主持人的角色，也就是众望所归的当然裁判长了。

当众"茶客"各自发表意见和提出处理办法的建议后，"裁判长"综合大家的意见和建议，就在马头桌上发表个人理由和决定意见，当场拍板，判定谁是谁非，一锤定音。而"茶客"们则纷纷表态，拥护裁决，说些诸如"三大人话咚就算数哉！"这类的话。理亏的一方，一般都只能服从判决，照例就得负责付清全部"茶客"包括坐马头桌的主持人的那壶上等龙井的茶资，相当于当庭缴付败诉的诉讼费一般。事后按"裁判长"的裁定执行，不得再生异议。一般地说，这种民间调解往往都会顺利执行生效。当然也有个别横蛮之辈，当场不服裁决，甚至恶语伤人、大打出手的。但不管这种难缠之辈如何胡闹，无论如何也斗不过群众公认，最终还得在吃第二次讲茶时认错服输，赔礼道歉，从而解决纠纷。这种"吃讲茶"是约定俗成的地方规矩。公众舆论所系，往往能胜过官府判决，具有极强的威慑力。

绍兴的"吃讲茶"习俗，其形成既有政治、法制、文化方面的时代因素，也有物质生活方面的条件限制因素。无疑，这种重视民间调解纠纷而不愿上衙门打官司的习俗是民间调节人际关系的一项优良传统，正如民俗学泰斗钟敬文教授在《绍兴百俗图赞》序文中所指出的那样："至于像《吃讲茶》中所记，那种民间自动调解民事纠纷事件办法的美俗，就不仅是民族社会文化史的宝贵资料，而且是在社会主义文明建设中特别值得提倡的良好风尚了。"

## 五、庙　会

### 1. 舜王庙会

绍兴舜王庙会是缘于会稽山区绍兴、上虞、诸暨等地民众对舜王特别的信仰和崇拜，而逐渐形成的农历九月廿七为舜王庆生的民间活动。它集山区人民民俗风物、山区民间文艺和古代山区传统市集为一体，在会稽山区这块土地上世代相传。

会稽山区至今遗留下三座舜王庙，数王坛舜王庙规模最大，保存最完好，它位于绍兴城东南绍兴县王坛镇两溪村舜王山巅，始建年代已难于考定。今庙为清代咸丰年间重建，同治元年(1862)重修，有庙内碑刻为证。绍兴王坛原名"黄坛"，是传说中舜巡狩会稽山之际，筑坛祭天的遗址。每年九月廿七日王坛舜王庙都有庙会，一般持续三天，从九月廿六日祭神开始到九月廿八日谢神结束。由于具备独立的组织领导机构"社"和"会"，自明清以来，舜王庙会久盛不衰。若轮到规模大的社当值，庙会则能持续五天之久，从廿四日祭神开始到廿八日谢神结束。

新中国成立前的舜王庙会主要是带有宗教色彩的祭祀虞舜活动，兼有演戏、娱神也娱人的功能，并且具有一定的经济职能。庙会的另一种形式是舜王菩萨巡会，即根据舜在世时巡狩的习惯，定期抬舜王菩萨去巡视，观看、迎送者达数十万人之多，是一种非官方的、由群众自发举行的规模较大的信仰活动。1952 年尚有舜王庙会巡会活动举行，但后来由于"社"与"会"的自然解体，这种巡会形式已不再举行，当年的盛况也只能从会稽山区老人的口中得知。

1958 年公社化后，舜王庙会只作物资交流。1978 年以后，王坛镇政府举办了舜越文化节，政治、经济、文化气息逐渐增浓。2001 年恢复了庙会巡会的一些传统。2005 年，王坛镇举办了"绍兴舜越文化节开幕式暨祭舜王庙典礼"活动，影响较大。庙会仪式主要有向舜王敬献五谷、恭读祭文、诵诗、文艺表演等。在庙会期间，开展了一些诸如农产品推介、经济洽谈等贸易交流活动。

舜王是我国远古时代的贤能君主，相传生于上虞，曾会百官于今上虞百官镇，有"舜井"、"舜耕历山"等古迹。恢复祭舜，具有诸多积极意义：有利于凝聚民心和构建和谐社会；有利于弘扬大舜的贤明贤能，尤其是舜王的"众善奉行，诸恶莫作"、"万事礼为首，百善孝为先"等道德精神，有助于引导正确的人生信仰。除此之外，对于会稽山区的老百姓来说，舜王庙会还具有重要的现实意义。近年恢复舜王庙会，举办舜越文化节，合乎当地人民的利益，有利于活跃民间文化和物资交流，满足民众的精神需求和物质需求，也是加快新农村建设和构建和谐社会所需要。

**2. 南镇庙会**

绍兴民间相传，农历三月初五是禹王华诞之期，三月初六，则是奉祭南

镇会稽山神之日。所以南镇庙会实际上包含着禹王庙会。

绍兴习俗，一交农历二月，会稽山香客、游客接踵而至，日以万计。自禹庙山门外至南镇殿前，近三华里地，路两旁搭起布帐、竹棚，万商云集。有茶肆、酒寮、菜馆、饭庄以及绸缎呢绒、土洋布匹、各式服装、百杂什货、日用商品、竹木玩具、生产资料、南北果品、时鲜蔬菜，甚至耕畜、家禽都来赶"会市"。至于卖馄饨、面食、拨拨汤团、面粑粑、梅花糕、油炸虾饼、蟹饼、萝卜丝饼、臭豆腐干、糖三球、削荸荠、茴香豆、盐青豆的小摊小担，更是比比皆是。还有一班班变戏法、耍杂技、卖武膏药、拔火罐、独轮车拔牙、草头郎中卖草药、测字算命、占卜星相、捉牙虫、鸟衔牌等等三教九流也蜂拥而至。开阔的土地上更有猴子戏、拉洋片、说唱卖梨膏糖、绍兴滩簧鹦歌班等曲艺演出，各式人等何止成千上万！游客们挤前拥后，既有浏览之胜，又得购物之便。

禹庙前的河道上，画舫、乌篷船、袒畈船（农民出畈劳动的无篷木制农船）、脚划船，满载香客游人，穿梭不息，往来如织。绍兴各地的庙会不下数十个，而规模之大、市面之盛首推南镇会市。

古时祭禹，多在禹王华诞之日。祭禹仪式之隆重，非一般可比。或由皇帝亲临御祭（康熙、乾隆都是），或派大臣诰祭，明清两代尤其盛况空前。在禹庙祭殿的左右庑廊中，有历代祭禹的碑刻可稽。按绍兴民间的习俗，"民不拜禹，女不祭灶"。因夏禹是一代帝王而不是神，平民百姓平日无故不准朝拜帝王。所以民间有"拜禹王要肚皮痛"的说法。那么，上禹庙只能是"嬉禹庙"了。《周礼·春官·大司乐》以四镇与五岳并举。会稽山为扬州之镇，名南镇。隋朝开皇十四年（594），建南镇殿于会稽山之阴。唐开元十四年封四镇为"公"，会稽南镇曰永兴公。宋、元则分别加封南镇为永济王和昭德顺应王。明初，诏去前代封号，只称会稽山神。清康熙帝曾11次遣官致祭，并亲题"秀带岩壑"匾额。乾隆也14次遣官致祭，并题写"表甸南疆"匾额一方。当时"四镇"固定春秋两祭，而东南两镇以春祭为主。南镇春祭定于农历的三月初六，照例由省、府两级地方主要官员主祭，山阴、会稽两县令陪祭。古代会稽山树木密茂，山上时有虎豹栖息。据康熙《会稽县志》记载，老虎曾光临过五云门头。明末状元余煌之兄，哀痛于亡国之恨，曾在云门寺落发为僧，每夜敲响板沿若耶溪号哭，哭声凄厉。一夕，哭声顿绝，乡人寻觅踪迹，竟发现其在望仙桥为虎所噬。因南镇系会稽山神，古人认为它是一方平安所系，所以，乡民对祭山神非常虔诚。春祭大典，四乡民众总是纷纷赶来拜祭，香火之盛，不逊于香峰观世音菩萨。另外，南镇祈梦，也是绍兴习俗之一。传说除夕之夜到南镇殿内夜宿，以所得之梦占卜吉凶，必有应验。①

嬉禹庙和逛南镇庙会，从踏青游春的角度来看，这段时期春耕尚未大忙，而春意却已盎然，正如俗谚所云："桃花红，菜花黄，会稽山下笼春光，好在农事不匆忙，尽有功夫可欣赏。嬉禹庙，逛南镇，会市热闹，万人又空巷。"

3. **曹娥庙会**

曹娥庙是曹娥江风景名胜区内的主要参观点，号称"江南第一庙"，位于百官镇曹娥江西岸。曹娥庙为纪念曹娥投江救父的故事而建。

曹娥(130—143)，女，上虞曹家堡人。东汉汉安二年(143)五月五日，曹娥父驾船在舜江中迎潮神伍子胥时，被水所溺，不得其尸。曹娥当时14岁，沿江一边号哭，一边寻父尸体7天，后投江而死，5天后背着父亲的尸体浮出水面。汉元嘉元年(151)，上虞县令度尚，改葬娥于江南道旁，并为她立碑建庙。后人为纪念这位孝女，改流经上虞的那段舜江为曹娥江，而此地也就称为曹娥了。

相传自那以后，曹娥江不管水急潮猛，一到曹娥庙前，立即变得无声无息，悄悄逝去。出于对曹娥孝行的缅怀，每逢她投江救父之日，各地群众便自发地聚集到曹娥庙进行传统的纪念活动。久而久之，每年农历五月十五日至二十二日就约定俗成地组织曹娥庙会。

庙会自农历五月十五始，至二十二止。在曹娥庙会期间，各地远近香客不仅来曹娥庙烧香、祭拜和宿山(宿山，即整夜在庙内坐着念佛到天亮)，同时趁赶庙会期间购买各种物资用品。因此五月庙会既是个香会，从某种意义来说也是个物资交流会。每年农历五月十五前，就有上虞各镇与绍兴、嵊县、余姚等各地商贩到曹娥庙走廊和沿街沿塘摆设摊位，销售各种商品，如香烛佛珠、黄袋木鱼、衣服鞋帽、百货杂物、烟酒南货、干果水果、铁木农具、箩簟竹器、缸甏瓷器、铜器锡器等等，连医治跌打损伤、看相拔牙等亦

① 参见张观达：《嬉禹庙和南镇庙会》，载绍兴文化广电新闻出版信息网，http://www.sxwhty.com。

在庙会之列，不胜枚举。除上述商业集市外，还有缸甏弄(三角道地)大力士表演戏石担、丁山打石等武技，在义井弄场地有马戏团表演马术杂技，在相公殿和大王庙做绍剧戏文，更增添了热烈气氛。曹娥庙会可以说是香客、卖主、戏客、商贩的大聚会，比市还要热闹。据史载曹娥庙会期间赴会最多一天达近万人，通常平均每天也有四五千人。有意思的是，一到农历五月二十二下午，香客、商贩等一应返回，庙内及周围会一下子变得寂静，与日前的喧嚣形成了巨大的反差。

1936年，曹娥庙重建落成的庙会，连续一个月，特别热闹，可谓曹娥庙会之最。当时有轮船三艘，在曹娥江上持续往返于县城百官与曹娥庙之间。更有外地龙船队到曹娥庙前江上表演划龙船比赛。外地龙船共有六条，船身狭长，龙头昂首在前，龙尾上翘在后，均绘彩色，队员均穿一色的古式服装，双手持桨，在鼓声指挥下，一齐划桨前进，很有特色。

而今的曹娥庙会，除保留原有的传统特色外，还以弘扬孝文化为主线，开展了更为丰富的一系列充满“孝”特色的文化活动，如举办“孝”题材的摄影、书画展，举行颇具规模的民间文艺活动等。除了弘扬孝文化，今天的曹娥庙会还被赋予了推动精神文明建设和上虞旅游经济发展的时代意义，蕴涵着民族文化与时代精神相映成辉的盎然生机。

# 第 二 篇

# 越地非物质文化遗产
# 形态分析（下）

# 第四章 有关自然界和宇宙的知识和实践

## 一、概 况

中国人民在长期实践中已形成了非常丰富的中医中药文化，这种蕴涵着丰富文化内涵的中医、中药文化也是中国非物质文化遗产的重要组成部分。中国在非物质文化遗产的定义中，很重要的一条是关于自然界和宇宙的民间传统知识和实践。中医应该属于这个范畴。在越地，这个范畴还应包括农业生产与生活中探索得到的气象知识和耕种经验、生产技术，以及富有地方特色的水利工程和水利文化等方面的内容。

传统医药是越地传统知识和实践类非物质文化遗产的重要组成部分。其内容丰富，流传广泛，历史悠久，至今仍有极其旺盛的生命力。越地的传统医药，由中医药和民间医药两部分组成，由于历史悠久、名家辈出、著述如林、学派纷呈，中医学界因此将其统称为“越医”。

早在春秋时期越地就有医事活动，史载，春秋时越国大夫范蠡“有服饵之法,以医疗救人"。汉时,养生之法作为医事活动广为流行。东汉,上虞王充著《养性》16篇,论保健养身之法;魏伯阳著《周易参同契》3卷,历代丹道家咸尊此书为"万古丹经王"。自汉以降,绍兴代有著名医家,且多汇精湛医术而著书立说的传世之作。泽被后世的医学著作,有晋代于法开《议论备豫方》,宋代杨文修《医衔》、陈师文及裴宗元等《校正太平惠民和剂局方》,明代张景岳《类经》、《类经图翼》,戴思恭《证治要诀》、《类证用药》、《推求师意》及傅懋光《医学疑问》等。唐代,会稽胡廷寅精医术,宪宗(806—820)授御医,加左通政。自宋迄清,因精于医术而罗致为御医者有陈师文、裴宗元、张廷玉、孟凤来、俞尧日、石逵、胡廷寅、祁坤、钱松、赵文魁等。宋大观年间(1107—1110),裴宗元和陈师文受命编纂《和剂局方》。宋绍兴元年(1131)冬,宋高宗驻跸越州,常延请石门槛钱氏妇科诊治后妃。元朝以后,医家辈出,元王公显、贝元瓒,明马莳、张景岳、戴思恭,清章虚谷、陈士铎、俞根初等均为名医。他们不但精通医术,而且著书立说,自成医家流派。清末民初,何廉臣、裘吉生、曹炳章等编著、校点医药著作,创办《绍兴医药学报》,创立和剂药局,绍兴成为当时国内中医药方学术中心之一,影响遍及朝鲜、日本、东南亚等地。

绍籍文人或官宦善医者不乏其人。远至宋代,诗人陆游"少时喜方药",中年整理祖传《陆氏集验方》,选刻《陆氏续集验方》传世。"驴背每带药囊行,村巷欢欣夹道迎;共说向来曾活我,生儿多以陆为名"(《山村径行因施药》),即鲜活地反映了陆游晚年行医乡里的情况;明代又有书画家徐渭撰《素问注》;及至现代,著名学者马一浮著《养生论》,一代文豪鲁迅除翻译《药用植物》外,还与人搜辑民间验方,编成《验方实录》。为官善医者,明有南刑部郎中何继高,著《轩歧新意》;清有顺天副贡官刑部主事周岩(字伯度)著《六气感证要义》、《本草思辨录》,翰林院庶吉士黄寿衮著《温病三焦方略》,直录知州朱阆仙亲设医局制药济贫。近代,邵力子曾任中央国医馆名誉理事,鲁六华则因精于医道被誉为"女医第一家"。

在医药传承过程中,境内还涌现了一批著名专科世家。有始于南宋的石门槛钱氏女科、下方寺"三六九"伤科和始于清代的竹氏妇科、顾氏伤科、胡氏伤寒专科等十数家。清末民初,俞根初著《通俗伤寒论》,创寒温一统说。其伤寒医论别于一般伤寒学派,亦异于吴门温病学派,为温热学说创新之见,世称"绍派伤寒〔论〕"。专科世家及绍派伤寒论对绍兴地区医术及

医论的发展贡献卓著。

越医源于春秋，兴于唐宋，盛于明清。越医的产生和勃兴是博大深厚的越文化的必然反映，是越地人民反抗恶劣自然条件、追求生存和健康的必然表现，也是绍兴励精图治、敢于创新的“胆剑精神”的必然结果。越文化哺育了越医，反过来，越医文化丰富了越文化，成为越文化不可或缺的一部分。

越医是中华中医药史上一座魅力独具的丰碑，在千年历史中，越医形成了重实践、敢创新、善总结的独特个性，师古不泥，勤于总结，医风淳厚，并且与时俱进，包容大气，呈现出流派多、名医多、著述多的鲜明特点，在中华医药史上具有重要地位，为发展、繁荣中医药做出了重要贡献。

气象和农业关系密切，关于此二者的知识和实践备受越地先民关注。旧时越地是以农耕为主的社会，由于气候左右了农耕工作是否能够顺利进行、收成是否良好，所以先民们从事农业生产时必须注意观察天象、气候，了解四季的变化，可谓“看天脸色，靠天吃饭”。在先民长期的农事实践中，渐渐地了解、掌握农耕与气候间的关系，并以谚语或民间的不成文条令将这些宝贵的知识和经验传承下来，成为日后从事生产活动的准则。在没有其他信息来源的早期社会，后人完全依赖先民口头传承下来的这些知识和经验，观察天候物象以确定播种、收获等农事时机，也可用谚语预测天气变化以调整饮食、着装和作息规律。因此先民累积的这些经验对于生产和生活都有很大的助益。

杜牧曾说：“越州的机杼耕稼衣食半天下。”陆游也说：“今天下巨镇，唯金陵与会稽。”越州之繁华富庶能到如此之境地，水利之功不可没。水利文化是越文化的重要部分，水利之功亦是越地经济发展的重要动因。鉴湖的开发，变稽北丘陵的“穷山恶水”为“千岩万壑”，构成“八百里湖光此地收，长桥水接鉴桥流”、“人在镜中，舟行画里”的胜景，引来王羲之、谢安、孙绰、贺循、支遁等文人墨客纷至沓来，大大促进了越中名士文化和文学书画艺术的发展。绍兴酒名满天下，其选料精良，酿造工艺独特，在黄酒中独领风骚，就是因为鉴湖水有着比一般河流、湖泊多得多的有益微量元素钼、锶等，它们在黄酒酿造过程中起着奇妙的激活剂作用。著名的山阴古水道——绍兴大运河是中国大运河中的经典，它是杭甬运河（浙东古运河）的重要部分，沿岸古迹密布，民风淳厚，其水质特异，宜于酿酒。绍兴古运河与若耶溪、唐诗之路都联系紧密，存有丰富的非物质文化遗产资源。

从水利工程到水利文化，再从水利文化发展为更广泛、更深刻的水文化，离不开越州独特的地理条件，更离不开越人勤劳智慧的文化基因。比诸物质遗产，在这“人为”实践中体现出来的越民族的精神和品格更值得后人珍惜和发扬。

## 二、传统医药知识和实践

### （一）专科世家

#### 1. 钱氏女科

钱氏女科，为浙江“四大”妇科流派（嘉兴陈氏、宁波宋氏、肖山竹林寺、绍兴钱氏）之一。世居山阴石门槛，又称石门槛女科。宋高宗赵构在绍兴行宫暂留期间，后妃染疾，每延请钱氏女科诊治。

考其渊源，钱氏女科为北宋末年钱氏第十一代孙所创，据《语肥堂钱氏族谱》载：“第十一代〔北宋末年〕始操女科业，为钱氏女科之鼻祖也。”石门槛为钱氏世居之所。钱氏本为望族，原非以医为业，至宋代，钱氏之十一代裔孙，始治妇科。第十四代钱象垌，甚有医名。清嘉庆《山阴县志》记述：“钱象垌，字承怀，以医名。钱氏自南宋以来，代有名家，至象垌而荟萃先世精蕴，声远播焉。”象垌之子廷选、孙登彀、曾孙琦瑶，亦能绍先业，精女科。第十八代茹玉亦精胎产。第十九代宝灿与族弟宝楠及宝楠长子少堂、次子少楠、孙寿琪、寿铭，皆精女科，享誉绍地，至今尚有后裔继其业。钱氏女科概不外传，且传子不传女，唯十九世医宝灿破其戒禁，收授外姓徒弟二人，一为绍兴徐如忠，一为杭州何九香（何氏妇科实源出绍兴钱氏），皆有医声。钱氏女科迄今已22代，有《大生秘旨》、《胎产要诀》、《钱氏产科验方》等秘籍存世。

钱氏女科善以风药调经；治崩漏不用固涩方，常以桑叶、菊花清肝凉血澄源析流；治带推崇“五色带下”理论，不拘泥于“带下皆责于脾”之说；主张胎前宜调肝脾、补气血，戒用枳壳、香附等耗气之品，产后宜通忌滞，注重孕妇的食忌和药忌。钱氏女科所创之生化汤，为钱氏女科家传秘方。何廉臣《钱氏产科验方》序曰：“钱氏之方，得盛行者，实始于生化汤。吾越前辈张

会卿载之于《景岳全书》。乃时，景岳之全书盛行，而钱氏产科之生化汤亦盛行，甚至妇女皆知，药肆备为通行官方，不必就医诊治，即向药肆购服矣。厥后，清初傅青主征君，著《妇科·产后编》，随证加减，屡见不鲜，大旨为生化汤发明推广其方之效用。清光绪时代，陆封翁九芝为之重订，将繁者汰之，冗者节之，杂者一之，易其名曰《生化编》，而钱氏之产科难方，名乃大盛。"这是我国最早的非处方药，也是全世界最早的非处方药。

**2. 下方寺三六九伤科**

"清明时节雨潇潇，路上行人跌一跤，借问伤科何处人，牧童遥指下方桥。"绍兴三六九伤科，又名"下方寺里西房"伤科，源于宋时嵇幼域。据《下方寺西房秘传伤科》叙曰："修纂道人嵇幼域，表字霞坡，原籍河南开封府人。域年十三岁之时，父母因疾相继俱亡，身无倚靠，投奔他乡。路逢少林武师徐神翁，见怜孤苦，域就投拜为师，蒙收在身，随带三十二年，朝暮殷勤谈授，学接骨内外杂病等方。遍处施救，无不应验，适逢高宗圣帝被兀术攻逼迁都南渡，域投护驾渡至杭城。"嵇幼域在玉屏山麓修筑"善风草堂"，定居修行，一边授徒，一边为民治伤。后赘居符门，娶养长和女为妻，生一子名绍师。明代，其中一支居山阴下方寺，由宏达祖师授钵于南洲和尚，再传于张梅亭、春亭。梅亭家境贫寒，自幼入寺，好学敏悟，独得秘传。每逢农历一、四、七日梅亭在寺中坐诊，三、六、九到绍兴城内应诊，乃称"三六九伤科"。梅亭传子授徒共六门，其孙凤鸣、徒王俊林有青蓝之赞。20 世纪 80 年代，尚有张、吕、傅、单、王及在杭另一支脉约十余人操其业、传其术。

三六九伤科主辨证内科之说，辅以外科及针灸术。诊断尤重切诊，有"以手摸之，自悉其性"之功。治疗手法以少林武术为基础，有拔、扯、摸、提、按、摩、推、拿八种，按摩手法简轻灵。用药精辨证，强调"内治与外治相结合，内治调气扶正，外治活血散瘀，接骨愈伤"，喜用生药、鲜药，取其性烈力宏，功专效速。现存有相传为祖师稽幼域所著《下方桥寺西房秘传伤科》和王俊林总结历代祖师之秘传，结合自己经验所编著的《跌打大成》两部手稿及《下方寺伤科》抄本。

三六九伤科自宋迄今，相传数十代，历八百多年，其名家喻户晓，名噪浙东北，至清末民初更盛。迄今，绍兴县安昌人民医院的三六九伤科十分红火，且每日都有远道病人慕名而来。该院还利用"三六九伤科"品牌，设置“三六九伤科”展馆，开辟伤科专门区域，使患者就诊的同时，享受到中医药文化的熏陶。

**3. 顾氏骨科**

顾氏骨科，清初顾士圣所创。道光《会稽县志》谓其“善伤科，调筋接骨，应手捷效，子孙世其业”。士圣原籍上虞西化，后迁居绍兴城内，早年承袭少林寺学派，医武兼修，兼收南北伤科之长，擅长调筋接骨，能机触于外，巧生于内，手随心转，法从手出，名盛浙东。顾士圣之子子兴，孙传贵，均承家学，医武并进。至五世凤来，传医而弃武，有《顾氏医案》传世。六世杏元、杏庄、杏春、杏林兄弟皆得其父真传，杏庄所著《祖传药录》，成为传家秘籍，为顾氏骨科增色不少。杏庄长子仁瑞、次子仁生亦皆能绍祖业。顾氏伤科前六世无外姓门人，1950 年起，始收门生以传其术，至今传至第八代。

顾氏骨科整复脱臼强调理、捺、端、入，整骨注重柔、拔、捏、合。常用手法有捏挤压撳、提掣复平、对捺挤压、拉颤压纳、推送抱合、屈伸牵捺、挤捺分骨、折旋矫正等。应用小夹板，重视“动静结合”。内治详辨证，重气血，并以家传秘方所制损伤膏、接骨膏、消瘀清凉膏、活血壮筋膏、陈伤膏、风湿膏等疗治。

**4. 胡氏伤寒专科**

胡氏伤寒专科，清康熙年间(1662—1722)胡睿志所创。胡氏世居绍兴昌安门外菖蒲溇，自睿志以降，累世以医名，尤以善治伤寒名噪浙东。

第六世孙孙云波，擅治产后兼感时症。主张凡产后伤寒、伏暑、类疟等外感用药，须时时顾及产后妇女体虚之情，不可任意攻打。其治产后伤寒，温散忌辛热燥烈，疏风清热戒苦寒败胃；治产后痢疾不用苦寒燥湿之大黄、黄连，而以冬瓜仁、枳壳、六一散、青蒿、大腹皮淡渗利湿；治产后疟疾，不表以保其阳，不截以去余邪，用和解之法，待邪机稍退，即行调补，以祛病保健。

云波之孙宝书，七岁即随祖、父(道高)正式学医，弃举业而永期家学。年未及冠，已能代祖应诊。光绪年间(1875—1908)，初出问世，即膺时誉，每日应诊百余人。宝书精研经典及诸家之说，对张仲景之《伤寒杂病论》及叶天士、薛生白、吴鞠通、王孟英、雷少逸等温病大家著作尤为推崇。毕生致力于时病研究，认为“南立无真伤寒，多系温热；而吾绍地处卑湿，纯粹之温热亦少见，多类温邪为患”。治病能因地因时因人而施，疗效卓著，有“小

叶天士”之称。其“竖读伤寒，横看温病”的理论，“辨证重湿，施治主化，用药轻清，制方透灵，治病以朴实、稳健见长”的辨治特色，丰富了“绍派伤寒”的学术思想，在浙东影响颇大。

宝书治病精于望色切脉，能句句中的，使病家心悦诚服。曾指点学生：“凡背负来诊，二手下垂之病人，多是重症。当以快诊处之。”由于日诊百余，颇难应付，常采用“船诊”方法，即嘱患者于船上坐成左右两排，先下船诊完左排病人，回岸处方，再下船诊右排病人。如此一次诊病可达数十人，省时节力，而所处方与所诊病人分毫不爽。遇重危病人，胸有成竹，屡挽狂澜。民国成立后，益为时推重，郡中各善举局社多延其施诊，计13年。

宝书之医术除源于其祖、父所授，生性聪颖外，实有赖本人勤学好思。虽日以百诊，疲惫不堪，依然伏案攻读至夜半，并忆析白天处方，一一总结。常告语学生：“失足是医者最受益之师，应从临诊失足中寻求大知。”晚年术更精，名更著，而学益勤，无丝毫懈怠。著《伤寒十八方》，点校、整理其祖父遗著《校正药性》，并有大量医话、医案等逸稿留世。

**5. 竹氏妇科**

竹氏妇科，清嘉庆年间（1796—1820）竹秉仁所创。竹氏世居嵊县紫竹篷（今属幸福乡）。秉仁之子忠高、孙篆甫均承家业。篆甫传子芷熙、芷源，授徒张禹川。芷熙传子余祥、侄余芳、庆成等。

竹氏妇科中，以芷熙医术最精。芷熙中秀才后，弃儒行医，迁王山头村（今属浦口乡）开业，既承家学之长，又能博采众长，于医理多有创见。曾受聘《绍兴医药学报》为特约撰稿人，发表《胎前忌用熟地说》、《产后忌用黑姜说》等论著，《社友治验录》中载有其《产后小便出粪》、《对口治验》、《产后中风》等文章。至城中后，先后在昌后堂、天德堂坐堂行医，诊务频繁。河北名医张锡纯十分赞赏芷熙的医德医术。芷熙所注《医学备要》已佚。《妇科医案问答》一书，有谓系芷熙所著，现存抄本两种，可窥竹氏妇科理论与方治特色。

**6. 其他专科**

寿明斋眼科：清同治年间（1862—1874）余姚郑慎斋所创。郑收徒七人，其一徒于绍兴五云门外散花亭，设寿明斋眼科并授生徒传其医术。另一徒赵占元于上虞县设所开诊，亦名寿明斋眼科。寿明斋眼科重视外治，有传统外治眼药四十余种，其组方、配制有独到之处，远销北京、广州等地。

明明斋眼科:民国时期(1912—1949)宁波徐德新所创。徐氏早年来绍保佑桥河沿(今劳动路)设明明斋眼科,医术高明,颇有影响。徐氏所传有三支:一传张伯清,再传张竹斋。竹斋于绍兴城内三角道地设所开诊,故亦称三角道地眼科。1952 年,响应政府号召,参加斜桥联合诊所。一传王馨斋,再传王莲枝、王莲芳,称王氏眼科。一传董菊泉。董于五云门内白果树下设所开诊,故称白果树下董氏眼科。

祝氏草科:清末祝柏仁所创。祝氏祖籍上虞松厦,受学于蜀地草医。其后迁居绍兴下方桥,传子尚林。尚林四子中三子操家业,孙辈亦继其业。祝氏草科重视辨证论治,善取力专势宏之草药以祛病痛。

张氏疳科:民国时期(1912—1949)张伯林所创,以善治小儿疳症闻名,所制吹喉散有特效。诊所设绍兴螺蛳桥,故名螺蛳桥疳科。

**(二)绍派伤寒论**

绍派伤寒论以绍兴命名,缘于其因地制宜的地方性,独树一帜的创新性以及前赴后继的可持续性。它发端于明代张景岳所著《伤寒典》,至清末俞根初著《通俗伤寒论》,以胡宝书等的灵活推广运用而崛起,以何廉臣等的发展完善而勃兴,形成绍兴特有的伤寒理论体系,是越医献给中医药的代表作。

绍派伤寒论根据绍地卑湿、温热多挟湿邪为患的特点,主张六经三焦,寒温成一统。其辨治感证理论既别于一般伤寒学派,又异于吴门温病学派,与前代医家无明显的师承关系,却有明显的地方特色,因而自成一体,独树一帜。

张景岳、俞根初、高学山、任沨波、何秀山等医家,在绍派伤寒论奠基阶段发挥了重要作用。

俞根初(1734—1799),名肇源,世居山阴县陶里村,行医近半个世纪,擅伤寒时症,日诊百数人,大名鼎鼎,妇孺皆知。祖俞亨宗,曾为宋隆兴进士,仕至秘阁修撰,后为刑部尚书。明洪武年间,亨宗后裔俞日新适居陶里,始操医业。世代沿袭,至根初已历十数代。根初之子赓香,亦擅医,后以家资渐富,培植子孙或入政界,或从幕道,俞氏医道乃绝。

俞根初勤于读书,博采众长但并不迷信泥古,看重临证实务经验。何秀山评俞根初:“其学术手法,皆从病人实地练习,熟验而得,不拘于方书

也,一在于其经验耳。"俞根初自己也说:"熟读王叔和,不如临证多。非谓临证多者不必读书也,亦谓临证多者乃为读书耳。"①俞著《通俗伤寒论》提出寒温一统,六经与三焦相结合的创见。俞氏诊断重望目、腹诊,首创六经主脉舌法。治疗重视祛邪,强调透达。用药轻灵稳验,并重瘥后调理。《通俗伤寒论》被后世誉为"四时感证之诊疗全书",为绍派伤寒理论的奠基之作。

任沨波,任越安裔孙,四代擅治伤寒。越安著有《伤寒法祖》,沨波著有《医学心源》、《任氏简易方》。高学山著有《伤寒尚论辨似》。何秀山为俞氏《通俗伤寒论》作按语,或阐发,或补正,对于绍派伤寒理论体系的发扬和传播具有重要意义。

何廉臣为绍派伤寒论的发展做出重要贡献。何氏先著《重订广温热论》、《感症宝筏》,变化《伤寒论》成法;继则逐条勘证《通俗伤寒论》并加以发挥,使该书内容大增,成为绍派伤寒论之总集。尔后,又编著《湿温时疫治疗法》、《增订时病论》及《全国名医验案类编》,校勘许叔微《伤寒百证歌注》、日本丹波氏《伤寒广要》及《伤寒述义》、浅田栗园《伤寒论识》等,进一步阐发了绍派伤寒论的学术观点。

继承并发展绍派伤寒论的其他知名医家及著作有赵晴初《存存斋医话》、黄寿衮《梦南雷斋医话》、张畹香《暑温医旨》、周伯度《六气感证要义》、曹炳章《瘟痧证治要略》及《暑病证治要略》、徐荣斋《重订通俗伤寒论》,等等,还有曹病章所辑医案四卷收入《中国医学大成》、裘吉生所辑医案二卷收入《珍本医学集成》等,扩大了绍派伤寒理论在全国的影响。

此外,钱清杨汛桥邵兰荪、昌安门外菖蒲溇胡宝书以及陈幼生、傅伯杨、潘文藻等治疗伤寒亦颇多心得,不以著述行世,而以著述行医,以医术济人,均为绍派伤寒理论之身体力行者。

胡宝书是医学世家,胡七岁起即随家人学医,年未及冠,就已能代祖应诊。他精研经典及诸家之说,结合自身实践,辨证重湿,施治主化,用药轻清,制方透灵,治病以朴实、稳健见长,丰富了绍派伤寒的学术思想。

由上观之,绍派伤寒有明显的地方性,与一般中医流派有所不同,其前后医家无明显的师承关系,这在中医史上是一个特例。当然绍派伤寒并不

---

① [清]俞根初撰,近代徐荣斋重订:《重订通俗伤寒论》,第一章"伤寒要义"。

是异想天开，空穴来风，事实上，绍派伤寒是俞根初、胡宝书等人从每日百数个病人的临证实践中摸索出来的。可以说，绍派伤寒是实践的产物，是因地制宜的产物，是实事求是的产物。

绍派伤寒的形成标志着中医学对外感热病的认识和治法上的又一创新。它不是对伤寒派、温病派的简单折中，而是以对伤寒经典的深刻理解，对外感病的实质深入钻研，汲取吴中温病学派的学术精髓，结合绍地特殊的地理人文特点后提出的，有其独特的理论和独特的辨证用药方法，为平息伤寒、温病学派之争做出了贡献。

在绍派伤寒学术体系的形成过程中，造就了一大批临床经验丰富、又有创新精神的医家，他们以俞根初、何廉臣、曹炳章、邵兰荪、胡宝书为代表，提高了绍兴医家的声誉，确立了越医的整体形像和地位，也为当时绍地人民的卫生健康立了大功。

越医在传统的望、闻、问、切四诊的基础上，结合浊病学察舌、验齿等经验，望诊特重望目，六经辨苔，首创腹诊，丰富了诊断方法。又根据绍地卑湿，绍人喜饮酒水的习俗，选用质地轻清的芳香药、鲜品、生品及药汁，其用药特色为医林中人重视。

### （三）医论研究

医经研究：绍兴医家研究医经起于明代，多集中于研核《内经》。明马莳著《黄帝内经素问注证发微》，将《素问》81 篇合为 9 卷，逐节注释，为《素问》主要注本之一。又著《黄帝内经灵枢注证发微》，将南宋史崧传本《灵枢》24 卷合为 9 卷，于逐节注释外并予发挥，且增附经脉腧穴图解。此书为《灵枢》最早全注本，颇有影响。张景岳积 30 年之功研究《内经》，按“发隐就明，转难为易”编著宗旨，注释原文，分析句义，著成《类经》32 卷。其后，又撰《类经图翼》，对《内经》中之奥义另详以图，再加翼说。此书对命门学说及温补元阳、元阴理论均有阐发，于当时医界具有重要影响，至今仍有参考价值。

研究医经之作尚有清代陈士铎著《内经素问尚论》、《灵枢新编》、《黄帝外经微言》，姚止庵著《素问经注节解》，章楠著《灵枢节注类编》；近现代则有田晋蕃著《内经素问校证》、《医经类纂初稿》，杨则民著《内经析义》，徐荣斋著《内经精义》，均各有新意。

脏象诊法研究：脏象、诊法研究成果有明唐继山著《脉诀》，马莳《脉诀正义》；清陈士铎著《脉诀阐微》、《脏腑精鉴》，曹炳章著《辨舌指南》、《三焦体用通考》，史久华重订《重订敖氏伤寒金镜录》。曹氏《辨舌指南》一名《彩图辨舌指南》，系广泛收集古今舌诊文献，参阅现代医著并结合个人见解编纂而成。书分五编，共 6 卷。首编（卷一）为辨舌总论；二编（卷二）为观舌总纲；三编（卷三）为辨舌证治，介绍诸家察舌辨证之法及舌病治法；四编（卷四、卷五）为辨舌各论，介绍各种舌苔的病理，并附舌苔彩色图 119 幅；五编（卷六）为杂论方案，选辑诸家辨舌论述及有关察舌辨症医案，末附辨舌证治要方。此为祖国医学第一部舌诊专著。

本草方剂研究：主要研究者有 4 家：徐用诚著《本草发挥》4 卷，载药物 270 种。每药先宗《神农本草经》，述其性味、功能及主治，然后博采张洁古、李东垣等之说，以阐其义。书中不仅论述药物气味厚薄、阴阳升降属性，还论述药物君、臣、佐、使、脏腑补泻的应用等。全书载医论 30 余篇，如《气味厚薄寒热阴阳升降图》、《药性要旨》、《用药升降浮沉补泻法》、《脚气法时补泻法》、《治法纲要》等。张景岳著《本草正》2 卷，载药物 302 种。论述药物皆先言其性味、功用，其次述其配伍、禁忌，还记述部分药物制法；并结合临床实践纠正前人之误。周伯度著《本草思辨录》4 卷。内容偏重药性、归经思辨，为临床实用读物。书中首载绪说一篇，辨析医理、方药。全书收载药物 128 种，按《本草纲目》编次排列，根据《伤寒论》和《金匮要略》解释每药的性能和临床应用，并广引历代医家所注，详予阐述，遇有异议则一一分析辨正。此书不仅有助于掌握药物性能和应用，且能借此理解《伤寒论》和《金匮要略》的用药精义。姚澜编《本草分经》，书中以经络为纲，药品为目，故名。全书收录药物 770 余味，依经络分为通行经络、肺、脾、大肠、胃、三焦、胆、心包、肝、小肠、膀胱、心、肾、命门与奇经八脉等 15 纲，又列“不循经络杂品”一纲，共 16 纲。每纲分列补、和、攻、散、寒流、热 16 项，以区分同纲不同功用的药物。每味药物之下均详记其性味、功能与主治证候。其他尚有赵晴初著《药性辨微》，何廉臣著《实验药物学》、《药学汇讲》，胡宝书著《校正药性》，曹炳章著《增订伪药条辨》、《鹿茸通考》以及张若霞《草药新编》、郭若定《汉药新编》，等。

方剂研究之作，有宋大观年间（1107—1110）陈师文、裴宗元等校正增订《太平惠民和剂局方》所成《校正太平惠氏和剂局方》，为宋代以来著名方书，流传较广，影响较大。王琢撰《是斋百一选方》，介绍各科病症的治疗，共选成方、单方千余首。选方精细、慎重，故名“百一选方”。王馥原《医方简义》，采集各家论方之书结合王氏临床经验分类编撰。卷一选述四诊、十二经考证、运气等；卷二、卷三为内科杂症及瘟疫等症；卷四为五脏所属症；卷五、卷六为妇产科病症。每病总先说，次列应用各方，方后阐明方义，所述不泥古义，多为王氏临床见解。王子芗辑《经验奇方》，共收方123首，所治多为常见病及急症。其他尚有蔡烈先《本草万方针线》，张景岳《古方聚类》、《古方八阵》、《新方八阵》，何廉臣《新方歌诀》，杨则民《方剂学》，曹炳章《伤寒要方》，黄寿衮《温病三焦方略》，赵晴初《方歌集论》等。

伤寒与温病研究：此类医著较多，集中反映了绍派伤寒论的学术思想及临床经验。主要成果有张景岳《伤寒典》，俞根初《通俗伤寒论》（后经何秀山、何廉臣增订，徐荣斋重订），高学山《伤寒尚论辨似》，张畹香《张氏暑温医旨》，周伯度《六气感证要义》，何廉臣《重订广温热论》，曹炳章《暑病证治要略》、《瘟痧证治要略》，胡宝书《伤寒十八方》等。

临床研究：此类研究医著有张景岳著《杂证谟》29卷。该书原载于《景岳全书》卷九至卷三十七。卷九为该书目录，卷十以下共载71门。每门之下，首列经义，详录《内经》、《难经》有关此病的记载；次为论证，论述此病的虚实寒热以及所犯脏腑；再次为论治，根据病症不同，介绍各种治法；最后列方名及针灸穴法，并加评述。书内除26至28卷论述耳、目、口舌、齿、鼻、咽喉等五官科疾病外，其余多论内科杂症。鉴于当时医界滥用寒凉之偏，张氏在书中力倡“阳非有余，真阴不足”说。重视温补肾水和命火。认为“善补阳者，必于阴中求阳，则阳得阴助而生化无穷；善补阴者，必于阳中求阴，则阴得阳升而泉源不竭”。张氏诸论可取之处很多，但于疾病，有重虚轻实之偏。临床研究之作，尚有戴原礼校补朱丹溪所撰之《金匮钩玄》。《四库全书总目提要》评：“是书词旨简明，不愧钩元之目。原礼所补，亦多精确。”戴原礼尚著《秘传证治要诀》12卷。每卷一门，计有诸中、诸伤、诸气、诸痛、诸嗽、诸寒热、大小腑、虚损、拾遗、疮毒、妇人等。每门列若干病症，详论病因、病机、症状、治则、治法以及简略治验，间或加小注，提示要点。所论范围较广，说理明了，阐述详尽。

其他有张景岳著《景岳全书》，系张氏学术思想和临床经验的代表作。全书共64卷，包括《传忠录》3卷，《脉神录》3卷、《伤寒典》3卷、《杂证谟》

29卷、《妇人规》2卷、《小儿则》2卷、《麻诊诠》一卷、《痘疹诠》3卷、《外科钤》2卷、《本草正》2卷、《新方八阵》2卷、《古方八阵》9卷、《妇人方》一卷、《小儿方》一卷、《痘疹方》一卷、《外科方》一卷。曹炳章编《中医医学大成》,以清代医著为主,辑录魏、晋至明、清期间重要医著及少数日本医家著作,原计划收365种,今实存128种。裘吉生辑《珍本医书集成》,主要收录明清时期有临床价值的精本、孤本、抄本医书共90种。裘氏尚辑《三三医书》,收录医书99种,多系我国明、清时期医学著作,间有少数日本医家所撰著作。①

## 三、气象知识和农业活动

### (一)气象和农业谚语

口语传播在人类的知识积累和传播过程中占据了极其重要的地位。谚语具有短小精悍、容易上口、便于记忆的特点,是口语传播中的经典形式,即使在传媒技术高度发达的今天仍然有其用武之地。谚语是祖先对生产生活的经验智慧的提炼,是当时社会万象、风土民情的缩影。越地先民创造并传承下来的谚语取材广泛,其内容涵盖天文地理、季节气象、农业种植、家庭生活、乡土社会,等等。谚语是口头传统与表述的一部分,但它承载的许多内容又是当地传统知识和实践的一部分,并且其中的许多经验总结在今天已经成为可贵的文化遗产。

气象和农业谚语是越地谚语中最主要的部分,按照谚语内容所反映的气象、物候、农业、生活等几个方面的关系,可大致分为以下几类:(1)气象观测经验;(2)气候与农业的关系;(3)气候与生活的关系;(4)物候与农业的关系;(5)农业种植经验;(6)农业生活现象等。

#### 1. 气象观测经验

旧时气象科学尚不发达,没有专门的“气象预报”,要想提前知道晴雨冷暖只能依赖感官经验,用气象和物候情状推测天气变化。天有不测风

---

① 参见《绍兴市志》第三十九卷第一章,载中国绍兴政府门户网站,http://www.sx.gov.cn。

云,民间也因此摸索出来一套便捷又实用的气象谚语。例如越地民间有“日晕三更雨,月晕午时风”的谚语,其意思就是若出现日晕的话,夜半三更将有雨,若出现月晕,次日中午则会刮风。

越地的传统气象知识体系中包含了多种识别天气的方法,有以气象占天气变化,如看云识天气,看风识天气,看日月星辰识天气等;有以物象异常行为来推测天气变化。如:“鱼翻湾,要变天;鱼打漂,雨来到。”“盐罐子返潮,大雨难逃。”越地这类气象知识异常丰富,反映在谚语中也有可观的数量,以下列举的只是其中一小部分:

看云识天气——

天上钩钩云,地上雨淋淋。
天有城堡云,地上雷雨临。
天上扫帚云,三天雨降淋。
早晨棉絮云,午后必雨淋。
早晨东云长,有雨不过晌。
早晨云挡坝,三天有雨下。
早晨浮云走,午后晒死狗。
早雨一日晴,晚雨到天明。
今晚花花云,明天晒死人。
空中鱼鳞天,不雨也风颠。
天上豆荚云,不久雨将临。
天上铁砧云,很快大雨淋。
老云结了驾,不阴也要下。
云吃雾有雨,雾吃云好天。
云吃火有雨,火吃云晴天。
乌云接日头,半夜雨不愁。
乌云脚底白,定有大雨来。
低云不见走,落雨在不久。
西北恶云长,冰雹在后晌。
暴热黑云起,雹子要落地。
黑云起了烟,雹子在当天。
黑黄云滚翻,冰雹在眼前。

黑黄云滚翻，将要下冰蛋。

满天水上波，有雨跑不脱。

看风识天气——

久晴西风雨，久雨西风晴。

日落西风住，不住刮倒树。

常刮西北风，近日天气晴。

半夜东风起，明日好天气。

雨后刮东风，未来雨不停。

南风吹到底，北风来还礼。

南风怕日落，北风怕天明。

南风多雾露，北风多寒霜。

夜夜刮大风，雨雪不相逢。

南风若过三，不下就阴天。

风头一个帆，雨后变晴天。

晌午不止风，刮到点上灯。

无风现长浪，不久风必狂。

无风起横浪，三天台风降。

大风怕日落，久雨起风晴。

东风不过晌，过晌翁翁响。

雨后东风大，来日雨还下。

雹来顺风走，顶风就扭头。

春天刮风多，秋天下雨多。

看天象识天气——

天空灰布悬，大雨必连绵。

天上拉海纤，下雨不过三。

四周天不亮，必定有风浪。

有雨天边亮，无雨顶上光。

日落胭脂红，无雨便是风。

日落黄澄澄，明日刮大风。

日出太阳黄，午后风必狂。

星星水汪汪，下雨有希望。

星星眨眨眼，出门要带伞。

日月有风圈，无雨也风颠。

朝霞不出门，晚霞行千里。

风大夜无露，阴天夜无霜。

大雾不过三，过三阴雨天。

雾露在山腰，有雨今明朝。

久晴大雾阴，久雨大雾晴。

雷声连成片，雨下沟河漫。

先雷后刮风，有雨也不凶。

雷公先唱歌，有雨也不多。

闷雷拉磨声，雹子必定生。

阴雨亮一亮，还要下一丈。

看物象识天气——

喜鹊搭窝高，当年雨水涝。

久雨闻鸟鸣，不久即转晴。

海雀向上飞，有风不等黑。

鸟往船上落，雨天要经过。

喜鹊枝头叫，出门晴天报。

蟋蟀上房叫，庄稼挨水泡。

蚊子咬的怪，天气要变坏。

蜻蜓千百绕，不日雨来到。

蜜蜂采花忙，短期有雨降。

腰酸疮疤痒，有雨在半晌。

枣花多主旱，梨花多主涝。

晴天不见山，下雨三五天。

河里泛青苔，必有大雨来。

海水起黄沫，大风不久过。

**2. 气候与农业的关系**

越地先民通过长期观察气象与配合季节栽种的结果，得知节气与农作物的关系非常重要，因此累积了丰富的知识和衍生出许多关于气象、季节和农事的俗谚。

根据二十四节气安排农事的农时谚语有：

春雨惊春清谷天，夏满芒夏暑相连。
秋处露秋寒霜降，冬雪雪冬小大寒。
每月两节日期定，最多相差一两天。
上半年在六廿一，下半年是八廿三。
一月小寒接大寒，薯窖保温防腐烂。
立春雨水二月间，顶凌压麦种大蒜。
三月惊蛰又春分，整地保墒抓关键。
四月清明和谷雨，种瓜点豆又种棉。
五月立夏到小满，查苗补苗浇麦田。
芒种夏至六月天，除草防雹麦开镰。
小暑大暑七月间，追肥授粉种菜园。
立秋处暑八月天，防治病虫管好棉。
九月白露又秋分，秋收种麦夺高产。
十月寒露和霜降，秋耕进行打场连。
立冬小雪十一月，备草砍菜冻水灌。
大雪冬至十二月，总结全年好经验。

冬雪是麦被，春雪是麦鬼。
麦盖三场被，枕着馒头睡。
春打六九头，备耕早动手。
雨水修渠道，抽水把地浇。
惊蛰地气通，搂麦要进行。
春分麦起身，肥水要紧跟。
清明雨纷纷，植树又造林。
谷雨前和后，种瓜又点豆。
立夏种油料，同时插水稻。
芒种麦登场，龙口夺粮忙。
夏至伏天到，中耕极重要。
小暑管玉茭，人工授粉好。
大暑种蔬菜，生活巧安排。

立秋棉管好，力争伏天桃。
处暑送肥忙，复种多推广。
白露收大秋，早熟又早收。
秋分已来临，种麦要抓紧。
寒露收谷忙，细打又细扬。
霜降快打场，抓紧入库房。
立冬不砍菜，受害莫要怪。
小雪不畏寒，建设丰产田。
大雪冰封山，积肥管麦田。
冬至副业忙，有钱又有粮。
小寒三九天，把好防冻关。
大寒不停闲，总结再向前。

有钱难买五月旱，六月连阴吃饱饭。
头伏萝卜二伏菜，三伏还可种荞麦。
清明高粱立夏后，小满芝麻芒种黍。
清明玉米谷雨花，谷子抢种至立夏。
白露早来寒露迟，秋分种麦正当时。
七月十五红枣圈，八月十五打枣杆。
白天热来夜间冷，一棵豆儿打一捧。
秋耕田地地发墒，冬雪渗下不易干。

谷雨麦怀胎，麦喜胎里富。
麦怕胎里旱，麦怕三月寒。
麦收四月风，立夏见麦芒。
西南火旱风，收麦要减成。
小满粒不满，麦有一场险。
大麦上了场，小麦发了黄。
秋风镰刀响，寒露割高粱。
寒露下葡萄，白露打核桃。
麦出七天宜，麦出十天迟。

谷六麦十三，必定见绿尖。

农民“靠天吃饭”，这些谚语所反映的岁时节气与农时活动的运行规律，长期以来是越地农民奉行不违的生产准则。

**3. 气候与生活的关系**

气候与人们的衣食住行都有密切关系。谚语中多有总结依循四季天气和二十四节气变化规律合理调整饮食、穿戴和作息习惯的经验归纳。

“三月初三晴，丁靴挂断绳”，“三月初三雨，丁靴磨断底”，这些流传在绍兴一带的农谚是农民长期积累的气象理论。丁靴是旧时代的“雨鞋”。那时，橡胶还未在我国制成雨鞋，一般农家用布制成靴面，反复涂上桐油，使之不会被水浸透，也有用牛皮制作的。为了耐磨耐穿，又在鞋底上钉上几只圆头的塔钉，走起路来发出“弟埭弟埭”的声音。在绍兴等地，劝诫人们依时着装的谚语又如：“白露身不露”，意思是“白露”节气过后，不要赤膊露身，特别是早晨、夜间凉意甚浓，要多穿些衣服，严防凉气阴气侵入体内。

民以食为天，绍兴在“四时八节”都有传统的时令饮食，颇具越文化特色。有关清明、立夏节气的民俗主要也表现为“吃”。清明的前一天是寒食节。据《邺中记》所载，越人在清明前“寒食三日，作醴酪，又煮粳米及麦为酪，捣杏仁煮作粥。”绍兴农家现在过清明节也还存有古人寒食的遗风。原来绍兴近杭州湾，属海洋性气候，清明时节雨纷纷，紧接着清明的便是谷雨，这时候草木葱茏，莺歌燕舞，已经真正显示了春天的景象，在农业上，春耕生产忙起来了，所以农谚说：“吃了谷雨饭，天晴落雨要出畈。”由于天气乍晴乍雨，很难把握，所以农民下田，常有被雨淋湿之虞。他们“抵御”这种情况的办法之一，便是在清明那日吃一种掺了艾泥的食品，如糕、饺等。这种习俗未必有其科学依据，但却是当地农民千百年来依循的农业生活实践之一。

立夏是八节中的一个“小节”，但饮食习俗也不少。比如，在绍兴及其周边一带乃至江南均有立夏吃樱桃、吃苋菜、摘蚕豆豌豆尝新等习俗。尽管随着大棚蔬菜水果的逐年普及，时令蔬菜水果的意义在淡化，但“立夏吃豆”这一习惯在民间的影响还是比较深远，农谚中也有“豌豆立了夏，一夜一个杈”的说法。绍兴以前还有一种叫“立夏饼”的特色时令食品，是用米粉掺煮透的豆板做成饼，中间嵌一颗樱桃，是为“立夏吃樱桃”的习俗。

旧时，农民对四时八节十分重视，这也相应地反映在生活习俗中，不同的节气有不同的“行动指南”，上述清明、立夏即是如此。又比如夏至，在全年中夏至日照时间最长，故绍兴有“嬉，要嬉夏至日”之俚语。旧时，人不分贫富，夏至日皆祭祖先，俗称“做夏至”。除常规供品外，还要另加一盘蒲丝饼。其时，夏收完毕，新麦上市，有夏至日吃面尝新的习俗，谚曰“冬至馄饨夏至面”。

**4. 物候与农业的关系**

越地谚语中，除了根据节气和天气变化规范农耕活动外，还有一部分反映了物候变化和农事的关系，颇有见微知著、一叶知秋的功效。例如：

燕子来在谷雨前，放下生意去种田。

杨柳梢青杏花开，白菜萝卜一齐栽。

蚊子见了血，麦子见了铁。

九月菊花开，小麦苗出来。

**5. 农业种植经验**

农谚是农民们耕作的指标，如果说其中的农时谚语是农民们长期抬头看天得来的智慧，那么这部分反映农耕技术的谚语就可谓是农民们俯首种地得来的经验，是农民们离不开的丰产“法宝”，亦是越地谚语的精髓。具体有：

云雾山中出名茶，姜韭应栽瓜棚下。

豌豆大蒜不出九，种蒜出九长独头。

地尽其用田不荒，合理密植多打粮。

地是铁来粪是钢，把粪施在刀刃上。

牛粪凉来马粪热，羊粪啥地都不错。

底肥不足苗不长，追肥不足苗不旺。

三分种来七分管，十分收成才保险。

人治水来水利人，人不治水水害人。

人不勤俭不能富，马无夜草不能肥。

一粒粮食一滴汗，粒粒都是金不换。

砂地搓淤泥，好的真出奇。

碱地施层砂，强似把肥加。

庄稼是支花，全靠肥当家。

种地不施粪，等于瞎胡混。

地靠人来养，苗靠肥来长。

好树开好花，好种结好瓜。

早种三分收，晚种三分丢。

苞米种的浅，丢了主人脸。

除虫如除草，一定要趁早。

间苗要间早，定苗要定小。

棉花锄七遍，桃子赛蒜瓣。

### （二）罱泥习俗

每年春天的开荡罱泥是绍兴水乡一个热闹而颇具特色的农事习俗，它不但反映了水乡农民的勤劳淳朴，还是越地农业生产实践中十分重要的活动。宁绍平原历来是著名粮仓，土壤肥沃，土层深厚，千百年来世代相传的罱泥肥田是其重要原因。

绍兴平原地区的农田大多分布在河湖两岸，这里的大小水面除养殖淡水鱼外，同时养菱。菱是一年生的草本植物，枝叶繁茂，满布水面。清代吴寿昌在《乡物十咏·鉴湖菱》一诗中写到“百顷画桥西，差差水面齐”的景色，在绍兴是随处可见。秋天采菱之后，天气渐寒，菱枝菱叶经霜枯萎，沉入水底，形成了一层厚厚的菱渣河泥，这是农家十分喜爱的有机腐殖质肥料。农民用麻线编织的罱夹，涂以猪血（使之耐久），装在两支竹竿的基部，站在船沿的农民将罱夹深插湖底，同时操作露出水面的两支竹竿，左右开弓，一张一收，湖底的河泥就被罱入夹内，连同水草一起，提出水面，倒入船舱中，虽是带水夹浆，却比泥浆稠厚得多，装满一船，随即驶至岸边，抛入田头预先掘好的方形泥塘内，然后将田间收获的草子（紫云英），或山边割来的青草，乃至城镇里运来的有机垃圾一齐埋入，经过一段时间的腐热发酵，就成为肥效甚高的“草蘘河泥”，待到春耕开始后，一担一担地挑往田里均匀撒拌，作为水稻的基肥。不久，禾苗茁壮，丰收在望。绍兴农谚中的“人要桂圆枣子，田要河泥草子”，足以证明罱河泥肥农田，对农业生产是十分有益的。那时农资紧缺，这种方法是非常普遍的，既经济又有效。

开荡罱泥都是在每年清明过后谷雨未到的季节里进行。全村确定一个日子，一齐行动，约定俗成，共同遵守。家家户户忙着把农船修好，购置罱竿，备好罱夹，有的农家还买肉买鲞，养好体力，秣马厉兵，做好一切准备。到了指定日子的那天黎明，几百只农船早已驶往一处较大的湖荡，整齐排列，一声爆竹，千百支罱竿同时入水，如同蛟龙翻江倒海，场面十分热闹壮观。此日之后，农民可自由自在地到附近河湖罱取河泥。但在这以前，从没有一户农家犯俗抢先。

之所以要约定一个日子开荡罱泥，这是因为罱泥是一项带水操作的重活，春暖花开之际，水温逐渐升高，才便于操作；同时，全村约定日子一齐出动，可以避免人们抢先涌向河泥丰厚的河荡而可能引起的纠纷和争吵。还有一个重要的原因是因为酿造绍兴老酒必须取用水质清洌的鉴湖水，而罱泥之后，河泥上浮，水质会变得混浊。旧时农家多有自酿自饮者，为了保证绍酒酿造过程中“冬浆冬水”、“冬浆春水”的清洁纯净，酒乡的农民自觉地做到了这一点。正是因为世代罱泥，取尽了沉淀湖底的淤泥杂质，起到了防止二次污染、疏浚河道、挖深湖床的作用，才保证了鉴湖水质的持久优良。

改革开放以后，绍兴乡镇企业蓬勃发展，农村的青壮劳力纷纷进厂务工或外出谋职，又由于化学肥料的广泛普及和充裕的供应，罱泥这一繁重的体力劳功，已有逐渐减少之势，以致河道淤泥积厚，水质变劣。近年，为了改善河道水环境，绍兴采用人工罱泥的方法对环城河进行清淤，既符合环城河的实际，又一举数得：既能让外来游客欣赏到一幅动人的水乡风情图，又是现身说法给沿岸居民重温一堂传统的社会公德课，同时还能收到节能、绿色环保的效果，利于建立一种机动灵活的长效机制，让绍兴的水更清、景更美、民风更淳朴。

**（三）采茶制度**

据考证，绍兴茶业始于汉，兴于唐，盛于宋，至清代进入鼎盛时期。早在南北朝时，茶圣陆羽就在《茶经》中盛赞“浙东以越州上”。明末清初，“平水珠茶”以“贡熙”茶名出口，风靡欧美市场，茶价之高，不亚于珠宝，被誉为“绿色的珍珠”。绍兴日铸茶制法改蒸为炒，改碾为揉，开创了中国绿茶生产的新途径，清代金武祥在《菜香之笔》中称之为“开千古茶饮之宗”。自宋代起列为贡品，至康熙巡游江南后，岁岁朝贡，极负盛名。绍兴的历代名人都与绍兴名茶结缘，如徐渭、陆游、鲁迅、蔡元培等都对家乡茶叶情有

独钟，留下了许多脍炙人口的茶典佳话，亦为绍兴茶文化增色不少。

茶叶的采摘，是茶叶生产中一道重要的工序。鲜叶质量的好坏直接影响到成品茶品质的优劣；采摘量的多少也直接影响到茶园产量的高低。采茶不但是一个收获过程，而且是茶树栽培的重要技术内容之一。茶叶采摘不仅关系到制茶原料的质量，而且影响茶树的生长发育。合理采茶，在一定程度上能促进茶叶增产，并有防治病虫的作用。在采茶的实践过程中，越地茶农总结出一定的客观规律，并自觉遵守，形成了不成文的采茶制度。

茶叶采摘具有很强的季节性，所以农谚有“早采三天是个宝，迟采三天是颗草”的说法。茶树发芽又有不一致性。绍兴茶农熟知茶叶的这些生长习性，因此长期以来，形成了按标准及时采和分批多次采的良好采摘习惯。越地素有“春茶须一担，夏茶采一头”的采茶习惯。旧时，绍兴茶区有只采春茶的，也有采春茶和夏茶的，但是采秋茶者很少。谚曰：“春茶光，夏茶藏，三茶摘了犯天打。”可见，这些在多年实践中积累下来的生产经验，在过去对于茶农来说几乎如戒律一样神圣不可违抗，对于指导茶叶生产具有可贵的价值。

## 四、水利工程与水利文化

水是绍兴的城市之脉，“城在水中，水绕城走”。绍兴水乡特色明显，水面比重很大，市区水面面积占了17%，在几个中心地带特别是城市北部，更是接近了30%。所以说，绍兴是一个名副其实的水乡。水乡以水为本，在治水和用水方面需要大量的知识和实践，在这样一个历史文化古城，水利工程和水利文化就具有了特别的意义。

绍兴的许多老河道，形成历史非常久远，文化深厚，如鉴湖和古运河。

鉴湖是绍兴的母亲湖，是我国东南地区最古老的水利工程之一。现在的鉴湖，大致定型于南宋，至今已有一千多年的历史。鉴湖在春秋时期称为庆湖，实为会稽山西麓季节性积水区。据三国时吴谢承《会稽先贤传》记载：“贺，本庆氏，后稷之裔。太伯始居吴，至王僚，遇公子光之祸。王子庆忌挺身奔卫，妻子并渡浙水，隐居会稽上。越人哀之，予湖泽之田，俾擅其利。表其族曰‘庆氏’，名其湖曰‘庆湖’。”春秋时吴国王僚末年的公子光之祸，发生在公元前515年，早于马臻建成鉴湖655年。“庆湖”，应该是鉴湖建成前自然形成的一个天然湖泊。越王句践十年生聚、十年教训（公元前473年前）时是绍兴水利史上的第一次大规模建设。主要建设有：富中大塘、练塘、吴塘、山阴故水道等。这些水利建设以后或被鉴湖所堙，或成为鉴湖水利的一部分。

从秦代至汉代，随着农业的发展，垦殖的扩大，山会平原的堤塘兴修继续进行。东汉元初二年（115），马棱筑洄涌湖，实际上成为鉴湖水利建设的序幕。东汉永和五年（140）会稽太守马臻筑鉴湖，聚堤南36源之水形成东西两湖。鉴湖湖堤以会稽郡城为中心，分为东西两段。东晋南朝时，绍兴的水利设施在原有的鉴湖灌溉基础上，继续发展。晋太守谢辖修造了县西南25里的古塘，晋司徒贺循凿通了西兴到曹娥的西兴运河，其东段与鉴湖（东湖）湖堤平行，其西段与鉴湖（西湖）湖堤也不过相去三四里，大大加强了鉴湖湖水的排放与灌溉。唐大和年间建新径斗门，吴越天宝八年（915）时做了一次较大规模的疏浚，北宋天圣年间建曹娥斗门。北宋曾巩曾作《鉴湖图序》，与王十朋等成为鉴湖复湖派的代表。北宋开始围湖，推动了山会海塘的修建及河湖网的整治。

鉴湖长堤至今尚存，古鉴湖轮廓依然清晰可辨，到现在古鉴湖范围内残留水面面积为30.4平方公里左右，蓄水量约0.4亿立方米，对沿湖水田的灌溉及水上运输仍起着重要的作用。

鉴湖是在丘陵、沼泽平原、海涂之间建设的特殊的人工水利灌溉。是这一类型水利中最早最杰出的代表。鉴湖不但是蓄水灌溉湖泊，还具有蓄洪，防止咸潮内侵和内河航行等综合功能，是平原丘陵地区之大型水利枢纽，为国内外所罕见。故有“境绝利博，莫如鉴湖”之评说。鉴湖水利还是长江以南最古老的水利建设与大型蓄水工程。其历史可追溯到大禹治水的传说和古越国的水利建设时期，从真正建湖以来也有1860多年的历史。其前身乃中国水利建设的发源地。鉴湖初建的三大斗门是水闸与桥相结合的闸桥，是中国最早的闸桥之一。鉴湖采用松木桩和沉排处理建筑物基础，开国内之先河。采用测水牌测水位，亦属当时先进水平。

从人类居住的角度来看，鉴湖边以堰闸管理和内河运输、农业水产业为主的沿湖聚落的形成是鉴湖水利建设的结果，鉴湖堙废后这类聚落也就成为平原聚落的一部分，推动了水乡农村城镇的发展。鉴湖平原聚落是在

沿湖以鉴湖水利管理、农业、渔业、运输业为主要内容的沿湖聚落的基础上发展起来的，具有醇厚的越文化、酒文化、水文化。在古镇村落古建筑古遗迹破坏严重的今天，保护好鉴湖边的民居建筑、名胜古迹、鉴湖水利遗址、名人墓葬已成为不可逆转之势。鉴湖还是中国外塘养鱼的发源地。上海水产学院主编的《池塘养鱼学》中载："中小型湖泊养鱼，在明嘉靖十六年(1537)以后，起源于绍兴。"

鉴湖水利在中国水利史上有着极为重要的地位。鉴湖正在为申报世界文化遗产而努力，同时我们也应看到，在鉴湖水利工程中包含许多先进的知识和技术，在长期的水利实践中积淀了许多可贵的经验，这些都应该是越地非物质文化遗产中的重要部分。

越地著名水利还有绍兴大运河。2007 年 1 月，国家文物局公布了中国世界文化遗产 35 个项目入围名单，"大运河"名列其中，这比过去提出的"京杭大运河"申遗的范围更宽。在 2005 年的"京杭大运河"申遗考察活动中，并未包括绍兴古运河的范畴。曾为运河申遗奔走呼吁的国家文物局古建筑专家组组长、倡议运河申遗的三专家之一的罗哲文曾明确提出，大运河申遗应该包括绍兴段。我国著名学者陈桥驿先生一直呼吁，浙东运河是中国大运河的一部分，绍兴古运河是其中的经典，应该将绍兴古运河纳入"大运河"申遗范畴。

绍兴古运河即山阴古水道，是杭甬运河(浙东古运河)的重要部分，是中国有史记载的先秦古运河之一。在从杭州到宁波的一百多公里长的古运河中，绍兴古运河是其中闪亮的明珠，它至今仍然水清水平水满，百里无波，如同明镜，舟行栉比，樯橹相连。所经之处，都是青山绿水的鱼米之乡，古桥古镇密布，耕读之风传家。其水质特异，可以酿酒。古运河与若耶溪、唐诗之路都联系紧密，是唐诗之路的第一站。这样人文资源丰富的地方，是许多地方无法相比的。

绍兴古运河历史悠久，文化积淀深厚，其沿河有着丰富的物质文化遗存和非物质文化遗存。近年来，绍兴市在古运河保护与整治等方面也做了大量的工作。环城河整治、运河园整治、大环河整治、龙横江整治、绍兴水城历史街区建设、浙东古运河其他河段整治及古镇保护、迎恩门改造等方面取得了巨大的成果，绍兴古运河中的运河园还成为国家级水利风景区。有关部门及当地媒体也正在为古运河申遗问题而努力。

水利，即因水得利。绍兴百业因水而兴，为水而成，创造了酒文化、丝绸文化、风情文化。千岩竞秀、万壑争流的自然环境使绍兴地灵人杰、人才辈出，又造就了名人文化。数千年来水环境在不断变化，而文化凝聚成了独特的绍兴水乡之魂。水乡古镇、村落的布局以一河两街、一河一街、一河三屋三街为主。其桥文化天下无双，古桥种类有：半圆拱桥、马蹄拱桥、多边形拱桥、椭圆拱桥、拱平结合、多孔梁桥、亭桥、廊桥、圆弧形平面多孔平桥、世界上唯一的纤道桥等。水利工程、水利文化对水乡城镇规划、江南民居建筑乃至石雕、砖雕、木雕等均具深远影响。绍兴的水利文化有多种表现，有物质的，如至今尚存的古鉴湖、古运河、古水闸、古纤道、古桥、古亭、沿河的老民居、老石构件等；也有非物质的，如历史名人、文献、诗歌、戏曲、水乡风情、传统工艺等。

近几十年来，许多河道沿岸周边的历史文物都不同程度遭到损坏，或已散落在村边田野。绍兴市对此进行了全方位的抢救性搜集，仅在市区古运河整治过程中就从民间收集到老石板三万余平方米，老条石三万余米，老桥近百座，另有若干老牌坊、老石亭、老台门、古水闸、古石狮，等等。这些有形的遗存物尚且朝不保夕，蕴涵其间的非物质文化的损失更是难以估量。在近年来非物质文化遗产的普查活动中，鲜有关于水利的代表项目。看来，如何保管并传承好这笔丰厚的遗产，仍需认真对待。

# 第五章　传统的手工艺技能

## 一、概　况

绍兴是水乡、名士之乡、书法之乡，同时还是黄酒之乡、石桥之乡、纺织之乡、越瓷之乡和茶叶之乡，这一系列美誉足见绍兴传统手工艺技能之丰富和精妙。绍兴能建城2500年而不衰、越文化能流布四海蜚声中外，与传统手工艺是分不开的。嵊州竹编、绍兴黄酒酿制技艺、石桥营造技艺入选国家非物质文化遗产名录。

越地传统手工艺技能可分为以欣赏为主的民间美术和以实用为主的传统手工技艺两大类别。民间美术有雕塑、编织、陶瓷、工艺扇、金属工艺等类，在国内外享有盛誉的有嵊州竹编、王星记扇、嵊州根雕、嵊州泥塑、绍兴花雕等；传统的手工技艺包括酒类酿制技艺、食品制作技艺、陶瓷烧制技艺、石材营造技艺、织造技艺、竹木制作技艺以及其他等等，著名的有绍兴黄酒酿制技艺、霉制品制作技艺、越窑青瓷烧制技艺、石桥营造技艺、乌毡帽制作技艺、锡箔锻制技艺、黄泽戏剧服装制作技艺、绍兴兰花栽培技艺、平水珠茶加工技艺等等。

雕塑是越地民间美术的一个大类。依据材质的不同有花雕、木雕、根雕、石雕、铜雕和泥塑等。花雕酒坛是绍兴典型的酒文化工艺美术品，是绍兴黄酒的艺术之魂。制作工艺历史悠久，是以油泥堆塑或沥粉彩绘来装饰陶制酒坛，外观设计多取自我国民族传统文化题材，反映吉祥富贵的形象主题和忠孝节义等儒、道文化的内容，色彩喜庆斑斓，是中国黄酒唯一能够体现民族传统文化的艺术品，具有浓郁的地方特色。木雕是绍兴广为分布的民间美术，也是在建筑、家具等生活领域应用性极强的雕塑品种。早在明清时期，嵊州和东阳的木雕艺人一同挑起了北京故宫木雕装饰的大梁。目前，仿古木雕业正在古越大地兴起。根雕不同于木雕，根雕更注重根材的天然形态，追求“以少胜多”，善于化腐朽为神奇。越地根雕在清代就已起步，自20世纪90年代起，嵊州根雕异军突起，誉满海内外。石雕的历史相当久远，可追溯到9000年前的新石器时代，甘霖镇小黄山遗址中出土的石雕人首见证了古越雕塑艺术的开端。目前，越地大量的古桥、古寺庙以及古民居仍然留存许多古老的石雕艺术珍品。嵊州泥塑源自清代早期祠堂庙宇中的塑像，以其精巧的形体、夸张的造型备受群众喜爱，从众多泥人艺术中脱颖而出，成为泥塑新星，与天津泥人张、无锡惠山泥人并称中国三大泥人。此外，越地尚有竹雕、砖雕、微雕、蛋雕、玻璃雕、越塑、灰塑等民间雕塑艺术。它们以自己独特的工艺绝活和艺术魅力存活于民间，在这片古老的土地绽放着属于越地的同时也是属于世界的绚丽光彩。

越地的编织艺术中，有竹编、棕编、绒编、麦草编和花边等类，其中尤以嵊州竹编和绍兴花边著名。绍兴多竹，早在1600多年前，人们就开始用各种竹材编织简易竹制品。明清两代，嵊州竹编工场生产的竹制品已相当精致，远销杭州、上海、南京等城市，嵊州竹编成为国内闻名的民间工艺。新中国成立后，嵊州竹编已从传统的工艺品发展成为堪称世界一绝的艺术奇葩。绍兴花边又名万缕丝，起源于意大利威尼斯，原名“万里斯”，1919年8月18日，沪商徐方卿，带领上海徐家汇天主教堂4名女教徒，抵萧山坎山传授意大利手工挑绣花边技艺。首批习艺者24人。同年，坎山沪越花边厂开业，迅速发展，范围扩展至绍兴县钱清、安昌、柯桥等地，产品经上海洋行远销国外。新中国成立后，花边生产和外销受到重视，挑花边成为农村妇

女的一种主要家庭副业。1968年,绍兴花边获全国第六届工艺美术百花奖金杯奖。1980年后,越地乡镇企业兴起,农村劳动力结构发生变化,挑绣女工从20世纪70年代末的十余万人,骤减至3万人左右。1984年花边厂职工何耀良等,成功研制出锭织花边,改变了以手工为主的传统生产方式,挑绣女工遂逐渐消失。

工艺扇也是越地民间美术的著名特产。明清时期,绍兴的制扇业已相当兴盛,主要集中在绍兴城内,嘉会兴浦、周家桥、州山、梅山、小观等地。以周家桥一带为最盛,素有"扇窝"之称,除少数几户单纯从事农业生产外,绝大多数是制扇户,盛时扇作坊不下四五百家。而王星记扇庄,则以制作精良而久负盛名。王星记扇庄创建于清光绪元年(1875)。其纸扇品种齐全、花色多样、制作精细、用料考究。大多选用竹秀细匀的竹子作骨,以纯桑皮纸为扇面,采用高山柿漆为制作的粘料,制作工艺十分复杂。如传统产品黑纸扇,需经过72道工序,一百多个制作过程才能完成。它的主要品种有:黑纸扇、工艺挂扇、白纸扇、香木扇。王星记扇是国内外享有较高声誉的传统日用工艺品,产品远销全国各大中城市及世界上十多个国家和地区。

此外,越地的民间美术项目,据清末民初时的文字记载,还有越砚、明角灯、铁画等。在新中国成立初期还有画蛋、编结、盘绣、乌金纸、金银箔、锡制工艺品等。至今,绍兴的金银饰品、诸暨的珍珠串缀艺术品、新昌的佛像雕塑和石刻摩崖、嵊州的剪纸工艺、绍兴的地毯以及玻璃画、烙画、灯彩、竹丝串缀等民间艺术仍然点缀在古越大地。由于人们的审美观不断发生变化,市场经济的挑战日趋严峻,这些传统的民间工艺美术与现实需求之间已经产生一定距离,曾经的艺术奇葩处于风雨飘摇之中,其最终命运不仅受艺术自身的发展规律的影响,也取决于现代人类对待历史文化遗产的态度和作为。

除了民间美术,越地的传统手工艺还包括另一重要部分,即更偏重实用产品的制作的手工技艺。绍兴黄酒、乌干菜、越窑青瓷……这些古越特产之所以名满天下,正是在于越地人们在长期生产实践中探索创造出来的独特的传统手工艺。

越地酿酒的历史非常悠久,文字记载可追溯至春秋战国时期。7000年前,越族先民就已开始用稻谷酿酒,越王句践誓师伐吴,曾倾酒入河,犒军同饮，所谓“投醪劳师”。此后绍兴黄酒制作技艺日臻精湛，至清代趋于鼎盛。这里土地肥沃，气候温和，日照充足，四季分明，又有鉴湖这一丰沛而优质的水源，酿酒可谓得天独厚。绍兴黄酒产地主要分布在鉴湖水系区域，包括现在的绍兴市越城区、绍兴县和上虞市东关镇等地。截止到2004年，绍兴地区共有酒厂80多家，黄酒总产量26.4万吨，占全国黄酒产量的14.7%。绍兴酒之所以闻名遐迩，源于其独特的酒体风格，而酒体风格的形成，则缘于酒药、麦曲、淋饭以及摊饭等一整套精湛的酿造工艺。

绍兴的食品制作技艺也极具地域特色。绍兴的霉干菜、霉豆腐、霉毛豆、霉萝卜等，还有臭豆腐、臭豆腐干、臭腌菜等，形成绍兴独有的“霉臭”风味，名字虽然欠雅，食之却令人感到格外的鲜香。此外，诸暨的酱酒和米果，柯桥的豆腐干和笋干，嵊州的豆腐皮和榨面，新昌的春饼和粽子，上虞的年糕和香干，都是带着地道绍兴“土”味的特产。

衣食住行始终是老百姓的生活主题，在生产力尚不发达的时期，各领域都离不开劳动人民的手工制作。越王句践提倡“自身耕作，夫人自织”，推动了纺织业的生产。新中国成立后，绍兴的纺织手工技艺迅速发展，绍兴的地毯和乌毡帽、嵊州的丝织和领带、诸暨的佩饰、上虞的织带等手工技艺名闻遐迩。其中，乌毡帽制作技艺是绍兴服饰制作中的典型手艺，乌毡帽在服饰上成为绍兴人的标志；黄泽戏剧服装制作技艺为越地各派戏剧提供了服装和道具保障；促进了表演艺术的繁荣和发展。竹木制作在越地人民的生活中占有举足轻重的地位。竹器制作主要是以毛竹、水竹等越地常见竹类为材料，经过火烤、锯截、凿孔、开槽、榫合等传统工艺，制成桌椅柜架等家具和日常用品。木器制作包括细木工艺和圆木工艺，细木工艺以制作精致的床、桌、橱、椅、门窗等家具为主，因手工操作、技艺精细而费时费力，故有“百工桌”、“千工床”之谓。圆木工艺就是通俗说的箍桶工艺，洗面桶、洗脚桶、装水桶等等日常器具都离不开圆木工艺。在建筑方面，绍兴的“石材制作技艺”创造了中国桥梁史上的多项之最，从石桥的建造延伸至寺庙、民居的石柱、石幢、石础、石框的雕琢，奠下了古城绍兴的文明基石。

越窑青瓷烧制技艺是越地先民留给后人的一份珍贵遗产。唐朝文学家陆羽，在所著《茶经》中评价全国各地生产的茶碗，将越瓷排在首位。越窑是中国古代南方青瓷窑，窑址主要在今浙江省上虞、余姚、慈溪、宁波等地，生产年代自东汉至宋。唐朝是越窑工艺最精湛时期，居全国之冠。北

宋中期，越窑逐渐衰落，而民间土窑则一直延续至明代。如今，青瓷羊、秘色瓷盘、海棠式瓷碗、三足蟾蜍水盂等多件越窑青瓷被列为“国宝”。越窑青瓷烧制技艺也成为需要重点保护的非物质文化遗产。

越地传统的手工技艺还有很多，如锡箔制品、草鞋、乌篷船制作、鹿鸣纸、珠茶制作和兰花栽培等。丰富而精湛的手工技艺是前人留给我们的财富，原本是出于物质生活和精神生活的需要，但随着生活方式和文化观念的演变，传统的手工制作产品正逐渐淡出人们的视野。又由于这些项目技艺要求高，手工操作难度大，工作辛苦，收入低微，愿意传承手艺的年轻人越来越少。机械化、现代化让大量传统的手工艺及相关器具和设备被淘汰，许多传统手工艺有失传之虞。

## 二、民间美术

### 1. 嵊州竹编

嵊州竹编始于二千多年前的战国时期，勤劳聪慧的先民就利用竹子破篾编制简易的用具，编织出“方格纹”、“米字纹”、“人字纹”等纹样。并在日用竹编竹箩、竹篮的基础上编织出精工细致的竹篾团扇，随后一直朝着器用兼欣赏的方向发展，至汉晋时工艺已臻精细。东晋诗人许询迁徙居嵊州金庭时曾题《竹扇》诗盛赞嵊州精细的竹编：“良工眇芳林，妙思融动聘，篾短秋蝉翼，因助望舒景。”

明清两代，嵊州竹编工场生产的竹制品已相当精致，并且成为民间必不可少的生活用品。清光绪年间，嵊州出现竹编作坊，以编制挈篮、考篮、香篮、食篮、鞋篮等细篾竹编器皿为主。江南一带考生上京赴考时挑的考篮以及民间用的香篮、鞋篮、珠花篮等，都是做工相当讲究的嵊州工艺竹编品。随着历史发展，逐渐形成了嵊州竹编典雅的工艺特色，成为国内闻名的民间工艺。

嵊州地处浙江东部，绍兴市东南部，曹娥江上游，四明山西麓，属亚热带季风气候区，盛产各种翠竹，素有“水竹之乡”之称。嵊州具有得天独厚的条件，竹资源丰富，且劈篾性能好，适宜发展竹编工艺。全市现在有竹类资源8属32种变种变形，基本实现了多品种布局、四季有笋。全市有竹林面积22.5万亩,其中笋竹两用林面积达3.5万亩。竹类生产的发展促进了嵊州竹编的发展,竹编遍布全市产竹区,上规模的有嵊州市区、苍岩、长乐、崇仁、黄浙、通源、石璜、甘霖等地。

新中国成立后竹编艺人组织办场,创办"嵊县(州)篾业产销工场"。1954年改为"嵊县(州)竹器生产合作社"。1959年改名工艺竹编厂。以艺人众、工艺高、精品多被誉为"中外竹编第一家"。1957年开始,嵊州竹编成为出口产品并畅销海外,此后,嵊州竹编名气越来越大,成为出口工艺品的中国著名品牌。

20世纪80年代初,全市常年从事竹编行业的有3万多人,形成了一批专业企业和专业村、专业户;到1988年,嵊州竹编已开发和研制了360多种编织图案、6000多个花色品种,创新了漂白、花筋、蓝胎漆、防蛀、脱脂、模拟动物等6项工艺,有"中外竹编第一家"之誉,被国务院命名为全国唯一的"中国竹编之乡"。

嵊州竹编以编织精巧、工艺繁多、花色丰富著称。通常取料于当地盛产的各种坚韧挺拔的翠竹,如水竹、早竹、毛竹、金竹、迟燕竹等。劈成的篾丝细如发,篾片薄如纸,可以编成各种各样的造型。有篮、盘、罐、盒、瓶、屏风、动物、人物、建筑物、家具、灯具、器具等12个大类,6000多个花色品种,具有造型美观、编织精巧、牢固实用的优点。

嵊州竹编的制作工艺较为复杂,一般要经过设计、造型、制模、估料、加工竹丝篾片、防蛀防霉、染色、编织、雕花配件、装配、油漆等工序,仅竹丝篾片工艺就有剖青、锯竹、卷竹、剖竹、开间、烤色、劈篾、劈丝、抽篾、刮丝、刮篾等众多步骤,编织技法多样,有龟背、插筋、弹花、穿丝、打束、缠股盒结边等二百余种。嵊州竹编的编织方法粗细并存。细者用拇指粗的竹片,可剔出几十层细如发丝的竹篾,能在一寸长度内编进150根竹丝,精巧细腻,薄如蝉翼;粗者能充分利用竹材的弹性,巧插灵编,粗犷豪放,工致质朴。

在长期的创作生涯中,嵊州竹编艺人们在继承传统工艺的编织技法的基础上,首创了活络模型、竹篾漂白、防蛀、脱脂、花筋、烫金、模拟动物、蓝胎漆等新工艺,推动了全国工艺竹编行业的技术进步。其中"模拟动物"、"竹篾漂白"、"花筋"、"蓝胎漆"是嵊州竹编的四大工艺特色。

模拟动物:竹编艺人把翠竹劈成篾片、蔑丝后,编织出各种神形酷肖、情趣盎然的动物,有的还把竹编动物与传统的篮、盘、罐巧妙地结合起来,

提高实用与欣赏的价值。如“鸡罐”、“鸭盘”、“猫头鹰篮”等,有的背部有盖,可以启合,有的嘴夹有口,可以投放,动物肚内可以装蛋、装糖果、放钱币,是馈赠亲友的极好礼物。

竹篾漂白:这种工艺能把竹篾漂白得洁白光亮,用这种篾丝编织的动物产品,不仅增添了动物的真实感,而且美观大方,素静雅致。用漂白篾编织的花瓶,更是洁白晶莹,能和白玉花瓶媲美。

花筋:这种工艺是在篾片上印上各种花纹图案。印有单层、双层和多层套色,疏密相间,节奏均匀,装饰味浓厚,插在花瓶或果罐的中间及两端,使产品陡增生气,典雅别致。近年来,在“花筋”的基础上又发展了“烫金”工艺,从而使产品更显得精巧富丽,新颖独特。

蓝胎漆:这是中国一项古老的传统工艺,这种竹编漆器采用十分考究的涂漆工艺,使产品耐沸水泡,光洁润亮,宛如瓷器,又比瓷器牢固轻巧,是竹编器皿和家具的极好工艺。现在,蓝胎漆器产品为日本客商所专销。

嵊州工艺竹编以造型精巧、编织细腻、气韵生动而著称,以其独具的艺术魅力誉满中外。到20世纪80年代,嵊州竹编已畅销到日本、美国、意大利、德国等八十多个国家和地区,赢得了“东方珍宝”、“世上精品”的赞誉。1979年,竹编《白尾海雕》飞进了美国白宫。1982年,竹编《飞鹰》在美国田纳西州世界博览会上折服数百万美国观众。1982年,竹编《烫金花瓶》在广交会一次性成交36万只,开创广交会一次性成交量新纪录。1986年,大型竹编《昭陵六骏》参加英国世界理想家庭博览会展出,当时的戴安娜王妃亲自前来剪彩,轰动了英伦三岛。在1999年北京竹博览会上,竹编《奔马》得到了当时的中共中央总书记、国家主席江泽民的赞赏。1999年12月,大型竹编《沧海还珠》还作为浙江省人民政府的唯一礼品被赠送给澳门特别行政区。2006年5月,嵊州竹编被国务院批准为第一批国家级非物质文化遗产。

嵊州竹编历史悠久,文化底蕴深厚,除具有极高的实用价值和艺术价值外,还为研究竹编生产历史和江南农村的民俗民情提供了重要的考察线索。从直接经济效益看,使浙江产竹区的竹子价值得到成倍提高。尤其在嵊州,全市曾有一个总厂,一百余个分布在全市城乡的竹编加工点,形成了“工厂”在市区,“车间”在农村的良性循环,用很少的投资,获得了很大的经济效益,带动了全市竹乡的富裕。

20世纪90年代以后,各式各样的塑料制品代替了竹编日用品,竹编需求量日益减少,竹编艺人难以为继,嵊州工艺竹编厂已于2002年11月停产,昔日惟妙惟肖的竹编工艺品已作为稀有“遗产”成为博物馆的展品。目前整个嵊州还能做竹编工艺的总共也就一百多人,年龄最小的也已四十多岁,他们还在零零星星地干着个体竹编生意。具有两千年历史的传统工艺目前面临自身后继乏人和来自其他省份竹编企业的低价竞争的窘境,亟待抢救、扶持。

为保护嵊州竹编工艺这一非物质文化遗产,市委、市政府不仅把它列入越乡文化名市建设的重要内容,全面开展对竹编工艺的传承和保护,而且还在规划筹建中的中国民间工艺城内设立“嵊州竹编展览馆”,开设嵊州竹编生产基地和销售市场;组建嵊州市竹编文化研究会等,努力使嵊州竹编工艺在新时期得到创新发展。

2. **王星记纸扇**

绍兴制扇历史久远,至明代,绍兴制扇工艺已甚精致,以密节细竹为柄,糊以白纸,堪作书画。《晋书·王羲之传》中有一则王羲之题扇的佳话:“尝在蕺山见一老姥,持六角竹扇卖之。羲之书其扇,各为五字。姥初有愠色。因谓姥曰:‘但言是王右军书,以求百钱耶。’姥如其言,人竞买之。”现坐落在绍兴城内的“题扇桥”,相传就是王羲之当年题扇的地方。明清时期,绍兴的制扇业已相当兴盛,主要集中在绍兴城内,嘉会、兴浦、周家桥、州山、梅山、小观等地。以周家桥一带为最盛,素有“扇窝”之称,除少数几户单纯从事农业生产外,绝大多数是制扇户,盛时扇作坊不下四五百家。而王星记扇庄,则以制作精良而久负盛名,使纸扇一跃成为朝廷贡品。

王星记扇庄创建于清光绪元年(1875)。老板王星斋,萧山临浦人(时属绍兴府),原为祖传制扇手,尤精黑纸扇技艺;其妻陈英乃是纸扇铲贴(用金银箔镂雕成图案贴于纸面的一种工艺)洒金巧匠。由于技巧艺高,又善于经营,名气大振,挤垮了当时杭城最有名气的“舒莲记”扇号,而登上纸扇霸王宝座。王星斋在杭州、上海、香港等地开设门市部专营纸扇销售,同时由嫡传高徒章金木在绍兴柯桥开设制扇作坊,专供外地门市部销售。如今一百多年过去了,简陋的扇作坊已发展成拥有8个生产大类,近500余种花色、规格,设备齐全,技术力量雄厚的专业制扇厂。1986年,生产各档扇子220万把,产值256万元,创税利72万元,还为国家创外汇近30万美元。

其中,工艺大扇的出口额为全国各扇厂之首。王星记扇厂的扇子,不但品种繁多,而且质量上乘。1979 年和 1983 年该厂的黑纸扇连获省优质产品,1986 年工艺挂扇也被评为省优质产品,一把绘有“北京万寿山全景图”的黑纸扇,荣获 1987 年全国旅游纪念品一等奖。

绍兴王星记扇品种齐全、花色多样、制作精细、用料考究。它的主要品种有:

黑纸扇:这是当初“王星记”得以扬名四海的传统产品,也是今日王星记纸扇久负盛名的名牌产品,其中尤以“毛全本”和“全棕”最为名贵。黑纸扇选料十分讲究,“毛全本”采用三年生以上冬季采伐的毛竹为原料,“全棕”则必须用云南、贵州等地高山生长的棕竹,扇面选用浙南山区特产纯桑皮纸,涂料则用会稽山区的优质柿漆加上福建产的烟煤粉调制而成。“毛全本”扇骨竹筋细匀,乌黑透亮;“全棕”扇扇骨花纹别致,恰如公鸡颈毛。黑纸扇不但外观古朴典雅,且内在质量坚韧耐用,经试验这种扇子放在水中浸泡几个昼夜仍不壳不酥,具有雨淋不透、日晒不翘的特点,故有“一把扇子半把伞”之说。扇面上精心绘制的人物山水、金银铲贴,则如锦上添花,成品采用仿古锦盒盛装,优雅美观,是馈赠亲友的上等礼品,一直是东南亚、日本、港澳地区的畅销货。

工艺挂扇:是近年开发的新产品之一,主要供出口。这类挂扇收折长度从 50 厘米到 150 厘米共有十几个规格,主要用于客厅、书房、居室的装饰,品种有纸面、全金面、洒金面、全绢面等,扇面图案以喜庆吉祥为主,展开远望如扇型壁画,近看则成了由 20 根扇骨支撑而成的精致屏风,是兼具观赏和实用价值的工艺佳品。

白纸扇:属传统产品。这类纸扇品种规格较多,档次悬殊,从每把 0. 20 元的经济实用扇到十几元、几十元的艺术欣赏精品均有。近年来,随着商品经济的发展,利用扇子印刷广告馈赠客户日见增多。这类纸扇既作为日用品,又作为宣传品、科学知识普及品,赋予传统产品以新的使命,从而焕发了青春。

香木扇:这是近年开发的又一新品种,采用优质香木,通过锯片、造型、冲花、拉花、烫花、串装喷香等工艺而成。纤细的扇骨上,有千百个精细透空的花纹,展开扇面幽香扑鼻、火笔烙出棕褐色花纹、具有檀香扇的特点,而售价只有檀香扇的 1/20,尤为女青年所喜爱。此外,还有舞蹈扇、冲花扇、微型扇、仿象牙扇、工艺檀香扇、柏木扇等,也各具特色。

2005 年 5 月,"王星记扇"被列入浙江省首批非物质文化遗产名录。①

3. **绍兴花雕**

绍兴花雕产自绍兴,流布国内外,是从中国古代女酒、女儿酒婚庆习俗演变而来。其制作工艺历史悠久、源远流长。在母系氏族时期,舂米、做酒是女性在家族内部的首要工作,到了奴隶社会则成为一种由女性奴隶承担的苦役。《周礼·天官·序官》记载:"酒人,奄十人,女酒三十人",郑玄注:"女酒,女奴晓酒者。"在越国时代,"生丈夫,二壶酒,一犬;生女子,二壶酒,一豚",把酒作为奖励越民繁衍生育、图强国力的激励措施,使女酒习俗沿续后世。到了明、清初时期,由于封建道德的约束和严格的礼制规范,女酒习俗演变为女贞酒、女儿酒风俗。到了清中期,女儿酒已俏销市场,"其坛常以彩绘,名曰花雕"②,成为绍兴地区民间贺喜寿诞的婚俗礼品,谓为花雕,是绍兴民间美术中的一朵奇葩。

自晚清以来,花雕工艺制作随着女儿酒婚俗的演变,在绍兴城乡一带已形成"画花酒坛"、"彩绘花雕"二种不同风格的花雕酒坛。"画花酒坛"又称"画花老酒",这种以手工平画绘制的题材内容和花草图案的艺术风格,在民国时期,曾风靡一时,如今已不通行。彩绘花雕,又称"雕花老酒"或"花雕酒坛",以自行配制的油泥作为堆塑的原料,在酒坛的题材内容上进行手工堆塑雕刻,形成立体型高浮雕艺术风格,然后进行漆色描绘配色。

绍兴花雕工艺纯属手工制作,是以油泥堆塑、沥粉、彩绘等民间传统漆艺在陶制酒坛外面,集文学、历史、书法、美术、民俗等学科于一体的传统雕塑造型艺术,是绍兴典型的酒文化工艺美术品。花雕外观设计以我国民族传统文化题材为主,反映喜庆吉祥、富贵荣禄的形象主题和忠孝节义、寿诞宾礼等儒、道文化的内容,具有较高的民俗和观赏价值。

绍兴花雕自晚清、民国以来,成为一种尊贵的吉祥礼品,普通人家常以陶坛内盛绍兴酒,坛外面请民间艺人彩绘吉祥如意之图,此工艺和习俗流传到新中国建立初期。之后几度中断,在 20 世纪 70 年代恢复生产花雕酒坛。如今,绍兴花雕以手工集中生产,具有批量规模的只有国资的中国绍

---

① 参见李永鑫主编:《绍兴市非物质文化遗产读本》,西泠印社出版社 2007 年版,第 86—89 页。

② [清]梁章钜:《浪迹续谈》。

兴黄酒集团有限公司下属花雕厂。绍兴花雕受到了当地政府的重视，生产商也相应成立了绍兴花雕非物质文化遗产保护领导小组。

绍兴花雕以陶制酒坛为民间美术加工制作的载体。花雕酒坛内贮装绍兴陈年老酒，名酒名产相配，反映了民族地域文化特色。其配方、工艺古老独特，酒文化特色显著，艺术形象别具一格，不仅成为绍兴历史文化名城的特色产品，也是目前中国酒类包装唯一具有强烈民族文化特色的艺术珍品。

绍兴花雕是古越先民在民间美术的实践经验和智慧的结晶，是中华民族几千年的文化历史发展中积累起来的宝贵遗产和财富。它融文学、酒史、书法、绘画、雕塑、美学、民俗学、有机化学、包装、装潢等学问于一体，具有十分重要的学术价值。从古代的“女酒”、“女儿酒”的习俗中，体现了越地民俗、风情的演变，丰富了绍兴民间美术的特色，这对于我们研究花雕的历史渊源、民间美术在酒俗风情、礼仪德育及中国酒文化中的作用都具有重要的历史价值。花雕艺术主要是油泥堆塑形象的绝艺，按不同表现对象采取深浮雕、浅浮雕、线刻等传统技巧进行创作。它集雕、塑、绘、刻于一身，色彩鲜艳、立体感强，具有民族性、艺术性、实用性的特点，其作品46次获得国内外金奖、大奖、优秀奖，1988年被外交部礼宾司钓鱼台国宾馆列为国宴专用礼品，成为一种富有收藏价值的工艺品。花雕是典型的手工劳动密集型产业，其原料以天然原料为主，就地取材，无环境污染及损坏原生态自然资源，不仅为当地解决一些劳动就业问题，更有效地带动并促进了相关的文化产业发展，具有民族文化产业的特色和重大的经济价值。2007年6月，“绍兴花雕制作工艺”被列入浙江省第二批非物质文化遗产名录。

绍兴花雕是民间美术，由于长期受行业管理的错位影响，社会上对花雕的地位、作用、价值等认识程度与现实有着很大的差距，使花雕被误导为黄酒品名，以致重生产、轻艺术；重经济效益、轻原创设计；重产量、少精品。在市场经济竞争中，对花雕传统工艺的继承、创新和绝技、绝艺的精品创作、保护，都有待政府的积极引导和政策的扶持。

绍兴花雕制作工艺历来靠民间艺人相互口授身教而成，花雕的绝技、绝艺，更是被具有全面素养的民间艺人在长期的实践积累中所独有掌握。这种艺人往往已是上了年纪，为数不多，是花雕传统工艺制作绝技、绝艺的主要传承人。目前绍兴花雕生产主要是在中国绍兴黄酒集团有限公司花雕厂进行，职工70余人，常年以简易模具，流水操作，年产6万坛（1升/坛）商品花雕。绍兴市、县范围内曾有艺人单独加工生产花雕坛，但形不成生产规模，因而结束。随着市场经济发展，近年来从事花雕精品的创作设计人才，近几年由于受到经济利益的驱动，已难以脱颖而出。绍兴唯一的花雕工艺美术大师也到了退休年龄，所以花雕工艺在原创人才方面已后继无人，使花雕工艺的绝技面临着行将失传的趋势。①

**4. 嵊州泥塑**

泥塑，又称泥彩塑，是中国民间美术中的一种雕塑工艺品。嵊州泥塑，吸取了各家泥人制作的优点，融会贯通，脱颖而出，与天津泥人张、无锡惠山泥人三足鼎立，成为中国三大泥人之一，以小巧玲珑、携带方便和浓郁的民族特色而驰名国内外，远销世界各地。

被人们誉称为“浙江泥人”的嵊州泥塑，历史可追溯到清代早期的祠堂庙宇中塑像，民国前嵊县城关镇东街设有菩萨店，艺人们用“手捏泥人”的方法，手工制作并出售观音、财神等泥塑产品。有些艺人还制作一些小玩艺，如鸟、鸡、猴的动物类，深受百姓孩童的喜爱，但大多技艺高超的彩塑泥人随着当时经济潮流影响，纷纷北上去揽接祠堂庙宇的彩塑活。嵊州泥塑从历代寺庙中塑造的众多神态各异、栩栩如生的神像中，反映出民间艺术有着深厚的群众基础。

嵊州泥塑造型简洁洗练，强调夸张变形，讲究艺术趣味，造型以写意为主，情调文雅，设色精当，艳而不俗，使“彩”和“塑”浑然一体。其外形精雅小巧，便于携带。最小的微型泥塑只有钢笔那么大，然而嘴眼分明，形态传神，生动细腻，大的也不过20厘米。表现技法精练，造型精美。嵊州泥塑产品题材广泛，共有二百多种花色品种。有古典名著里人们喜闻乐观的人物；有神话，民间传说和人们向往的喜庆吉祥题材，也有戏曲、舞蹈、少数民族题材和各类动物等。形态有单体或数个人物组合为一套的。

嵊县泥塑采用当地的特产乌黑泥为主要原料，经过轧泥、翻模、低温烧结（部分泥坯）绘彩、喷漆等工序加工而成。乌黑泥细腻洁净，砂子小，粘性好，可塑性极佳，资源储量丰富，为发展泥塑产品提供了优越的条件。

---

① 参见李永鑫主编：《绍兴市非物质文化遗产读本》，西泠印社出版社2007年版，第92—93页。

1978年，在嵊籍柳家奎、柳成荫泥塑大师的影响下，嵊县成立了泥塑厂并投入小批量生产，1979年正式投产。目前该厂已有职工130多人，年产值60万元，泥塑产品销往全国28个省、市、自治区。从1981年起销往美国、加拿大、德国、日本、法国等十多个国家，外贸收购额达二十多万元。1983年，嵊县泥塑获全国旅游内销工艺品大会表扬奖，获国家对外经济贸易部颁发的"出口产品，品质优良"的荣誉证书。1984年被评为省优产品。泥塑《乔太守》、《梁山好汉》获省玩具旅游产品一等奖。泥塑《少林武僧》、《京剧脸谱》、《钟馗》分别获省创作设计一、二等奖。

在创作实践中，嵊州泥塑逐渐形成了自己的艺术特色，共分四大类：

嵊州泥塑第一大类的造型吸取、借鉴了姐妹艺术中讲究丰满、浑厚、简练、夸张完整的艺术特色。为了达到造型上的这些要求，重点在布局上进行考虑，要变形处理，以增强装饰效果，以艺人们的行话是"填白补空"、"密不通风"、"紧缩间距、有密有疏"、"部位不移，提高压低"。泥土不过于精雕细琢，却长于"密不通风"，风格简练、淳朴。《梁山好汉》这组泥塑正是嵊州泥塑借鉴无锡惠山泥人优秀作品《大阿福》的风格和长处，在造型设计上另开蹊径，学习戏剧人物在人体造型上"文长武短"的艺术处理，大胆地把人体进行"左右开弓"朝横向发展，合理地"虚"掉人物的腿和脚，使之成为"金字塔"状的"短"构造，突破了一般泥人"长条形"的塑造法，以富有弹性的弧线勾勒人体，简练而又有整体感，看起来更雄浑粗犷，在作品中找到了一种独特的富有表现力的"语言"和"形式"，从而避免了雷同、概念化、俗套。使得这些艺术形象能在观众面前熠熠发光。

在嵊州泥人的第二大类中，艺术家们不断总结，发扬创新，改进新工艺，他们大胆尝试，探索，采用低温锻烧，把泥人用低温锻烧改进后，不但改进了泥人远销中的破损、龟裂等现象，而且使艺人们从老框中解脱出来。放开手脚，去掉束缚，充分发挥艺术创造力，在泥塑造型中，运用拉长变形，再现泥塑中的不同风格，反映出反常态的轻盈，活跃而富有韵律感的变形，并未破坏形象的整体感，反而加强画面的均衡和稳定，特别是女性形体的拉长，不但突出了少女的修长，而且还表现了女性的苗条、挺拔和儒雅妩媚，从而使作品风姿绰约。如《乐女》形象就是根据敦煌壁画中的"伎乐天"(即天界的歌舞团)脱化出来的。泥塑造型中，四个乐女手持琴、鼓、笙等乐器，神态自然优雅、动态柔美，深深陶醉于音乐之中，她们上身裸露，下着衣裙，线条流畅，生性恬静秀雅，反映出女性的娇美。

嵊州泥塑第三大类的风格，力求精巧玲珑，优美耐看，描绘功底深，行家称为泥塑中的微型产品，独树一帜。他们的精致《京剧小脸谱》在大拇指那么大范围刻画制作中国戏剧人物脸谱，产品小而精，在色彩描绘上寻求取胜。如“千人脸谱”在盈不过半瓣黄豆大的泥土上描绘出一千个人物面谱，堪称泥塑史上一绝。还有微型《民族泥人》、《霸王别姬》、《回外婆家》等等精美之作，令人倾倒。

嵊州泥塑第四大类的风格，以夸张，粗犷，简约，着色吸取国画大写意手法，给人以强烈的视觉冲击力，如“藏民系列”、“我爷爷我奶奶”、“三百六十行”、“老夫老妻”等一些作品，以型造简约，类似速写效果。手捏而成，以造型生动、面部表情传神而逼真，生活化特性明显，如“三百六十行”卖唱、木匠、教书匠、卖大茶、磨剪刀、剃头匠等等，都取材于民国初期生活在下层社会的一些普通百姓的手工业者，人物造型栩栩如生，线条流畅简约，夸张中不失逼真，色彩更以寥寥几笔，反映出旧时代中的灰暗、沉闷，也给人以怀旧之意。

嵊州泥塑大胆创新，继承传统，夸张变形的高度概括，造型的别致，盎然的田园风趣，浑厚的民间特色，使人为之倾倒。在这些泥塑作品上可以看到艺人们用灵巧的双手描绘出复杂精致的脸相、花案及人物情趣，他们有似写意之流畅的笔墨，有似点缀颜色的“惜墨如金”。设计师和工人们紧密配合，把这些普通的泥土经过艺术的创造有机地统一在完整的艺术形象中，使作品塑造相得益彰。在这四大类作品中可以看到，嵊州泥人有着锐意创新的力量，尽管这些都是出于中青年的手，但他们在认真地继承和发扬优秀艺术传统的基础上，大胆发挥自己的艺术才华，努力探索和总结先辈艺人们遗留下的这一宝贵财富，并借鉴学习姐妹艺术长处，探索出一条更新更精的泥塑创作道路，使嵊州泥塑具有独创性和艺术个性，开辟了浙江泥人独特的艺术天地。①

**5. 嵊州根雕**

中国根艺看浙江，浙江根艺看嵊州。近年来，嵊州根雕产业异军突起，

① 参见李永鑫主编：《绍兴市非物质文化遗产读本》，西泠印社出版社 2007 年版，第 94—95 页。

得到了全社会的高度关注。

根雕，是在树根上施以雕刻的一种工艺。嵊州根雕的材料并不限于树根，只要材料长得奇特，能悟出个形态来，都是根雕的材料，如树块、树桩、树瘤及古沉木、柏树朽木等。其中柏树朽木大多来自土地贫瘠的西北地区，肌理流畅，伸屈有度，刚韧挺健，适合雕刻动势大的人物。而运用最多的则是深埋在水底泥沙中的"古沉木"，目前，嵊州80%的作品来自古沉木，占了嵊州根雕作品中的主体。

嵊州根雕起源于明清时期。一些有头脑的木雕艺人发挥自己雕刻造型的长处，在柴枝上施展雕刻，"变废为宝，化腐朽为神奇"，创作了不少柴枝作品，有人物，也有动物。这些柴枝作品便是嵊州根雕的前身。最早有确切记载的是光绪年间一位名叫楼品裘的艺人，痴迷于根雕创作，在城关市心街开雕花店，搞个人作坊，后有不少作品传世。之后就是楼品裘的徒弟周喜老。周喜老，光绪三十九年(1908)出生，13岁师从楼品裘，一生创作了大量的根雕作品，晚年开始收徒传艺，对后来嵊州根雕艺术的发展产生了较大影响。

嵊州根雕深受江南雕刻艺术的熏陶和影响。由于嵊州境内存有大量古时候的庙宇和民居，木雕、砖雕、石雕和堆灰艺术几乎随处可见，而且不乏精美之作，因此，艺人们主动从中汲取艺术营养，使作品在雕刻技艺上精美无比的同时，还注重文化的内涵与底蕴，具有独特的艺术品位。

20世纪80年代，嵊州根雕真正走上了发展之路。1980年，嵊州市工艺美术厂木雕车间出现了一批致力于根雕开发的艺人，领头的师傅是年过八旬的周喜老，他有高超的雕刻手艺，又有善于从根材中发现艺魂的眼光，跟他从事根雕艺术创作的有袁水法、郑剑夫、吴筱阳、王汉营、徐亚良、支生棠、俞田等一批年轻人，这些年轻人凭着对根雕的热爱，到大自然中去寻找合适的残枝枯根，施展自己的刀功和智慧，创作根雕作品。使嵊州根雕的名声不断向外扩大，品位不断上升。许多根雕作品飘洋过海，销往世界各地。

经过嵊州根雕艺人的长期探索和实践，嵊州根雕已经形成了以下几大工艺特色：

其一是"天人合一"，雕刻技艺精。嵊州根雕注重根材的自然形态，又强调雕刻的造型技巧，在手法上追求"少雕多留"、"以少胜多"，注重作品的自然材质美感，让自然造型和人工雕刻巧妙地融合在一起，达到"天人合一”的妙趣。在此基础上，依材施艺，发挥自己的雕刻技艺，大致形成“七八分天成，二三分雕工”的格局。如作品《一行观天》便是一件用黄楝树根块创作的艺术精品，创制者在保持根材整体材质美感的前提下，对人物内在精神和脸部表情作了恰如其分的刻画，那圆瞪的双目，那张开的阔口，那垂肩的双耳，将唐代高僧夜观天象、探究天地奥妙的神态刻画得惟妙惟肖。其他部位则一概顺其自然，使黄楝树根块固有的起伏形体及肌理、疤痕转化为高僧一行举手观天的动态及身上披着的袈裟衣，并让天然的形态和人为的雕工巧妙地融合在一起，敦厚庄重，舒展大度，达到“天人合一”的妙趣。国家级根艺大师郑剑夫的《诸子系列》、《唐女》，国家级根艺大师吴筱阳的《笑狮罗汉》、郑兴国的《夸父逐日》等无一不是天人合一的精美之作。

二是材质精良，格调高雅。嵊州根雕所取根材较为广泛，但都突出材质的精良，如甘肃的香柏、广西的紫柚木，越南和印度的黄花梨、紫檀，山西的黑格粒等，有的甚至来自世界各地。用这些材质雕刻而成的根雕作品，往往显得气质华贵，格调高雅。近年来，嵊州的根雕艺术家在创作实践中，还成功开发了古沉木根雕艺术这一新产品，给嵊州根雕注入了新的活力。古沉木又称阴沉木、乌木、炭化木、石化木，是数千年甚至上万年前深埋在江河湖泊底层的枯木残根，随着年代的久远，枯木残根在水底泥沙中浸泡和磨压，形成了古朴凝重、铜打铁铸般的效果。古沉木的色泽大多近似于黑色，用这种色调雕就的作品深沉厚重，具有高古气韵和深奥的精神内涵。《寒江独钓》、《长眉老僧》、《钟馗夜巡》、《一苇东渡》等古沉木雕精品，无一不显得古朴厚重，高贵典雅。

三是创作题材广，作品种类多。经过二十多年的耕耘，嵊州根雕形成了创作题材广、作品种类多的特色。嵊州根雕既有取材于古代文学的题材，也有反映现实生活的主题；既有以人物为主的作品，也有反映自然百态的作品；既有弘扬传统美德的寓意，也有倡导时代新风的传递。创作题材以人物为主，兼顾其他。人物类有传统历史人物，如苏东坡、李太白、屈原、王羲之、貂婵、西施、王昭君、杨贵妃等；有佛道神话人物，如弥勒、观音、罗汉、达摩、八仙、钟馗等；有现代人物，如渔家女、运动员、老渔翁、汤圆妹等。其中创作数量最多的是“弥勒佛”，这喜笑颜开、不事烦闹的大肚和尚，深受人们喜爱。

嵊州根雕作品种类除了室内陈列欣赏品以外，还有实用的花架和家具。这众多的作品，洋洋洒洒，蔚为壮观，它们大小不一，高的达三米以上，如陈列

于金庭观的古沉木雕《书圣王羲之》;矮的不足五厘米,如群雕《竹林七贤》。

再是题材开掘深,艺术品位高。嵊州根雕艺人既着眼于作品形象刻画的准确,更考虑作品丰富的内涵,给人以遐思和启迪。如作品《完璧归赵》刻画了手捧和氏璧的赵国大夫蔺相如,他那为国护宝、视死如归的爱国精神令人怦然心动。作品《风韵》,让一段残破的古沉枯木与妩媚动人的唐代贵妃连在一起,折射出中国盛唐时期那种丰满、健康、大气的韵律。

根雕与木雕,既有共通之处,又有本质的区别。共通之处是它们都用雕刀对材料进行"雕"的加工;而本质的区别是雕刻的"度",木雕是对木料全方位的精雕细刻,可以完全改变木料的性质,创作出一个独立的艺术形象。而根雕则绝对不能改变材料的性质,只能根据根材的自然形态进行雕刻加工,雕刻是依附于自然形态上的,彰显材料的自然形态是主要的,其雕刻加工的"度"应掌握在二三分上,即"七八分天成,二三分人工",也就是说,根雕艺人只能作二三分雕琢,七八分得利用根材自身的天然形态来表现,使作品达到"人天同构"的境界。

创作一件根雕作品除了传统木雕运用的各种凿、钻、雕刀、锯、锉等工具外,还得有各种型号的砂纸、硝基漆、醇酸清漆、亚光漆、香蕉水、天那水、稀释剂、色精、刷子、蜡等材料。其具体创作有选材、立意、打坯、修坯、外表处理、配制底座等六大工序。

目前,嵊州根雕队伍已形成了一个老中青三结合的创作群体。根雕作品在海内外市场上树立了一定的声誉,出现了一批又一批获得国家级金、银奖杯的作品。但是,如何使高雅艺术避免副业化、地摊化;如何珍惜和保护稀有的自然资源,减少浪费;如何以梯队形式,培养传承艺人,急需政府扶持和国家保护。①

## 三、传统手工技艺

### 1. 绍兴黄酒酿制技艺

天下黄酒千百种,独以绍兴名天下。绍兴酒是中国黄酒的杰出代表。

---

① 参见李永鑫主编:《绍兴市非物质文化遗产读本》,西泠印社出版社 2007 年版,第 90—91 页。

绍兴土地肥沃，气候温和，日照充足，四季分明，又有鉴湖这一丰沛而优质的水源，酿酒可谓得天独厚。绍兴黄酒产地主要分布在鉴湖水系区域，包括绍兴市越城区、绍兴县和上虞市东关镇等地。因酿坊所处位置与操作技巧的差异，绍兴酒分"东帮"和"西帮"两大流派。地处绍兴城西东浦、阮社、湖塘等地的酿坊称为"西帮"，城东斗门、马山、孙端、皋埠、陶堰、东关等地的酿坊为"东帮"。

绍兴酿酒的历史非常悠久，关于它的起源，文字记载可追溯至春秋战国时期。从春秋时的《吕氏春秋》记载起，历史文献中绍兴酒的芳名屡有出现。到南北朝时，就颇负盛名，黄酒已被列为贡品，"汲取门前鉴湖水，酿得绍酒万里香"。尤其是清代饮食名著《调鼎集》对绍兴酒的历史演变，品种和优良品质进行了较全面的阐述，在当时绍兴酒已风靡全国，在酒类中独树一帜。

绍兴酒之所以闻名于海内外，主要在于其优良的品质。清代袁枚《随园食单》中赞美："绍兴酒如清官廉吏，不参一毫假，而其味方真又如名士耆英，长留人间，阅尽世故而其质愈厚。"《调鼎集》中把绍兴酒与其他地方酒相比认为："像天下酒，有灰者甚多，饮之令人发渴，而绍酒独无；天下酒甜者居多，饮之令人体中满闷，而绍酒之性芳香醇烈，走而不守，故嗜之者为上品，非私评也"。并对绍兴酒的品质作了"味甘、色清、气香、力醇之上品唯陈绍兴酒为第一"的概括。这说明绍兴酒的色香味格四个方面已在酒类中独领风骚。

——色

好酒色如琥珀，泛出清亮光泽，有"澄"与"澈"二相。绍兴黄酒主要呈琥珀色，即橙色，透明澄澈，纯洁可爱，使人赏心悦目。这种透明琥珀色主要来自原料米和小麦本身的自然色素和加入了适量糖色。

——香

凡是名酒，都重芳香，黄酒香气中正平和，介于外露与内涵之间。酒香层次丰富，境界分明。绍兴酒所独具的馥香，不是指某一种特别重的香气，而是一种复合香，是由酯类、醇类、醛类、酸类、羰基化合物和酚类等多种成分组成的。这些有香物质来自米、麦曲本身以及发酵中多种微生物的代谢和贮存期中醇与酸的反应，它们结合起来就产生了馥香，而且往往随着时间的久远而更为浓烈，年代越久，则酒品越高，越是难得。所以绍兴酒称老

酒,因为它越陈越香。

——味

绍兴黄酒的味是由六种味和谐地融合而成,这六味即:

甜味:米和麦曲经酶的水解所产生的以葡萄糖、麦芽糖等为主的糖类有八九种。另外,发酵中产生2.3-丁二醇、甘油以及发酵中遗留的糊精、多元醇等。这些物质都是甜味,从而赋予了绍兴酒滋润、丰满、浓厚的内质,饮时有甜味和稠粘的感觉。

酸味:酸有增加浓厚味及降低甜味的作用。绍兴酒中乙酸、乳酸、琥珀酸等为主的有机酸达十多种。它主要来自米、曲及添加的浆水和醇醛氧化,但大都是在发酵过程中由酵母代谢产生的。其中以乙酸、丁酸等为主的挥发酸是导致醇厚感觉的主要物质;以琥珀酸、乳酸、酒石酸等为主的挥发酸是导致回味的主要物质。酸味决定酒之老嫩,对酒的滋味起着至关重要的缓冲作用。老酒偏重酸,嫩酒偏重甜。然而酸味太重则偏于粗糙;酸味不足则失之寡淡。老嫩之间,讲究的是一个恰到好处。只有一定量多种的酸,才能组成甘洌、爽口、醇厚的特有的酒味。

苦味:酒中的苦味物质,在口味上灵敏度很高,而且持续时间较长,但它并不一定是不好的滋味。绍兴黄酒的苦味,主要来自发酵过程中所产生的某些氨基酸、酪醇、甲硫基腺苷和胺类等。另外,糖色也会带来一定的苦味。恰到好处的苦味,使味感清爽,给酒带来一种特殊的风味。

辛味:辛即是辣。不辣则不以为酒。辛味不是饮者所追求的口味,但却是绍兴黄酒中不可缺少的一味。黄酒之辛,温柔醇厚,而非激烈泼辣。它由酒精、高级醇及乙醛等成分构成,以酒精为主。适度的辛辣味,有增进食欲的作用,没有适度的辛辣味,就会像喝一般饮料那样,缺乏一种滋味感。

鲜味:绍兴黄酒中的鲜味,来自众多氨基酸中的谷氨酸、天门冬氨酸、赖氨酸、天门冬氨酸、赖氨酸等,以及蛋白质水解所产生的多肽及含氮碱。这些物质均呈有鲜味。此外,琥珀酸和酵母自溶产生的5-核甘酸等物质也具鲜味。鲜味为黄酒所特有,很受饮者欢迎,而绍兴黄酒的鲜味又比其他黄酒更为明显。

涩味:绍兴黄酒的涩、苦两味是同时产生的。涩味主要由乳酸、酪氨酸、异丁醇和异戊醇等成分构成。苦、涩味适当,不但不会使酒呈明显的苦涩味，反而能使酒味有浓厚的柔和感。

——格

六味互相制约，色香彼此映衬，互相影响，和谐地融合在一起就形成了绍兴酒不同寻常的色、香、味。绍兴黄酒的澄黄清亮、醇厚甘甜、馥郁芬芳的色泽香味令人叹服，加上丰富的营养、独有的氨基酸配比，所有这些形成之独特风味，即是黄酒之格。

绍兴黄酒所以成为佳酿，与所用的水关系很大。名酒出处，必有良泉。酿制绍兴黄酒的水一向取于水质特好的鉴湖。鉴湖水来自崇山峻岭、茂林修竹的会稽山区，经过砂岩土一层层的过滤净化，注入湖中，澄清一碧。20世纪90年代，浙江大学地球科学系陈谅闻教授对鉴湖水的微量组分进行全面分析①，发现在沈永和酿酒厂采用的鉴湖偏门段湖水中有着比其他湖段高得多的钼元素。黄酒酿造过程中存在一系列的化学反应和生化反应，这种反应依赖于异常高效的生物催化剂——酶的存在，而钼等微量元素恰恰是酶反应所必需的激活剂，参与酶的活动后对黄酒品质产生了较大影响。根据世界卫生组织的人体健康标准，由此湖水酿造的沈永和黄酒中的钼含量恰在最佳营养浓度范围内。因此绍兴黄酒的出众品质在一定程度上得益于鉴湖水得天独厚的优良水质。

绍兴酒一般在农历七月制酒药，九月制麦曲，十月制淋饭（酒娘）。大雪前后正式开始酿酒，到次年立春结束，发酵期长达八十多天。酿酒以糯米为原料，经过筛米、浸米、蒸饭、摊冷、落作（加麦曲、淋饭、鉴湖水）、主发酵、开耙、灌罐后酵、榨酒、澄清、勾兑、煎酒、灌罐陈酿（三年以上）等步骤造出成品酒。酿造绍兴酒的工具大部分为木、竹及陶瓷制品，少量为锡制品，主要有瓦缸、酒坛、草缸盖、米筛、蒸桶、底桶、竹簟、木耙、大划脚、小划脚、木钩、木铲、挽斗、漏斗、木榨、煎壶、汰壶等。

下面对酒药、麦曲、淋饭酒母以及绍兴酒（以加饭酒为例）的酿制工艺作一简单介绍。

——酒药

酒药，俗称白药，又称小曲、酒饼。这种集糖化、发酵于一体的菌种的

① 参见陈谅闻：《鉴湖偏门段湖水的钼异常及其生物化学意义》，《杭州大学学报》（自然科学版）1990年第3期。

保存方法是我国所独有的，也是中华民族在长期的酿酒实践中形成的集体智慧的结晶。历史上我国第一个讲到“小曲”（药曲）的人是东晋时的嵇含（浙江上虞人），他所著的《南方草木状》，被誉为古代植物学大汇。书中对“小曲”是这样描述的：“草曲，南海多矣。酒不用曲蘖，但杵米粉，杂以众草叶，治葛叶，涤溲之，大如卵，置蓬蒿中荫蔽之，经月而成，用此合糯为酒。”意思是说，用草药做的曲，南方很多，做酒不用传统的曲蘖，只要把米舂成粉，添加各种草叶，准备葛草的汁，一起混合搓成鸡蛋大小，用蓬蒿盖好（保温，让微生物繁育），经一个月左右，酒药即制成。然后把它和糯米一起混合酿成酒。这一记载表明，早在晋朝，我们的先人就掌握了独特的小曲制作技术。

酒药一般在农历七月生产，采用新鲜早籼米粉和辣蓼草作为原料。酒药中含有丰富的根霉、毛霉和酵母等很多种微生物，菌系复杂而繁多，不同酒药所酿的酒风味差异较大，原因在于酒药中所含的微生物群体和种类不同。

酒药分白药、黑药两种。白药作用较猛烈，适宜在严寒的冬季使用，传统的绍兴酒酿造即采用白药制作淋饭，黑药在以早籼米粉和辣蓼草为原料的同时，尚需加入陈皮、花椒、甘草、苍术等中药，用黑药酿酒作用较为缓和，适宜在温暖季节使用。由于淋饭酒酿季一般在冬天，所以酿酒基本上都采用白药，用黑药酿酒目前已基本绝迹。

要制得好的酒药，应在四个方面严格把关。首先要有优良的原种。生产上主要选用经过几十年甚至上百年驯化、发酵正常、温度易掌控、糖化发酵强、生酸低、成酒质量好的酒药作为原种。其次，原料必须精选。一般选择刚收获的早籼米和尚未开花的辣蓼草作原料，晒干、粉碎备用。所有的辅料要突出一个“新”字。第三是要有一套严格的制药工艺和成熟的配方。最后必须要有经验丰富、责任心强的技工负责进行酒药的制作和培养。目前，酒药的制作技术是绍兴酒的核心机密，属于国家保密技术。

——麦曲

所谓麦曲，就是在合适的环境温度条件下，以小麦为原料，经轧麦、加水、拌和、踏曲、裁切、摆曲、富集有益微生物培养制作而成的酿酒专用糖化剂。

麦曲生产季节一般在农历八九月间，此时气候温和湿润，非常适合曲霉等多种微生物的生长繁殖。其时正值桂花盛开的季节，故又称“桂花曲”。

在绍兴酒的酿造过程中麦曲用量达到原料米的1/6强，因此麦曲质量的好坏对酒质关系影响极大。麦曲中含有酵母菌、霉菌、细菌等种类丰富的微生物，其中含量最多的是米曲霉，根霉、毛霉次之，此外，尚有少量的黑曲霉、青霉及酵母、细菌等。麦曲不仅提供了绍兴酒酿造过程中所需的各种酶（如淀粉酶、蛋白酶），而且在制曲过程中积累形成的丰富代谢的产物赋予了绍兴酒曲香浓郁、刚劲有力的曲型风格。

——淋饭酒母

淋饭，学名“酒母”，俗称“酒娘”，意为“制酒之母”，是酿造摊饭酒的发酵剂。淋饭一般在农历“小雪”前开始生产，经20天左右养醅发酵，即可用作酒母。淋饭酒母的制作工艺如下：

酒药→麦曲、鉴湖水<br>↓　　↓<br>糯米→过筛→浸渍→蒸煮→淋水→搭窝→冲缸→开耙→灌坛→后酵→淋饭酒母

由于工艺中有将饭“淋水”这一工序，“淋饭”因此得名。淋水主要有两个目的：一是迅速降低饭的温度；二是使蒸好的饭粒良好分离，以通空气，促进糖化和发酵菌的充分繁殖。

采用淋饭法制作酒母，具有以下几个优点：酒药中的酵母菌经过高浓度酒精发酵环境，提高了菌种的适应能力，起到良好的驯化作用，使生产应用时起发快，发酵猛，有效抑制杂菌繁殖；可充分利用绍兴酒酿造的前期时间集中生产酒母，供给整个冬酿生产的需要；可以有充裕的时间借助理化和感官检测鉴别淋饭的质量优劣，并挑选口味鲜爽、老辣、性能优良者作为发酵剂，确保冬酿生产顺利进行。

绍兴加饭酒采用摊饭操作法（简称“摊饭法”）酿制而成。由于在生产过程中有将蒸熟的米饭倒在竹簟上摊冷这一工序，“摊饭法”之名由此而来。“摊饭法”是将冷却到一定温度的饭与麦曲、淋饭、水一起落缸拌和，进行发酵。

现代的绍兴酒酿造已改用机器鼓风冷却方式代替“摊冷”工序，从而极大地提高了工作效率。采用摊饭法酿成的酒，又称“大饭酒”，一般在农历“大雪”前后开始酿制，到次年“立春”结束。其工艺流程如下：

麦曲、水、淋饭

↓

糯米→浸米→蒸饭→落缸→发酵→压滤→煎酒→贮存

——开耙

开耙是绍兴酒酿造过程中一个非常重要的环节。为确保发酵过程的顺利进行，在原料落缸一定时间后必须适时“开耙”。所谓“开耙”，即将木耙伸入缸内进行搅拌。其作用有二：一是调节醪液温度；二是适当供氧，增加酵母活力。这是整个绍兴酒酿造过程中最难掌握的一项关键性技术，必须由经验丰富的酿酒技师把关。不同的酿酒技师操作手法不同，从而酿造出不同风格的酒。

开耙时应根据气温、品温、米质、淋饭和麦曲质量的不同灵活应对，及时调整操作方法，使醪液中各项化学反应顺利进行，有效协调糖化和发酵的平衡。

经过近 90 天的低温发酵，酒醅即告成熟。此时糟粕已完全下沉，上层酒液透明黄亮，口感醇厚、鲜洁、甘润、清爽，酒气香浓，各项理化指标符合 GB17946—2000《绍兴酒（绍兴黄酒）》国家标准要求。

——压滤

即压榨、过滤。就是把发酵醪液中的酒和固体糟粕予以分离的操作。压滤出来的酒液叫生酒，又称“生清”。生酒液中含有大量的悬浮物，比较浑浊，故必须进行澄清，使酒中大分子的湖精和蛋白质下沉，以减少成品酒中的沉淀物。

——煎酒

煎酒又叫灭菌、杀菌。为什么要灭菌呢？这是因为经过发酵的酒醅，通过过滤无法完全去除酒中所含的微生物，包括有益和有害的菌类，如酵母菌、乳酸菌等，一些微生物还保持着旺盛的生命力，且酒中还存在着大量有一定活力的酶。因此，必须进行灭菌。灭菌主要采用蒸汽加热的方法，主要有两个目的：一是杀死微生物，破坏残余酶活力，使酒中各种成分基本固定下来，以防止贮存期间酒液酸败变质；二是促进酒的老熟，并使部分可溶性蛋白凝固后沉淀下来，使酒的色泽变得更为清亮透明。

“煎酒”是绍兴酒生产的最后一道工序，如不严格掌握，会使成品酒变质而“前功尽弃”。“煎酒”这个名称是由绍兴酒传统工艺沿袭下来的。我们的祖先根据实践经验，知道要把生酒变成熟酒才便于贮存不易变质的道理，因此早先采用的是把生酒放在铁锅里煎熟的办法，故称“煎酒”，从理论上讲就是“灭菌”。

——贮存

成品绍兴酒经煎酒后直接灌入容量为23升左右的陶质酒坛中贮存。灌坛前，先将酒坛洗净沥干，外刷一层石灰浆水。刷石灰浆水既洁白美观，又起杀菌作用，还便于在蒸坛时发现“疵坛”。待干燥后盖上牌印，注明生产厂家、品种、净重、批次及生产日期，类似于商标的作用。灌坛前，酒坛、老酒均经杀菌处理；灌坛后，坛口上覆荷叶、灯盏、坊单和箬壳；最后用竹丝扎紧，上糊“泥壮举”，利于坛内酒的余热自然烘干，干燥后入库贮存。

绍兴酒对封口的“泥头”很有讲究，一般挑选含沙石少的优质软性黏土，加入少量砻糖（砻糖的作用主要是作为强化剂），经拌泥机充分拌和，由人工糊成一个直径20厘米、高10厘米左右的“泥头”。“泥头”的作用主要有三个：一是便于运输；二是方便贮存，绍兴酒在仓库中贮存时最高要堆四层，而坛口又很小，糊“泥头”可以确保堆幢的安全性；三是促进新酒陈酿，用“泥头”封口可以有效隔绝空气中的微生物进入酒体，而坛内酒液又可自由“呼吸”，从而促进酒质陈化。

绍兴酒正是因为采用这样一套严格而独特的包装工艺和优良的贮酒容器，才使其久存不坏，酒香四溢。

绍兴酒传统工艺以肩扛、人挑等手工操作为主，劳动强度大，生产周期长。同时，受季节和气温条件的影响，传统工艺必须在农历九月至翌年四月半年时间内，完成从投料、发酵到压榨、煎酒的全过程。一旦气候变暖，气温升高，发酵便难以控制。为了满足不断扩大的国内、国际市场的需求，绍兴酿酒业自20世纪60年代起便着手研究绍兴酒的规模化生产，并取得了成功，实现了基于传统工艺之上的绍兴酒现代酿造技术。绍兴酒现代酿造技术和工艺的创新历程为：50年代采用蒸汽锅炉替代土灶铁锅，改变传统蒸饭和煎酒操作。60年代采用板框式压滤机，替代繁重的木榨酒。70年代初，卧式蒸饭机研制成功，实现了连续化蒸饭，为实现机械化创造了有利条件。80年代初，薄板式热交换器成功应用于煎酒操作。90年代，采用碳钢萩不锈钢大罐用于传统浸米及发酵酿酒取得成功；50立方米大罐贮酒技术通过了省级鉴定。90年代中期，机械化制曲设备替代传统踏曲工艺取得成功。90年代后期，东风绍兴酒有限公司从意大利引入真空酒泥过滤机

替代传统木榨处理酒脚取得良好效果。90 年代末期,啤酒和葡萄酒中的冷冻过滤和膜过滤技术开始应用于绍兴黄酒业。

新工艺突破了绍兴酒季节性酿酒的限制,实现了常年连续化生产。从此,绍兴酿酒业开始进入前所未有的辉煌时代。

绍兴黄酒只是一个地域范围的概念,即指在绍兴境内所产黄酒的总称。其实绍兴黄酒品种繁多,它们既有绍兴黄酒共有的甘洌芬芳、橙黄澄洁的特色,又各具独特风味。其主要名品有元红酒、加饭酒、善酿酒、香雪酒四大类型。

元红酒——又称状元红,因过去在坛壁外涂刷朱红色而得名,是绍兴黄酒的代表品种和大宗产品。此酒发酵完全,含残糖少,色泽橙黄清亮,有独特芳香,味爽微苦,含酒精 16%—19%,含糖 0.4—0.8 克/100 毫升以下,总酸 0.45 克/100 毫升以下,受到嗜酒者的普遍喜爱。是干型黄酒的典型代表。

加饭酒——绍兴黄酒中之最佳品种。加饭,顾名思义是与酒相比,在原料配比中,加水量减少,而饭量增加。由于醪液浓度大,成品酒度高,所以酒质特醇,俗称"肉子厚"。此酒酒液像琥珀那样深黄带红,透明晶莹,郁香异常,味醇甘鲜,含酒精 17.5%—19.5%,含糖 1.5—3.0 克/100 毫升,总酸 0.45 克/100 毫升以下。是半干型黄酒的典型代表。

善酿酒——以存储 1—3 年的元红酒代水酿成的双套酒。酒呈深黄色。其香芳郁,质地特浓,口味甜美,含酒精 13.5%—16.5%,含糖 6—7 克/100 毫升,总酸 0.5—0.55 克/100 毫升,为绍兴黄酒之高档品种。此酒在清代由沈永和酿坛创始。该坊在酿酒的同时酿制酱油,酿酒师傅从酱油酿制中得到启发,即以酱油代水做母子酱油的原理来酿制绍兴黄酒,以提高品质,得以成功。所以,善酿酒是品质优良的母子酒,也是半甜型黄酒的典型代表。

香雪酒——以陈年糟烧代水用淋饭法酿制而成,也是一种双套酒。酒液淡黄清亮,芳香幽雅,味醇浓甜。含酒精 17.5—19.5 克/100 毫升,含糖 19—23 克/100 毫升,总酸 0.4 克/100 毫升以下。陈学本《绍兴加工技术史》记述:1912 年,东浦乡周云集酿坊的吴阿惠师傅和其他酿师们,用糯米饭、酒药和糟烧,试酿了一缸绍兴黄酒,得酒 12 大坛。试酿成功后,工人师傅认为这种酒由于加用了糟烧,味特浓,又因酿制时不用促使酒色变深的麦曲，只用白色的酒药，所以酒糟色如白雪，故称香雪酒。它是甜型黄酒的典型代表。

源于春秋、成于北宋、兴于明清的绍兴黄酒酿造技艺是越地先民传承和发展下来的绝技。在历史的发展过程中，绍兴黄酒酿制技艺不断演变，不断成熟，不但成为长江下游酒文化的杰作，也是整个长江文化、吴越文化乃至中国酒文化的骄傲。作为一种特殊的文化表现形式，绍兴酒文化不但是越文化的一个重要分支，而且是越文化的一支主旋律，对越文化具有深远的影响。据《吴越春秋》记载，公元前494年，越王句践携夫人入吴为质，临行之时群臣送别于临水祖道。大夫文种前为祝，言道“臣请荐脯，行酒二觞”，君臣共饮，群情激奋。当时的酒固然不比如今的黄酒佳酿，却已经叫越王仰天太息，举杯垂涕。后来越军挥师北上灭吴，行时父老再度荐酒于川上，越王倾酒如河，与将士迎流共饮，是谓“箪醪劳师”。公元前492年，为增强国力，句践采取了生聚计策，把酒作为鼓励生育的奖品，发出告示，“生丈夫〔男孩〕，二壶酒，一犬；生女子，二壶酒，一豚。”[①]在句践的复国史中，酒构成了一部越国发愤图强的激昂乐章，成为越国复兴的历史见证和越酒文化辉煌的精典，进而引导并振兴了越文化中心区域经久不衰的民风和民俗。[②] 如今，绍兴黄酒已经超越了其酒的身份，成为一个凝结着诸多越地特质的文化符号。

近年来，社会的剧烈变革促进了不同文化间的相互交流，人们的消费观也在文化的冲击和碰撞中发生着激剧变化，人们已从单纯的追求感官刺激向崇尚绿色健康、从借酒助兴向社交礼节和个性张扬转变。市场对低度新品黄酒需求与日俱增。此外，绍兴黄酒饮后较强的“后劲”和独特“曲香”在一定程度上阻碍了市场拓展的步伐，进而形成较为明显的季节性消费特点。而传统绍兴黄酒酿造周期长、酿造用水及其他原料要求高、工艺复杂且需要经验，使企业在新建或扩大再生产时相对注重现代新的酿造工艺和生产方式，或抛弃传统工艺，或改良传统工艺，或直接采用现代新工艺，从而在很大的程度上影响了绍兴黄酒酿造工艺的传承和发展。

又由于现代科技不断发展，特别是现代生物工程技术、基因工程技术

---

① 《国语·越语》。

② 参见杨国军、杨百荣：《绍兴黄酒酿制技艺价值及所临社会现实思考》，《饮食文化研究》2007年第1期。

对微生物生理、生态的剖析日益精细，绍兴黄酒神秘的面纱被慢慢揭开，加上近年来受商业大潮的冲击，社会变迁导致职业技师角色错位和待遇歧视，使绍兴黄酒传统酿造工艺一度面临后继乏人的窘境，长此以往，必将造成绍兴黄酒的传统酿造工艺的变异和失传。这些情况已引起当地政府的高度关注，一些保护措施正相继出台。

**2. 绍兴石桥建造技艺**

绍兴为历史文化古城，境内多水多桥。在众多桥梁中，古桥占有很大比例。绍兴古桥不仅种类齐全，而且部分石桥（如八字桥、广宁桥等）的营造技艺为国内罕见，桥梁形式多样，形成了极为系统的技术体系，在各个不同时期都处于全国领先水平。

绍兴的古桥营造技艺应追溯到春秋战国之前的浮桥和木梁桥，越国时期，因铁质工具的出现，使石柱、石梁、石桥面等新构件运用到古桥营造中，进入了石梁桥的创始时期。春秋战国时期越王句践就在会稽修造过灵汜桥，它是绍兴古籍记载中最早的桥梁，《水经注·渐江水》有"城东郭外有灵汜，下水甚深"的记载，不过此桥现在已经不存在了。秦、汉时期，是绍兴桥梁的创建发展时期。唐、宋时期，当时绍兴的运河驿路畅通，工商业发达，使桥梁营造技艺不断提高，绍兴石桥的发展也同时进入全盛时期。绍兴现存的桥梁，其建筑年代可追溯到宋代，如绍兴的八字桥，虽经历代修葺，但仍保存了宋代桥梁的面貌。另外，元、明、清历代桥梁保存下来的也不少，而且大都构造完整，形制繁多，为研究中国桥梁的建筑发展史留下了极为宝贵的资料。

清代为绍兴石桥营造技艺鼎盛时期。据清光绪癸巳（1893 年）绘制的《绍兴府城衢路图》所示，当时绍兴城内有桥梁 229 座，城市面积为 7.4 平方公里，平均每 0.0231 平方公里就有桥一座，石桥连街接巷，五步一登，十步一跨，与世界闻名的水城意大利威尼斯相比较，为该城市在第二次世界大战前的桥梁密度的 45 倍（该城面积为 567 平方公里，当时有桥 378 座，现仅存桥 76 座），为清末时苏州城内桥梁密度的 2 倍（苏州城内面积 21 平方公里，清末有桥 310 座），可谓"无桥不成市，无桥不成路，无桥不成村"。1993 年底统计，全市有桥 10610 座，不愧为名副其实的"万桥市"。

绍兴石桥一般的建筑程序为：选址、桥型设计、实地放样、打桩、砌桥基、砌桥墩、安置拱圈架、砌拱压顶、装饰保养、落成。它的营造技艺包括各类浮桥、木梁桥、石梁桥、折边拱、半圆形拱、马蹄形拱、椭圆形拱、准悬链线拱等古桥建造技术。绍兴石桥的营造技术非常科学，用料质量讲究，布局、选址合理，古石桥一般寿命能长达千年以上。绍兴古桥成为中国古桥发展、演化的一个缩影，被称为中国的"古桥博物馆"，美名"桥乡"。

绍兴石桥不但表现了先进的营造技艺，又蕴涵着深厚的文化底蕴，具有极高的美学价值、学术价值和使用价值。

桥本是作为方便人们生产生活的交通设施而出现于世的，但是一经与人发生了关系便不再只有单一的物质形态和纯粹的实用价值了。绍兴石桥，如一件件大小不同的艺术品，在广袤的稽山鉴水平原供人欣赏，又供人使用。绍兴古桥所特有的环境布局美、结构装饰美和桥楹诗文美，构成了特有的水乡交通景观。"垂虹玉带门前来，万古名桥出越州。"绍兴石桥文化成为越文化的重要组成部分。

随着社会的发展和经济的繁荣，新建了许多四通八达的公路，各种现代建筑桥梁层出不穷。由于石桥营造成本高，工艺繁杂，一般建筑公司不愿承建。这使绍兴石桥营造工艺的工匠更是后继乏人，保存绍兴石桥营造技艺迫在眉睫。民间发起的古桥研究会"绍兴古桥沙龙"和"中国桥文化网"，为认识和保护绍兴古桥做出了一定贡献。

**3. 乌毡帽制作技艺**

头戴乌毡帽是绍兴人传统的服饰特色。长期以来，乌毡帽与绍兴百姓几乎形影不离，乌毡帽的制作也成了一项富有绍兴特色的传统绝艺。

绍兴毡帽的具体起始年代已无法查考。在绍兴民间盛传一个老虎"创造"乌毡帽的传说，过去，绍兴的商人店铺里供的一般都是财神爷，唯有乌毡帽制作行业挂的均为老虎画像，成了乌毡帽行业的特殊标志。传说固然不足信，若论及毡帽的渊源，在古楼兰罗布泊孔雀河北岸古墓沟出土的毡帽，证明早在3800多年前的新石器时代，我国西北就已有人戴毡帽了；而《周礼注疏》卷七也记载了2700多年前周代用细毛制毡的生产活动："共其毳毛为毡，以待邦事"；明朝张岱在其著名的《夜航船》中说："秦汉始效羌人制为毡帽"，他与写下"鹅黄蚕茧燕毡帽"的曾石卿均认为毡帽是源自"羌人"和"燕地"的——大量资料和数据表明，毡帽乃于汉魏时从西北地区传入中原，并从隋唐起在民间普及。

绍兴毡帽的真正盛行，却是由清代开始的。光绪二十五年(1899)，绍

兴袍渎出了位有名的乌毡帽制作商潘尚升,他以“潘万盛”招牌专事生产和销售毡帽,开出了绍兴城区历史上首家专业毡帽店。采用前店后坊的方式,招收雇工、学徒3—4人,年生产大约2000顶毡帽,每顶只卖银圆1元2角,生意颇好。淡季时便生产低档毡帽,销往金华、兰溪。因物美价廉,连当地妇人烧饭遮头亦用此帽,名曰“灰帽”,蔚成风气,而“潘万盛”也随之声名日隆。至20世纪30年代,绍兴城区、皋埠、陶堰等地原先生产毡条的商人发现毡帽市场好,纷纷改做制作乌毡帽,当时的村村落落出现许多家庭式作坊,如沈宝记(偏门)、丁有记(马梧桥)、韩金记(县东门)等。许多村子还以此技艺为业,比如在绍兴县陶堰镇茅洋村,全村老小都会制作乌毡帽,家庭作坊比比皆是。1940年日寇侵入绍兴,“潘万盛”被烧毁,两年后重建。40年代后期,陶堰地区已有毡帽作坊5家,年生产量7000顶以上,而城区内亦有多家作坊兼店的毡帽铺。

新中国成立后,农村成立了毡帽业同业公会,会员有数百人;1953年,茅洋村毡帽参展浙江省第一次工业产品展览会;1954年,在皋埠建成第一家官办毡帽社。之后,又有多家民间帽社组成生产合作社。1961年,绍兴乌毡帽的生产达到了建国以来的高峰,共生产毡帽3.15万顶左右。

1960年春,浙江省在杭州召开六级干部大会,全省数万名农村生产队长以上干部集队从住所前往省人民大会堂时,独有近千名绍兴农村干部不约而同地都戴着乌毡帽,引得许多杭州人和外地客驻足观望,十分好奇,有人疑为“少数民族”。可以说,乌毡帽成了绍兴人的一个代言词。

传统的绍兴乌毡帽因其造型独特、质量上乘给人留下了深刻的印象,其制作精细,牢固耐磨,厚实硬帮,湿之即干,经济实惠。它不仅有保暖御寒、避雨遮阳、头部防伤的功效,而且还可以充当便利“盛器”,买米当“米兜”,买干果当“篮子”,劳累时当座凳,平时习惯把零钱、纸条、笔、烟等塞进折起的帽沿内备用,甚至缺小钱时当做“押物”等等。用途之多,不胜枚举。为农民及各种工匠所乐于购用,具有广泛的实用性。城里人把农村戴毡帽的人尊称为“毡帽客”。

毡帽其他地方也有,但黑色的毡帽唯有绍兴。在城市主色调一直是黑、白、灰的绍兴,有着对“乌”情有独钟的情愫,除了乌毡帽,还有篷用竹制、外涂乌漆、形如覆瓦的乌篷船;油光、黄黑的乌干菜。它们被冠为“绍兴三乌”。成为绍兴最有特色的生活标志。乌即黑,是于越民族崇尚的色彩,在越先民看来，黑色具有雄健、强悍的意义，因此，一个戴乌毡帽的绍兴，它的那种渗透在民间的与绍兴对应的风俗和生活，是一个外在与内在兼具的性格、形象特征，是于越民族崇尚的一种传统，在绍兴历史画卷中有着重要研究价值。

制作一顶毡帽需要近一个星期左右的时间，要经过挑羊毛、除油腻、脱油脂、压制成坯等72道工序。制作毡帽要挑选当季的雌湖羊，剪下活羊毛。这样的好羊毛据说只出产于绍兴到嘉兴的平原湖区。制作毡帽远比想象中的要脏累得多，羊毛放在木篓子里，手工将里面的杂质挑选干净，不但被羊毛缠身，还得忍受羊毛的腥臭味。但是如果连羊毛都挑选不好的话，那么就别指望能做出一顶好毡帽。

其制作工艺流程大致为：(1)先取干燥田泥撒于手工剪落的活的雌胡羊毛上，频频拍打，泥土吸收羊油脂污物，后洗净晒干；(2)用木制弹弓将纯净羊毛弹松，通过形似手指状竹制“栅掌”将弹松的羊毛撮起，均匀铺于竹帛；(3)用嘴喷细密水于羊毛，并将竹帘卷拢，用脚来回挤压滚动，毛粘成毡块；(4)把毡块折成四层，再粘；(5)将四层毡块均匀对揭，用滚开水浸泡，反复揉捏，使之粘附紧密，质地坚韧；(6)将其套于模型，制成帽坯；(7)以野生植物(花叶果)与皂矾烧煮染色而成黑。(8)再次定型后，成为尖顶圆边黑色毡帽。它的传统制作过程并不复杂，但在工艺上比较讲究，从选料、成型到染色前后有几十道工序，全部靠手工操作，需要有一定的技巧。

伴随着时代的变迁，如今戴毡帽的人已愈来愈少了。至1966年后，绍兴民间戴毡帽之俗渐止，由于该项手艺劳动强度非常大，再加上产量低、成本高，赚不到多少钱，各毡帽作坊和店铺也纷纷停业，很多绍兴毡帽制作师傅都转了行。现在，连最后一批懂得传统毡帽制作工艺的老人，也正在相继去世。制作毡帽如今已经成了绍兴市一个受“保护”的传统工艺。如今，随着历史的变迁与社会的发展，和许多传统事物一样，乌毡帽已不受当代年轻人的特别青睐，但毕竟在绍兴扎根了上千年的历史，作为一种服饰穿戴传统，在农村水网流域，还是能看到一些人戴着乌毡帽劳动或休闲的场景。

**4. 绍兴锡箔锻制技艺**

锡箔，又称锡箔纸，是古绍兴山阴、会稽二县的传统特产。锡箔制造始于元末明初，至今有六百余年历史，新中国成立后基本消亡。历史上曾对

绍兴的社会政治、经济、文化产生过举足轻重的作用。

据民间相传,绍兴锡箔起源有三说:(1)元时风俗,百姓常扔碎银于神堂,以祀神鬼保佑。朱元璋平定江南后,欲挥师北上,困于财力。军师刘伯温建议挪借诸神堂之银暂充军饷,事后再还,朱采纳了此议。但后来朝廷无力偿还,乃命犯人制锡箔为冥镪,以抵所借神堂之银,遂息事宁人。(2)朱元璋平定天下后,其南方余部陈友谅等不悦,朱恐其造反,便围集一起教制锡箔技艺,以消磨其志。(3)元明战争之时,兵民死于战祸无数。朱元璋登基后,未曾给予祭飨,阴兵冤鬼皆不平,长夜悲鸣,作祟民间。朱就命犯者制作锡箔,焚祭诸鬼,始得太平。后来扩至民间,多为祈神祭祖必需之物,品目众多并相沿成习。

杭、甬一带亦出产锡箔,唯绍兴锡箔以其制作精细而优于前者,遂致产业规模扩大,品类日益繁多。鼎盛时期1932—1935年绍兴的锡箔从业人员达到5万多人,仅城区锡箔铺(坊)就遍布街头巷尾,打箔之声昼夜不绝于耳,靠锡箔行业赖以生存的人数达20余万,产值一度占江、浙两省总量的90%以上,故有"锡半城"之称。

1936年前后,锡箔开始由国家直接稽征,为民国地方政府财政的重要税源,高时达60%以上,税金超8.1亿元(金圆券)。

1941年绍兴沦陷,许多锡箔铺(坊)停产,部分外迁,产量锐减。抗战胜利后,又曾一度兴旺。内战开始后,再度衰落。

新中国成立前期,国家建立新的经济秩序,绍兴锡箔业复苏。至1950年末,有锡箔铺(坊)745家,年产量94.27万块,锡箔税占绍兴总税收的60%以上。1961年起,开始受工业铅箔发展的影响,产量大幅递减,许多锡箔铺(坊)逐步转行。至1966年,最后一个制箔合作铺改为长征塑料厂,停止生产锡箔,绍兴锡箔业规模化的生产至此淘汰。1979年,因时局所求,绍兴城关镇复建了制箔庄,亭山公社等乡村也复建了箔厂(坊),产品主要出口外销,但民间所需量一直还是较大。

近些年,绍兴的民间祭祀活动依然活跃,虽已没有规模化的锡箔生产队伍,但在城乡各地仍有许多百姓以生产和经营锡箔为生。

**5. 越窑青瓷烧制技艺**

越窑是我国烧瓷历史最早的瓷窑之一,是著名的青瓷窑系。窑址在慈溪、余姚、上虞、绍兴一带。这里唐代属越州管辖,故称为越州窑,简称越窑。东汉时,中国最早的瓷器在越窑的龙窑里烧制成功,越窑在东汉到南宋的一千多年烧造历史里,经历了创烧、发展、鼎盛和衰落的发展过程。自中唐至北宋早期的两个世纪是越窑的鼎盛时期,其生产规模、工艺水平、产品质量在各大名窑中均居领先地位。而且还远销亚洲、非洲的近20个国家和地区。

东汉是越窑青瓷的初创时期,青瓷的烧制成功是浙江地区原始瓷的工艺发展和技术积累的必然结果。这一时期的青瓷产品在成型、烧制工艺上与原始瓷一脉相承,器型、装饰上多有仿铜器和漆器。东汉至三国期间瓷胎较白呈淡灰色,少数胎质较松,呈淡淡的土黄色,釉色以淡青色为主,浅雅明亮,少有黄釉或青黄釉。器物纹饰简朴,常见有弦纹、水波纹及叶脉纹等。烧制上多用三足支钉叠烧,故盘、碗内底留有三足支钉痕。

三国西晋是越窑青瓷的第一个发展高峰,产品种类特别是冥器非常丰富,如鸡笼、狗圈、猪圈、男女俑等。装饰题材和装饰技法多种多样,而以动物题材最为普遍和重要,有以动物形象作为整体造型的,如羊形烛台、蟾蜍水盂等,有作为局部装饰的,如鸡头壶、虎头罐、兽足洗等。最有代表性的是集多种动物形象和人物、亭台楼阁于一身的堆塑罐,这种大型的冥器构造复杂、形象众多。

三国末至西晋这个时期的瓷器胎体稍厚,胎色较深,呈灰色或深灰色。釉层厚而均匀,普遍呈青灰色。常见的装饰是在器物的口沿和肩腹部划弦纹或压印斜方格网纹、联珠纹、忍冬纹和鸟兽纹等。网纹起于吴末终于东晋,西晋时盛行。西晋晚期出现褐色点彩,应用十分广泛,东晋时弦纹仍常见。南朝时以刻划莲瓣纹或荷花纹为主,花瓣多用3—5条划线组成,且沿用至唐初;褐色点彩依然流行,但褐点缩小,呈小圆珠形,排列细密,与东晋时有别。西晋时则用锯齿口的盂形垫具叠烧,故盘、碗内底留有一圈锯齿痕。东晋仍沿用此法,但已出现坯件之间只放几颗圆形泥珠(托珠)垫隔,器物内底留有圆形泥珠痕迹。

东晋时越窑渐趋停滞,南朝时明显低落,至隋代时已是奄奄一息了,在浙东地区几乎难以找到隋代的越窑遗址。器物种类减少,鸡头壶较流行,堆塑罐和其他小冥器不再生产,动物形象大大减少,且多消瘦呆板。以褐色点彩和莲瓣纹为最主要的装饰,莲瓣纹盛行于南朝,折射出当时佛教在中国的发展和影响。由于这一时期社会的动荡和经济的恶化,越窑一直在

走下坡路,但依然有一些赏心悦目的产品。

唐朝是我国历史上繁荣、昌盛的历史时期,各类手工业得到了蓬勃发展,瓷业生产出现遍地开花、相互争艳的局面,形成了南青北白的瓷业格局。而慈溪上林湖地区是越窑中心产区,成为当时南方青瓷中心的杰出代表。迄今发现唐宋窑址170余处。唐代早期,瓷业生产还未走出低谷,不见规模可观的窑址群落,仍处在恢复阶段。进入中唐以后,制瓷技术进一步改进,大量使用匣钵装烧,瓷器质量显著提高,窑址数量剧增,以上林湖为中心的瓷业迅速拓展,在其周围的白洋湖、里杜湖、古银锭湖以及上虞、镇海、鄞县等地相继设立窑场,规模宏大,窑场林立。唐代这个时期瓷器器胎质地细腻致密,呈浅灰、灰或淡紫色。釉层匀净,呈黄色或青中泛黄,滋润而不太透明。纹饰唐代偏重造型和釉色且追求玉的效果,故纹饰简练,常见的纹饰有龙凤、寿鹤和花卉等.其装饰技法以划花为主,划花线条较粗;也有少量印花、刻花和镂雕。在工艺上唐代基本采用托珠垫隔,晚期才开始用匣钵装烧,质量大有提高,所烧器物基本满釉,底足内有数个圆形泥珠痕。

唐代晚期,越窑生产已进入了鼎盛状态,瓷器烧制的技艺达到了炉火纯青的地步。产品种类繁多,制作精致,造型优美。器型有碗、盘、盏、杯、盆、钵、壶、罐、盒、水盂、唾盂、灯、香熏、瓶等;器表装饰有刻划花、印花、褐色彩绘和镂雕等;花纹有荷花、荷叶、荷花飞鸟、云、龙鱼等;刻线条流畅粗放,刀法熟练;由于创造了将坯体盛于匣钵之中与火分离的操作法,一匣一件或一匣多件装烧,从而使产品器形端正,坯胎减薄,胎质细腻,釉色纯净,光泽、滋润。其中尤以“秘色窑瓷器”(青瓷)最为著称。晚唐诗人陆龟蒙曾赋诗赞曰:“九秋风露越窑开,夺得千峰翠色来”,并赞美越瓷“类冰似玉”。越瓷从唐代开始就出口到巴基斯坦、伊朗、埃及、日本等许多国家。

五代时期,江浙一带的吴越国较少战争,越窑的瓷业生产能够继续发展,产品质量仍独步天下。器物造型釉色、装饰及装烧工艺等方面继承唐代风格,器形繁多,胎壁普遍减薄,造型变得轻巧优美,折射出以釉色和造型取胜的时代风尚。

北宋早期,越窑继续繁荣发展,器物造型精巧秀丽,釉色青绿,纯净而透明;盛行纤细划花装饰,技法娴熟,图样简洁清秀。装饰题材广泛,有鸳鸯戏荷,双蝶相向、龟伏荷叶、双凤衔枝、鹦鹉对鸣、鹤翔云间、鸟栖花丛,还有人物纹、牡丹纹、莲瓣纹、水波纹、缠枝纹、龙纹等，形象生动逼真，栩栩如生。

北宋中期，制瓷工艺渐趋衰退，产品质量明显下降，但仍偶见工艺精湛的产品。至北宋晚期，器物大多采用明火装烧，制作粗糙，刻划花纹简单草率，釉色灰暗，缺乏光泽，品种趋向单调，瓷业生产已完全衰落。

南宋初期，由于朝廷征烧祭器和生活用瓷，促使上林湖寺龙口、低岭头、开刀山一带瓷业生产再度兴旺，出现了一个新的短暂繁荣时期，但好景不长，龙泉窑的兴起致使越窑终于停烧。

五代至宋代越窑瓷胎体厚重、坚致，胎色灰白。黄釉逐渐减少，青釉多数带灰色，釉层透明。但划花线条趋细，刻花装饰亦不盛行，光素无纹的器物仍占很大的比例。北宋时盛行花纹装饰，采用刻、划、镂、雕和堆雕等多种手法，常见纹饰有蝴蝶、鸳鸯、鹦鹉、游鱼、孩童和花卉等。

五代至宋时还出现以长条细泥垫隔，故有的器物底足内留有数段长条细泥痕迹。五代的余姚窑场是吴越钱氏烧贡瓷的主要窑场。其造型多为杯、盘、碗、壶、托、瓶等日用器皿，且以刻花装饰。其纹饰题材以人物、山水、走兽、花鸟、草虫、花卉为主。釉色纯正，刀法娴熟，工艺精良，是越窑中的上乘之作。吴越降宋后，瓷器产量减少，宋以后由于龙泉窑的兴起，越窑逐渐衰落。①

越窑青瓷从萌芽、成熟到发展、高潮，直至最后衰落，前后经历了二千多年，形成了以下基本特征：(1)胎、釉、烧造工艺等基本特性的同一性。(2)地域的鲜明性。(3)功用的多样性。越窑青瓷在当时人们的日常生活中占据了相当重要的地位，它的种类从饮食器、贮存器、卫生器、寝具、照明具到文具、陈设品、乐器、祭器、明器、玩具等等，应有尽有，功用多样。越窑青瓷历史悠久，制作奇妙，品类丰富，具有较高的艺术价值、科学价值和产业价值，在我国陶瓷史上具有十分重要的地位。

**6. 黄泽戏剧服装制作技艺**

黄泽戏剧服装的起源与150年前流入黄泽镇的“目连戏”有关。早在20世纪30年代，黄泽镇前良村就有目连戏班，为适应目连戏班演出的需

---

① 参见曾传瑜：《越窑青瓷的特点及发展历史》，载神州博古网，http://www.chinabogu.com。

要，镇上有位叫田舍旺的有心人，办起了一家以自己名字为店号的“田舍旺戏剧服装”，店面为商店，店后设作坊，制作及经营规模逐渐扩大，生意也从市内做到杭州、上海。

“文化大革命”期间，戏剧服装成了“封建的东西”而停办，库存的戏剧服装均在烈火中烧毁，制作人员亦相继流散。1980 年以后，戏剧艺术得到恢复，作为越剧之乡的嵊县率先恢复了演出，“古装戏”重新登台，但是经过“文化大革命”的摧毁，一切都得重新开始，尤其是各个演出剧团的戏剧服装短缺，市场需求量很大，黄泽镇渔溪村的李伯汀、李梅庆邀集一班人利用幸存的村办剧团服装，依样画葫芦，对其进行翻版制作，在渔溪村办起了戏剧服装店。

1990 年以后，嵊州的越剧事业重新走上了发展的轨道，涌现出 130 多个民营职业剧团，单 1995 年一年便演出 8500 多场次。众多的剧团，频繁的演出，需要大量的戏剧服装。李伯汀、李梅庆抓住这一机遇，扩大了戏剧服装的规模，邀请了在这方面有专长的人才加盟，李伯汀的儿子李能昌挑起了大梁，使黄泽戏剧服装走上了产业化之路。

黄泽戏剧服装目前主要制作三个大类：戏衣、盔头和靴鞋。

戏衣：是戏剧艺术舞台上各行角色身上穿的衣服，包括蟒、靠、官衣、开氅、褶子等。蟒即蟒袍，是帝王后妃以及将相上朝、升堂、出巡时穿着的礼服，华丽而高贵；靠，是武将穿戴的盔甲式服装，威武而雄壮；官衣、是文官的礼服，庄重而豪华；开氅，是武将的便服，鲜艳而亮丽；褶子，是平民的服装，种类繁多，常见的为花色褶子和素色褶子。其他还有裙袄、宫衣、箭衣、太监衣、龙套衣等。

盔头：是戏剧艺术舞台上各行角色头上所戴的装饰物和帽子，包括冠、盔、帽、巾等。冠为帝王、贵族的冠戴，豪华而富丽；盔为武职人员的冠戴，英武而气派；帽的成分最杂，上至皇帝百官，下至兵丁百姓，形形式式都有，其中运用最广泛的是文职官员所戴的纱帽。而巾则多为软帽，属于便服的行列，运用最多的是书生所戴的文生巾。

靴鞋：是戏剧艺术舞台上各行角色所穿的鞋子，由于它位于戏剧服装之末，因此又称“末服”。根据角色的不同身份，靴鞋可分为“靴”和“鞋”两个类别。靴有厚底方靴、薄底方靴、清代官靴、朝方、花靴、豹皮靴、绣花快靴等。鞋有男子穿的云头鞋、便鞋、草鞋，女子穿的彩鞋和旗鞋。

在制作戏剧服装的同时,黄泽戏剧服装企业根据客户的需求还兼制刀枪把子和道具。

戏剧服装的制作工序有十几道,主要有制图、裁剪、盘边、绣花、打胶、贴锡泊、上彩、装配等,其中最基础最重要、最费时间的是绣花。随着科技的进步,绣花工序已经从传统的手工绣花中解放出来,现在除了缝纫机制作外,还引进电脑绣花机,从而大大缩短了这道工序的时间。

在戏具服饰的图案装饰上,采用了民间的吉祥图案和老百姓喜闻乐见的形象,如日、月、星、梅、兰、竹、菊、龙、凤、狮、麒麟等,帝王家族多采用龙的形象,如"双龙戏珠"、"祥龙吐瑞"等。皇妃公主多采用"凤"的形象,如"凤采牡丹"、"丹凤朝阳"等。老生老旦多采用"福禄寿"的纹饰,武生角色多采用动物变形图案,文行角色多采用花草、云纹、回纹和几何图案,深受用户的欢迎。

目前黄泽的戏剧服装以越剧戏装为主,融历史文化、服装文化、民族文化于一体,以淡雅、柔美、简洁、清新为主要特色,用无反光性的绉缎作面料为主,兼用丝绒、仿其纱、珠罗纱等,款式和佩饰,借鉴传统人物画和民间年画、人物画,按舞台演出要求设计制作。制作方式主要以分散加工、企业集中装配、戏剧服装商品为集散地。

传统戏剧服装制作,生产出的不仅是商品,更是工艺品,它是古代服饰的美化和艺术的再创造,是非物质文化的遗存演变的主要表现形式,既有所有剧团需要购置的使用价值,又有美化舞台演出的审美价值,还有解决农村人员就业和提高农民经济收入的实用价值,对历代服饰的演变;还具有可供研究的史学价值。

目前,黄泽的戏剧服装已销往全国各地、各剧种的许多剧团。在李能昌为龙头的黄泽渔溪戏剧服装带动下,全村涌现十多家个私企业与加工点,他们除生产戏剧服装外,还制作戏帽、刀枪把子和戏剧道具等戏台表演用品,开展服装戏具一条龙服务,根据市场需求生产,产品远销北京、上海、杭州、天津、武汉、香港及新加坡、马来西亚等地。整个渔溪村的从业人员达250多人,使渔溪村成了戏剧服装生产的专业村。但是传统戏剧服装受到更新期长、戏剧事业不景气、市场竞争激烈、传统戏服创新困难等客观因素的制约,其制作工艺面临传承的困境,有必要作为非物质文化遗产加以扶持和保护。

7. **绍兴霉制品制作技艺**

绍兴民间传统家常菜谱里，霉制品四季不断，霉豆腐、霉苋菜梗、霉毛豆、霉萝卜、霉冬瓜、霉千张……尤其是霉干菜，几乎无人不晓，绍兴人家普遍自腌自制，作为常备蔬菜，也常用来作为馈赠亲友的物品。

绍兴人对霉制品的独特嗜好，据说与越王句践卧薪尝胆的复国精神有密切关系。

据史志所载，春秋末期，吴越交恶，吴王夫差欲举兵伐越。越王句践先发制人，兴师讨吴。两军交战，越军大败，句践夫妇携大夫范蠡入吴为奴。一次夫差染疾，句践为夫差尝粪卜病，夫差病愈后，赦句践夫妇与大夫范蠡回归越地。为了不忘奇耻大辱，大夫文种建议越国臣民要用臭食下饭，以不忘国耻。待句践返越时，亲见广大臣民吃霉咽臭，知民心之可为，不禁满怀激情。于是卧薪尝胆，采蕺草佐食，十年生聚，十年教训，终于在20年后一举灭吴。

所以，自越王句践以后，绍兴民间菜谱中，“霉氏家族”、“臭氏系列”成了十分普及的家常菜。绍兴许多土特产品上都带有“霉”字，如“霉干菜”、“霉豆腐”、、“霉毛豆”，还有“霉苋菜梗”等等。因而绍兴菜中有了独一无二、地方色彩浓郁的“霉鲜风味”，俗称“霉臭风味”。到了现代，霉干菜焖肉成为宾馆饭店必备之绍式名菜，被撰入《中国菜谱》，是来绍旅游人士必尝之“佳食”。

霉鲜原料以植物，或植物果实，或植物制品为主。霉鲜的制法是民间传统的方法，对温度、湿度、时间特别强调适度。多用蒸煮食法，蒸时要火候到位，宜透不宜生，宜咸不宜淡。霉鲜风味菜品以绍酒增酥，以麻油益香，与味精则格格不入。以原色原味方显本色，是地道古老的绍兴风味习俗菜品。其色形朴实自然，色泽自然鲜亮，如霉苋菜梗碧绿，霉千张嫩黄如玉。其口感清香纯正，鲜美酥醉，脱腥祛腻，诱人食欲。其氨基酸含量高达十多种，可与鱼翅、燕窝媲美。

绍兴霉制品中，最著名的是霉干菜。因其油光乌黑，又称乌干菜，与绍兴乌毡帽、乌篷船并称“三乌”。早在《越中便览》中就有记述：霉干菜有芥菜干、油菜干、白菜干之别。芥菜味鲜，油菜性平，白菜质嫩，用以烹鸭、烧肉别有风味，绍兴居民十九自制。可见那时绍兴霉干菜的制作已极为普遍了。清时，霉干菜曾作为绍兴的“八大贡品”之一，制作极为讲究，选料要精良，在清明节前，将芥菜的菜心晒干，用金银丝一小束一小束地扎起来，装在小坛中盐渍，待卤汁回落，成熟后取出，晾晒、蒸熟，菜呈红黑色后，在太阳下晒，这样反复蒸晒多次，直至色泽红亮，香气扑鼻，最后装入外面饰有人物山水的菜坛中密封。据曾在清代制作过贡品菜的老人回忆，这样精制的贡菜由绍兴知府和山阴县监制，每年不过千把斤，菜坛上加盖黄封专人运往京城。据传，乾隆皇帝六下江南，来绍兴时都要品尝用贡菜做的菜肴。如今，绍兴农民几乎家家自制，户户常备，通年不断。

绍兴霉干菜香味醇厚，耐贮藏，是浙江绍兴一种价廉物美的传统副食品，菜料主要有白菜干、油菜干和芥菜干三个品种。味道最鲜美的要数芥菜干。芥菜干又以"百脑芥菜"的品种腌晒干菜为上乘，"百脑芥菜"菜芯多，梗叶细长，适时收割质地鲜嫩。这种菜晒制成的干菜，越蒸越乌，越蒸越软，越蒸越香。绍兴霉干菜除了用来作佐餐外，还作为各式菜肴的辅料，烤笋、烧鱼、炖鸡、蒸豆腐等，其味隽美，开胃增食。夏天，用霉干菜配上一撮嫩笋干作汤料，有解暑热、洁脏腑、消积食、治咳嗽、生津开胃和恢复体力的功能。

关于霉干菜的来历，在绍兴民间另有一个典故。说的是从前有一位聪明伶俐的姑娘叫培红，因家境清贫，从小在一家姓张的财主家当丫头。这个张姓财主很刻薄，给丫头和长工吃的都是黄菜烂叶。培红暗地里将菜叶用盐加以腌制，果然使菜味道鲜美。有一天，被财主发现了。财主感到很奇怪，拿来一尝，滋味固然不同寻常，就要培红立即给他做一碗送去。培红就用没有腌制过的烂菜烧了一大碗送到财主桌上，财主一尝，又苦又咸，顿时怒气冲天，破口大骂，并拿起那碗烂菜朝培红头上砸去，培红躲避不及，碗正打在太阳穴上，流血身亡。长工们闻讯后怒不可遏，一拥而上，把财主打死了。后来人们为了纪念培红，就把这种腌菜称做培红菜。古镇人读培红与蓓蕻时的音是一样的，就一直这么叫了下来。其实，腌制霉干菜的芥菜也叫蓓蕻菜，也有叫雪里蕻菜的。

不管典故是否属实，绍兴人对霉干菜的情有独钟却是不争的事实。不过随着人们生活水平的日益提高，食品日渐丰富，饮食习惯有所改变，面临五花八门的新兴食品以及食品加工方法，传统的霉制品制作技艺渐有失传之势，目前已被列为绍兴市非物质文化遗产的保护对象。

# 第 三 篇

# 越地非物质文化遗产的物质基础

# 第六章　资源环境与越地非物质文化遗产

在《公约》对“非物质文化遗产”的定义中，强调了非物质文化遗产与其所处环境、与自然界的相互关系，并且由于非物质文化遗产能提供群体认同感和历史感，它具有显著的地域性和民族性。在非物质文化遗产概念普及之前，各国早就开始用民族文化、民族艺术等名字来指称其民族特有的文化艺术。及至非物质文化遗产概念提出，是否具有显著的民族性特征，就成了在进行文化遗产鉴定时必须考量的重要因素。

民族性特征是由各民族人民所居住的地域、生存环境、生活条件和社会生活状态所决定的。其中，地理资源环境的因素至关重要，也是文化多样性的根源。由于自然环境的差异性和自然资源多样性的影响，各地域人们的劳动分工、劳动内容、劳动方式和生活方式、经济状况都会产生很大差异，也就会形成各种不同的性格和各自然区域内人们独特的心理定式，在活动形式、表现手法、蕴涵内容、欣赏习惯等方向都会烙上本区域的印记而区别于其他区域。所以，无论是民族文化、民族艺术还是后来所称的非物质文化遗产，具体表现出来的“民族性”，应该理解为“地域性”，“民族性”

的差异也应该理解为“资源环境”的差异。越是在文明不发达的人类早期，资源环境对人类的影响也越大。马克思也认为地理环境对原始部落的生产和生活有着决定性的影响。在《资本论》中，马克思指出：“不同的公社在各自的自然环境中，找到不同的生产资料和生活资料。因此，它们的生产方式、生活方式和产品，也就各不相同。”①民族性的差异正是来源于此。如非洲的“丛林战鼓”、澳大利亚的“袋鼠舞”和我国的“踏歌”，虽然都属于民族艺术，但其风格、内容、形式、表现手法等等迥然不同，存在着巨大的差异。这些差异源自其各自的社会生活，而地理环境则对其社会生活发生巨大的制约作用。又如在我国，粗犷的“西北风”和缠绵的“水乡小调”虽然都发生于汉族地区，但地理环境的差异却使两者的表现风格大相径庭。就拿越地非物质文化遗产来说，嵊州多竹，其竹编艺术闻名遐迩；而诸暨多水，遍养珍珠，串珠艺术是当地一大特色。这是最明显不过的例子了。越地的非物质文化遗产门类齐全，名目繁多，数量庞大，但它们并不是零散、孤立、偶然的文化事件，而是带有浓郁的民族色彩和地域特征的文化体系，离不开越地独特的资源环境的滋养和影响。如果将非物质文化遗产看做是人类历史文明中开出的灿烂的花朵，那么其历史文化内涵和民族心理积淀就是支撑着花朵的绿叶和茎脉，而地理资源环境则是埋藏在地下的根基，是所有养分的最初来源。

仔细考究起来，在越地非物质文化遗产中，无论是大禹祭典、黄酒酿制技艺、嵊州竹编、水乡社戏、石桥营造技艺等等国家级非物质文化遗产，还是棕编、竹刻、麦秆扇、脚划船、夯歌号子、背纤号子等等市县级遗产项目，无一不是当地特殊的地理、气候、生态等资源环境的直接或间接的产物。要想探索这些灿烂瑰丽的非物质文化遗产的形成原因和发展轨迹，就必须首先对其所处的地理资源环境作一番勘查。

绍兴地处中国东南沿海，人口 433 万，城区人口 62 万，辖绍兴县、诸暨市、上虞市、嵊州市、新昌县、越城区 6 个县市区，亚热带季风性湿润气候，降水量 1300 毫米，北临钱塘江，曹娥江迤逦横贯全境，是中国著名的江南水乡。绍兴市位于北纬 29°14′至 30°16′，东经 119°53′至 121°13′，东接宁波，

① 马克思：《资本论》第 1 卷，《马克思恩格斯全集》第 23 卷，人民出版社 1972 年版，第 390 页。

西临杭州，嘉绍跨江高速通道2012年通车后，到上海的距离将缩短到160公里，由现在的3小时车程至少缩短1.5个小时。绍兴市国土面积8256平方公里，市区面积101平方公里。“山阴道上行，如在镜中游。”绍兴以水乡泽国闻名于世，素有“东方威尼斯”之称。郦道元在《水经注》中曾形容这里“万流所凑，涛湖泛决，触地成川，枝津变渠”。境内四季分明，气候湿润，光照充足，年平均温度16.4℃，年平均降水量1300毫米。

绍兴多水既与该地区地形特征有关，更与晚更新世最后一次海侵具有密切的联系。从地理位置上看，绍兴位于浙江东北部，南靠会稽山，北临绍虞平原（是宁绍平原西部，古时称山会平原），离钱塘江口杭州湾约20千米。会稽山属中生代隆起的武夷山余脉，经长期风化剥蚀，山体地势低缓，海拔多在500米以下，绍虞平原由钱塘江、浦阳江和曹娥江三江冲积而成，属河流冲积平原，表面覆盖一层淤泥，整个平原开阔平坦，平均海拔不足7米。晚更新世几次海侵，这里一度出现海陆变迁和居民迁徙的现象。据考证，第四纪最后一次冰期阿尔卑斯玉山冰期全盛时期，海平面比现在要低一百多米，时间在一万二千年前，当时宁绍平原的范围更广，向北、东方向的大陆架上延伸。

因宁绍平原背山面海，开阔平坦，气候暖热，水土丰厚，北部四明山、会稽山地又是山林富饶，燃料充沛，人居环境得天独厚。中华民族的其中一支祖先于越先民在这里大量繁衍，他们积累了大量农业生产技术，《周礼·职方氏》也称该地“其谷宜稻”，河姆渡新石器时代早期文化挖掘中发现人工栽培稻的遗迹和大量陶器碎片，说明在这里稻作农耕是其主业，原始制陶业这时在绍兴也已形成并迅速发展。

距今7000—6000年，最后一次海侵达到高峰时，宁绍平原又一次成为汪洋，现今杭州湾两岸宁绍平原与杭嘉湖平原成为相互联结的浅海，越民族纷纷从北部平原撤退。另据史料记载，原始越民中的一部分过钱塘江赶往浙西和苏南的丘陵；一部分东迁入东海，成为岛民；留在本地的越民随着宁绍平原自然环境自北而南的不断恶化逐渐退入南部会稽、四明山地，这一支后来成为绍兴的土著居民，河姆渡遗址就是当时越民族进入山区的最后一个平原聚落之一。直到越王句践即位时，海水逐渐退出平原，越民族才再一次走出山地，开发北部平原。这时的绍虞平原仍然为充盐泥泞之地，到处是相互连接的泻湖。

现在的绍兴，平原和山区几乎各占一半，水乡和山地这一对迥然有别的地貌特征在绍兴同时并存。山和水，在当地的重要性几乎不分秋色。六个政区也正好是一边三家，嵊州、诸暨的城区都选择在其辖区中的盆地，但即使是在盆地建城，他们还是选择了靠山的那片平原，诸暨是陶朱，嵊州是剡山，上虞是龙山，越城是府山。靠山有靠山的好处，易守难攻。史书记载，公元前490年，越王句践利用种山（今卧龙山）的地形，沿山麓的一片平地上，修筑了句践小城，成为绍兴城的雏形，绍兴从春秋建城一直发展到现在，长达2500年之久，在我国历史上实属罕见。越国之所以能成为春秋的一大强国，与其险峻的地势不无关系。传说吴越交战时，句践败于夫差，困守会稽山，夫差因地势险峻终于放弃攻山，怕的就是近山作战易守难攻，会导致伤亡太大，耗时太久，从而影响之后对楚国的战事。古城绍兴与水的历史可谓源远流长，千百年来，鉴湖、富中大塘、吴塘、西兴运河、玉山闸、山会海塘、芝塘湖、麻溪坝、扁拖坝、三江闸、蒿坝清水闸、河湖整治、马山闸、新三江闸、海涂围垦、平水江水库等许多蔚为可观的水利工程记载了令人惊叹的历史佳绩；一大批与"治水"相关的能人志士，如大禹、范蠡、马臻、贺循、皇甫政、赵彦络、彭谊、戴琥、南大吉、汤绍恩、萧良干、刘宗周、俞聊等更是前仆后继，闪耀着夺目的光彩；一大批珍贵的水利专著，如《越绝书》、《会稽记》、《鉴湖说》、《越中山脉水利形势记》、《水利考》、《复鉴湖议》、《闸务全书》、《天乐水利议略》等著述，丰富了中华民族的历史宝库和治水理论；无论是"会稽大禹庙碑"还是"修汉太守马君庙记"，无论是"山会水则碑"、"戴琥水利碑"，还是"新建三江塘闸碑记"、"重浚三江闸碑记"、"山阴海塘碑记"等等，无不诉说着绍兴人与水相亲而又与水患抗争的历史。水，孕育着一代又一代的越地苍生，同时，也浇灌和滋养着越地的民俗与文化。

绍兴以典型的江南水乡风光著称于世，稽山鉴水，钟灵毓秀。"千岩竞秀，万壑争流"的会稽山，"人在镜中，舟行画里"的鉴湖，等等，构成了令人神往的水乡自然景观。绍兴城内外河网密布，大小河流长1900公里，桥梁4000余座，自古有水乡、桥乡之称。已故著名建筑大师陈从周教授曾经有"万古名桥出越州"的名句，可谓准确地概括了绍兴地理风貌的特点。有了桥，河流纵横的绍兴水乡就形成了一个整体，构成了绍兴独特的水巷风貌，造就出江南文化中典型的"小桥、流水、人家"的优美风光。人们居在水畔，行在水上，出门行路不是舟楫就是桥梁，生产、贸易、饮食等等无不受此影

响。不仅如此,水乡地貌对城市的规划建设与军事防御也产生了重大影响。据记载,清代绍兴城内共设城门9座,其中7座就为水门。这是因地制宜的结果,一方面可见河道确实在绍兴地理上占据着重要的地位,另一方面可见人们对自然环境的尊重与依赖。

山水兼备的地理环境深刻地影响了越地人民的生活,山地的高远、硬实、闭藏以及水乡的柔媚、灵动、多变共同塑造了越人的性情和习气,也孕育了独具魅力的非物质文化。高亢激越的绍剧,清丽柔美的越剧,能同时流行在绍兴的戏台子上,不能不说与越人既有慷慨复仇的大丈夫气概、又能低眉隐忍的双重气质有关,而这看似矛盾实际上却在越人身上和谐共存的两种性情的形成,与越地山水各半的地理环境是不无关系的。尤其是水资源的丰富,对于越地非物质文化遗产的形成和积累关系密切。

大禹传说、大禹祭典之所以能在古越大地代代相传,最根本的原因就在于越人对水利的重视,这可谓越地自然环境所造就的最初的非物质文化遗产。在生产力水平极其低下的古代,可以说优越的水环境对该城市的形成和发展起着极其重要的作用,这也是经济繁荣、手工艺发达、民众文化生活丰富的前提条件。春秋以来,随着人口不断增多,人们对绍虞平原的开发利用不断加快,海潮倒灌、土地盐分过重、灌溉水源缺乏,成为制约当地农业生产发展的三个重要因素。东汉永和五年(140),会稽郡守马臻以会稽郡城(今绍兴城)为中心筑堤蓄水,从会稽山麓以北直到绍兴城一线之间,形成一个面积为200平方千米的大型水库,这就是历史上有名的鉴湖水利工程。鉴湖的外堤上建有斗门、闸、堰等大小不同的排灌设备,通过纵横交错的人工灌渠向北部农田输水,使这片土地旱涝保收,促进了当地经济的发展。后来,鉴湖堙废消失,给绍兴城周围留下了大大小小许多自然湖泊,它们与萧绍运河、北部灌溉河渠以及曹娥江、浦阳江等自然河流连成一体,成为绍兴城乡之间的水上交通通道。但从某种意义上说,河湖的存在却阻隔了陆路交通的发展,船运自然成为南宋鉴湖消亡之后绍兴城乡最重要的交通工具,也因之产生了著名的乌篷船、脚划船,成为绍兴独具特色的非物质文化遗产。

史载越地"水行而山处,以船为车,以楫为马"①。船在绍兴的起源应

---

① 《越绝书》卷八《记地传》第十。

在春秋之前，晚更新世最后一次海侵，使繁衍在宁绍平原上的于越民族，被迫改变自己的劳动生活习俗，弃平原农耕习惯操山海渔狩生活，学会适应有水的环境，蛇图腾文化就是越民族“人水合一”的重要见证。余姚河姆渡遗址第四文化层挖掘中发现了刻有花纹的木桨，足以说明，在绍兴舟船作为交通工具出现的历史。然而，至今为止的史料记载中，“乌篷船”一词最早出现在宋朝，南宋诗人陆游隐居故里绍兴时，在其《鹊桥仙》一词中描述道：“轻舟八尺，低篷三扇，占断苹洲烟雨。”这是对乌篷船最早的文字描述，由此可见，乌篷船在南宋已成为绍兴人生产生活中一种不可缺少的交通工具。乌篷船的出现与鉴湖的消失在时间上可谓不谋而合，这与鉴湖消失后，绍兴城乡稠密的河湖网阻隔陆路交通的开发分不开。在绍兴，乌篷船作为一种货客两用的交通工具，其周转的方便性更优于陆上交通，且大量出现在文化、旅游、风俗等活动之中，鲁迅所著诸文中描写的绍兴人坐在乌篷船里看社戏就是个很好的例证。

乌篷船一方面反映了绍兴有水的环境，同时，也是绍兴人在生产生活中长期与水打交道的结晶，乌篷船的形式、材料、造型、颜色、装饰、动力设置都体现了绍兴多水的地理环境和绍兴人特殊的生产生活习俗。古时候穿梭在绍兴城乡之间水面上的船有二种，一种是白篷船，作航船用，属现在的货船；另一种是乌篷的，属坐人载客用的客船。乌篷船根据大小又可以分四明瓦、三明瓦、脚划船等几种。乌篷船的船篷是半圆形的，用竹片编成，竹片与竹片之间夹一些竹箬，雨天阻挡雨水的下渗，竹片涂上一层黑油，有利于雨水下滑；两扇固定的圆篷称“定篷”，而在定篷之间有一扇可以滑动的透光圆篷，上面镶嵌着一片片一寸见方可以透光的薄蛎壳，雨天时盖上明瓦挡雨遮风，晴天时移开明瓦通风透阳。因此，当地人把这个圆篷叫做“明瓦”。三明瓦就是中舱有两道明瓦、后舱有一道明瓦的一种。在绍兴，比四明瓦更大的还有一种大乌篷船，船体上雕刻着花纹、图案，船头雕刻、彩绘着形似虎头的动物，当地人叫它“鹢”，其形象十分古怪，似在微笑，且又让人心生惧怖。这与古越民族长期生活的水环境有密切的关系，当海侵达到高峰时，古越北部的大部分土地成为一片汪洋，越民在海中捕捞，经常会遇到大风大浪而出现船毁人亡的事故。降伏兴风作浪的龙王，保证船只在海面上一帆风顺，这一直就是越民族的迫切向往。而鹢深居海内，性嗜龙，龙见而避之，所以船民把它绘于船头，使龙见之躲避，从而无法在水

面上作祟，以保证行船太平。这种表达了渔民质朴愿望的“巫术”遂经后人世代相习沿用至今。

古代不少官宦富豪常常坐着大乌篷船游览、扫墓、迎亲、看戏；一些文人墨客也在乌篷船上饮酒作诗，留下了许多墨宝。鲁迅先生笔下的“文人酒船”，俗称“梭飞”的就是三明瓦。坐乌篷船旅游已经是现在绍兴旅游的一大特色。目前，穿梭在绍兴城乡各大景点之间的乌篷船大多是脚划船，船小可一人经营，灵活方便，有利于接客载人；乘脚划船游绍兴，是目前绍兴最时尚的一种旅游方式，船在运河上行驶犹如一叶扁舟，船底常常垫一些草席，游客上船后席地而坐，头顶离顶篷仅有二三十厘米，船尾坐一艄公，手脚并用，娴熟自得。乌篷船前进的动力来自艄公的双脚，艄公的脚用力蹬桨，船就稳稳地前进了，“脚划”的意思正取自于此。绍兴乌篷船已名扬海内外，绍兴市政府适时提出建设旅游大市的口号更为乌篷船体现其旅游价值提供了更好的机遇。在绍兴，乌篷船不仅是一种特殊的交通工具，更是方兴未艾的旅游产业的一个价值源泉。绍兴人充分利用天然的水环境，挖掘隐藏在乌篷船内部的文化内涵，充分展示绍兴独有的山水风光、历史背景，以及风土人情。

除了乌篷船，与水有关、因水而生的非物质文化遗产还有曲水流觞以及从此演变过来的兰亭雅集、以鉴湖水为成功法宝的黄酒酿制技艺、曾经响彻绍兴古运河的背纤号子、石桥建造技艺，以及曹娥庙会、水乡社戏等等。水的因素在越地物质文明和文化建设中占有重要的一席之地，并形成了独特的水文化，如同水本身“无孔不入”的特性一样，水文化也渗透到越文化的各方面，浸润着越地民众的心理和意识形态，并由此对所有生长在这片土地的非物质文化遗产起到了潜移默化的影响。

除了水的影响，在衣食住行方面，也因气候条件而形成许多具有地域特色的非物质文化遗产。每年绍兴在春末夏初都有一个梅雨季节，食物在此期间容易发酵霉变，绍兴人利用这一气候条件对食物进行加工，制作出霉干菜、臭豆腐等独具霉鲜风味的食物。霉制品的制作技艺从其起源到流传至今，都是顺应气候环境、因地制宜的结果。

此外，因土壤、植被、物产的独特性而形成的非物质文化遗产也不在少数，例如珠茶加工工艺、艺兰栽培技术，以及泥塑、棕编等手工艺。总的来看，地理资源环境对越地非物质文化遗产的影响是多方面的，覆盖了国际分类中的五大类，口头传统诸如大禹传说、魏伯阳与凤鸣山的故事、谢安与东山传说、曹娥与曹娥庙的故事、农谚与气象谚语等等；传统手工艺如竹编、根雕、乌金纸、珍珠串缀、黄酒酿制技艺等等，表演艺术如新昌调腔、舞龙、哑背疯等等，社会风俗如大禹祭典、兰亭修禊、水乡社戏、曹娥庙会等等，民间知识与实践如绍派伤寒论、养茶采茶技术等等。地理资源环境对越地非物质文化遗产的影响具有多元化的形式，有直接生成的，如乌篷船、竹编等；有间接促成的，例如由古代祈雨仪式演变而来的舞龙表演；还有在其传承过程中起到了保护作用的，如新昌调腔，若非环境闭塞，交通隔绝，调腔早已不复存在。

一方水土养一方人，特定地理环境孕育了特定的人类文化，越地的地理形态、气候条件、生态、物产等等资源环境因素造就了一批与之相适应的非物质文化遗产。同时，非物质文化也反作用于资源环境，例如，含有多种有益微量元素的鉴湖水为绍兴黄酒的酿制提供了得天独厚的条件，正所谓"名酒出处，必有良泉"。为了酿出优质的黄酒，人们也特别注意保护水源，无形中保护了鉴湖一带的生态环境。诚然，在过去科学不发达的漫长岁月里，人们只能是被动地接受或承受地理环境所带来的一切，对资源环境的索取也大大超过回馈，更谈不上对其加以改造了。目前，人口增长、生产力发展与资源环境的冲突已经引起世界各国的重视，人类与资源环境的关系必须被重新认识。从保护非物质文化遗产的角度出发，资源环境不得不作为一项重要的因素被纳入非物质文化遗产的保护体系。作为文化原生态的重要物质基础，资源环境的破坏意味着文化将流离失所，失去了赖以生存的根基。现在，人类有能力并且也有责任对资源环境的保护投入更多的关注。保护非物质文化遗产是为了人类文化的可持续发展，要实现这一目的，必须以资源环境的可持续发展为前提。越地的古城保护和环境整治工作已经取得相当出色的成就，要想保护和传承如此繁多的非物质文化遗产，仍需对资源环境的保护和改善持续投入。

# 第七章 经济生产与越地非物质文化遗产

文化依附于一定的经济形态而存在,并随着经济生产方式的转型而发展。人类社会的经济生活从自然经济向商品经济转化,新的经济形式催生了新的文化现象,不同地区、不同族群的经济交流带来了文化的交流、碰撞和发展。从古至今,乃至从长远的趋势看,世界经济交流越来越频繁。进入21世纪,经济的世界一体化已成为不可逆转的大趋势,并且带动文化的进一步交融。不同文化的交流融汇有助于人类创新,但与此同时,一些稀有的或边缘的文化形式在经济生产和强势文化的冲击下已经灭绝,更多的无形文化处于濒临灭绝的状态,危在旦夕。在商品经济高度发展的今天,人类提出非物质文化遗产的概念,正是因为意识到了过度发展的经济生产对文化生态和文化多样性的破坏。要正确处理经济生产与非物质文化遗产之间的矛盾,首先要了解二者之间的关系。

经济生产为非物质文化遗产提供了物质基础,这一点毫无疑问。从越地的实际情况来看,具体包含两层意思,一是生产制造和经济交流满足了非物质文化创造所必需的物资条件,二是经济生产方式的多样性导致了非物质文化的多样性。前者是普遍的现象，例如戏剧表演所需的服饰和道具、传统手工艺必需的工具和相关器物都必须依赖经济生产；后者是指经济生产方式的分化导致人群在行业和阶层上出现分化，从而进一步导致文化的分化，即从事不同行业的人群在其活动领域创造出具有行业特性或阶层特性的非物质文化，例如旧时的堕民习俗。此外，经济生产涉及的生产技术、生产习俗、消费习俗等内容其本身还成为非物质文化遗产的一部分，例如经济交流活动中的传统庙会、市声等。

越地的经济生产方式受制于其所处的地理环境和自然资源。明代人文地理学家王士性（浙江临海人）将浙江划分为"泽国"、"山谷"、"海滨"三个文化区[①]："杭、嘉、湖平原水乡，是为泽国之民；金、衢、严、处丘陵阻险，是为山谷之民；宁、绍、台、温连山大海，是为海滨之民。"王士性对此进一步分析，"泽国"、"山谷"、"海滨"三个不同自然地理环境的文化区形成了"稻作"、"樵采"、"海作"三种相对不同的生产方式，导致了生活方式、风俗习惯和价值观念的差异："三民各自为俗：泽国之民，舟楫为居，闾阎易于富贵，俗尚奢侈，缙绅气势大而众庶少；山谷之民，石气所钟，猛烈鸷愎，轻犯刑法，喜习俭素，然豪民颇负气，聚党与而傲缙绅；海滨之民，餐风宿水，百死一生，以有海利为生不甚穷，以不通商贩不甚富，闾阎与缙绅相安，民得贵贱之中，俗尚居奢俭之半。"王士性认为：一定的自然地理环境，影响和制约着一定的生产方式（即社会经济环境）；一定的生产方式，影响和制约着一定的观念形态（包括社会制度环境）；而一定的观念形态，则是一定的区域文化生成的基本特征和基本精神。他对浙江的这种分析和理解也适用于越地。

根据国内历史地理学家陈桥驿先生的"海侵理论"，今宁绍平原一带，曾经发生过三次海进海退，在距今7000至6000年前达到海进高潮，越人被迫进行大规模部族迁移，南部会稽山区成为越人聚居的中心。在相比于平原地区水土资源相当贫乏的会稽山中，越族先民正视现实，重新创业，"随陵陆而耕种，或逐禽鹿而给食"[②]。伴随地理环境"沧海桑田"的变迁，越地先民的居住地和经济生产也相应发生改变，经过层层积淀并代代相传，久

---

① 参见［明］王士性：《广志绎》卷四江南诸省。

② ［东汉］赵晔：《吴越春秋·越王无余外传》。

而久之就形成了近山也近水的民族性格和文化特征，如同前面提到的那样，对非物质文化的形成和发展起到了一定的影响。

总的来看，越地"负山枕海"的自然地理环境形成"农耕海作"的经济生产方式，于越先民在此栖息繁衍，积累了大量农业生产技术，《周礼·职方氏》言该地"其谷宜稻"，河姆渡新石器时代早期文化挖掘中发现的人工栽培稻遗迹和大量陶器碎片，说明在这里稻作农耕曾是重要的经济生产，越地流传至今的大量农谚和气象谚语即是明证。原始制陶业这时在绍兴也已形成并迅速发展，为此后越窑青瓷的烧制积累了经验。

春秋以前，越地经济生产方式以农业和渔猎采集业为主。及至春秋，越国谋士计倪、范蠡等人提出一系列商业经营理论，统治阶层采纳了"农末俱利"的正确意见，促使越地商品经济初步发展，出现了海内外贸易活动，在以农为本的传统价值观念占据主导意识形态的农业社会里，绍兴的商业文明已经具有了相当久远的历史。据《史记》记载，中国最早的大商人，也就是后代商人的鼻祖"陶朱公"范蠡（前473）就是战国时期越国的名臣。当年，范蠡辅助句践打败吴国之后，就弃官从商，因经营有方而富甲天下。自此，商业文化成为越文化的重要内容，"义利并重、工商皆本"构成了越文化的重要特征。绍兴传统文化中注重功利、工商为本等观念为人们选择市场经济体制提供了价值支撑，也催生了一系列以经济活动为基础的具有越文化特色的非物质文化遗产，例如庙会、社戏、节日习俗等。庙会是其中的典型代表。

庙会，起源于到寺庙进行朝拜和祭祀的信仰活动，兼具物资交流和游览赏玩的功能。越地庙会渊源古老，早在春秋战国时期就有"村民社赛"、庙会祭祀活动。后来庙会又泛指设在寺庙里边或附近的集市，在节日或规定的日子举行。例如绍兴舜王庙会是缘于会稽山区的人们对舜王特别的信仰和崇拜，而逐渐形成的农历九月廿七为舜王庆生的民间活动。它集山区民俗风物、民间文艺和古代传统市集为一体，在会稽山区这块土地上世代相传。1958年公社化后，庙会被禁止，只准物质交流。由此折射出庙会经济功能的显著，以致庙会在更多的时候被视为一种热闹有趣的大规模经济活动，逛庙会就如同赶集市。绍兴俗谚道："桃花红，菜花黄，会稽山下笼春光，好在农事不匆忙，尽有功夫可欣赏。嬉禹庙，逛南镇，会市热闹，万人又空巷。"这里说的是逛南镇庙会的热闹情景。

绍兴民间相传，农历三月初五是禹王华诞之期，三月初六，则是奉祭南镇会稽山神之日。一交农历二月，会稽山香客、游客接踵而至，日以万计。自禹庙山门外至南镇殿前，近三华里地，路两旁搭起布帐、竹棚，万商云集。有茶肆、酒寮、菜馆、饭庄以及绸缎呢绒、土洋布匹、各式服装、百杂什货、日用商品、竹木玩具、生产资料、南北果品、时鲜蔬菜，甚至耕畜、家禽都来赶“会市”。至于卖馄饨、面食、拨拨汤团、面粑粑、梅花糕、油炸虾饼、蟹饼、萝卜丝饼、臭豆腐干、糖三球、削荸荠、茴香豆、盐青豆的小摊小担，更是比比皆是。还有一班班变戏法、耍杂技、卖武膏药、拨火罐、独轮车拔牙、草头郎中卖草药、测字算命、占卜星相、捉牙虫、鸟衔牌等等三教九流也蜂拥而至。开阔的土地上更有猴子戏、拉洋片、说唱卖梨膏糖、绍兴滩簧鹦歌班等曲艺演出。各式小商小贩和手工艺人瞅准庙会的时机，尽皆出动，卯足了劲要赚个盆满钵满。

上虞的曹娥庙会的盛况也毫不逊色。从每年的农历五月十五始，持续到五月二十二止，历时七天，各地远近香客不仅来曹娥庙烧香、祭拜和宿山（宿山，即整夜在庙内坐着念佛到天亮），同时趁赶庙会期间购买各种物资用品。因此五月庙会既是个香会，同时对老百姓来讲也是个物资交流会。每年农历五月十五前，就有上虞各镇与绍兴、嵊县、余姚等各地商贩到曹娥庙走廊和沿街沿塘摆设摊位，销售各种商品，如香烛佛珠、黄袋木鱼、衣服鞋帽、百货杂货、烟酒南货、干果水果、铁木农具、箩簟竹器、缸甏瓷器、铜器锡器等等，连医治跌打损伤、看相拔牙等亦是一应俱全。除上述商业集市外，还有缸甏弄（三角道地）大力士表演戏石担、丁山打石等武技，在义井弄场地有马戏团表演马术杂技，在相公殿和大王庙做绍剧戏文等，为庙会更增添了几分热闹的气氛。曹娥庙会可以说是香客、卖主、戏客、商贩的大聚会，比一般的集市还要热闹，通常平均每天人流量能有四五千人。

由上观之，商业活动在越地庙会中具有举足轻重的地位和作用，如果剔除信仰的成分，庙会完全就是商贩和艺人们的柜台，是游客购物娱乐的休闲空间。从这个意义来看，庙会是传统商业文化中进行经济交流的时空，支撑其存在和延续的正是经济生产活动。这种由个体商贩和艺人聚集形成的大型经济交流活动之所以能在绍兴流传不衰，与越文化作为一种边缘的地理文化和工商文化是密不可分的。自古以来，绍兴气候条件受到海洋侵蚀和风灾影响，地理环境恶劣、人多地少，这种地理文化决定了绍兴只

能义利并重、农商并举,甚至在有些地区只能以工商业传统为主要生活支撑。越文化中商业文化传统是"小手工艺与小贸易"式,也就是石刻、竹编、弹花、箍桶、缝纫、理发、厨师等百工手艺和挑担卖糖、卖小百货的货郎生意,庙会的聚集性、持续性、时间和场所的固定性以及香客会众的大规模流动性恰好适应这种"小手工艺与小贸易"式商业活动的需要,从前文对南镇庙会和曹娥庙会的描述已可看出。越文化中的"义利并重,工商皆本"的崇商文化,构成了越人的"遗传因子",流淌在越人的血液之中。三百六十行,不论高低贵贱,只要适于谋生,就有人见缝插针扎进去。因此也造就了越地各种表演艺术和手工艺"遍地开花"、"百花齐放"式的格外繁荣,其中不乏富有历史文化价值和独特地域魅力的优秀非物质文化遗产。

由于蕴涵了丰富的文化艺术内容和民俗活动,庙会本身也成为一项综合的非物质文化遗产。自 20 世纪 80 年代庙会重新开办以来,"庙会经济"渐成气候,各式各样的庙会在全国如雨后春笋纷纷开张,庙会经济在城市经济发展和人们的怀旧情结下越见兴旺,巨大的经济效益让众多的商家趋之若鹜。但是今天的庙会已不再是原汁原味的传统庙会,而是有了鲜明的时代特色。以北京庙会为首,根据 2005 年颁布的《北京市大型活动管理条例》,庙会改由独立法人资格、自收自支的事业单位和资质的公司承办,春节庙会将向"产业化"转变。当代的庙会,旗帜鲜明地归顺了商业经济的大潮,成为一种"人流经济"、"休闲经济"、"旅游经济"。传统庙会中的文艺活动和民俗对于现代人类仍然有着巨大的魅力,也因此被庙会主办者加以开发和重新包装,成为庙会经济和旅游经济的一大卖点。

从庙会的发展演变来看,经济生产与越地非物质文化遗产的关系经历了一个角色转换的过程:在生产力水平低下的小农经济时代,经济生产为非物质文化活动的开展提供了物质基础,尤其是越文化中的崇商"基因"为各式各样的百工手艺、戏曲杂技等提供了宽松的生存环境。简而言之,这个时期的经济生产是非物质文化遗产的物质支撑;在近代社会激烈变革的阶段,不少传统的非物质文化无声无息地湮没于汹涌的历史浪潮,而这时的经济生产成了某些非物质文化遗产的载体,以其关系到国计民生的特殊身份保护了一部分非物质文化,使其幸免于难;在当代,文化经济崛起,文化产业方兴未艾,曾经在经济生产羽翼下成长起来的非物质文化遗产如今开始反过来回馈经济。对传统文化进行融合与创新,将其与商业元素有机结合，通过规模化和产业化的运作提升竞争力，从而赢得最大经济效益，这是非物质文化遗产自身的一条出路，也是非物质文化遗产对经济的反哺，当前我国“文化搭台，经济唱戏”的普遍现象正是对此最生动的注脚。

现在国内诸多学者都在谈论“社会转型”，而且学者们多有不同见解。从绍兴非物质文化遗产的角度观之，我们认为，社会转型有广义和狭义之分。广义的社会转型，指人类社会从一种社会形态向另一种社会形态的转变；狭义的社会转型指在同一社会形态下，社会生活的内容，即社会内容发生的较大甚至较为剧烈的变化。所以，社会转型有社会形态转型和社会内容转型之分。其中，不同社会转型时期的社会转型内容各不相同。从绍兴历史生态环境和社会的历史过程来看，无论是总体的社会历程，还是局部地区的社会历程，都存在着必须依次经历的社会形态，并且，虽然各局部地区的社会形态转型步调可能不一致，但都不能省略任何一种，这种意义上的社会形态称之为普适性社会形态。就普适性社会形态而言，可以依据产业技术特征，将社会形态划分为渔猎社会——农业社会——工业社会——全面自动化社会（也可称做信息社会、知识社会、后工业社会等），称之为社会技术形态。同时，也可以依据社会横向经济联系方式将人类社会形态划分为“自然经济社会——商品经济（市场经济）社会——产品经济社会”的三大社会形态演进系列，可称之为社会交换形态。这两种社会形态系列均体现出经济形态的共性，都被视做社会经济形态。

社会经济形态转型体现着人类总体的社会历程，也在一个地区或者一个城市发展过程中，有着特殊的表现。事实上，绍兴地区社会经济形态转型在我国就体现着有中国特色社会主义的独特性。这种特殊性首先表现在，随着信息革命的发展，社会、经济结构必须经由二元“农业——工业”结构，变成“农业——工业——信息业”的三元结构，这就是说社会转型不是单纯工业化过程的“单层社会转型”，而是包括工业化、信息化在内的“两重转型”。其次，改革开放后，社会交换形态转型主要是从传统计划经济向市场经济转型，而且，在现时的条件下，市场经济仍是实现生产社会化最有效的形式。所以，目前中国社会交换形态转型又表现为从传统计划经济向市场经济转型的深入发展。

# 第四篇

# 越地非物质文化遗产的文化背景

自从近年来提出保护非物质文化遗产的意向以及启动向联合国教科文有关组织申报非物质遗产名录以来，可以说在全国范围内正在掀起一个以保护和抢救濒临失传的口头和非物质遗产为目的的文化理念和文化行动，"非物质文化遗产"的理念也正在日趋深入人心，而为广大公众所接受。但诚如有学者指出的，从全国来看，这项涉及全民族民间文化的保护行动，其理论准备是严重不足的。① 所谓理论准备不足，表现在：我们的文化学研究起步较迟，既没有全面研究和继承马克思主义的社会发展观和历史唯物论原则指导下的文化理论遗产，更缺乏有分析地广泛吸收其后出现的其他种种现代学派的文化学说的有益成果，从而建立和形成我们自己的基本观念和理论体系。在这种背景下，容易将传统的民间文化特别是其中属于民间信仰（如神鬼信仰、巫术迷信等蒙昧意识）范围的种种文化事象归为封建迷信，只看到其消极的影响，视之为人类理性思维和当前意识形态的对立物，是正在提倡和培育的"先进文化"的对立物，因而在抢救和保护民间文化遗产时不免"心有余悸"，如履薄冰，怕犯错误。这样一来，对口头和非物质文化遗产的身份定位和性质确认，就显得十分必要和迫切了。所以我们专设一篇来探讨越地非物质文化遗产的文化背景问题。

就越地非物质文化遗产的文化特质问题，根据所涉及的绍兴名士文化与绍兴民俗文化，以下分别进行论述。

---

① 参见刘锡诚：《非物质文化遗产的文化性质问题》，《西北民族研究》2005 年第 1 期。

# 第八章 名士文化与越地非物质文化遗产



“鉴湖越台名士乡”,越文化的中心地绍兴历来有“名士之乡”的美誉。“海岳精液,善生俊异”①,在绍兴的历史长河中连绵不断地涌现出众多杰出人物,从而形成令人瞩目的“名士文化”现象,在历史上实属罕见。经济富庶,社会太平,文教发达,这样的环境为人才的培育生长提供了良好的条件。比如绍兴名士作为一个群体,总有一些共性的东西,这些共性的东西表现在哪些方面呢?我们知道,在先秦时代的越地文化是沐浴着越文化的雨露发育成长的,那么在绍兴名士身上也应该体现出越文化的精神特质。析而言之,绍兴名士具有一个共同的特点,那就是好功名,善言辩,文采风流,富有敢为天下先的创新精神,这些都属于越文化的特质。绍兴名士还有一个共同的特点,就是精明干练、务实尚礼、善于权变,这些同样体现出越文化的内容。越地文化是名士文化得以产生和滋养的深厚土壤。

① 1912年鲁迅在刚问世的《越铎日报》的创刊词中写道:“于越故称无敌于天下,海岳精液,善生俊异,后先络绎,展其殊才。”

名士文化也是近年来区域文化研究中比较受关注的问题，人无往而不在文化之中，名士文化作为地域文化中不可忽视的组成部分，必然与文化名人之所以出现的自然环境和人文环境有着千丝万缕的联系，对于探索区域文化的产生机制和发展轨迹，无疑具有十分重大的意义。就越文化而言，秦汉以后越地经济发展、社会稳定，有着得天独厚的自然条件，且绍兴建城2500年而城址未易，有形成人文渊薮的客观环境。自古以来，越地人文荟萃，名人辈出，特别是六朝以来，名士文化已经构成越文化体系的重要一脉，并成为越地诸多文化景观的深层影响因素，尤其是在非物质文化遗产研究的范畴中，名士文化是不能不予以特别关注的文化语境。

纵观历史，绍兴名士之多可谓群星璀璨，有中国第一王朝夏朝的创立者、治水英雄大禹；有为振兴越国、卧薪尝胆的句践；有东汉杰出的唯物主义思想家、《论衡》作者王充；有唐代著名诗人贺知章、虞世南、元稹；元代领文坛风骚的有王冕、杨维祯；明代著名哲学家王守仁(号阳明)，其心学曾风靡南北二京，而且流传到日本、朝鲜及东南亚，至今仍受到重视；明末的徐渭，是画坛的一代宗师，傲视群雄；清代的书画篆刻家赵子谦，画家任伯年，知名度和艺术造诣大都高于同时代人；及至现代，有大教育家、大学者蔡元培，革命家、政治家周恩来，大文豪鲁迅，“和平老人”邵力子，以及著名数学家陈建功，物理学家钱三强，气象学家竺可桢，人口学家马寅初等等。此外，在中国科举史上，绍兴历代出过文武状元27名、进士2238名。一部名士史就是一部越文化史，历代名人在其特定的时代、特定的社会环境里为越地的文明进步和文化发展做出了不可磨灭的贡献，并以一个共同的身份——越人，与故土的传统文化牢固地关联在一起，对越地非物质文化遗产产生了独特的影响。

**1. 名士文化直接构成非物质文化遗产的内容**

一些为人民群众喜闻乐见的名士文化直接参与构成了越地非物质文化遗产的内容，表现形式之一就是关于名人的各种传说故事。在越地口头传统中，有大量以历史名人为题材的传说故事，其中西施传说和徐文长故事先后被列入第一批和第二批国家级非物质文化遗产名录。西施传说以吴越战争为历史背景，以西施一生的大量传说为枝干，在此基础上生发出一系列人物传说，如范蠡、东施、郑旦、句践、夫差、伍子胥等人的传说，其中范蠡、句践、伍子胥都是越地民众家喻户晓的历史名人。

“徐文长故事”以明代中晚期历史为背景，以越地名士徐渭为原型，吸纳了一系列机智故事，在民间口耳相传，表达了人民群众对幽默诙谐、惩恶扬善的欣赏和认可，其中不乏后人杜撰编排出来的故事，无非是借名士之“假”作为，抒民众之真性情。

自古名士多风流，但凡名士，多少会留下一段可圈可点的故事传与后人。名士的与众不同之处，也正是吸引人们津津乐道的地方。在口口相传的过程中，围绕名士个性这一主线，与之相关的地理、风物、逸闻、民俗等等不断被添加到旧的传说中去，在原有的故事情节里生发出新的枝叶，或是将一些有名的事物附会到某一名人身上，“生造”出许多无稽可考的传说故事。越地口头传说故事大致离不开这样的范式。除了西施传说、徐文长故事，著名的还有大禹传说、绍兴师爷故事、魏伯阳与凤鸣山的故事、王充的故事、谢安与东山传说等等。

为民间艺术创作提供题材，这是名士文化直接参与构成非物质文化遗产的另一种形式。在表演艺术中，无论是歌舞、戏剧，还是说唱，往往采用丰富的历史题材。绍兴名士文化亘穿古今，其中有奇特夸张的脸谱造型、有千姿百态的个性气质、有可歌可泣的事迹传说、有摄人心魄的传奇案件、有光怪陆离的人间百相，等等。总之，在名士文化的常青藤里流动着取之不尽用之不竭的创作资源。大禹治水的英雄壮举、句践卧薪尝胆的复仇精神、西施以身报国的秀外慧中、师爷群体的黠慧圆融，等等，都是值得浓墨重彩大书特书的故事典型。绍剧《大禹治水》、越剧《西施断缆》同获文化部颁发“文华”奖，突出地彰显了名士文化对于非物质文化艺术创作的素材价值。

**2. 名士效应使非物质文化遗产得到弘扬**

众多名士聚集一地，必然产生不可估量的名士效应。绍兴为名士之乡，名士效应对于越地非物质文化遗产的弘扬功不可没。

首先是名士群体的存在从整体上对宣传和弘扬越地传统乡土文化起到了积极的促进作用。绍兴历史上的名人，从虞舜夏禹、越国君臣，到光复群雄、辛亥英杰，有思想家、史学家、文学家、艺术家、科学家、教育家和革命家，其中有“三王”、“三圣”、“三家”这样的重量级名人，如舜王虞舜、禹王夏禹、越王句践，书圣王羲之、诗圣陆游、画圣徐渭，教育家蔡元培、文学家鲁迅、革命家周恩来等等；也有为世人景仰的名人墨客，贤人名宦，如古代

的王充、贺知章、王守仁、刘宗周、张岱、章学诚，近代的徐锡麟、秋瑾、陶成章，现代的范文澜、陈建功、竺可桢、马寅初等等。可谓人数众多，群贤辈出；这些名人名士广泛分布在社会各个领域，成绩卓著，名声显赫，成为政治、思想、教育、科学、艺术、文学等各界精英，其影响力从绍兴辐射全国乃至全世界。

名人名士生于斯，长于斯，对家乡的传统文化怀有深厚的故土情结，或是在其身上体现着地域文化特有的气质，自觉或不自觉地担负着越文化的传播者的身份。根据传播规律，名人所传播的信息更容易被人接受，因此绍兴名士群体所散发的越地传统文化的魅力能够为世人广泛认可。此外，历代名人们还在绍兴留下了丰富的史迹，故居、遗物、手稿、陵墓等文物遗存比比皆是，这些既是大宗的文化遗产，又是丰富的旅游资源，他们为绍兴争得了荣誉，提高了知名度，提升了城市品位，成为发展绍兴文化旅游的基础与依托，这也成为弘扬绍兴非物质文化遗产的一个平台。

其次，通过名人名士的介入、记载、描述、评价，一些非物质文化遗产项目"一夜成名"，从名不出绍变得天下闻名。例如社戏、女吊、黄酒、兰亭雅集等等。

社戏是绍兴及周边一带较为普遍的酬神祀鬼的戏剧表演活动，是越地一项古老的地方传统民俗。其源头可追溯到远古时代的祭祀歌舞和巫，经历了先秦至唐宋的漫长历史过程，至宋元才与戏曲紧密结合，成为"社—祭—戏"的独特民俗形态。元明时期达到鼎盛，春祀秋祭、迎神赛会，以至发展成为节日盛典。清至民国，城乡社戏如火如荼。尽管如此，社戏在当时也仍然只是名不见经传的地方民俗活动，文人作品中偶有描述，却也只是草草带过，未能引起注意。例如道光十年绍兴沈香岩《鞍村杂咏·社戏》所载："麦满平畴菜满坡，春花有望更如何，赛神各社歌声沸，五福长春老保和。"

绍兴水乡社戏真正引起世人关注，是由于20世纪20、30年代，鲁迅写下了《社戏》、《无常》、《女吊》、《男吊》等多篇有关绍兴社戏的文章，回忆自己少年时代看社戏的情景，勾画出绍兴社戏的动人形象，才蜚声海内外，影响深广。无常和女吊，经鲁迅妙笔记述后，也就成了目连戏里最引人注目的两个角色。尤其是女吊，被鲁迅称为"一个带复仇性的，比别的一切鬼魂更美，更强的鬼魂"，其生命核心是民众的灵魂信仰，是对不得善终的灵魂的敬畏。如今外地人所理解的社戏,大多是从鲁迅的作品得来的印象。今人观戏,也时常将其与鲁迅笔下的社戏进行比对。今人心目中,盖以文学经典所描绘的社戏为原汁原味的传统版本,而后世之社戏只能是其"翻版"。鲁迅可谓绍兴名士之代表,鲁迅对社戏的影响可谓名士效应对于弘扬越地非物质文化遗产的典范。

受惠于名人效应的不只是社戏。历来强调文化底蕴的绍兴黄酒也"沾光"不少。鲁迅有许多饮酒诗、文,特别是《魏晋风度及文章与药及酒之关系》一文,就魏晋时期的竹林七贤阐述了酒在文人创作和心理上所起的作用,并论及了酒的功德,且以古论今,针砭时弊,入木三分。至于鲁迅的小说,十之八九都写到酒。可以说,现在生意红火的咸亨酒店,全是因为沾了名人鲁迅的光。而鲁迅笔下的孔乙己正是取材于他的邻居——酒鬼文人"孟夫子"。另外。鲁迅的诸多作品,如《狂人日记》、《阿Q正传》、《在酒楼上》、《故乡》、《祝福》等,无不以酒写人写事,或以人以事写酒,使其作品中时时飘出绍酒的醇香,不仅把人带回到20年代那个特定的氛围里去,还把黄酒的香馥带出绍兴的深街小巷,弥散在其作品传播所到的每一个地方。可以说,如果鲁迅先生没有对绍兴酒和绍兴酒俗的深刻体验,是描绘不出如此生动逼真的酒乡风情图的。反之,没有鲁迅那些脍炙人口的传世之作的渲染和传播,绍兴黄酒也不能如此声名隆盛,起码在文化的"口感"上要少了几分味道。

与绍兴黄酒发生关联的名人几乎数不胜数。吴越争战时,越王句践"箪醪劳师",以黄酒犒赏兵士,留下了"一壶解遗三军醉"的美谈;东晋名士、大书法家王羲之等人于会稽山阴的兰亭水边,做流觞曲水之戏,以酒助兴,赋诗作文。诗毕,王羲之乘兴作《兰亭集序》,"天下第一行书"由此诞生;近代,著名教育家蔡元培生于绍兴长于绍兴,对绍兴酒偏爱有加,每饭必酒;又有鉴湖女侠秋瑾的解酒抒怀:"貂裘换酒也堪豪"、"浊酒不销忧国泪",胆识过人,壮人心魄。绍兴自古有"酒乡"之名,从越王朝至今,有文字记载的黄酒历史超过2500年,不但历史悠久,而且文化蕴藉非同寻常,与酒有关的历史典故、因酒而生的艺术佳作不计其数,催生出别具一格的绍兴酒文化,这与绍兴的名士文化自然是脱不了关系的。没有名士的点染,酒文化也就少了灵气,成不了气候。

除了社戏、黄酒,因名士而得以发扬光大的绍兴传统非物质文化,著名

的还有兰亭雅集。兰亭因1650年前王羲之一篇《兰亭集序》而闻名中外，成为书法圣地，兰亭集会也因此流传兴盛。王羲之等人的兰亭集会本是“修禊事也”，是一种古老的民俗活动。不过，自那以后，文人、书家的“兰亭雅集”更多的是一种文化活动，“祓禊”的意味已经淡化。1600多年来，兰亭雅集一直传承有序、绵延不绝，形成一道独特的中国传统文化景观，在海内外有着深远影响，这不能不说是王羲之的名人效应和《兰亭集序》的名人经典之功。

**3. 名士文化间接作用于非物质文化**

如社戏、黄酒那样直接在名士效应的光环笼罩下引发世人瞩目的文化遗产毕竟不多，在越地灿若星河的非物质文化遗产群体中只是极少数，更多的是间接受到名士文化的影响。我们知道，人是非物质文化遗产的主体和载体，越地名士们的精神、风骨、学说、理念，在漫长的历史发展中影响了一代又一代的越人，从而间接作用于非物质文化。

首先，绍兴的历代名士，多是社会“精英”。他们都在各自的领域中做出了杰出贡献，取得了重大成就，如东汉的袁康、吴平辑录《越绝书》，为中国地方志之鼻祖。魏伯阳撰《周易参同契》，是中国第一部炼丹术专著，它在世界科技史上占有很重要的地位。魏晋，南北文化大交流，寓居越地的贺循、王羲之、谢安、孙绰、谢灵运、嵇康等，都是名士大家；永和九年三月三日兰亭修禊聚会，王羲之撰写的《兰亭集序》，被称为“天下第一行书”。唐宋元，有贺知章、陆游、杨维祯等诗人。陆游为我国古代诗作最多的爱国诗人，有“六十年间诗万首”之说，前人评为“亘古男儿一放翁”。明清，有著名心学大师王阳明，蕺山学派创始人刘宗周，浙东学派的中坚人物黄宗羲，被吴昌硕称为“画中圣”的青藤画派的创始人徐渭，被后人评为“明三百年无此笔墨”之杰出画家陈洪绶，散文大家张岱，提出“六经皆史”的新史体创立者章学诚，“海上画派”的主要创始人任伯年。至近现代，除周氏兄弟外，著名教育家蔡元培、现代地理学和气象学的奠基人竺可桢、著名高能物理学家赵忠尧、钱三强、数学家陈建功、人口学家马寅初等等，都是各相关领域中的领军人物。

其次，越地名士都有讲操守，重气节，轻生死的风骨和硬气。特别是在历史转折或民族存亡的关键时刻，越人身上往往迸发出刚正不阿、坚贞不屈、舍生取义、视死如归的炫目光芒。例如魏晋时的嵇康，因“刚肠疾恶”而为司马昭所不容，临刑一曲《广陵散》，成千古绝唱。明会稽沈炼刚正不阿，嫉恶如仇，严斥严嵩父子。终被严嵩罗织罪名处死。明末山阴王思任，得知奸相马士英逃至古越边境时，怒斥其“叛兵至则束手无措，强敌来则缩颈先逃”，宣告“夫越乃报仇雪耻之国，非藏垢纳污之地”。① 后清绍兴城破，他紧闭大门，大书“不降”两字。绍兴失守，他移居乡下，绝食而亡。与其同时的山阴刘宗周，清以礼相聘，刘书不启封，勺水不进，壮烈殉国。山阴祁彪佳，亦拒绝清之礼聘，置《别庙文》与《绝命词》于桌，自沉于寓园梅花阁水池中。《山阴县志》记载：“东方渐明，柳陌浅水中，露角巾寸许，端座卒矣，犹怡然有笑容。”②至于清末的徐锡麟、秋瑾，世所皆知。还有近代的马寅初，新中国成立前，他奋力抨击时弊；新中国成立后，他的《新人口论》被诬为“中国的马尔萨斯主义”，受到围剿，但他拒绝检讨：“我虽年近八十，明知寡不敌众，自单身匹马，出来应战，直到战死为止，决不向专以压服不以理说服的那种批判者们投降。”③

再次，名士们都推崇思维独立，有务实、崇实的作风，并且极富自信。在区域文化的关系上，中国历史上曾有过明显的文化偏见，即把中原文化周边的众多部族，贬之为“北狄”、“南蛮”、“西戎”、“东夷”，越为“南蛮”之一，管仲曾以“越之水重浊而洎，故其民愚疾而垢”概括了当时越地恶劣的自然环境和低下的人文素质。④ 但越人对自己的文化却颇为自信。史书曾记孔子往见越王句践，曰：“丘能述五帝三王之道，故奉雅琴至大王所。”句践喟然叹曰：“夫越性脆而愚，水行而山处，以船为车，以楫为马，往若飘风，去则难从，锐兵任死，越之常性也。”⑤态度异常坚决地谢绝了孔子：“夫子异则不可”！崇实必反对虚妄迷信，二者相伴相生，故强烈的批判意识必然也是越人的重要文化基因。所以，越文化名人多是中国思想文化史上的杰出的批判家。王充著《论衡》，以“实事疾妄”为指导思想，严厉地批判了当时流行的“天人感应”等虚妄迷信。章学诚生在乾嘉之世，他激烈批评的正

① 王思任：《让马瑶草》，载《王季重小品》，文化艺术出版社 1996 年版，第 13 页。

② 陈越：《试论鲁迅的文化性格及其越文化印痕》，《绍兴文理学院学报》2001 年第 3 期。

③ 陈越：《鲁迅：越“名士文化”之个案分析》，《绍兴文理学院学报》2005 年第 1 期。

④ 参见《管子·水地》第三十九。

⑤ 《越绝书》卷八《记地传》第十。

是“乾嘉学风”:“达人显贵之所主持,聪明才隽之所奔赴,其中流弊必不在小。载笔之士不思救挽,无为贵著述矣。苟欲有所救挽,则必逆于时趋……”①他提出“六经皆史也”,在当时乃至后世都极具进步意义,侯外庐在《中国思想通史》(卷五第十三章)中称其“大胆地把中国封建社会所崇拜的六经教条,从神圣的宝座上拉下来”。而马寅初之《新人口论》,则更是大逆“时趋”,淋漓尽致地发扬了越人对所谓的正统文化或理论所具有的强烈“反叛”意识。②

做社会精英,争硬气,务实,这些是名士们带动的社会效应,在非物质文化遗产涉及的诸多领域也有体现。在传统医药方面,绍派伤寒论是众多越医名家奉献给中医药的宝贵财富。绍派伤寒论发端于明代张景岳所著《伤寒典》,至清末俞根初著《通俗伤寒论》,以胡宝书等的灵活推广运用而崛起,以何廉臣等的发展完善而勃兴。在此历程中,张景岳、俞根初、高学山、任沨波、何秀山等医家前赴后继,勤于实践,善于继承,勇于创新和超越,终致绍派伤寒论崛起于杏坛;也是因为务实,才会出现绍兴师爷群体,因而诞生了独具绍兴特色的师爷故事;更有一些濒临灭绝的传统绝活,若非艺人们凭着一股守业敬业的硬气强行支撑,越地非物质文化遗产的宝库也不会如今天这般丰盛。

名士们所体现的并在非物质文化遗产领域也有普遍反映的这些特征,其实是越文化中的优秀“基因”,最早形成于越族史前时期漫长的岁月中,构成了荣格所谓的“集体无意识”,渗透于越人血脉之中,并且经过一代代的进化、遴选、创新、积累,积淀为越地民族特有的文化心理,在越人的文化、生活中发挥着无形的作用。生长其间的个体耳濡目染,一举手一投足莫不受其影响。在这种带有鲜明地域特征的文化基因,在名人名士的身上得到了显性的张扬和放大,成为后人可以有意识追随、仿效的楷模,促使越文化的优秀基因能生生不息地存活下去,并表达在一切具有地域民族性质的文化事件和社会生活中。非物质文化遗产是越地传统文化中的杰出代表,最能体现越文化的特质,自然也成了这些优秀基因的最佳载体。这就是名士文化对非物质文化遗产发挥间接影响的作用机制。

---

① 《上钱辛楣宫詹书》,载《章学诚遗书》卷二十九,文物出版社 1985 年影印本。

② 参见陈越:《鲁迅:越“名士文化”之个案分析》,《绍兴文理学院学报》2005 年第 1 期。

# 第九章　民俗文化与越地非物质文化遗产



## 一、关于民俗文化学

非物质文化遗产是晚近才出现的概念，在此之前，中国民俗学界或民间文化界一直在使用"民俗"、"民俗文化"、"民间文化"、"民族民间文化"、"民族传统文化"等概念。有人认为，非物质文化遗产就是指我们以往熟悉和研究的民间文化、民俗文化。"非物质文化遗产"和"民俗"、"民间文化"的概念可以互相置换；也有人认为非物质文化遗产的创作主体比我们以往所说的"民"（主要指农民、市民）要广泛得多，据此认定"非物质文化遗产"的概念比"民俗"、"民间文化"的概念包含的内容要丰富，要宽泛；还有人持相反意见，认为"民俗"和"民间文化"的研究对象比非物质文化遗产更广，其理由是，民俗学研究的不止是非物质文化遗产，还包括了物质文化遗产，物质民俗、社会民俗、精神民俗都是民俗学研究的对象。

联合国教科文组织关于非物质文化遗产《公约》所采用的"非物质文化

遗产”这个专名，其他文件或其他地方又称“人类口述遗产和非物质遗产”，其所指实际上就是大体相当于我国通常所说的“传统民间文化”或“民俗文化”。

口头和非物质文化遗产或民间文化遗产，可以溯源于原始先民的文化创造，但更多的产生于和流传于漫长的农耕文化社会环境之中，浸注着宗法农民的世界观和人生观，反映着农业社会的社会情景和风俗习惯。因此，当人类社会出现了社会分层特别是阶级分化之后，非物质文化遗产或民间文化遗产，主要是下层社会成员以口传心授的方式被不断地创造出来和传承下来的文化。其要义在于创作和传承的口头性与群体性，即所谓“民族文化记忆”。一个民族的文化记忆是十分顽强的，历久不衰的。许多少数民族，特别是那些没有文字的民族，其族源，其所经历的战乱、劫难、迁徙，民族的英雄和头领的业绩，总之，民族的历史，差不多都是靠口头的史诗、传说、经书，甚至靠头脑等文化记忆，一代一代地传递下来的。汉民族家喻户晓的孟姜女的故事和梁山伯和祝英台的故事等传说，仅从最早的史籍记载看，也都流传了两千多年至今不衰。它们的传承，不能说没有书面记载的功劳，但主要靠的是群体记忆，靠口传心授。群体创作，民族记忆，口传心授，跨越时空永无止息，这种传承方式也决定了非物质文化遗产不同于历代个人创作的最根本之点是：思想观念的包容性和叙事形态的模式化。①

所谓“民俗文化”，是指沟通民众物质生活和精神生活、反映民间社区的和集体的人群意愿、并主要通过人作为载体进行世代相沿和传承的生生不息的文化现象。② 民俗文化是依附于人民的生活、习惯、情感与信仰而产生的文化，其集体性培育了社会的一致性，增强了民族的认同，强化了民族精神，塑造了民族品格，集体创作、集体遵从，并且按照一定的模式反复演示，不断实行。在漫长的历史传承中，一代又一代的民众通过传承，以各种媒介方式传播和吸纳了不同时代、不同阶层、不同地域、不同文化素养的创作主体和传承主体的世界观和观念，直接或曲折地反映着人间的或非人间的形形色色的事物和人物，其中也不免浸透着种种民间信仰和巫术等神秘

① 参见刘锡诚：《非物质文化遗产的文化性质问题》，《西北民族研究》2005 年第 1 期。

② 参见仲富兰：《中国民俗文化学导论》，浙江人民出版社 1998 年版，第 30—31 页。

文化。因而民俗文化是驳杂而散乱的。但非物质文化遗产或曰民间文化遗产,就其主流来说,正如列宁所说的,是属于每一个民族的文化中的民主主义的文化成分,所反映的是人民的世界观。民族、民俗、民间文化是民族文化之根,是支撑和凝聚全民族不间断地向前迈进的民族文化精神之所在。非物质文化遗产或民俗文化,能够在如此漫长的历史途程中经历许许多多包括政治灾难和民族浩劫在内的劫难而不衰,而且在流传过程中因不断吸收新的因素(包括思想)、扬弃失效的或过时的因素而产生嬗变和更新,进行着生生不息的流变,在民族或群体中获得生存和继续传袭下去的活力,它自身就包含着存在和发展的合理性。文化发展的规律显示,文化的发展只能是在继承传统的基础上的积累式的递进,而不可能离开民族的既有的文化传统去"创造"出一种"新"的文化。①

所谓非物质文化遗产是针对物质文化遗产(1972 年《保护世界文化和自然遗产公约》)而提出的,其英文名称(Convention for the Safeguarding of Intangible Cultural Heritage)中 Intangible 的本意为"不可触摸的、难以明了的",引申为无形的,汉语在公约中将其译为"非物质的"。就非物质文化遗产的界定问题,联合国教科文组织曾多次召集学者展开讨论,自 1989 年以来至少做了五次修正,现定义为:"非物质文化遗产"指被各群体、团体有时为个人视为其文化遗产的各种实践、表演、表现形式、知识和技能及其有关的工具、实物、工艺品和文化场所。各个群体和团体随着其所处环境、与自然界的相互关系和历史条件的变化不断使这种代代相传的非物质文化遗产得到创新,同时使他们自己具有一种认同感和历史感,从而促进了文化多样性和人类的创造力。它包括以下方面:(a)口头传说和表述,包括作为非物质文化遗产媒介的语言;(b)表演艺术;(c)社会风俗、礼仪、节庆;(d)有关自然界和宇宙的知识和实践;(e)传统手工艺技能。但这个定义和划分只停留在宽泛的概念上。如:(c)中的社会风俗,各学科和各国学者对其都有不同的界定和分类,英国人类学家将它定义为在普通人们中流传的信仰。有学者将其定义为古代文化在现代社会中的遗留。还有人认为风俗是退化的宗教。我国最早见于《礼记·王制》:"见诸侯,问百年,太师陈诗,以观民风俗。"指的是通过民间的诗歌"观风俗、知得失",汉代有"百里不同

---

① 参见仲富兰:《民俗传播学》,上海文化出版社 2007 年版,第 7—11 页。

风，千里不同俗”的说法，可见仅风俗一项的包容量就是非常大的。在我国非物质文化遗产名录体系中，先后出现过十大类、十六类、十八类的分类方法，其中以“民俗”替代了国际公约中的“社会风俗、礼仪、节庆”的内容。这又与我国民俗学界传统的民俗定义发生了冲突，造成了新的困惑。

民俗是在人类社会长期发展的历史过程中形成和积淀的，民俗是世世代代的民众在生活过程中的生产消费、衣食住行、婚丧嫁娶、岁时节令、娱乐游艺、礼仪信仰等民间风俗习惯的总和，是经社会约定俗成并流行、传承的民间文化模式。民俗构成人类区别于其他族类和异类的根本标志，成为表现和鉴别民族或地域族群、社群自身特征，成为展示和衡量人类多样性、复杂性的重要标尺。“民俗不仅仅是一种民间自我传承的文化事项，还是一个民族自由表达情感、展现独特精神风貌和世界观的一种行为方式。任何一种民俗现象，都是经由相应的表现体构成的。这些表现体，正是各式各样民俗元素的象征符号。”①民俗文化学所关心的，正是透过纷纭繁杂的民俗事象，来管窥特定民俗事象生成与发展的源流与底蕴，民俗与人俱来，与族相连，是人类永恒的伴侣。一种民俗一旦形成之后，就会以一种特定的思考原型和重复出现的行为模式，在民俗圈内产生强大的向心力和凝聚力，使生于斯、长于斯的民众，有意无意地整合接受具有共同心意民俗的规范。

## 二、民俗传承与文化传播

民俗传承主要是以人和人的语言为载体进行文化传播为主要特色的。作为人类存在和发展表征的民俗传承，无处不在、无时不有，从世俗生活的深层和表征卷入我们的日常生活之中。可以说，民俗传承是文化传播的主要内容，也是人类生活的主要样式。

作为民俗文化的组成部分，民间民俗文化又被人们称为非物质文化遗产，即人类口头和非物质遗产，依据联合国教科文组织于2003年第32届大会上通过的《保护非物质文化遗产公约》对非物质文化遗产的分类，它是指

① 周鸿铎主编:《文化传播学通论》，中国纺织出版社2005年版，第46页。

来自某一文化社区的全部创作，这些创作以传统为根据，由某一群体或一些个体所表达，并被认为是符合社区期望的作为其文化和社会特性的表达形式：其准则和价值通过模仿或其他方式口头相传。

非物质文化遗产的传承和变化，其中核心的观点就是民俗传承中的以“人”为载体的动态传播。民俗文化的主体是人，它的传承，也是以人以及人的语言活动为传播载体，个人、人群、社群、族群。不论是口头传说、表演艺术、社会风俗、礼仪、节庆、传统手工艺技能等，还是有关自然界的知识与实践，都是由一代又一代的人传承的。正是由于“传承人”的代代相传，从而使民俗传承和物质文化遗产能够不绝如缕地流传至今，民俗传承保存了中华民族传统民俗、民间、民族文化的根脉，使五千年中华文明连绵不断，在世界上也是独一无二的。非物质文化遗产是大自然和人类祖先创造的杰作，人类应该完美无缺地将它们世代传下去。《世界遗产公约》的核心就是保护“传承人”以及保持非物质文化遗产的真实性和完整性。目前世界文化与自然遗产集中了人类对文明传承和自身环境的关注，成为社会关注的焦点。

**1. 口头传统和表述**

民众口头传统主要包括浩如繁星的神话、传说、民间故事、民间叙事诗、歌词、祭词、祝词、赞词、箴言诗、歇后语、顺口溜、谜语、谚语、笑话、串话、格言，等等，在中国人中间，具有广泛的影响力，极大地丰富了我国民间文学表现形式与内容，在我国民间文学发展史中占有重要地位。

**2. 传统表演艺术**

各地的表演艺术民族风情浓郁、地域特色鲜明、文化积淀深厚、种类浩繁多样。例如越地形成的表演艺术“越剧”一项，在2006年我国公布的第一批国家级非物质文化遗产保护名录中被列为重点项目。越剧是浙江地方戏曲剧种之一。曾称“小歌班”、“的笃班”、“绍兴文戏”。发源于绍兴地区嵊州、新昌一带。流传于浙江、上海、江苏等地为主的全国16个省、自治区、直辖市。20世纪30年代后期以绍兴为古越都城，因而1938年改名为“越剧”。越剧表演艺术表演艺术与编、导、音、美糅合成完整的综合体，优美舒展、深沉柔韧、悠远苍凉，以浓郁的地方风情裹挟着本真的生命律动，可谓采掘不尽的文化“明珠”。

**3. 社会风俗、礼仪、节庆**

根据联合国教科文组织《保护非物质文化遗产公约》所指出的“在本公

约中，只考虑符合现有的国际人权文件，各群体、团体和个人之间相互尊重的需要和可持续发展的非物质文化遗产”，这样，非物质文化遗产就被限定在一个正面的健康的剔除了糟粕的框架之中。各地风俗、礼仪、节庆是体现各地民众在特定自然和社会条件下产生并沿袭下来的行为模式和社会规范。这些行为模式和社会规范在演化过程中良莠互存，发展演化到今天，一些行为模式和社会规范的陋俗的一面不断减弱，而艺术、娱乐、审美、休闲、体验、抒情的功能凸显，文化、历史、科研价值增强。因此，应该以发展的眼光、科学审慎的态度、具体的分析和合理的利用来对待社会风俗、礼仪、节庆。

**4. 有关自然界和宇宙的传统知识与实践**

民众有关自然界和宇宙的传统知识与实践，有关生态环境保护观念和实践，时间与空间观念，药典与治疗方法，天文与气象知识和实践，计数与计算方法，食物的保存与制作、加工和酿制、发酵知识等，从知识产权保护的角度看，这类非物质文化的情形较为复杂。一些神秘色彩的、预言式的、宏观的宗教方面的知识都与知识产权法的调整领域无关，而一些生产、生活具体知识则有可能成为专利法中的发明和实用新型。尤为突出的是一些有利于植被保护、水源洁净、生态环境的生产生活知识和具有独特运思模式的可持续发展观，在倡导绿色生活方式、发展资源节约型经济、构建环境友好型和谐社会的今天，是我们可以深入挖掘、广泛利用的一笔精神财富，有着较大的意义和实践指导价值。

**5. 传统的手工艺技能**

按用途分，民众传统手工艺技能包括生产与生活两大类；按物化所需材质分，则包括皮革、金属、编织、草木、骨角、石料、纸料和混合材质等类型。这些手工艺技能都凝聚着手工艺者的智慧与血汗，如金银首饰品打造，草编、竹编早在魏晋时期，在日用竹编竹箩、竹篮的基础上，就能编织出精工细致的竹篾团扇，后一直朝着日用兼欣赏的方向发展。其造型有狮、象、鸡、鱼等，形象生动，并与盒、罐等实用性巧妙地结合，提高了实用品的艺术欣赏价值。各地民间手工艺技能在新的历史条件下保护和发展了自己的特色。

非物质文化遗产是一种活态的、流动的文化，随着历史的发展和时代的进步，在不同历史时期的政治、经济、科学技术、文化艺术等诸种条件的影响下,都会呈现出或快或慢的变化和变异。这种传承的态势表明,民俗传播过程是一个动态的过程,非物质文化遗产的各个门类与种类的基本形式、内容、风格、特点、规律等会保留下来。非物质文化遗产的文化内涵,主要是通过人的活动展现出来,直接传达给受众(或物体)。在传达给受众时,往往还会形成互动,如表述中的语言交流,传承过程的切磋交流,表演艺术的互动,等等,这一切是物质文化遗产所不可能具有的。

千百年来,民间民俗文化以一种鲜活的形式承载着人类文化的传播,从而构成了文化的动态化符号。我国有56个民族,历史悠久,民俗资源丰富,其中非物质文化遗产无论从公约规定的任何一类来看,都极为宏富。长期以来,各族人民生息和繁衍在这块美丽富饶的土地上,共同劳动和共同斗争,创造着自己的物质文化和精神文化,构成了一个完整、博大的民俗社会,而这些民俗文化在保持和融合各地的特色文化的基础上进行合理的开发,从根本上走可持续发展的道路,可以取得良好的经济效益和社会效益,以有力地带动各地的发展。中国是礼仪之邦,各种礼仪繁多,一年四季有节庆,各民族有自己的节日;中国是信奉多神的国度,民间诸神很多,据不完全统计,主要神祇有二百多种。在精英文化以外,这些民间民俗的存在,大都是人类文化根脉,就如同人们对故土的记忆和眷恋一样。近年来,联合国教科文卫组织也在呼吁抢救、保护正在失传的民间文化。而这些"非物质的文化遗产"已逐渐成为主流文化的双翼,慢慢显示出它们在人类文化中不可替代不可或缺的地位。

## 三、非物质文化遗产与文化传承

我国民俗传承中的各种非物质文化遗产,它们存在于人们口头传说和表述中,存在于不同的艺术表演之中,存在于各种民俗、节庆、礼仪之中,存在于传统工艺技能操作实践之中。对此,如果不加保护,不重视传承,有不少非物质文化遗产就会濒临消失。如某一风俗,随着社会的发展进步,人们的观念改变,一代一代年轻人改变了该种风俗,使其逐渐消失。或者靠民间艺人或民间故事家口头传承的某一传说、某一门表演艺术,抑或某一种民间"绝活",如果失去了对年轻一代的吸引力,没有人愿意去学,也没有

人愿意去传承，也就失去了承传的动力，久而久之，它就会慢慢消失和失传！在非物质文化遗产中，有些正濒临消失或正在消失。

人在民俗传承中居于主导地位，也是非物质文化遗产的创造者和传承者，所有的传说、表述、表演者和林林总总的传统工艺技能的操作者，如果离开了民众主体的深厚创造力，他们是不可能流传至今的。世世代代的人们，他们在不同时期、不同地域、不同场次或场景的表述、表演和技能操作，都会有所发挥，都是一种新的创造。即使是同一首民歌，同一曲山歌，不同地域的人群唱出来会有风格迥异的特征，同一种手工技能会呈现出不同的风格流派，同时，这些“活态”的表述、表演，还会随着不同时期、不同地域、不同场次或场景等变化，出现新的变化。时代的前进，社会的发展，对表述、表演艺术都会有不同的影响，从而出现不同的面貌。所以我们可以说，“活态”性是民俗传承的本然形态，也是其生命线，是民俗传承和非物质文化遗产的重要特性之一。

民间蕴藏的民俗传承，就像生生不息、万古流淌的一泓泓清泉，在漫长的传承和变异过程中，既有基本的积淀，也有不断的扬弃。特别是“非物质文化遗产”，积淀是相对的，变易则是绝对的。这就使得民俗文化的形式与内涵，没有绝对意义上的“原生态”，有的只是传承意义上的原汁与原味。“原生”与“再生”，因此构成了传统文化存在形态的两个端口，一端通向过去，一端连着未来。传统文化，必须要有它自己的特色，如果一个东西任由它发展而不保持自已独特性的话，就不能称其为传统文化了。所以我们要保持一个传统，就像日本的茶道、歌舞伎一样，都保持着原汁原味的东西，这样才能展示它的一些传统。传统的意义在哪？传统就是要首先保持民俗文化的固有性，然后我们再革新，这就是传统文化发展的道理。根据这样的逻辑，在保护非物质文化遗产的过程中，必须认清民俗文化传承的这种双重品性，正确处理好继承和发展的辩证关系。既要立足于对传统文化原汁原味的科学保护，又要服务于当代先进文化的熔铸建设。当今社会，城市发展飞速，城市功能日增，人的需求处于动态之中，在现代化的背景下，对一座城市未来的描绘无论谁都只能是大框架、粗线条式的。但是无论怎样，也一定要有宏观视野、战略思维、世界眼光。要使继承有所依据，发展有所依托，就必须将保护工作置于相应超脱的独立地位，不能急功近利地将对民俗文化的保护，片面视为推动经济发展的实用手段。同时，也不能将保护和发展简单地做拼凑或者割裂，以至于发生对立，将保护的最终目的和意义分化消解。过分强调民俗文化和非物质文化遗产保护的原汁原味，有可能导致故步自封和抱残守缺；而过分强调城市功能演进和与经济发展的同步，过分地强调“与时俱进”，也有可能导致割断历史并迷失自我。

民俗传承首先就表现出传播的特性。因为传播是人的天性亦是民俗文化的本性。人类的民俗发展演进的历史其实就是文化传播的历史。民俗文化作为人类的一种“伴生物”和“基因”，民俗传播是随着人类的产生而产生，随着社会的发展而发展。民俗传播以其巨大的历史惯性，冲决各种各样的社会藩篱，从时间和空间两个维度展开，是历时性和共时性的过程。任何一项民俗的产生与发展、变迁与转型、差异与冲突、整合与创新、生产与再生产，都是在传播中扩布流行或者销声匿迹的。特别是当社会进入大众传播时代，传统民俗面临着激荡和剧烈的变异，它的传播特征就更为明显了。马克思说过：“人创造环境，同样，环境也创造人。”①传播作为一种特殊的精神性现象，它的“活力”同样也离不开人及其所处的环境。任何民俗传播都无可避免地带有它所在社会环境的特征，同时它又作用于那个特定社会环境的世道人心。

民俗不是僵死的文物古董，而是一种流动的生活文化现象，它以民众为主体进行动态传承。美国当代著名职业民俗学家多尔逊在《大不列颠百科全书·民俗学辞条》如是说：“民俗就像人类一样古老，同时也像人类一样年轻。”的确，民俗是民族文化之根，是传统文化的重要基础和显著单元，同时它也是生活的空气，无时无刻不散布弥漫于人民之间，为人们提供生存的范式，是人们物质生存与精神生存的依靠。任何个体，只要他生活在人群中，他就不能脱离民俗的模塑和影响——劳动时有生产劳动的民俗，比如越地农村每年开春的罱泥习俗，用来提神解乏的田间小戏，统一节奏和鼓舞士气的打夯号子、拉纤号子，以及各种手工艺劳动的技艺流程等等；日常生活中有日常生活的民俗，比如戴乌毡帽，吃乌干菜，脚划乌篷船等等；传统节日中有传统节日的民俗，比如端午要以菖蒲作宝剑，艾草作鞭

① 马克思、恩格斯：《德意志意识形态》，《马克思恩格斯选集》第1卷，人民出版社1995年第2版，第92页。

子，蒜头作锤子，挂在门口，以期吓退蛇、虫、病菌，除妖辟邪；社会组织有社会组织民俗，比如乡规村约、行会、同乡会、茶市等等；人生成长的各个阶段也需要民俗礼仪进行规范，诞生、满月、周岁、成年、结婚、丧葬，等等，都有特定的仪式活动来求得社会认同，其间又有各种各样表达特定心意的"讲究"和"规矩"，形成五花八门的繁文缛节，例如，新娘登上轿子后，要更换新鞋，表示新娘离家嫁作人妇，便不会带任何属于女家的东西到夫家，寓意将以后的生活交托于丈夫手上；结婚时马桶或被子里放两个红鸡蛋，为的是传宗接代；结婚的时候凡是看到有钉子的地方都会贴上一张"见钉有喜"的红字条，为了以后诸事顺意，不碰钉子……这些"讲究"和"规矩"其实就是民俗文化中的禁忌，是人们的精神意识领域中已经程式化或固定了的思维模式。

## 四、越地非物质文化遗产的传承特点

由此看来，民俗文化与非物质文化遗产之间既有差异，又有相通之处。二者的差异在于，首先，非物质文化遗产在定义中就被规范了其价值方向，它必须是有历史、文化、科学价值的，符合现有人权规定的，健康、积极、有益、杰出的文化遗产；而民俗包含的文化事象则是良莠不齐，精华与糟粕并存，正如钟敬文先生 20 世纪 30 年代在《中国民俗学运动歌》中说的那样："这儿是一所壮大的花园，里面有奇花，也有异草。"其次，非物质文化遗产的行为主体既包括群体，又包括个人；而民俗文化的主体是人民大众。再次，非物质文化遗产的范畴限定于"无形"文化，而民俗文化既包括物质民俗，又包括心意民俗、社会民俗等等精神领域的风俗习惯。非物质文化遗产与民俗文化的相通之处，在于二者都具有以人为主体的、传统的、活态的、模式化的特性，并且当前都面临着丧失传统生态环境的危机。因此，二者之间不能简单地划等号，也不能笼统地判断谁比谁的范围广。过多纠缠于文字概念，对于实际的研究和保护工作无益，只有在具体问题中进行具体分析才有现实意义。

民俗文化是地域传统文化中的重要代表，要研究越地非物质文化遗产的文化背景，就不能忽视越地民俗文化的作用和贡献。

### 1. 许多民俗事象本身就是非物质文化遗产

如果将越地民俗开列一张清单，我们会发现里面很多项目都是国家级、省市级榜上有名的非物质文化遗产。像大禹祭奠、祝福、社戏、庙会、节日习俗、民间的吃讲茶习俗等等都直接被认定为民俗类非物质文化遗产。此外，民间传统的音乐、美术、舞蹈、戏剧和曲艺表演、手工艺、口头传说和方言俗语等等，几乎无一例外属于非物质文化遗产的范畴。剔除封建迷信、民族歧视的糟粕以及其他不正当的形式，民俗文化中的优秀传统都是历史遗留给我们的宝贵财富，其中"无形的"那部分正是世界各国各民族都在大力弘扬的非物质文化遗产。

许多民俗事象本身就是非物质文化遗产，这还表现在有些民俗的要素构成了非物质文化遗产的组成部分，尽管这些民俗的成分不能单独成为非物质文化遗产，但却是某些非物质文化遗产项目不可分割的一部分。例如，无论是舜王庙会、曹娥庙会，还是南镇庙会、百官老十六庙会，都离不开民间信仰和祭祀活动的支撑，也离不开庙宇、偶像、花灯等等物质民俗事象，还有让人眼花缭乱、目不暇接的卖馄饨、面食、汤团、梅花糕、油炸虾饼、蟹饼、萝卜丝饼、臭豆腐干、茴香豆的小摊小担和一班班变戏法、耍杂技、卖武膏药、拔火罐、独轮车拔牙、草头郎中卖草药、测字算命、占卜星相、捉牙虫、鸟衔牌的三教九流。这些细碎零琐的民俗"碎片"虽然不足以称之为遗产，但是在庙会的特殊时空，这些"碎片"的组合却拼出了非物质文化遗产的宝贵价值。可见，非物质文化遗产的根基是深埋在民俗文化中的。

正因为如此，民俗成了发掘非物质文化遗产的"原矿"。在保护文化多样性、抢救非物质文化遗产的号召下，人们一头扎入民俗的大箩筐，过去一度被国人扫荡的"四旧"，现在成为抢手的香饽饽。"民俗"从一个生僻的学术名词，一跃而成为社会流行的熟语，成为传统的代称和民族文化的符记。

### 2. 民俗文化孕育了非物质文化遗产

民俗文化包罗万象，大到国家和民族，小到家庭和个人；近如身体发肤、檐前屋后，远至江河山川、日月星辰；抽象如意识形态、鬼神信仰，具象如柴米油盐，生老病死；……但凡涉及人类的思维和行动，莫不笼罩于民俗文化的关怀之中。在这种文化生态环境中产生的非物质文化遗产，又怎能摆脱民俗文化的影响和滋养呢？从无到有，从弱小到茁壮，非物质文化遗产的发展变化正是源于民俗文化的孕育。

民俗文化孕育了非物质文化遗产，具体又有三种情况：观念、知识、信仰、道德、情感方面的孕育；题材、形式、内容方面的孕育；生态环境、生活时空方面的孕育。以下以绍兴社戏为例进行阐释。

绍兴社戏蜚声海内外，是越地非物质文化遗产的著名代表，也是越地民俗文化孕育而成的产物。

越地民俗文化中的民间信仰是绍兴社戏的灵魂。越地民俗信仰浓厚，信鬼重祀，节日、礼仪、生产、生活或娱乐习俗中均带信仰习俗，且多含迷信成分。鬼神信仰是社戏产生的直接根源。社戏的最早源头就是古人献给鬼神的祭祀歌舞，在后世才逐渐演变成祭祀活动与戏曲表演相结合的“社祭戏”统一体。绍兴的社戏大致可分为年规戏、庙会戏、平安戏、偿愿戏，其中以庙会戏为主，在各种神道如关帝、包公、龙王、火神、城隍、土地等等诞辰祭祀活动中演出，名曰演戏酬神，在社戏演出的首尾还有一定的祭祀仪式。实质上，不管戏台上的演出是如何精彩绝妙，它也仍然是祭祀活动的一部分。祭祀的需要促进了社戏的繁荣，绍兴社戏被视为绍兴民众鬼神信仰、宗教观念的“活化石”，正是因为从其诞生之初就以民间信仰为灵魂之皈依。

民俗文化还为绍兴社戏提供了题材、内容和创作灵感。社戏演出的戏剧多为绍剧和越剧，所表现的题材和内容十分广泛：忠奸斗争、伸冤雪仇、征夷平叛、英雄侠义、才子佳人、神妖鬼怪，无所不及，且往往在一本大戏中有多种内容。“其事多忠、孝、节、义，足以动人；其词直质，虽妇孺亦能解；其音慷慨，血气为之动荡。”①从其题材和内容来看，有许多来自民间口头传说故事，例如梁祝传说；也有的取材于民间宗教，例如目连戏；或是在此基础上进行加工和再创作，改编成既符合舞台表现又满足民众审美需求的剧本。另外，民俗文化中蕴涵的传统人文精神也是戏剧创演必须参照的文化语境，如果脱离了这一传统语境，演出将失去群众基础，而只能是演员在戏台上的“自娱自乐”。

同时，民俗文化也为社戏的生存和发展营造了生态空间。明张岱《陶庵梦忆·严助庙》中有一段表现绍兴庙会戏的文字：“陶堰司徒庙……夜在

---

① 焦循：《花部农谭》，引自《陕西省戏剧志·西安市卷》，三秦出版社 1998 年版，第 134 页。

庙演剧，梨园必倩越中上三班……唱《伯喈》、《荆钗》，一老者坐台下对院本，一字脱落，群起噪之，又开场重做。越中有‘全伯喈’、‘全荆钗’之名起此。”可见戏剧演出的主体不单是演员，还包括观众。就绍兴社戏而言，其主体由民间信仰中的鬼神、戏班、民众三部分共同组成。其中，戏班的演出为民众与鬼神的沟通起到了桥梁的作用，此外它还承担“高台教化”的任务和娱乐大众的功能。普遍存在的鬼神信仰、深厚广泛的民众基础、身兼数职的多重责任，这是关系到绍兴社戏生死存亡的前提条件，然而民俗文化充分地满足了这些条件。在娱乐生活单调缺乏的传统社会，社戏是那个时代民众最隆重、最兴奋的节日。民间艺人在这里找到了展示才艺的舞台；老百姓在这里找到了平衡心理、偿还夙愿、宣泄情感的方式；统治阶级在这里找到了教化“子民”的有效途径。到了现代，民俗文化的复兴和民俗旅游的发展为古老社戏绽放出“老树新花”营造了一个新的舞台空间。

**3. 民俗文化规范和制约着非物质文化遗产的发展**

符号学大师卡西尔曾经指出：“人不可能过着它的生活而不表达生活，这种不同的表达方式构成了一个新的领域。”①生活和对生活的表达，从某个角度来看，这二者的关系类似于民俗文化和非物质文化遗产的关系。根据前面的论述，民俗文化孕育了非物质文化遗产，如果暂时撇开一些在这里无关紧要的概念纠葛，那么，非物质文化遗产就像是民俗文化的表达作品，民俗文化是潜伏在非物质文化遗产底下的深流，其流速和流向决定着表层波纹的形状变化。即，由于民俗力量的规范和制约，非物质文化遗产不能任意变化，或随心所欲、漫无目的地发展。

以绍兴堕民习俗为例，数百年来，堕民被视为“贱民”之一种，不许与一般平民通婚，亦不许应科举，主要靠为当地居民的时令节俗和人生礼仪提供趋吉避邪的服役为生，具有明显的寄附特性。堕民虽与一般平民毗邻相处，然地位低下，习俗殊异，形成独有的堕民习俗。

随着新中国的诞生，堕民群体获得新生。“堕民”这一屈辱之词已成为历史陈述。堕民和普通百姓都一样是国家的主人，过去堕民的寄附生涯已经结束，相关的服役习俗也随之消失。广教化，美风俗，人人平等的社会主义新观念替代了旧时的封建等级制度思想，成为新中国民俗文化中的普遍

① ［德］卡西尔：《人论》，上海译文出版社1985年版，第283页。

意识，受此影响，堕民习俗以及对堕民的不公平待遇也逐渐消失。

又如绍兴乌毡帽。由于审美观念和消费习惯的变化，绍兴传统的乌毡帽渐趋衰落，乌毡帽制作工艺濒临失传。然而，一种"改良"版的新式乌毡帽却在古越大地悄然兴起，由于融进了时尚元素，更轻，更薄，也更贴近现代人类的服饰风尚，在年轻人当中颇受欢迎。对这种乌毡帽"瘦身"现象存在不少争议，但有一点毋庸置疑，那就是乌毡帽的改良迎合了民俗风尚，是对变化了的消费民俗的主动适应，反过来也可以说，民俗文化的变化影响和制约了乌毡帽的生存与发展。在民俗文化的制约下，乌毡帽一方面保留了传统乌毡帽的大致外形，一方面又朝着时尚、实用的方向进行了自我调整。

当民俗文化遭遇工业文明的冲击和商业化的侵蚀，蕴藏其间的大量非物质文化遗产也在劫难逃。当民众的生活空间被塑料器皿充满的时候，也就是竹编、陶瓷、木艺等等传统手工艺的弥留之际；当小摊小贩们走进市场、迈入商场的时候，也就是叫卖声成为"人间能得几回闻"的"天籁"的时候。民俗文化的厄运，也是非物质文化遗产的厄运。这恐怕是民俗文化对非物质文化遗产最糟糕的制约和影响了。

# 第五篇

# 越地非物质文化遗产的价值

# 第十章　历史价值与认识价值

在2003年联合国教科文组织通过的《保护非物质文化遗产公约》中，给出了非物质文化遗产的最新定义，强调非物质文化遗产是指"被各群体、团体、有时为个人视为其文化遗产的各种实践、表演、表现形式、知识和技能及其有关的工具、实物、工艺品和文化场所。各个群体和团体随着其所处环境、与自然界的相互关系和历史条件的变化不断使这种代代相传的非物质文化遗产得到创新，同时使他们自己具有一种认同感和历史感，从而促进了文化的多样性和人类的创造力"。这个定义指出了非物质文化遗产的多元价值，其中，"遗产"、"变化"、"代代相传"、"创新"、"历史感"等字样重点突出了非物质文化遗产的历时性价值，包括历史价值和时代认识价值。

## 一、历史价值

非物质文化遗产是人类文明的基石，是文化多样性的体现，是国家和民族赖以存在的基础和象征，是人们进行创造的源泉，当然也是人类社会可持续发展的保障，由于它是在一定历史条件下产生并传承下来的自然或社会的遗迹、遗物等，作为历史的产物，必然烙上时代的印记，从而形成了多维度、多层次的价值体系反映当时的自然生态状况和社会的政治、经济、科技、军事、文化等状况，具有历史价值；同时它们还包含和储藏着丰富的文化信息。

非物质文化遗产的历史传承价值是非物质文化遗产价值体系的核心价值。因为任何一种非物质文化遗产总是群体或个人的创造，面向该群体或个人并世代流传，它反映了这个群体或个体的期望，是代表这个群体文化和社会个性的恰当的表达形式。它是在特定的历史条件下产生的，是从某一地区、某一民族深厚的传统文化、悠久的发展过程中传承下来的人类文化活动及其成果，反映了民众集体生活，具有不容忽视的历史价值。大部分非物质文化遗产如民风民俗、方言习语、宗教信仰、节庆庙会等等来自民间，反映了民众集体生活，由于远离都市，相对封闭的环境使其得以比较完整地保留下来。这些文化遗产以其民间的、口传的、野史的、活态的历史文化价值，可以弥补官方历史之类正史典籍的不足、遗漏或讳饰，这为地方史、专门史、社会史、经济史、文化史等的研究提供了完整详细的资料，有助于人们更真实、更全面、更接近本原地去认识已逝的历史和文化，对于认识研究人类社会发展变迁的历史轨迹具有重要的参考价值，即使是几经变迁、历尽风雨沧桑而一代代演变过来的非物质文化遗产，尽管不能提供其最初的原貌，但作为历史的产物，这些文化遗产必然烙上其所经历的时代的印记，或多或少、或显或隐地反映其所经历的时代的自然生态状况和社会经济状况，我们可以从中活态地了解不同历史时期的生产发展水平、社会组织结构、生活风貌、道德习俗和思想禁忌。

非物质文化遗产中深深蕴藏着所属民族的文化基因、精神特质，这些在长期的生产劳动、生活实践中积淀而成的民族精神，是世代相传沉积下

来的民族的思想精髓、文化理念，是包括了民族的价值观念、心理结构、气质情感等在内的群体意识、群体精神，是民族的灵魂、民族文化的本质和核心。例如有相当一部分民间文学就是远古时代的神话传说，它们承载着丰富的历史，反映着历史文化传统和文化变迁，是现代和传统之间流动的见证。人们可以通过无形的文化遗产和相关的工具、实物、工艺品和文化场所同遥远的祖先沟通，了解他们的生活状态，探究他们的思想，领悟到他们的情感和智慧，辨认出自己的民族或家族一步一步走过来的脚印。

越地历史悠久，流传有许多关于历史人物和历史事迹的传说，这些传说往往是正史典籍所忽视的“野史”和“逸闻”，对于全面了解历史文化是一个重要的补充。绍兴广泛流传的“西施传说”就是一例。“西施传说”产生于春秋末期，起源于民间口头的流传，最早的文字记载见于《墨子》、《孟子》等，经过无数人口耳相传，流传范围扩大，内容不断丰富。西施在春秋时期吴越历史中具有不可或缺的地位，“西施传说”以吴越争战为历史背景，以西施一生传奇经历为主干，衍生出不少的人物传说（如《东施效颦》）、地名传说（如《白鱼潭》）、物产传说（如《香榧眼》）、风俗传说（如《三江口水灯》）等等。自发端流传至今，“西施传说”已有2500年的传承历史，它依附于吴越争战而产生，是古吴越文化的重要遗存，是对古吴越历史文化的民间诠释和佐证，通过西施传说可以捕捉到春秋时期政治社会形势和吴越战争历史的信息；并且，“西施传说”还涉及地名、风物等，包含许多民俗学方面的信息，是对当时越地民众生活文化的映照，对于研究春秋史有重要价值。

又如广泛流传在绍兴以及周边省市的“徐文长故事”。徐文长（1512—1593），名渭，字文长，号青藤，浙江山阴（今绍兴）人，是我国明代杰出的文学家、书画家和戏剧家。徐文长一生坎坷，个性幽默诙谐，是老百姓心目中机智人物的代表。“徐文长故事”是以明代中晚期历史为背景，从徐文长少年时代的传说故事“竿上取物”起，一直说到他的临终遗言“化千成万宝中宝”止。它植根于民间，流传于民间，具有民间故事的原生性特点。同时，由于纵向传承和横向流布，在人们口耳相传中不断加工创作，在其基础上又吸纳了大量的机智人物故事类型，使故事更为丰富，日积月累，逐渐在民间形成了一个庞大的故事群。可以说它是越地民间文学生存和发展的缩影，反映了创作、流传不同故事的各个阶层的绍兴人民的审美差异、价值差异，对绍兴的地域文化和民俗学的研究具有较高价值，也为传记文学和历史研究提供了有益的资料。

绍兴独有的“绍兴师爷故事”也有独特的史学价值。绍兴师爷，乃旧时祖籍为绍兴的官署幕友的尊称。自明代开始，在封建幕僚制度中，上自总督、巡抚，下至府衙、县衙都聘有“绍兴师爷”。当时朝野流传有“无绍不成衙”之说，从“绍兴师爷”中引出的传说，经历代民间艺人口耳相传，形成了“绍兴师爷故事”，自发端流传至今已有四五百年历史。“绍兴师爷故事”依附于封建幕僚制度，有助于研究古代中国特殊政治群体，揭示中国古代官场的历史真面目。

有些口头传说故事的具体人物和情节不一定有历史依据，但也具有一定的史学价值，如“梁祝传说”。“梁祝传说”是以祝英台和梁山伯的“情和义”为核心，以祝英台故里上虞为传说的“原生地”，以好学、明礼、重情和大胆追求爱情幸福为主线，叙述了东晋时代青年男女梁山伯与祝英台的爱情悲剧故事。“梁祝传说”蕴涵了大量的历史和民俗、地域风土人情信息。如祝英台女扮男装，就印证了越地曾有养“假子”“假女”可以消灾除祸的传统风俗；外出求学也折射出越文化中强烈的“女权”意识。另外，无论是英台抗婚，还是出嫁途中“哭祭跳墓”殉情情节也均体现出越民族“好勇轻死”的民族性格。“梁祝传说”历史悠久，辐射面广，其发生、发展的流变历史必然会烙下上虞、会稽（今绍兴）一带社会发展和生活变迁的烙印，可窥见各个历史时代的宿命意识和民族心理，对于研究当时社会历史有着不可忽视的重要作用。不仅如此，梁山伯与祝英台还是我国影响最大的民间传说，无论是其文学性、艺术性和思想性来说都居各类民间文学之首，在我国文献文学史上有着其重要的地位，对于学术史的研究具有重要作用。

在越地口头传统和表述这一类非物质文化遗产中，具有鲜明历史价值的不仅仅是传说故事，还有越歌和绍兴方言。作为语言，它们既是文化，本身就带着历史的投影，同时也是文化的载体，包容着人间万象，蕴涵着世世代代的历史沉积。

“越歌”是绍兴民众生活、劳动、习俗、思想、感情等全方位的真实记录和生动写照，其内容相当丰富，从春秋时期一直流传到今天，至少有2500年的传承历史。它与古越文化同步产生，并随越文化历史的发展而发展，真实生动地记录了历史，尤其是历史、时政等歌谣，以重大的历史人物、历史

事件为内容，对于人们了解和研究各个历史时期绍兴的政治、经济、军事、文化、风俗、民情提供了翔实的史料。

绍兴方言被称为“语言的‘化石’”，因为绍兴方言是一种有悠久历史的古老的语言，其源头是古越语。绍兴地处越中，越文化在方言中有丰厚的积淀；绍兴又是历史文化名城，是著名的水乡、酒乡、名士之乡，深厚的人文底蕴必然体现在方言中。因此，有着悠久历史的富有特色的绍兴方言，又被视为“文化的积淀”，有着深远的历史意义。

表演艺术类的非物质文化遗产中，有许多是当今表演艺术的起源或前身，保存着历史原貌；还有的是几经演变淬炼而成的艺术典范，有着厚重的历史底蕴。无论是哪一种，对于研究艺术发展史都具有重大价值。

位列第一批国家级非物质文化遗产的新昌调腔被戏曲界的专家誉为“中国戏曲的活化石”，是古老的戏曲声腔之一，又名掉腔、绍兴高调、新昌高腔，以新昌为中心，流布于浙东绍兴、萧山、上虞、余姚、嵊县、宁海等地，被认为是明代南戏“四大声腔”之一余姚腔的唯一遗音。最新研究成果表明，调腔是元朝统一后“北曲南移，南腔北上，南北声腔交流”的产物，从产生到现在约有六百多年的历史。明代著名文学家张岱在《陶庵梦忆》中就连夸调腔“妙绝”、“又复妙绝”。到了清代，调腔的班社更是遍地开花，单是新昌一地就有宋凤台、老凤台等几十家演出团体。当时有句俗语叫“年终封箱，艺人返乡，说声做戏，即可登场”，可见当年盛况。调腔的剧目贯穿了整部中国戏曲发展史，不仅有素有“戏祖之称”的目连戏、始于宋时的老南戏、形成于元代的元杂剧以及明清时期的传奇剧，还有新编历史故事剧和现代戏，在调腔散曲“风枪联缀体”中还能找到唐时“踏歌”和宋时“转踏”的遗响。新昌调腔的内涵之丰富，形式之完备，在国内现存的剧种中是独一无二的。由于新昌地处浙东山区，环境相对闭塞，调腔得以保存至今，为古代戏曲、音乐的研究提供了极其重要的历史资料。

各项非物质文化遗产不仅具有历史研究的价值，而且本身在历史中也具有实用的价值。不过，随着时代的发展，生产生活方式的变革，对于某些文化遗产而言，它们曾经在人类文明史上发挥过重要作用的实际功能已经衰退甚至消失，剩下的往往是历史价值、艺术价值和美学价值等等，例如绍兴的叫卖声（市声）、新昌的“三十六行”、打夯号子和拉纤号子，等等。

叫卖曾经是小贩们谋生的手段，“粗犷”而又极富个性，各行各业的不同特色的叫卖声营造了生活气息极其浓郁的市井风情。而如今，在现代商业文化的冲击下，绍兴叫卖声已经成了“此声只应舞台有，市间难得几回闻”的所谓“民间艺术”。在沈园门口小巷的“宋代市井风情街”，仍然还听得到“甜酒酿”、“臭豆腐”、“奶油小攀”、“扯白糖”等绍兴风情浓郁的叫卖声，但这里的叫卖声无论是从生态环境还是实际意义来看都显然是不同以往了。叫卖声曾有的功能已经退化为历史价值。

新昌的“三十六行”是一种类似现代化装舞会的大型游艺活动，由近百人参加演出，乔装士农工商，医人星相，各色人物，粉墨登场，各按行业特点，做出发噱表演，既有倒霉官爷，亦有交运化子。编排别出心裁，演出妙趣横生。这原本是依照过去民间各行各业的特点来娱乐民众、调剂生活、促进经济的大联欢，随着老行业的消逝，“三十六行”也渐渐失去了它原有的价值。

绍兴的打夯号子和拉纤号子，曾经是体力作业者用来振奋精神和协调动作的劳动“伴侣”，发挥过积极有效的促进作用，如今也随同与之相关的行业一并退出了历史舞台，成了历史档案里的绝唱。

## 二、认识价值

非物质文化遗产积淀了不同历史时期的精粹，不仅承载了过去，还影响着当代，孕育着未来。当今世界面临着丧失文化多样性的严重威胁，例如1970年代全世界还通用8000多种语言，但是现在仅存6000多种，而且这其中还有许多少数民族语言在互联网和现代通讯工具的冲击下正处于快速消亡中。这再次提醒我们一定要深刻认识非物质文化遗产历史传承价值中的文化多样性价值，充分重视保护文化多样性、保护非物质文化遗产的重大意义。文化遗产是历史的载体，保护文化遗产也就是保护我们自己的历史。因此，保护自己的文化遗产，是我们每一个公民应尽的义务，这种义务不仅仅基于我们对多样文化共存和保护文化生态的需要，也是基于我们对文化发展繁荣的一种责任。基于这种认识，非物质文化遗产被赋予了重大的时代认识价值。

作为历史的产物，非物质文化遗产是对历史上不同时代生产力发展状

况、科学技术发展程度、人类创造能力和认识水平的原生态的保存和反映。每个民族的非物质文化遗产中或多或少可能都会有一些不科学、不人道的东西，会有这样那样的陈规陋习。这些陈规陋习当然不符合时代潮流，理当遭到淘汰和废止，有的适应时代潮流的民俗积淀，则会随着人类文明的发展逐渐被吸收与改造，成为符合人们生活方式的文化而得到张扬。但是这些原汁原味的文化生态层面的东西有助于人们认识曾经经过的沧桑岁月，有助于人们了解曾经的先民是怎样与自然与社会的搏击中所走过的漫长道路，有助于人们认识不同历史时期先民的思想认识水平、生活情感态度、科学发达程度、风俗信仰禁忌等社会历史文化内容，因而具有巨大的科学认识和研究的价值。

非物质文化遗产不只是一个传说文本、一段民间表演录像，或是一处古旧的庙宇，它不仅是一种文化记忆，更包括当下文化交流的内容和形式。它不仅具有能被现代技术手段描述和复制出来的价值，还拥有“活态”存在的无法被翻版复制的价值，这正是非物质文化遗产在当今所具有的认识价值。非物质文化遗产中深深蕴藏着民族的文化基因和精神特质，这些在长期的生产劳动、生活实践中积淀而成的民族精神，是世代相传沉积下来的民族的思想精髓、文化理念，是包括了民族的价值观念、心理结构、气质情感等在内的群体意识、群体精神，是民族的灵魂、民族文化的本质和核心。在当今全球一体化的潜在威胁下，确保民族特性、民族精神的代代相传，是每一个民族无法回避的重要任务，而非物质文化遗产作为人类文化传递和保存的生动有效的手段、工具和载体，能够很好地将民族精神等文化信息传递到每一个人、每一代人这些活生生的载体上，从而造就一个有独特文化个性和崇高民族精神的伟大民族。各种各样的非物质文化遗产的存在意味着文化多样性的存在。独特文化元素的存在，并非仅仅是与之关联的个体或群体的事情。正是这些作为参照的多种多样的文化元素的存在，使人们能够对自己的文化形成更进一步的认识。因此，对于人类更好地认识自己、促进文化发展、理解时代精神，非物质文化遗产具有极其现实的时代价值。

某些非物质文化遗产本身就具有相当高的科学含量和内容，有较多的科学成分和因素。例如民族传统历法，如果能较好地解决计时和指导农副渔业生产的问题，就一定具有相当的科学内容和价值。我国传统历法——

农历，就较好地解决了计时和指导生产生活两大问题。农历又称阴历，实质是阴阳历，它早在秦汉时期就已形成。农历根据天体运动规律计时，安排大小月、闰月、平年和闰年，有良好的实用性和极高的科学性。农历的历年长度是以回归年为准的，但一个回归年比 12 个朔望月的日数多，而比 13 个朔望月短，古代天文学家在编制农历时，为使一个月中任何一天都含有月相的意义，即初一是无月的夜晚，十五左右都是圆月，就以朔望月为主，同时兼顾季节时令，采用 19 年 7 个闰的方法：在农历 19 年中，有 12 个平年，每一平年 12 个月；有 7 个闰年，每一闰年 13 个月。事实上，春秋时代天文学家曾经首创 19 年 7 个闰的方法；祖冲之大明历采用 20 组 19 年 7 个闰插入 1 组 11 年 4 个闰，计 391 年 144 个闰，使农历的平均历年更接近回归年；此外还有 334 年 123 个闰、1021 年 376 个闰的提法，和回归年的差额更小。但自清代以来，我国即完全采用天象确定历年、历月，从而使农历的平均历年与回归年完全一致。7 个闰月安置到 19 年当中，其安置方法是很有讲究的。农历闰月的设置，自古以来完全是人为的规定，历代对闰月的设置也不尽相同。秦代以前，曾把闰月放在一年的末尾，叫做“十三月”。汉初把闰月放在九月之后，叫做“后九月”。到了汉武帝太初元年，又把闰月分插在一年中的各月。以后又规定“不包含中气的月份作为前一个月的闰月”，直到现在仍沿用这个规定。

从 19 年 7 个闰来说，在 19 个回归年中有 228 个节气和 228 个中气，而农历 19 年有 235 个朔望月，显然有 7 个月没有节气和 7 个月没有中气，这样把没有中气的月份定为闰月，也就很自然了。农历月的大小很不规则，有时连续两个、三个、四个大月或连续两个三个小月，历年的长短也不一样，而且差距很大。节气和中气，在农历里的分布日期很不稳定，而且日期变动的范围很大。这样看来，农历似乎显得十分复杂。其实。农历还是有一定循环规律的：由于 19 个回归年的日数与 19 个农历年的日数差不多相等，就使农历每隔 19 年差不多是相同的。每隔 19 年，农历相同月份的每月初一日的阳历日一般相同或者相差一二天。每隔 19 年，节气和中气日期大体上是重复的，个别的相差一两天。相隔 19 年闰月的月份重复或者相差一个月。农历中二十四节气的划分综合考虑了天文、气候、季节、物候、农作物生长等情况，反映了古人在与自然的交往过程中，对自然界发展运行规律一定程度上的科学掌握和认识，以及人作为自然界的一部分对这些

规律的合理运用,因而长期以来很好地指导了农、副、渔业生产。

再如,中国人对于传统风水文化的认识。风水一词最早出于伏羲时代,太昊伏羲根据自己研创的简易图,推理出地球有过一段是风与水的时期。《简易经》里记载:"研地说:一雾水,二风水,三山水,四丘水,五泽水,六地水,七少水,八缺水,九无水。"风水,又称堪舆、图宅、青囊、山水之术等,是东方神秘主义的一个重要组成部分。晋人郭璞传古本《葬经》谓:"气乘风则散,界水则止,古人聚之使不散,行之使有止,故谓之风水。风水之法,得水为上,藏风次之。"一般称为风水术,也叫地相、堪舆之术,是中国历史悠久的一门玄术、术数。风水乃五术的一门,其基本构成源自《易经》,分为看门井灶的阳宅相法与看龙穴砂水向的阴宅相法。其主要的流派有三元法、三合法、九星法等。

堪舆有相地、占卜的意思,其中"堪"意通"勘"有勘察之意;"舆"本指车箱,有负载之意,引喻为疆土与地道。中国古人认为,堪为天道,舆为地道,堪舆为天地之道,其地位很高。堪舆为体,风水为用。由风水的初始定义可以看出,所谓风水,就是古人在择址而居时注意选择有和风与碧水的地方。风水文化中的精华,就是讲究生理健康、心理健康和谐统一的人居观念,讲究天地人和谐统一的环境理念,以形成一个人与自然和谐相处、生态优越的良性小环境、小气候,这就值得我们研究和继承。因此,可以说形成初期的风水文化表明了古人在建筑学、景观学方面的科学认识及积累,就是在晋代以后它还在这些科学方面有大的发展;至于此后它向神秘主义、鬼神宿命方向发展的另一路径和内容,则是我们今天要摒弃的封建迷信。

时代认识价值与历史价值并非格格不入或者毫无关联,事实上,时代认识价值暗含了对历史价值的认可,历史价值也呼唤着认识价值的承接。两者的结合,可以看做是常说的"历史传承价值",这正是每一项非物质文化遗产的核心价值,是非物质文化遗产价值体系的价值准则,也是非物质文化遗产保护的原因和标的。"和实生物,同则不继。以它平它谓之和,故能丰长而物归之。"这里的"和",既可理解为多元文化和谐共存,又可理解为传统与现代的一脉相承,是时代发展对重视非物质文化遗产的历史传承价值、保护和传承历史文化遗产的内在要求。

# 第十一章　显性价值与隐性价值



近年来,我国的非物质文化遗产保护工作开展得卓有成效,但在遗产保护意识和行为方面仍然存在较大偏颇:人们往往对长城、圆明园等这些关系到国家形象和民族感情,或秦始皇陵兵马俑和敦煌莫高窟等这些具有重要旅游经济价值的世界遗产较为关注和重视,或是对已经载入世界名录的古琴、昆曲、木卡姆艺术等文化遗产青眼相加,而对"普通"非物质文化遗产的保护却漫不经心,甚至视为可有可无,仍在不断地进行破坏。究其原因,是对文化遗产的价值认识不清楚。我国的非物质文化遗产千姿百态,有的非物质文化遗产具有较为明显的价值,比如庙会的经济价值和名人故里的旅游价值;有的则只有相对隐晦的价值,比如一些民俗活动的社会化功能和教育作用。前者是显而易见的,已为世人公认,可称为显性价值;后者是隐藏在遗产形式背后的,以伴随的、附加的或非直接的方式呈现,可称为隐性价值。从越地非物质文化遗产中,也可辨别出这两类不同的价值。

值得一提的是,有的文献在阐述非物质文化遗产的价值时,将其分为艺术价值、科学价值、政治价值、社会价值、经济价值,等等。这样的分类主

要是从学科的角度出发的,所定义的价值是学科研究价值,在对非物质文化遗产实施保护的工作中缺乏具体可行的指导。如果考虑到人类对事物的认知过程和认知原理,将遗产的价值按照认知的不同类型分为显性价值和隐性价值,那么,在认定遗产价值时就可以有效避免偏颇了,制定保护方案时也就可以"对症下药"了。在进一步明确非物质文化遗产的价值时,仍然可以根据需要从显性价值或隐性价值中区分出不同的学科价值,例如,表演艺术具有艺术价值,这是其显性价值,但或许同时还存在有社会价值、经济价值等等隐性价值。

## 一、显性价值

在《国务院办公厅关于加强我国非物质文化遗产保护工作的意见》中,指出非物质文化遗产保护工作的目标是要使我国珍贵、濒危并具有历史、文化和科学价值的非物质文化遗产得到有效保护,并得以传承和发扬。这里明确提出作为保护对象的非物质文化遗产应具有的几方面价值:历史价值、文化价值、科学价值。不排除有的非物质文化遗产可能具有更多其他方面的价值,但毫无疑问的是"历史、文化和科学价值"应当是最首要的,同样也是最明显的,即,对于非物质文化遗产而言,"历史、文化和科学价值"是其显性价值。

前文已经指出,非物质文化遗产作为历史的产物,是对历史上不同时代生产力发展状况、科学技术发展程度、人类创造能力和认识水平的原生态的保存和反映,具有相当鲜明的历史价值。

非物质文化遗产是不同群体或不同民族的文化积淀,反映了人类社会漫长历史所形成的文化和传统,是人类文明的组成部分。一个民族或群体的非物质文化遗产,往往蕴涵着该民族或群体的传统文化的最深根源,反映了他们的生活、生存方式,保留着形成该民族或群体身份的原生状态,以及该民族或群体特有的思维方式、心理结构和审美观念等,体现出该民族或群体独具特色的历史文化发展踪迹,代表着鲜活的文化,贮藏着原生态的文化基因,是文化多样性的直接体现,因此非物质文化遗产显然又具有重要的文化价值。

非物质文化遗产是对社会、对民族具有促进作用和整合功能的精神和文化财富，存留了当时人们的生产力和科技发达程度、思想感情、风俗信仰等社会历史文化内容，具有一定的科学认识和研究的价值。例如，范寅所著《越谚》中卷名物类，辑录上天下地、鬼神人物、草木果蔬等的异名，以及关于技术、风俗的词汇，对于当时以及后世认识和了解相关事物就具有较强的科学价值。有的非物质文化遗产本身就具有相当高的科学含量和内容，有较多的科学成分和因素，尤其是联合国教科文组织《保护非物质文化遗产公约》中的"有关自然界和宇宙的知识和实践"以及"传统的手工艺技能"这两类非物质文化遗产。例如，越医所从事的医药实践和医学研究本身就是越地科学的重要组成部分，绍兴黄酒酿制技艺、石桥营造技艺、越窑青瓷烧制技艺等等传统手工艺都是在一定的理论知识的指导下进行的，其流程都包含特定领域的科技知识，仅黄酒酿制技艺一项就包括独特的"三浆四水"配方，开放式、高浓度发酵以及发酵产物中高含量的酒精，小曲（酒药）制作和保存方式，确保发酵正常进行的独特措施，以及灭菌方法、食品包装和储存知识等多项科学技术和知识，融微生物学、微生物生理学、有机化学、生物化学等多门发酵工程学科于一体。因此，科学价值亦是非物质文化遗产的显性价值。

显性价值是非物质文化遗产的全部价值中较易鉴别的部分，与该文化遗产在社会生活中所担负的显性功能相应，处于价值体系的表层，具有鲜明的表征，能够为大多数人识别和认可。从非物质文化遗产名录可以发现：具有显性价值的非物质文化遗产的数目远远超出仅有隐性价值的遗产项目，既有显性价值又有隐性价值的项目则倾向于被按照其显性价值归类。以下从绍兴各县市公布的非物质文化遗产代表作名录进行具体分析。

2006 年 5 月 29 日公布的嵊州市第一批非物质文化遗产代表作名录（36 个）：

一、民间美术（12 个）

嵊州根雕（嵊州）；黄泽仿古木雕（黄泽镇）；

雅璜木雕（雅璜乡）；嵊州竹编（通源乡、黄泽镇）；

苍岩石雕（甘霖镇）；华堂灯彩（金庭镇）；

雅张烙画（长乐镇）；长乐剪纸（长乐镇）；

灰塑〔堆灰〕（甘霖镇查村）；砖雕（黄泽镇）；

紫砂(崇仁镇);嵊州泥塑(嵊州)。

二、民间手工技艺(6个)

黄泽戏剧服装(黄泽镇);王院排花带(王院乡);

通源细木(通源乡);下杜山陶器(甘霖镇);

石璜麦秆扇(石璜镇);北漳棕叶扇(北漳镇)。

三、民间舞蹈(7个)

狮舞(崇仁镇);玠溪龙舞(贵门乡);

黄箭坂龙舞(甘霖镇);金庭高跷(金庭镇);

黄泽哑背疯(黄泽镇);赵马大头荷(崇仁镇);

马塘打莲响(甘霖镇)。

四、民间戏曲(4个)

目莲戏(黄泽镇);越剧(嵊州);

玠溪婺剧坐唱(贵门乡);蒋镇绍剧曲牌(三界镇)。

五、民间曲艺(3个)

嵊州落地唱书(甘霖镇马塘);三界莲花落(三界镇);

北漳坐唱(北漳镇)。

六、民间音乐(2个)

嵊州吹打(黄泽镇、长乐镇);崇仁民乐(崇仁镇)。

七、民俗事象(1个)

寺前扯大纛(甘霖镇)。

八、民间歌曲(1个)

夯歌号子(崇仁镇)。

2006年7月25日公布的绍兴市第一批非物质文化遗产名录(共80项):

一、民间文学(11项)

1. 梁祝传说(上虞市);2. 西施传说(诸暨市);3. 徐文长故事(绍兴市区、绍兴县);4. 绍兴师爷故事(绍兴市区、绍兴县);5. 舜的传说(上虞市、绍兴县);6. 大禹传说(绍兴市区、绍兴县、上虞市);7. 越歌(绍兴市区、绍兴县、诸暨市);8. 越谚(绍兴市区、绍兴县);9. 董永传说(绍兴市区);10. 绍兴方言(绍兴市区、绍兴县);11. 绍兴童谣(绍兴市区、绍兴县)。

二、民间音乐(7项)

1. 嵊州吹打（嵊州市）；2. 上虞吹打（上虞市）；3. 绍兴叫卖声（绍兴市区、绍兴县）；4. 绍兴打夯号子（绍兴市区、绍兴县、嵊州市、诸暨市）；5. 绍兴背纤号子（绍兴市区、绍兴县）；6. 十番（诸暨市、上虞市、新昌县）；7. 鼓亭（诸暨市、新昌县）。

三、民间舞蹈(9 项)

1. 女吊（绍兴市区、绍兴县）；2. 调无常（绍兴市区、绍兴县）；3. 哑目莲（上虞市、绍兴市区、绍兴县）；4. 舞龙（诸暨市、新昌县、嵊州市）；5. 高跷（嵊州市、上虞市、诸暨市）；6. 舞狮（新昌县、诸暨市、嵊州市、绍兴市区）；7. 哑背疯（嵊州市、上虞市、新昌县）；8. 三十六行（新昌县）；9. 竹马舞（诸暨市）。

四、传统戏剧(6 项)

1. 新昌调腔（新昌县）；2. 越剧（嵊州市、绍兴县、诸暨市、上虞市）；3. 绍剧（绍兴市区、绍兴县）；4. 目连戏（绍兴市区、绍兴县、嵊州市、上虞市、新昌县）；5. 绍兴鹦歌班（绍兴市区、绍兴县）；6. 西路乱弹（诸暨市）。

五、曲艺(5 项)

1. 绍兴平湖调（绍兴市区、绍兴县）；2. 绍兴莲花落（绍兴县、绍兴市区）；3. 绍兴宣卷（绍兴县、绍兴市区）；4. 绍兴词调（绍兴市区）；5. 嵊州落地唱书（嵊州市）。

六、杂技或竞技(6 项)

1. 调吊（绍兴市区、绍兴县）；2. 翻九楼（绍兴市区、绍兴县）；3. 亶家岭罗汉会（绍兴县）；4. 崧厦章家耙棒会（上虞市）；5. 叠罗汉（新昌县）；6. 响叉（诸暨市）。

七、民间美术(10 项)

1. 嵊州竹编（嵊州市）；2. 王星记纸扇（绍兴县）；3. 绍兴花边（绍兴市区、绍兴县）；4. 绍兴花雕（绍兴市区、绍兴县）；5. 嵊州泥塑（嵊州市）；6. 剪纸（新昌县、上虞市、绍兴市区）；7. 根雕（嵊州市、新昌县）；8. 石雕（新昌县、嵊州市、绍兴市区、绍兴县、诸暨市）；9. 灶壁画（绍兴市区、绍兴县）；10. 铜雕（绍兴市区、绍兴县）。

八、传统手工技艺(10 项)

1. 绍兴黄酒酿制技艺（绍兴市区、绍兴县）；2. 绍兴石桥建造技艺（绍兴市区、绍兴县）；3. 乌毡帽制作技艺（绍兴市区、绍兴县）；4. 绍兴锡箔锻

制技艺(绍兴市区、绍兴县);5. 越窑青瓷烧制技艺(上虞市、绍兴市区);6. 绍兴兰花栽培技艺(绍兴市区、绍兴县);7. 崇仁紫砂制作技艺(嵊州市);8. 绍兴霉制品制作技艺(绍兴市区、绍兴县);9. 圆木制作技艺(诸暨市、绍兴市区、绍兴县);10. 平水珠茶制作技艺(绍兴县)。

九、传统医药(4项)

1. 下方寺西房秘传伤科疗法(绍兴县、绍兴市区);2. 顾氏骨科祖传疗法(绍兴市区);3. 石门槛钱氏妇科疗法(绍兴市区);4. 王小乐疮科疗法(绍兴市区)。

十、民俗(12项)

1. 大禹祭典(绍兴市区);2. 兰亭修禊(绍兴市区);3. 绍兴祝福(绍兴市区、绍兴县);4. 舜王庙会(绍兴县);5. 脚划船俗(绍兴市区、绍兴县);6. 绍兴水乡社戏(绍兴市区、绍兴县);7. 南镇庙会(绍兴市区);8. 绍兴端午习俗(绍兴市区、绍兴县、诸暨市、上虞市、嵊州市、新昌县);9. 曹娥庙会(上虞市);10. 堕民习俗(绍兴市区);11. 中元节习俗(绍兴市区);12. 吃讲茶(绍兴市区、绍兴县)。

在嵊州市第一批非物质文化遗产代表作名录中,表演艺术类(包括民间舞蹈、民间戏曲、民间曲艺、民间音乐、民间歌唱等)共有17项,传统手工技艺类(包括民间美术、民间手工技艺)共有18项,另有民俗一项。从大的类别来看,无论是表演艺术还是传统手工技艺,都有鲜明的功能特征,艺术价值和实用价值分别是其显性价值。在总共36个项目中,仅仅这两类合计就达到了35项之多!民俗活动仅有一项(寺前扯大纛),这是因为类似的民俗活动尽管其隐性价值可能十分丰富,比如教育价值、社会价值等等,但不具备像表演艺术和手工艺那样的显性价值,因而在非物质文化遗产的发掘和价值鉴别中难度较大,在认知上也需要一个过程。就单个项目来看,崇仁紫砂本来也是手工技艺作品,但紫砂器具从中国传统美学角度欣赏具有较高的欣赏价值,紫砂作品无论在国内还是国际市场上都已成为一种文化交流的艺术品,其审美价值成为突出的显性价值。在进行非物质文化遗产分类时,如果偏重其审美价值,紫砂可视为民间美术;如果偏重实用价值,将紫砂项目划归传统手工技艺也未尝不可。因此,在嵊州市第一批非物质文化遗产代表作名录中,紫砂被归入民间美术类;然而,在第一批绍兴市非物质文化遗产名录中,崇仁紫砂制作技艺又与绍兴黄酒酿制技艺、绍兴石桥营造技艺一起被划分到传统手工技艺类别。出现这样的分歧，说明崇仁紫砂这一项目兼具审美和工艺双重显性价值，因此在分类时属于“两栖”项目。与崇仁紫砂相比，属于民间美术的根雕、石雕，属于民间手工技艺的下杜山陶器和王院排花带等等，这些项目的显性价值就显得单一了，不存在分类不一致的问题。

在以上两个名录中，可以发现国际公约中指出的“有关自然界和宇宙的知识及实践”的内容明显缺失；除了庙会，“文化空间”也几乎没有。难道在盛产非物质文化遗产的古越大地，竟然没有这两类遗产吗？答案应该是否定的。没有哪个民族会没有自己的自然观和宇宙观，没有哪个民族会没有对自然和宇宙作出自己的探索，也没有哪个民族会没有自己的文化集散地。名录上的空白，只能说明这两类非物质文化遗产暂时未能进入人们的视野，或者是其形式难以捕捉、价值难以识别而已。不像口头传说、表演艺术和手工技艺，“有关自然界和宇宙的知识及实践”和“文化空间”由于其概念相对抽象，没有可参照的固定形态，也没有引人注意的显性价值，因此在普查和筛选时被忽视和遗漏也就不足为奇了。



## 二、隐性价值

隐性价值与显性价值相对，在价值体系中处于深处或者边缘，往往与人们的主观意志或行为有关，有时依附于非物质文化遗产的显性价值而生存。联合国教科文组织专员木卡拉先生曾说道：“非物质文化遗产是人类遗产非常重要的资源，就语言、民间音乐、舞蹈和民族服装来说，它们都能让我们从更深刻的角度了解它们背后的人和这些人的日常生活。通过语言途径传播的传统和哲学、价值观、道德尺度及思考方式构成一个社会生活的基础。它们所具有的实用价值，就存在于人类的每一员内心所拥有的观念、意识、思想和精神的背后，实际上早已渗透于我们的内心，潜移默化在我们的思考和行为方式中并时时伴随着我们。”①隐性价值之所以是“隐性”，正因为它是存在于我们内心并以潜移默化的方式起作用的。非物质



① 木卡拉：《非物质文化遗产与我们的文化认同感》，《文明》2003年第6期。

文化遗产中有大量的文化艺术创作原型和素材，它们是“隐性”的，其基本的内核可以为新的文艺创作提供不竭的源泉，当代许多影视、小说、戏剧、舞蹈等优秀文艺作品就是从其中孕育而出的，很好地发挥了非物质文化遗产的审美再造功能。在非物质文化遗产中，不仅口头文学、民间文学、表演艺术，包括民族民间文化、社会习俗、服饰织染、红白礼仪等也普遍涉及“隐性”的审美内容，具有重要的“隐性”价值。

隐性价值也有多种表现形式，政治价值就是其中的一种。从某种程度上讲，文化能影响政治进程。不论是文化的话语权，还是文化的解释权、享有文化的程度，都是和主体的权力拥有程度有关。可以说，文化的任何变动、文化存在结构的任何变动，都意味着一种权力的变动，一种政治关系的变动。非物质文化遗产是人类生存发展的精神产物，也是人类生存发展的土壤。文化环境的弱化或缺失不可避免地将在精神层面上恶化甚至于摧毁人的生存环境，进而影响人的生存与发展的状态。一个民族存亡与否，其标准不仅仅是政治的盛衰、战争的胜负，而且包括文化的保存与发展。正如喀布尔博物馆的大门上所写的：“当一个民族的文化存在，这个民族就存在着。”在这个由资本化、信息化、网络化、知识化所支撑的全球化时代，各种文化互相激荡。西方国家凭借着经济上、政治上的优势地位，不断挤压发展中国家本土文化的生存空间。可以说，这是一种以民族文化为武器的政治斗争。所以，对发展中国家来讲，非物质文化遗产属于国际竞争中的优势资源，起着维系民族生存和国家尊严的重要作用。

以嵊州竹编为例，其工艺以编织细腻、气韵生动而著称，其美轮美奂的造型具有极高的美学欣赏价值，其高超绝伦的制作技艺具有极高的工艺价值，这是其显性价值。同时，在其独特的艺术魅力后，还蕴涵着重要的隐性价值，这就是它的政治价值。竹编《白尾海雕》受到美国总统卡特的赞扬；竹编工艺品《山鹰》也作为邓小平访美礼品，陈列于美国白宫；《沧海还珠》作为浙江省礼赠澳门回归的贺品。嵊州竹编已不仅仅是艺术品，在其艺术的形象中还隐含着政治价值，彰显了民族的文化特色，成为改善和发展我国与国际间交流合作的桥梁和纽带。又如绍兴花雕。绍兴花雕从我国古代女儿酒演变而来，又称为“女儿酒坛”，明清时演变为“画坛酒坛”，后又更名为“花雕”。历代以来艺人们不断为其注入新的生机和活力，形成了中国酒类装潢中独具特色的风格。20 世纪 80 年代以后，绍兴花雕获得新的发展，被列为我国政府赠送友邦的国礼，充分发挥了花雕作为我国特色文化的优势作用，彰显了非物质文化遗产的政治价值。

非物质文化遗产较多地附带有社会价值。许多天才的艺术创造，无与伦比的艺术技巧，独一无二的艺术形式，能深深打动人类心灵、触动人类情感。通过这些非物质文化遗产中的艺术作品，我们可以形象地看到当时的历史事件、人的生存状态和生活方式、不同人群的生活习俗，以及他们的思想与感情、艺术创作方式、艺术特点和艺术成就。以安华绍佳泉村的响叉为例，响叉原系古代民间武术中的一种兵器，后来响叉表演被加工成杂技节目，演变为传统庙会或元宵节迎送龙灯时的娱乐项目。如今，安华绍佳泉村的响叉表演享有盛誉，成为有名的杂技项目，具有较高的艺术价值。考其由来，安华绍佳泉村以响叉约束子弟、移风易俗、促进社会安定和谐的社会价值不容忽视。流传在嵊州黄泽镇前良村一带的民间舞蹈"哑背疯"亦有较强的劝世功能，在动人心弦的表演艺术中体现了潜在的社会价值。"哑背疯"源于唐朝说书，源于一个哑巴丈夫背负瘫妻艰难行路向世间寻求帮助的故事。"哑背疯"据此从说书演变为表演行路的歌舞，表现哑夫瘫妻在茫茫人世间求生的辛酸情景，宣扬劝人行善、怜恤弱者的道德观念。

非物质文化遗产的显性价值和隐性价值并不是一成不变的，二者可以在适当的条件下相互转换。有的非物质文化遗产随着时代发展和社会变迁，显性价值可能消退，仅剩下隐性价值，也可能隐性价值凸显为显性价值。对于前文所述的紫砂，审美价值是显性价值，但对于绍兴花雕，审美价值经历了从隐性价值到显性价值的发展历程。

早在宋代，酒乡绍兴家家都有酿酒的习惯，每当一户人家生了女孩，在满月之际，便把酿得最好的黄酒，灌装在陶制的坛内，经密封后，埋入地下储藏。待女儿成长出嫁时，再从地下取出埋藏的陈年酒，请当地民间艺人在酒坛外刷上大红、大绿等颜色，写上一个大大的"喜"字，作为迎亲婚嫁的礼品，人们称其为"女儿酒坛"。这一习俗代代相传又代代发展，成为绍兴一带婚嫁喜庆中不可缺少的民俗风俗。此时的女儿酒坛并不具备确切的审美价值，其价值主要在于作为盛酒容器的实用功能和参与婚嫁喜庆的民俗功能。明清时期，女儿酒坛上出现了彩墨绘画，"画坛酒坛"应运而生，酒坛外面施以色块装饰及平面绘画，颇受人们欢迎。翻开清代的《浪迹续谈》，便有"最佳著名女儿酒，相传富家养女，初弥月，开酿数坛，直至此女出

门，即以此酒陪嫁。其坛常以彩绘，名曰花雕”的记载，可见最迟至清代，已将画花酒坛正名为“花雕”。这时的女儿酒坛已伴有刻意的绘画装饰，虽然审美不是其主要职能，但算得上是其隐性价值，成为其全部价值中不可缺少的一部分。到了晚清，酒坛的绘画题材变得广泛，一些靠绘制酒坛度生的民间画工也开始出现，不少酒作坊也经营起花雕生意，有的还辗转外销至东南亚国家。20 世纪 40、50 年代后，花雕获得长足发展，绍兴花雕以酒坛外面的五彩雕塑描绘而得名，色彩斑斓，图案瑰丽，题材多样，四时花卉，灵禽神兽，历史典故，无所不有，为绍兴黄酒增添了诱人的装潢，也为古城绍兴镶了一道独特的光环，糅和着绍兴浓郁的民俗，展示出一幅令人神往的风情画卷。无疑，艺术审美价值已经鲜明地凸显为花雕的显性价值。

又如越地广泛普及的舞龙，也经历了隐性价值和显性价值的变更与转换。龙在过去乃四灵（龙凤龟麟）之首，在中国人的心目中，龙是祥瑞的灵物，能腾云驾雾，呼风唤雨，神通广大，是水的主宰，凡有水之处必受龙的掌管，故有“海龙王”、“江龙王”、“湖龙王”之说，即便民间一口小小水井，也有“井龙王”把守。在中国农村，龙的地位非同一般，庄稼人靠天吃饭，最怕干旱和洪涝，于是往往在祈雨祈晴的巫术仪式中求助于龙，模拟龙的形象和姿态回旋舞动，以求风调雨顺。这是古代先民在“相似律”的原始思维支配下的产物，以为两种事物只要在形象上相似，就会有同样的用途。自古以来，舞龙祈雨甚至晒龙祈雨都是十分常见的风俗。显然，最初的舞龙，其目的是祈请龙这一神物发挥其布云施雨的威力，满足民间对雨水的需求。后来，随着科学昌明，人们对自然界的了解加深，渐渐摆脱了原始的巫术思维，不再向虚无缥缈的龙祈雨，舞龙也就从巫术或祭祀仪式演变为娱乐助兴的表演节目，且衍生出多种形式，如板凳龙、草龙、布龙，还有火龙，等等。近世以来，我国南北各地均有舞龙的习俗，节日赛会、婚寿喜庆的场合都少不了以热闹壮观的舞龙助兴，龙的扮相也极尽鲜艳，往往是披红挂绿，穿金裹银，颇有民俗特色。这时候的舞龙，虽然隐含着传统的龙文化和民间对龙的特殊情结，但其表演无疑是以观赏性为主要目的了，其显性价值已经由过去的祈雨功能转变成了满足现代人们欣赏需求、情感需求的艺术价值和民俗价值。

# 第十二章　社会价值与经济价值



非物质文化遗产蕴涵着丰富的历史资源、文化资源、经济资源、教育资源，是世界各民族传统文化的珍贵记忆，对于人类的生存与发展具有重要价值，从而也形成了多维度、多层次的价值体系。非物质文化遗产其社会价值的重要性自不待言，经济价值本来也是作为遗产的应有之义，但在商品时代的商业化浪潮中，经济价值日益凸显，在有些场合甚至被抬升到一个必须举目仰视的高度，打破了传统价值体系的平衡，这就产生了矛盾。

从越地的若干非物质文化遗产的生存与发展状况来看，商业社会中，非物质文化遗产价值体系中最主要的矛盾是经济价值和社会价值之间的关系，严谨的表述应该是：人们在处理经济价值和社会价值之间的关系上的态度。举个简单的例子，现在很多传统的民俗表演被搬到了旅游场所，成为赚门票的手段之一，来一批游客即热热闹闹表演一番，每次表演都是相同的一套，演员纯粹是在一次次机械地重复劳动，无益于表演艺术的创新和发展，也远离传统社戏的本来面目及其原初的仪式意义，结果导致这类表演大大变味。这就出现了一味追逐经济价值与社会价值不容忽视的

矛盾。

辩证法告诉我们,矛盾的双方是既对立又统一的,二者相克却又相生相化。社会价值与经济价值很好地证实了这一点。无论是社会价值还是经济价值,都来自于文化遗产本身的内涵和魅力。文化遗产的经济价值可看做是社会价值的外化和附加值,社会价值是经济价值的主心骨,而经济价值带来的效益又可回归给社会价值,为社会价值的升值创造条件。

## 一、社会价值

对非物质文化遗产的价值进行认识和判断经历了一个过程,在这一过程中,社会价值的取向从无到有,其重要性日益突出。据资料显示,我国对非物质文化遗产的立法保护最早出现于2000年制定的《云南省民族民间传统文化保护条例》,该条例在确定"民族民间传统文化"的概念时,内涵侧重在历史价值、艺术价值、学术价值、文化传承价值等方面。此时传统文化的社会功能尚未引起足够重视。2003年,《中华人民共和国民族民间传统文化保护法》(草稿)第二条规定:"具有历史、文学、艺术、科学、社会价值的民族民间传统文化受国家保护",尽管这里更多的是倾向于工具性价值,但毕竟社会价值已经开始成为非物质文化遗产的价值判断取向之一。

需要注意的是,在当前并无统一的价值判断规范的情况下,社会价值的判断在不同领域会形成多重视角、多重标准,比如,政府官员会以政策、法令等政治立场为判断标准;专家学者会从历史或学术角度进行价值评判;商人会以投入产出比来衡量社会价值;而遗产传承者会坚守其传统的价值理念。即使是同一行业领域的人,也会因个人的学识、经历、环境地位、判断能力、个性品位、实际需要等方面存在的个体差异而具有不同的价值观,例如由乌毡帽"瘦身"引发的争议。乌毡帽是绍兴的一大特色,其制作工艺是绍兴的重要非物质文化遗产。2008年夏天,一款只有30克重的"轻便时尚型"新式乌毡帽在浙江绍兴面世,而目前在鲁迅故居广泛出售的传统乌毡帽是190克左右。对此,有专家认为,在传统手艺得到传承的基础上,做点贴近时代的尝试也无妨;但也有专家认为,新版乌毡帽不正宗的模样传播出去会产生负面影响,时间久了,绍兴的乌毡帽文化有可能在外面成了“四不像”。① 而销售乌毡帽的小贩觉得,新式的乌毡帽比传统乌毡帽好看、实用,更能吸引顾客购买。有的游客却以为,他就是冲着鲁迅笔下的绍兴来的,若乌毡帽与以前不一样了,就不是他来绍兴追寻的乌毡帽了。可见,非物质文化遗产,尤其是当这项遗产发生不同以往的变化的时候,对于不同的人有不同的社会价值判断标准,不可一概而论、以偏概全。

关于社会价值判断的取向,主要涉及非物质文化遗产的社会功能问题,具体包括以下几个方面的内容:对个体的社会化;对维持社会正常运作和健康发展的作用;对人类文化的促进;涉及这类文化遗产中风俗、习惯、宗教等因素对建设现代和谐社会的贡献。

**1. 对个体的社会化**

人是社会关系的总和。每一个生命个体都有一个适应集体、融入社会的过程;而社会或族群也要求每一个成员都能按照一定的社会规范与秩序,变成它的合格的个体,这个过程就是使所有社会成员都掌握这个社会或族群的文化。因此,个体的社会化过程其实也就是个体学习族群独特文化,接受、适应并在这种文化中成长发展的过程。在这一过程中,个体接受了族群的独特文化,也就是对这个社会进行了价值认同,从而有效地融入社会而达致社会和谐。这样,作为鲜活的、多样丰富的文化资源,非物质文化遗产就有重要的社会认同、社会和谐的价值和作用。此外,非物质文化遗产中的某些传统文化内容,反映和表现了民族共同心理结构、思维习惯、生活风习等内容,规范着民族的群体生活方式、思想价值取向,能产生强大的民族凝聚力,促进民族共识和认同,也具有重要的社会和谐价值。社会化是人类社会特有的行为,是由自然人到社会人的转变过程。通过这一过程,人们形成了为其生存环境所认可的社会行为模式,对其生存其间的社会环境中的各种刺激能够给予恰如其分的反应。社会化是人与人之间进行社会交往的基础,同时也是个性形成的基础。每个人必须经过社会化才能使外在于自己的社会行为规范、准则内化为自己的行为标准,形成适应于社会的人格,这是社会交往的基础。

在社会生活中,一个人自出生后就接受社会的影响,开始了社会化的过程。据医学研究表明,婴孩在出生后的短短几天内就能形成经典性条件



① 参见《乌毡帽“减肥”引发争议》,《人民日报》(海外版)2008 年 7 月 8 日。

反射,例如吸吮反射。这是新生婴孩初次接触社会因素形成的人的心理活动,是个体社会化的起点。社会化贯穿于个人的一生,从出生到老年,个体无时无刻不在接受社会影响,不断进行社会化,直至成为带着其所处的社会环境的一切文化特征的合格产物。影响个体社会化的因素包括了社会文化、家庭教育、学校教育、同辈群体和大众媒体等五个方面,任何一种在其所见所闻中具有影响力的事物,比如日常所见之衣食住行模式、婚丧嫁娶仪式、生产劳作方式、歌舞戏剧表演等等,日常所听之歌谣说唱、传说故事、俚语俗语等等,都可看做是社会化的具体媒介形式。换言之,个体无时无刻不在接受着他生存生活其间的民俗环境的社会化。由于传统的强大的同化力,使生活在这个传统文化环境之中的个体经由耳濡目染以及上辈的言传身教而不自觉地塑造为该传统自身的一部分,好似这种传统的文化具有一种惯性,正如本尼迪克特《文化模式》中那段著名的言论:“个人生活史的主轴是对社会遗留下来的传统模式和准则的顺应。每一个人,从他诞生的那刻起,他所面临的那些风俗便塑造了他的经验和行为。到了孩子能说话的时候,他已成了他所从属的那种文化的小小造物了。待孩子长大成人,能参与各种活动时,该社会的习惯就成了他的习惯,该社会的信仰就成了他的信仰,该社会的禁忌就成了他的禁忌。”①

非物质文化遗产是这个传统文化环境的最重要的组成部分,对于个体社会化的意义显而易见。个体社会化过程中所关注、所认同的行为文化、伦理文化、风俗文化等,大多属于非物质文化遗产的范畴,非物质文化遗产中蕴涵的信仰和价值观、思想意识、审美情趣、风俗习惯、道德规范、劳动技能,等等,不仅使个体学习和接受社会文化,习得人的语言、思想、感情,掌握基本生活技能,学会一定的生产技能,懂得社会规范,明确生活目标,适应社会,成为社会的一分子,为社会的良好发展贡献力量,并且使人能够自觉维持代际关系,承前启后,将上一代人的思想、技能、经验传给下一代,使社会的文化遗产能绵绵不绝地传承下去。

人类是群居的社会化动物,每位个体都属于一个特定的群体,都有一个适应集体、融入该群体的社会化过程,其实也就是对所属群体的价值认

① [美]鲁思·本尼迪克特:《文化模式》,张燕、傅铿译,浙江人民出版社1987年版,第2页。

同过程。而非物质文化遗产的特性决定了其自身就具有价值认同、增强族群凝聚力的作用，也就是说，非物质文化遗产普遍有助于社会化过程。就越地非物质文化遗产的具体情况来看，尤以口头传统类、表演艺术类、社会风俗类等遗产项目的社会化功能显著。

在传统社会，口语是使用最广泛、最便捷的传播方式，即使在传媒技术有了飞速发展的现代社会，民间的口头传统和表述依然在个体社会化尤其是初级社会化的过程中起着至关重要的作用。且不论越地丰富的民间传说、故事、歌谣是如何对越地民众产生潜移默化的影响，仅从绍兴方言中浓厚的文化蕴藉就可看出口头传统非物质文化遗产在多个方面对社会化的助益。绍兴方言中存在大量的俗语，反映了绍兴民间对各种意识形态和社会现象的褒贬和看法，对于个体价值观的形成起到了教育、引导和规范的作用。如“吃得空”、“空口说白话”、“空口许愿心”、“空思想拜堂”、“空手打白拳”、“吃空心汤团”、“无本钱生意”、“上坟船里造祠堂”、“悬空八只脚”等俗话是对不切实际、夸夸其谈、投机取巧、吝啬贪婪等等务“空”现象的否定和讽刺，与之相对的是，“实打实”、“丁是丁，卯是卯”等俗语是对实事求是的务实精神的肯定；“硬嚼螺蛳壳”、“盯牢黄包车”形容的是坚忍不拔、百折不挠的钉子精神；“兜得转”、“船通水活”指的是为人处世活络开窍；“省吃餐餐有，省穿件件新”、“有了一千一万，也要薄粥搭餐”、“会打算吃肉，𠒈打算吃粥”则生动地表明了民间以节俭为美德、以节俭为生存之道的价值取向。自咿呀学语开始，个体就受到语言的教化和模塑，从语言中辨别是非、美丑、善恶、爱憎，从语言中了解自己所在社会环境的好恶趋向和行为规范，据此确立自己的思想，调整和约束自己的言行，这恰好是个体社会化过程中最初步也是最基础的一环。包括方言俗语在内的口头传统是个体自小就从家庭和周围环境接触到的社会化媒介，家长和长辈们的话语自然就成了孩子最生动的教材，所谓“察言观色”、“有样学样”，在长期反复的灌输下逐渐完成从认知到理解再到接受的过程。绍兴民间节俭成俗，桌子上掉的饭粒还会捡起来吃掉，这与绍兴方言中倡导节约的内容不无关系。

越地的表演艺术极其兴盛，属于这一类别的非物质文化遗产不仅数量繁多，而且阵容壮大，列入国家级代表名录的就有嵊州吹打、新昌调腔、越剧、绍兴平湖调、绍兴莲花落、绍兴滩簧、绍兴词调、绍兴宣卷、调吊、绍剧

等。这些艺术表演，一方面参与各种社会节庆、礼仪活动，构成民俗生活的一部分，起到调节身心的娱乐作用；另一方面，表演中的主题、情节、唱词等内容以及包括观众与听众在内的演出环境还能对个体起到娱乐之外的作用，即历史教育、道德教化、情感宣泄、行为规范、社交互动的作用。绍兴民间有"绍剧打天下，越剧讨老婆"的说法，精练地概括了绍剧和越剧两种民间戏剧表演对人的不同影响。绍剧慷慨激越，多演《女吊》和《龙虎斗》这样的复仇故事，令人心生澎湃，如清代戏曲理论家焦循《花部农谭》所言："其事多忠、孝、节、义，足以动人；其词直质，虽妇孺亦能解；其音慷慨，血气为之动荡。"越剧唱腔则相对温婉柔美，剧目多为《钗头凤》、《梁山伯与祝英台》这样的爱情折子，令人心生旖旎，不知不觉陶醉在对儿女情长的憧憬和遐想中。过去，民间对演戏的热情是无可替代的。张岱在《陶庵梦忆》中提到，社戏演出时，"一老者坐台下对院本，一字脱落，群起噪之，又开场重做"。如此痴迷而又如此认真地投入到戏剧表演，必然也会深受戏剧的影响，戏假情真，久而久之，假戏也会成真，舞台上的言行举止会被搬演到现实生活中成为人们的效仿对象，舞台上的思想感情也会在日常的油盐酱醋里实实在在地体现出来。由此观之，表演艺术对于个体的个性气质、历史观和审美观、伦理道德、情感思维等方面均具有较强的塑造力和影响力，对个体社会化起到了促进作用。

社会化是一个对个体进行全面的、立体的陶冶和塑造的过程，以上所述口语传统和表演艺术分别从某一方面提供社会化的媒介，而民间的节庆、礼仪、习尚等风俗习惯则是从多个方面规范个体行为，将适应社会所必需的知识和技能通过生动活泼的实践课程传授给下一代，对于社会化具有更广泛也更深刻的影响。风俗习惯是人类最早的社会行为规范，源于人类在日常生活中的各种模式化行为，如衣食、居住、婚丧、礼仪、禁忌等，这些行为多次重复出现，个体自小就有机会亲自感受和实践，能够获得比单纯听闻或学习更为重要的感性经验，借此习得各种民俗文化并在无意识间从文化的感知对象成长为这种文化的行为主体，也就是为民俗所"化"。可以说，这是社会化的首要步骤，一个丝毫不懂得民族民俗文化、不具有任何民族和民俗特征的个体是社会化不成功的，在现实中也是根本不存在的。正如任何一个上了年纪的绍兴人都不可能不知道乌毡帽一样；同样，在过去，如果一个绍兴人在饭桌上拒绝乌干菜，那他在旁人的眼里必然会是不可理喻的;礼尚往来是中华传统美德,但在绍兴,谁也不会以灯赠人,因为据说只有鬼才需要有人送灯以照幽冥之苦,活人送灯被看做是不吉利的。若是有谁冒失犯忌,那是要讨骂的,会被视做“没教养”。显然,如果缺乏风俗习惯的“教养”,缺乏民俗思维,个体将无法与同一民俗环境中的其他人正常沟通。越地的非物质文化遗产中,有大量的民俗活动可作为陶冶个体情操、培养个体的道德价值观念的正面教材,例如祭祀习俗祝福。祝福起于南宋,盛行于明清,一说是祭南宋抗金英烈;一说是祭治水英雄。祝福的目的是祭祀与缅怀英烈,有利于培养个体的爱国主义和民族精神,有助于新生代认识历史、不忘根本。从长远来看,历史教育和民族精神正是社会化的内容中极其重要的部分。

**2. 对维持社会正常运作和健康发展的作用**

非物质文化遗产含有大量传统伦理道德资源,有助于维持正常的社会秩序。伦理道德为人类社会的平稳运行提供基本的秩序和保证,是协调个体关系、化解社会矛盾的基本调节方式和手段,是保障社会正常运作的平衡机制,也是促进社会健康发展的必要导向。1993 年世界宗教大会通过的《全球伦理宣言》强调了伦理道德对于人类社会的价值,明确指出“对人的行为,已经有一些古老的准则,……它们是一种可以延续的世界秩序的条件”。

倡导传统伦理道德,鼓励向善的个人美德,而在非物质文化遗产中就含有大量的传统伦理道德资源。在保护、传承非物质文化遗产的过程中,撷取、展示、宣扬其中的美好向善的伦理道德资源和内容,将会极大地助益于我们当今的和谐社会建设。许多非物质文化遗产的内容都表现了对传统伦理道德的回归,通过撷取和展示与人为善、尊老爱幼、明礼诚信等等题材的内容,起到了价值引导和道德监督的作用。其中一些活动和观念不乏来自宗教的渗透,例如绍兴宣卷。绍兴宣卷是具有宗教色彩的唱说文艺,主要用于祀神祈福。宣卷自唐以来即有,至清代发展成为曲艺。宣卷的内容,有的就直接源自佛教经籍,如《目连宝卷》、《刘香女宝卷》等。在形式上,宣卷的宗教痕迹也非常明显。宣卷虽分生旦净丑各种角色演唱,但宣卷调无行当及男女腔之分,主要运用不同音色表现各种人物。当其中任一人“起脚色”敷唱文辞时,另两人则帮唱“南无阿弥陀佛”。在表演场合及其功能上,宣卷多于神诞、庆寿、贺迁、祭奠时演唱。虽然曾经有迷信的嫌疑,

但绍兴宣卷和其他戏曲里的讽世喻时、惩恶扬善、宣扬因果报应的内容却是传统伦理道德的组成部分，其抑恶扬善、明礼重教的社会功能不容否定。

越地素有务实的风尚，民间多有为适应生产生活需要而形成的各种规范。国有国法，家有家规，而民间则有民俗规范。民俗规范在人类社会生活的各个方面起着沟通、调整、制约和控制人们行为的作用。一般而言，民俗规范少有明文规定，但民族成员都能对此了然于胸，知道什么可为，什么不可为。① 在法律作用不到的地方，民俗规范有强大的规范作用，可直接参与维持社会秩序，排解生活中的诸多困扰，保障生产生活的正常进行。旧时的乡规民约，以及各行业的行规等，在传统社会中往往执行着法律的功能，起着强硬的约束与制裁作用。比如绍兴民间曾有的"吃讲茶"习俗。旧时的茶店既是老百姓喝茶、听说唱、谈天说地的娱乐、休憩场所，也是民间议是非、判曲直、调解纠纷、息事宁人的处所。诸凡街坊、邻里、亲友之间发生房屋买卖、租赁，田产出入瓜葛，水利灌溉权益，山林开发、砍伐以及婚姻、分家、析产甚至收养义子、领女或各业同行竞争纠葛等大大小小的纠纷时，多半按传统习俗由双方当事人自愿邀集左邻右舍、亲朋好友、知情人士到某家茶店里评议协商解决，是谓"吃讲茶"。听取各位"茶客"的意见后，由德高望重之士担任的"裁判长"就综合大家的看法，当众发表个人理由和决定意见，事后按此裁定执行，不得再生异议。这种"吃讲茶"是约定俗成的地方规矩，往往能胜过官府判决，顺利执行生效，具有极强的威慑力。

此外，非物质文化遗产还在多个方面为社会的稳定发展做出了贡献，对于现代建设和谐社会也仍然有着重要的借鉴作用。民间多姿多彩的音乐、舞蹈、戏剧、曲艺、杂技竞技表演等不但可娱人耳目，满足民众的艺术审美需求，舞台上虚拟的演出也可消解民间对政治和社会的负面情绪，转移了民众对政治腐朽、社会不公等现象的关注，疏导了隐藏在民众心理中的暗流，无形中化解了有可能引发的社会危机。包括说书、卖唱、杂耍等等表演艺术以及箍桶、打铁、烧窑等等传统手工业在内的"三百六十行"还为旧时的弱势群体提供了谋生的出路、生存的空间，实际上也在一定程度上缓和了官民之间、贫富之间存在的紧张压力，犹如一根松紧带，在没有绷紧到极致的时候，仍然为社会的向前发展提供了一定的余地。

---

① 参见陈金文:《试论民俗文化的规范性特征》,《东方论坛》2002 年第 1 期。

## 二、经济价值

从人类第一次将自己生产、制作的物品或是用自己的劳动和服务拿来进行交换时，就已经是在从事经济活动了，而其用作交换的有形的物品或无形的服务就已经具备经济价值了。出土于河南殷墟妇好墓等地的贝币表明，早在距今3500年前的商朝，已开始使用货币从事商业交流。在此后漫长的历史岁月中，人们的经济活动日益频繁，形式也变得复杂多样，对经济价值的重视程度更是随着人类进入商业时代而逐节攀升。不过，现代社会的经济发展却有其自身特点，文化的因子越来越渗透到各个经济领域。据现代经济发展趋势表明，人类正在进入"文化发展牵引经济"的时代，文化资本成为新宠。

非物质文化遗产作为文化中的杰出代表，其经济价值自然是不容忽视。而且许多遗产项目在当时本来就与经济价值密切相关，要么本身就是商业活动，例如全国各行各业的"老字号"；要么间接或连带促进经济生产，例如引发一系列文化经济产业的传说故事或民俗风情；要么从非赢利的习俗演变成以赢利为目的的经济活动，例如从传统的饮食习俗变成有地方特色的食品加工业。非物质文化遗产内涵丰富，其民族和地域特色不仅昭示着与众不同的文化品位，体现了文化多样性的魅力，同时也为娱乐、旅游、饮食加工、服饰制作、医药业等产业发展提供了取之不尽的素材资源和灵感来源。由于非物质文化遗产的原生态文化特征，它更是一种稀缺独特的文化资本，从而蕴涵着巨大的经济价值。

从当前来看，越地非物质文化遗产的经济价值主要体现为商品生产（包括文化商品）、旅游开发、艺术收藏、间接促进经济发展等方面。非物质文化遗产通过经济开发可以促进越地的经济发展；事实上，越地财政收入增加后，他们就更有条件加大对非物质文化遗产保护资金的投入力度，扩大宣传力度，给非物质文化遗产的传承人提供更好的传承、保护、创新条件，提供更好的生活条件，使之更加安心地从事非物质文化遗产的保护、传承工作。当今一些发达国家已经认识到"无论是有形文化遗产，还是无形文化遗产，都应该在确保文化遗产不被破坏的前提下，尽可能进入市场，并

通过切实可行的市场运作,完成对文化遗产的保护及其潜能的开发",并实现了文化保护和经济开发的良性循环互动。例如日本、韩国积极发掘本国民俗文化资源,保护、恢复传统礼仪节庆仪式,以此吸引大批国内外游客,创造了可观的经济收入。瑞士、芬兰、英国等国极为重视保护本国的少数民族文化,给以极好地保护、传承的条件,除了从维护文化生态、保护文化多样性的角度考虑外,也是看到了在这些独具风情的民族地区发展文化旅游能够创造巨额经济收入。

越地的诸多非物质文化遗产中,在人们眼中,最能创造经济效益、体现经济价值的当属绍兴黄酒酿造技艺。黄酒、啤酒、葡萄酒为世界三大古酒,只有黄酒原产于中国,而中国黄酒又首推绍兴。绍兴黄酒酿制技艺是古越先民丰富经验和智慧的结晶,更是中华民族在几千年历史发展中积累起来的宝贵遗产和财富,在历史、文化、艺术、经济等多个领域具有极其重要的地位和价值。古越国时期已有酿酒记载;至西汉,越地所产之酒位列上尊;东汉,鉴湖的建成使沿湖两岸五谷丰登,旱涝保收,为酿酒业发展提供了原料的保证,同时也为酿酒业提供了优质而丰沛的水源;到了晋朝,会稽始做"女酒";南朝时,绍兴酒已从浊醪发展为"山阴甜酒",成为贡品;唐代以后,越州得名"醉乡";宋代,"南渡行宫有酒官库,每岁清明前开煮,中秋前卖新,先期鼓乐妓女迎酒穿市,观者如堵"。可见当时绍兴酒的生产与消费盛况。① 明代,种类逐渐繁多,出现薏苡酒、地黄酒、鲫鱼酒、豆酒;清代,绍兴酒进入鼎盛时期,酿酒作坊遍布绍兴城乡,较有名气的有城区的"沈永和"、东浦的"孝贞"、湖塘的"叶万源"、阮社的"章东明"等著名酒坊。进入现当代,绍兴酒先后7次获得国际金奖;5次获得国家名酒称号、金奖;22次获得部优产品奖。1910年就获得过南洋劝业会金奖,1915年在美国巴拿马太平洋万国博览会上又获得金奖,1994年还是在这个博览会上获特等金奖。1988年8月,外交部礼宾司将绍兴加饭酒正式定为国家宴会专用酒,奠定了绍兴黄酒的地位和声誉。

绍兴黄酒不仅是极富营养的饮中佳品,又是极富风味的调味极品,还是极富文化蕴涵的馈赠珍品。长期以来,绍兴黄酒一直是绍兴地方的传统支柱产业,在当地经济发展中发挥了重要作用。酿酒业属于劳动密集型产

---

① 参见明人冯时化《酒史》引宋人杨炎正《钱塘官酒》一诗的自注说。

业，因此，绍兴酿酒业为当地解决了相当数量的劳动就业问题。此外，绍兴黄酒以糯米、小麦等纯粮酿造，从而可以有效促进当地农业生产发展，增加农民收入。再者，绍兴酒除满足国内市场需求外，同时出口日本、中国香港、东南亚和欧美等三十多个国家和地区。为国家换取大量外汇。2004年，全市有黄酒从业人员7000多人，生产绍兴黄酒26.4万吨，年销售收入14.2亿元，出口黄酒1万多吨，创汇2000多万美元。2006年，绍兴黄酒产量占全国黄酒行业总量的17.2%，但销售、利润却分别占到了全国50%、48.8%。以约占全行业1/6的产量，创造了全国黄酒近1/2的销售和利润。2006年，绍兴黄酒出口量突破2万吨，并在日本市场取代台湾绍兴酒，取得占有率超过90%的成绩。能创造这么大的经济效益，与品牌的效应密不可分。如今，中国的整个黄酒行业有7个名牌，绍兴就占到了其中4个，5个黄酒中国驰名商标全部在绍兴。

品牌的胜利，也就是绍兴黄酒文化的一个胜利，是古老而又生机勃勃的绍兴黄酒酿造工艺的价值体现。绍兴黄酒最大的卖点在于文化，这是其他酒类无法复制的特点。绍兴人以酒为业，以酒为乐。酿酒、饮酒之风长盛不衰。祀祖、祝福、清明、端午、中秋、重阳等传统节日都少不了酒，每遇赏心乐事，把酒临风，开怀畅饮，遂在绍兴形成了一种独特的文化氛围，即酒俗。其代表便是有名的"曲水流觞"，这可以说是酒与艺术、崇智结合的最佳典范，并成为中国文化史上"文酒风流"的一道亮丽风景。特别是书圣王羲之借酒抒情，留下传世墨宝《兰亭集序》，充分彰显越文化之性灵取向。过去几年，不满现状的绍兴人一头扎进浩瀚的黄酒文化海洋，试图通过文化的挖掘和重构，寻求传统文化在现代市场的最佳发挥。2006年，绍兴黄酒文化研究会正式成立，为绍兴黄酒酿制技艺以及其背后的酒文化与越文化充分发挥其文化资本的魅力提供了新的平台。

除了黄酒酿制技艺，越剧是绍兴经济的另一项拳头产品，只不过，这一产品并非如黄酒那样有实物载体，而是以演出的形式为人们带来艺术享受和审美满足。越剧发源于绍兴嵊县一带，在民间曲艺"落地唱书"的基础上博采众长，不断创新，在短短百年内发展成熟起来。新中国成立后，越剧迅速传播到华东、西南、华北、西北、中南、东北等地，并随着对外文化交流的开展，以其典型的东方艺术特征在国际上广受欢迎。近年来，越剧艺术随着传统文化的复兴而"流行"起来，不仅以演出票房创下可观的经济效益，

还在“文化搭台，经济唱戏”的商业潮流中崭露头角，为促进地方经济腾飞立下了汗马功劳。

2006 年 10 月，嵊州市委、市政府在越剧诞生 100 周年之际，创新提出越剧艺术节和领带节合并举办，以进一步弘扬越剧文化，并借越剧的文化名牌，推动嵊州经济特色产业发展提档升级，以文化引领经济发展，提升嵊州产业的知名度和竞争力。2007 年，绍兴举办“越剧节”，利用越剧文化整合袜博会、纺博会、家私博览会及旅游节等资源，并形成一个巨大的“聚会”，而又从“聚会”的各个角度展示绍兴的黄酒、家私、袜业、纺织等特色产业，从文化的角度引入经济领域，实现一波推动经济发展的助力。据绍兴市外经贸局有关数据，在越剧节暨黄酒节的经贸活动中，实现外资项目平均投资规模 1417 万美元，总投资 1000 万美元以上的项目 19 个，占外资项目的 82.6%；内资项目平均投资规模 11600 万元，且引资额均在 5000 万元以上。此外，纺博会产品成交额达 27.5 亿元，出口额 7.2 亿元，贸易意向额 9.5 亿元；袜博会成交逾 20 亿元，有 50 个外商投资项目落户绍兴；家博会参展产品超过 2 万余种，其中家具产品贸易签约额 2.3 亿元；旅游节旅游商品销售额达 500 万元。“越剧节”的文化舞台上，可谓商机无限。在当今文化与经济唇齿相依的形势下，越剧节不仅作为一场特色文化艺术纪念来开展，而且在经济发展进入“文化引领”的背景下，将文化与经济相结合，让文化与经济相互促进，产生共赢效应。从上面的一连串数据来看，越剧的文化资本不可不谓雄厚，其经济价值也显露无余。

旅游业是文化与经济交融产生的新型产业，也是非物质文化遗产大有作为的领域。随着社会经济的发展，人们生活水平的不断提高，旅游日益成为人们的闲暇娱乐方式，是近几十年来发展最为迅速的新兴产业之一。目前，它已超过石油工业和汽车工业，成为世界第一大产业。在我国，旅游也是一个引人注目的新的经济增长点，已有 24 个省市自治区将它列为自己的支柱产业、先导产业或龙头产业。旅游的灵魂是文化。无论是寻幽探秘的风光游，还是领略异域风情的民俗文化游，归根到底都是为了满足人们一种精神上的享受，其本质是寻求一种差异，一种异地异文化的差异。以维护文化多样性、强调民族和地域特色的非物质文化遗产自其诞生之日就注定了要在旅游产业的新天地里大放异彩。越地数不胜数的传奇故事、历史名人、好吃好看又好玩的民俗风情，也应运成为旅游市场上的新宠。

非物质文化遗产的历史文化内涵，成为越地旅游业的一大卖点，也再次印证了越地非物质文化遗产的经济价值。

以绍兴诸暨的西施故里为例。2002 年，诸暨市投资 15 亿元在西施出生的浣江畔重建西施故里，这既是一个文化保护工程，又是一个旅游工程。2006 年“五一”长假期间，西施故里游客如云，平均每天的客流量在 5 万人次左右，给这个新生景区带来了巨大的经济效益。

旅游业是一个综合性很强的产业，吃、住、行、游、购、娱是旅游的六大要素。要有吃、有住，进得来、出得去，有物可购，有处去乐。因此，旅游的发展，必然不断带动与这要素直接相关的饮食、建筑、交通、商业、轻纺等行业的发展。旅游业的发展对相关产业的带动作用可谓“一业兴百业旺”。为了应对旅游业及相关产业的需求，越地非物质文化遗产也作出了全面总动员，几乎在旅游业内全方位渗透。有的非物质文化遗产可直接开发为旅游景区，如西施传说、梁祝传说、徐文长故事等等；有的则可提供旅游产品和服务，如黄酒、乌干菜、各种手工艺品、乌篷船水乡游等等；更多的非物质文化还能起到一种衬托作用，增加旅游整体氛围的历史厚重感和文化亲和力，如俯拾皆是的名人典故、历史遗存等等。

非物质文化遗产不仅促进了旅游经济的发展，还间接助力整个社会经济的发展。由于旅游业促进了许多行业的发展，使整个社会就业机会增多。旅游业是一种综合性的行业，它不但能直接向社会提供就业机会，而且能间接地为社会提供就业机会。按国际的习惯测算，旅游业直接就业与间接就业的人员比例大约为 1:5。每增加旅游业的一间客房，可以直接提供 0.75 的就业机会，并间接地为 2.5 人在有关部门（饭店、商业、交通业）提供就业机会，收获经济效益。据法国旅游业协会主席菲利普·邦贝尔热分析：“43% 的旅馆、咖啡店和饭店的收益，同旅游直接有关；航空运输收益的 42% 同旅游有关，铁路运输收益的 23%、汽车的 12%、农业的 8%、建筑业的 6% 同旅游业有关。”

非物质文化遗产在旅游业中充分地体现了自身的经济价值，同时，其经济价值也因旅游业的兴盛而得到了提升。旅游对商品的需求带动了工艺品、纪念品及有民族特色的产品的生产与开发，帮助了一批民间艺人就业，使传统绝艺能继续传承并发扬光大。凭借旅游业，许多富有地方特色的传统手工艺在现代商业大潮的冲击下寻找到了新的生机。

非物质文化遗产的经济价值可以看做是其历史文化价值在市场经济和现代消费条件下的外化与延伸。非物质文化遗产的经济价值往往并不是像实物商品那样按照分量和价格固定的，而是在对其文化价值的挖掘和开发中逐渐呈现并不断变化的，与本身的历史文化底蕴、媒体宣传力度、人们的价值观念、市场需求情况都有密切关系。例如，越地非物质文化遗产中的民间文化、民俗资源就是极为重要的旅游资源。绍兴"三乌"不仅很好地保持、弘扬了越地的民俗文化，而且还带来了可观的经济效益。通过与旅游业的结合，将地域特色鲜明、文化内涵丰富的越地民间工艺品制成旅游纪念品出售，销量极大，利润可观。这种做法利用传统工艺、传统文化资源取得了经济收入，更重要的是推动了传统文化的传承和发扬，促进了非物质文化遗产的保护和发展。总之，在强调对非物质文化遗产进行本真性、原生态保护的同时，也要有适度的经济观念，有以开发促保护的头脑和意识。对那些既能显示民族文化特色又有经济开发价值、市场开发前景的优势文化资源、非物质文化遗产，要敢于树立产业化的发展思路，进行科学的品牌定位、制定合理的营销战略，集中力量培育优势文化品牌，将文化资源优势传化为经济优势，充分实现非物质文化遗产的经济开发价值。在绍兴的几处历史名人景点中，有的景区游人如织，而有的则门可罗雀，其原因不在于谁比谁更有经济价值，而是宣传和开发的力度、方式不同造成的人们观念中的差异使然。又如，嵊州根雕、竹编等民间美术从起源至今，经历了衰落和濒危的困境，在近年又重振旗鼓，焕发出新的生机，甚至一些具有美学、历史价值的民间艺术产品的生产已经形成了独立的产业，这不能不说是经济开发之效。然而，正如前面提到过的，在某些经济开发的行为中，也面临着与社会价值相抵触的困扰。正视非物质文化遗产的经济价值，无论是对非物质文化的保护，还是对地方经济的发展，都是十分必要的。

# 第六篇

# 越地非物质文化遗产的保护与发展

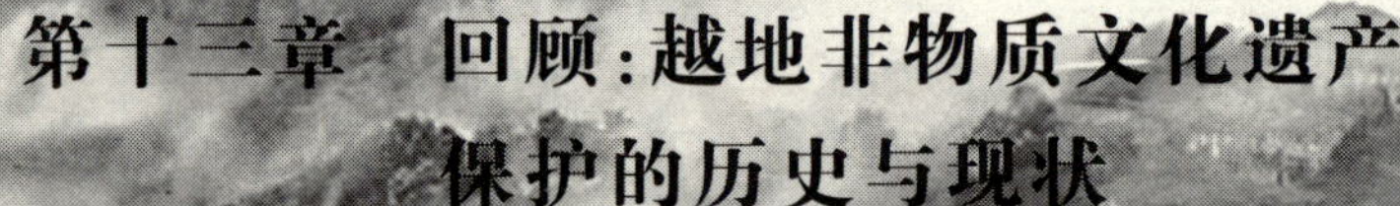

# 第十三章　回顾:越地非物质文化遗产保护的历史与现状

## 一、古城保护的"绍兴模式"

虽然非物质文化遗产的概念近几年才提出,但在此之前,保护历史文化遗产的行动就已经开始进行,最显著的就是20世纪兴起的古城保护运动。美国著名的城市理论家、社会哲学家刘易斯·芒福德有句名言:"城市是文化的容器。"城市所容纳的文化,不仅仅是物质文化,还有非物质文化;那些古建筑、古迹、古物所见证的,不仅是岁月的流逝,还有人类的生活、文化、精神、心理的一代代演变轨迹,记录着人类从蒙昧走向文明的脚印。研究非物质文化遗产,自然离不开城市这个"容器"。保护非物质文化遗产,首先离不开对文化空间、文化载体的保护,尤其是对历史文化名城、古城的保护。

历史文化名城、古城,这样的名称正在成为一种资本,在走向现代化的中国有着特别的意味。我们知道,历史文化是通过物化的古迹和文物留存世间的，当然非物质文化遗产还应该是通过活生生的人类活动传承于世的，但其中的许多内容也脱离不了物质的载体。所谓的古城、历史文化名城，其不同一般的价值其实就在于城市古建筑、古迹、古物乃至古传统所蕴蓄的丰富厚重的历史文化内涵。

保护古城，实际上是在城市发展过程中的补救之举。第二次世界大战后，欧洲开始大规模的城市建设，生产力和人们的生活水平都得到大幅提高，然而，这次大规模的建设却造成了对城市历史文化大范围的破坏。亡羊补牢，犹未为晚，欧洲因此掀起了古城保护运动。步其后尘，20 世纪中叶以来，我国城市化浪潮兴起，不少城市古迹同样遭到不同程度毁坏，文化遗存大量消逝，曾经的优秀历史文化渐渐被现代文明湮没。意识到保护历史文化、保护人类记忆的重要性和紧迫性，我国展开了一场如同当初城市建设一样轰轰烈烈的古城保护运动，一批历史文化名城、古城也随之浮出水面，并且涌现出一系列行之有效的保护方法，仅浙东越地一带就有历史文化名城保护的杭州模式、非物质文化遗产普查的宁波模式、古城保护的绍兴模式等，其中又以后者为著。

绍兴的古城保护始于 20 世纪 80 年代，历届主政者始终高度重视，在绍兴大城市规划的三次修编中，古城保护的指导思想一以贯之。从 1999 年开始，古城轰轰烈烈地做“扩城”的文章。绍兴县政府迁出市区后，再将 5 个乡镇并入市区，使市区的面积由 101 平方公里扩展到 336 平方公里。100 多家印染、酿酒、建材等企业随即关停，老城区日渐清爽、宁静，由此奏响了全方位呵护古城的序曲。

“保护文化名城是一种发展机遇。”秉承着这一理念，1998 年，绍兴市开始单独编制《绍兴历史文化名城保护规划》。2001 年 12 月，该规划获省政府批准实施，在 8.32 平方公里的老城区范围内划定了越子城、鲁迅故里、八字桥、书圣故里、西小河五大片和新河弄、石门槛二小片历史街区，总面积近 200 万平方米，进行重点保护和修缮。正是在这个规划指导下，绍兴市开展了保护古城格局，整治河湖水系，修复文物古迹，修缮历史街区。绍兴市委、市政府将古城作为一座景观城市整体规划、建设，突出“人文美、水乡情”，使点、线、面的保护各有侧重。“点”就是文物保护单位和 83 处文物保护点，“线”就是城市河湖水系和水乡风貌带，“面”就是 7 片传统风貌的历史街区。

同时，作为主要反映自清末民初以来近百年建筑符号的历史街区，随

着2002年《绍兴市区历史街区保护办法》出台，也被纳入保护之中。至此，古城保护走上了健康、规范、有序的轨道，形成了闻名全国的“绍兴模式”。

老城区原来人口密度过高，在政府的安排下，300多家企业迁出老城区，1/5居民疏散，许多居民有了更大的生活空间。商贸、文化设施多了，传统工艺品、地方名特产展示窗口多了，城市品位得到进一步提升。在古城保护过程中，绍兴始终关注和尊重人的现实需求，电力、电信等管线实施地埋式改造，历史街区的污水统一纳入城市排污网，为每家每户增设了卫生设施，允许居民在室内装修，保证居民享受现代文明。

近几年来，绍兴累计投入古城保护建设资金130多亿元，建设和整修了鲁迅故里、沈园、仓桥直街、书圣故里、八字桥等历史景区，原汁原味地再现了历史风貌，也促进了旅游业的发展，成为绍兴着力进行古城保护的另一收获。鲁迅故里的成功开发就是例证。2002年10月，总投资10亿余元的鲁迅故里保护工程启动，把鲁迅祖居、鲁迅故居、三味书屋等串点成线，串线成片，把功能单一的景点改造成展现当年真实生活场景的景区。2003年9月，鲁迅故里一期工程对外开放，引来各界好评。2004年，鲁迅故里年游客量首次突破100万人次。近年来，每年都有50多万学生慕名而至，在“跟着课本游绍兴”活动中，以全新的方式解读鲁迅。

“修旧如故，以存其真”，“绍兴模式”第一要义是保护，但这种保护不是“圈地运动”、画地为牢，而是充分发挥其现实价值，在利用中保护，旧城改建和历史文化保护相结合，让居民继续居住在历史建筑中，把游客请进名人故里，让传统文化创造现代价值，以人为载体延伸历史文脉，这是绍兴保护古城的成功之处。

2006年6月初，第二届文化遗产保护与可持续发展国际会议上，诞生了一份凝聚各方共识的《绍兴宣言》，成为古城保护逐步完善的新起点。①

## 二、绍兴非物质文化遗产保护工作

绍兴是中国首批历史文化名城，素有“山青水秀之乡、历史文物之邦、

① 参见余万芳、王琼：《古城保护：唱响“绍兴模式”》，《绍兴日报》2008年9月25日。

名人荟萃之地”的盛誉，又有“水乡、桥乡、酒乡、书法之乡、戏曲之乡、名士之乡”的美称。绍兴被誉为“没有围墙的博物馆”，到处洋溢着丰富多彩、特色鲜明的文化资源。

绍兴非物质文化遗产保护工作从2003年开始分三步走：一是普查工作，了解当地资源，也就是“摸家底”；二是申报工作，经过专家论证逐级申报；三是传承工作，根据非物质文化遗产的不同性质采取不同的保护措施。

2004年初，绍兴市建立了由市政府分管市长担任组长，市府办、市文体局（现市文广局）、市财政局、市文联等有关部门负责人为成员的绍兴市民间文化艺术保护工程领导小组，并在市文体局设立领导小组办公室，负责民间艺术资源保护的日常工作。各县（市）也十分重视对民间文化保护工作的领导，均成立了以分管副县（市）长为组长的领导小组以及专家委员会，加强对非物质文化遗产的保护工作的领导和具体实施。2004年3月，绍兴市人民政府专门制定和下发了《绍兴市民间文化艺术保护工程实施方案》（绍政办发[2004]53号），明确了绍兴市民族民间文化艺术资源保护规划及工作步骤。各县（市）也制定了相应的实施方案。

### （一）普查

2003年至2006年，绍兴完成了民族民间艺术普查，绍兴第一批市级保护名录80项，在全国地市级名列前茅。

上虞市是全省非物质文化遗产普查工作试点县市。截至2008年3月16日，该市已有14个乡镇（街道）基本完成全面普查，共计收集非遗线索10679条，学生收集非遗线索54797条，合计65476条。其中发现了一批有价值的非物质文化遗产线索或传承人。如：上浦镇夏家埠村的人物传说夏攀龙、石浦村的12个月花名宝卷、王湖村的抲斗斗病偏方、章镇镇83岁的民间故事大王、沥海镇沥海的由来传说、城西村孙孟振的剪纸与木雕、下管镇的民间文学劝世经及各种民间土方、偏方等。①

在上虞大地展开的非物质文化遗产普查和保护中，使人们又一次重温了散发着迷人魅力的上虞民间文化。在上虞民间的土壤上，一直传承着许

① 参见李志清、余彩龙、王佳：《上虞“非遗”普查获得线索六万余条》，《绍兴日报》2008年3月16日。

许多多富有地方特色的非物质文化遗产，那是上虞先人们用技巧、手艺和自己心中的诗意融会其中的文化创造。上虞非物质文化遗产线索之多，足见上虞民间文化的璀璨夺目。崧厦蔡林有绍兴已濒临失传的"乌金纸"手工艺，陈溪乡陈溪村有"威武鼓"，岭南乡龙山村有历史比较悠久的"岔路道情"……遍布全市的非物质文化遗产，绵延着属于上虞自己的文化记忆。

为更好地推进非物质文化遗产保护工作，绍兴市决定在基本完成民族民间艺术资源普查的基础上，于2007年至2008年在全市范围内全面开展非物质文化遗产普查工作。2007年12月18日，绍兴市下发《绍兴市非物质文化遗产普查工作方案(2007—2008)》，旨在全面普查、摸清家底，健全机制、规范管理，整体保护、传承发展。凡具有历史、文化和科学价值的非物质文化遗产均属普查范围，具体分作18类：

一、民族语言(包括方言)。

二、民间文学(口头文学)，如神话、传说、故事、歌谣、史诗、长诗、谚语、谜语等。

三、民间音乐，如民间歌曲、器乐曲、舞蹈音乐、戏曲音乐、曲艺音乐、部分民间祭祀仪式音乐等。

四、民间舞蹈，如生活习俗舞蹈、岁时节令习俗舞蹈、人生礼仪舞蹈、宗教信仰舞蹈、生产习俗舞蹈等。

五、戏曲，如曲牌体制的戏曲剧种、板腔体制的戏曲剧种、曲牌板腔综合体制的戏曲剧种、少数民族的戏曲剧种、民间小戏剧种、傩及祭祀仪式性的戏曲剧种、傀儡戏曲剧种等。

六、曲艺，如说书(徒口讲说、说唱相间、韵诵表演)、唱曲(板腔体、曲牌体、板牌混合体)、谐谑(相声类、快板类、谐戏类)等。

七、民间杂技，如杂技、魔术、马戏、乔装戏、滑稽等。

八、民间美术，如绘画、雕塑、工艺、建筑等。

九、民间手工技艺，如工具和机械制作、农畜产品加工、烧造、织染缝纫、金属工艺、编织扎制、髹漆、造纸、印刷和装帧等。

十、生产商贸习俗，包括农业生产、林业生产、渔业生产、畜牧业生产、商贸等习俗。

十一、消费习俗，包括服饰习俗、饮食习俗与禁忌、居住习俗与信仰、交通习俗。

十二、人生礼仪，包括妊娠习俗、分娩习俗、诞生和命名习俗、满月礼、百日礼和周岁礼、成年礼、婚礼、离婚习俗、寿诞礼、葬礼习俗禁忌等。

十三、岁时节令，包括节气与习俗、传统节日习俗等。

十四、民间信仰，包括原始信仰、俗神信仰、庙会、祖先信仰、生殖信仰、商业信仰、精灵信仰等。

十五、民间知识，包括医药卫生、物候天象、灾害、数理、测量、记事、建筑等知识。

十六、游艺、传统体育与竞技，包括民间游戏、杂耍（艺）、竞技等。

十七、传统医药，包括养生、诊法、疗法、针灸、方剂、药物等。

十八、其他，如传统行会、香会等民间组织、村规乡约等。

与国际公约的五大类和我国首次划分的十大类相比，《绍兴市非物质文化遗产普查工作方案（2007—2008）》将非物质文化遗产分作 18 个类别，更为细致，也更加一目了然，对各类别范畴做出的说明符合我国国情，涵盖了非物质文化遗产概念所定义的全部内容，从而在实际工作中也更具有指导性和可操作性。

普查遵循全面性、代表性、真实性的原则。调查地区要兼顾城镇和乡村，调查对象要兼顾不同的人群，调查地区所蕴藏和传承的各种传统民间文化载体，均需注意调查。要按照传统民间文化本来的生存状况，进行调查和采录，不能在调查之前就先设定框框，主观、先验地舍弃某些方面。在全面普查的基础上，要力求抓住民间文化现象中具有主流的，或主要的形式、作品、类型、民俗现象，以避免在普查工作中平均使用力量。注重去粗取精，选出在当地有较大影响的代表项目，重点深入调查。尊重非物质文化遗产的历史和原貌，真实地、不加修饰地、不加歪曲地记录，确保普查内容和成果真实可靠，杜绝提供虚假材料。

具体普查方法有：

**1. 制定普查计划和普查提纲**

普查计划是开展普查工作的具体实施方案。各地结合实际，认真制定普查计划，明确普查的目标、具体任务、普查重点、人员配备、工作步骤、调查方法、阶段成果等。在普查计划的基础上，根据普查任务制定普查提纲，供普查者具体调查时参考。

**2. 选择人员和开展培训**

各地以民族民间艺术资源普查骨干为基础，根据非物质文化遗产普查

涵盖面广的特性，在相关部门和社会上挑选一批热心公益文化事业，具有一定业务专长的人员，组成普查工作班子。市级文化主管部门负责全市乡镇以上工作骨干的业务培训，各县（市、区）文化主管部门负责村级普查人员的业务培训，并根据普查任务和个人专长，对参加普查的人员作出合理的分工。

**3. 进行田野实地调查**

非物质文化遗产普查工作以实地调查为主，到现场深入了解非物质文化遗产的形式和内涵，真正做到"不漏线索、不漏村镇（街道、乡）、不漏种类"。调查人员悉心拜民间传承人为师，完整采录讲述者、传承者或表演者的技艺技能和相关历史情况、人文背景、相关数据，做到资料来源清楚，内容真实，数据可靠，认真填写普查登记表，做好普查日记。

**4. 根据不同情况采取不同调查方式**

在抓好面上普查的同时，进行重点走访，抽样调查，或召开小型调查会，充分重视和发挥当地热心人的作用。在调查研究中特别注重调查资源蕴藏较为丰厚的乡镇、村落；注重选择那些承载非物质文化遗产较多、较有才华和独创性的人进行面对面的采访、问答、表演、展示，如故事家、歌手、民间艺人等；抓住当地的民俗节庆（如节令、庙会等），不失时机地进行现场采访。

**5. 用多种手段采录**

调查采访者以笔录、摄影、录音、录像等多种形式和技术记录民间传承人和相关人员的讲述和表演等。尤其注意搜寻民间传抄的唱本、歌本、长诗、宝卷（宣卷）、经书、图画册等手抄本，以及各种文献资料和相关实物。

以此为指导，2008 年 3 月 20 日，绍兴市首次非物质文化遗产普查全面铺开，四支普查小分队奔赴各地展开了地毯式的"搜索"工作。市群艺馆有关负责人说道："以前我们曾经做过民族民间艺术方面的普查工作，但这次的范围显然更广泛。"通过普查，不仅可以全面了解和掌握市内非物质文化遗产的种类、数量、流布地域、生存环境、保护现状及存在问题，还能抓紧认定和抢救一批具有历史、文化和科学价值，特别是处于濒危状态的非物质文化遗产项目，逐步建立健全非物质文化遗产保护工作制度。①

---

① 参见徐霞鸿：《查一查绍兴文化家底有多厚首次"非遗"普查全面铺开》，《绍兴晚报》2008 年 3 月 20 日。

到2008年9月，绍兴市完成对各县市区非物质文化遗产普查工作的验收。此次普查工作覆盖全市118个乡镇（街道），2606个行政村（社区），组织培训各级普查工作人员82班次，召开普查对象座谈会400多次，走访1400余名民间艺人，市、县、乡镇三级财政共投入经费达430余万元。通过普查，累计收集线索逾20万条，梳理后确定调查项目15043个，并制作了各级各类汇编汇集本121本共130册，其中乡镇汇编本114本，县市级汇编本6本11册，市级汇集本1本5册。2008年10月10日至12日，绍兴市非物质文化遗产普查工作顺利通过了浙江省非物质文化遗产普查验收组的检查和验收，并获得高度评价。①

### （二）申报

根据联合国教科文组织通过的《保护非物质文化遗产公约》中的定义，"非物质文化遗产"指被各群体、团体、有时为个人所视为其文化遗产的各种实践、表演、表现形式、知识体系和技能及其有关的工具、实物、工艺品和文化场所。各个群体和团体随着其所处环境、与自然界的相互关系和历史条件的变化不断使这种代代相传的非物质文化遗产得到创新，同时使他们自己具有一种认同感和历史感，从而促进了文化多样性和激发人类的创造力。联合国教科文组织认为非物质文化遗产是确定文化特性、激发创造力和保护文化多样性的重要因素，在不同文化相互宽容、协调中起着至关重要的作用，因而于1998年通过决议设立非物质文化遗产评选。这个项目的申报有三个基本条件，一是艺术价值，再是处于濒危的状况，还有就是要有完整的保护计划。自2003年开始，世界非物质文化遗产评选每两年审批一次，目前已经过三批评选，我国的古琴、昆曲、新疆维吾尔木卡姆艺术、蒙古族长调民歌四项被列入代表作名录，其中长调是与蒙古国联合申报的项目。

为了推进非物质文化遗产保护，有必要在全面普查的基础上对非物质文化遗产进行认定和登记。借鉴世界非物质文化遗产评选的经验，我国采取分级申报的方式逐步建立国家和省、市、县非物质文化遗产名录体系，并

---

① 参见吕禹：《我市"非遗"普查工作通过省验收全市搜集"非遗"线索逾20万条》，《绍兴日报》2008年10月17日。

对名录内项目的保护和传承予以必要的资助和支持。申报非物质文化遗产,又简称申遗。申遗不是目的,在现阶段,它是非物质文化遗产保护工作的一项重要内容,对于发现、抢救和保护文化遗产是一种有效手段。根据《国务院办公厅关于加强我国非物质文化遗产保护工作的意见》和《文化部关于申报第一批国家级非物质文化遗产代表作的通知》,绍兴市开展了第一批申遗工作。

在2006年5月20日国务院公布的第一批国家级非物质文化遗产名录中,绍兴的梁祝传说(民间文学)、西施传说(民间文学)、嵊州吹打(民间音乐)、新昌调腔(传统戏曲)、越剧(传统戏剧)、绍兴平湖调(曲艺)、绍兴莲花落(曲艺)、嵊州竹编(民间美术)、绍兴黄酒酿制技艺(传统手工技艺)、大禹祭典(民俗)等10个非物质文化遗产项目入选,在公布名录的518个项目中,绍兴入选数目占全省1/4,在全国所有地级市中位列第一,也是除北京以外拥有最多非物质文化遗产的城市。

取得这样的成果,与积极有效的申报工作是分不开的。以平湖调为例,在接到省里传达申报非物质文化遗产的通知后,绍兴市有关部门首先想到的是曲高和寡、濒临灭绝的平湖调。为了组织材料,多次请来了绍兴仅存的几位老艺人,讲述、论证、修改。为了拍摄配套的电视宣传片,工作人员又请老艺人弹琵琶,唱平湖调。之前开办的平湖调业余培训班此时派上了用场,许多年轻学子加入到拍摄工作,贡献了不小的力量,由于工作做得早,做得细,没过多久,当省里召开非物质文化遗产保护经验介绍会时,平湖调的有关申报文本作为范本在会上交流,成为浙江省非物质文化遗产保护的学习榜样。与之类似,新昌调腔能成为国家级非物质文化遗产,也应部分归功于对申报工作的高度重视和积极投入。听说申报国家级非物质文化遗产以后,县里立即成立了以县委副书记为组长、副县长为副组长的申报领导小组,并划拨专款支持申报工作。申报领导小组下面分设四个小组,分别是资料搜集组、电视摄制组、后勤保障组、编排撰写组,总共二十多个人,组成了强大的工作阵营。有了资金保障、人员保障,工作开展相当顺利。为了拍好戏,专程从省里请来了著名戏剧专家、舞蹈专家前来指导,还外出考察,参加在绍兴、宁波等地召开的非物质文化保护会议。借这些机会,新昌调腔的申报准备工作获得专家学者的广泛关注。一些多年不演调腔的老艺人专程赶来,要求为申报工作出力。"群策群力出成果。"富有艺术魅力的新昌调腔终于不负众望，成为首批国家级非物质文化遗产，给调腔的延续和发展带来了新的机遇。其他几项国家级非物质文化遗产的申报，也无不凝聚着集体的智慧和辛劳的汗水。①

2008 年 6 月，绍兴的申遗工作再次取得好成绩，在国务院公布的第二批共 510 项国家级非物质文化遗产名录中，绍兴申报的徐文长故事、绍剧、绍兴词调、绍兴宣卷、调吊、石桥营造技艺、绍兴水乡社戏等 7 个项目入选，绍兴滩簧入选同时公布的第一批共 147 项国家级非物质文化扩展项目名录。

在省级、市级、县级非物质文化遗产项目的申报工作中，绍兴也同样表现不俗。具体申报过程及其成果这里不再赘述。

绍兴文化底蕴深厚，非物质文化遗产项目如繁花似锦，其中大多数都已获得世人认可和关注。然而，由于种种原因，或附着于物质文化遗产和自然遗产，或从属于更大范围的项目，也有少数非物质文化遗产是长期以来一直被忽视的。对于这样的情况，绍兴市采取了积极的态度和措施，为保护有价值的文化遗产，主动改善文化遗产的原生态环境，积极创造申报条件。绍兴古运河就是这样的一例。绍兴古运河即山阴古水道，是杭甬运河（浙东古运河）的重要部分，是我国有史记载的先秦古运河之一。在从杭州到宁波的一百多公里长的古运河中，绍兴古运河是其中闪亮的明珠，它至今仍然水清水平水满，“百里无波”，如同明镜，舟行栉比，樯橹相连。所经之处，都是青山绿水的鱼米之乡，古桥古镇密布，耕读之风传家。其水质特异，可以酿酒。古运河与若耶溪、唐诗之路都联系紧密，是唐诗之路的第一站。如此丰富的人文资源，是许多地方无法相比的。

2006 年全国“两会”期间，58 名全国政协委员联名提案，呼吁启动对京杭大运河的抢救性保护工作，并在适当时候申报世界遗产项目。京杭大运河申遗问题立即成为全国热门话题。随后，此项工作不断推进，“京杭大运河”申遗名称也改为“大运河”，申遗对象不断扩大，但绍兴古运河一直未列申遗范畴。

对此，一批著名专家学者纷纷提出，绍兴的古运河历史悠久，文化积淀

① 参见《申报非物质文化遗产，我们曾这样努力——我市“申遗”部分入选项目的幕后新闻》，载 2006 年 6 月 4 日中国绍兴政府门户网站。

深厚，其沿河不仅有丰富的物质文化遗存和非物质文化遗存，而且至今还是一幅活着的古韵悠悠的巨大画卷。绍兴应与宁波等地一起，将古运河纳入大运河申遗范畴。绍兴市政协、绍兴媒体及有关部门也多方努力，为古运河申遗问题呼吁。

近年来，绍兴市在古运河保护与整治等方面也做了大量的工作。环城河整治、运河园整治、大环河整治、龙横江整治、绍兴水城历史街区建设、浙东古运河其他河段整治及古镇保护、迎恩门改造等方面取得了巨大的成果，绍兴古运河中的运河园还成为国家级水利风景区。国家文物局局长、党组书记单霁翔在踏勘了古运河之后表示："绍兴的古运河和城市有着自己独特的历史文化和自然特色，它是中国大运河的一个整体。这种自然和特色构成了绍兴古运河自己独特的文化。"并认为，将其纳入运河申遗的范围之中没有问题。

被人称为"运河三老"之一的我国著名专家罗哲文认为，绍兴古运河列入大运河申遗范畴是理所当然的事。绍兴古运河是一条真正的运河，作为中国大运河的一部分，它至今散发着特殊的魅力，并主张尽快将绍兴古运河列入大运河申遗之中。全国政协大运河保护与申遗浙江调研组许多专家也都对绍兴古运河保护与整治及文化整理等工作表示赞赏。

据了解，绍兴市已开展古运河文化资源的整编及申遗准备工作，接下来将进一步认真积极做好古运河沿线非物质文化遗存的收集和申报工作。①

### （三）传承

根据联合国公约的精神，申报非物质文化遗产是为了确认文化特性，鼓励文化多样性，促进更好地保护和传承。绍兴是一个有着2500年建城史的历史文化名城，祖先传承下来的优秀文化基因数不胜数，非物质文化遗产可谓俯拾皆是。但时过境迁，在当今商业化、信息化的现代社会，如同所有其他传统文化一样，绍兴这些非物质文化遗产面临着前所未有的生存挑战。趁着非物质文化遗产保护的东风，绍兴若干濒临消亡的非物质文化遗

---

① 参见张乐、周能兵：《专家呼吁尽快将绍兴古运河纳入大运河申遗范畴》，新华网杭州2008年6月29日电。

产有望薪尽火传、复苏传承。

虽然非物质文化遗产都是智慧和艺术的结晶，有一定的共性，但由于形式种类的区别和发展阶段的差异，不同的项目有不同的价值和特性，亦有不同的传承方式。越地非物质文化遗产种类繁多，情态各异，必须相应采取多种传承方式和手段开展保护工作。绍兴已经开展和正在进行的传承工作大致有以下三种：记忆工程，接班人工程，旅游开发工程。

**1. 记忆工程**

这是借用美国福特基金会的文化记忆工程的说法，即有系统地对非物质文化遗产进行各种形式的搜集、记录、整理、出版以及其他方式的传播。无论是口头文学，还是表演艺术、民间知识、民俗、传统手工技艺等，这些事项的内容虽然不是物质所能完全承载的，其传承也不是凭借物质就可以进行的，但总可以用文字、图片、声音、录像等方式进行描述和记录，并通过纸媒和电子传媒加以保存和传播。任何民族的文化都是由精英文化和民间文化共同组成的。我们有一个文字历史的传统，一个文人精英的传统，但我们长期忽略了生活中还有一个民间活态的传统，如今这个传统中的相当一部分已成为亟需保护的非物质文化遗产。对于即将逝去的文化，如果连这样的记忆载体也不具备，那么在将来恐怕这些昔日文化真的要从人类的记忆中彻底消失了。

《越谚》（手抄版）的出版就是这样一件记忆工程。2006 年 7 月，绍兴市政府公布了绍兴市第一批非物质文化遗产名录，"越谚"（此处特指流传于绍兴市区和绍兴县的绍兴方言），被列入其中。2007 年 1 月 25 日，绍兴市举行了《越谚》（手抄版）首发仪式，这标志着绍兴市重点档案资料抢救和非物质文化遗产保护工作有了新的进展。

**2. 接班人工程**

这主要是针对表演艺术、传统手工技艺等类目的濒危非物质文化遗产而言。像哑目连、十番、剪纸、刺绣等非物质文化遗产，大部分的自然传承人已年逾花甲，后继乏人，很多非物质文化遗产随着老艺人年龄增大、视力听力下降、行动不便等而濒临失传，昔日的绝活极有可能成为绝唱，科学地抢救和保护这些传统艺术已是刻不容缓。不但要用摄像、录音、图像和文字等记忆形式把原生态的表演和作品记录保存下来，更重要的是保护传承人，培养接班人。人是文化创造的主体，也是文化传播的载体。传承人是

非物质文化遗产的重要承载者和传递者，他们起着口传心授的关键作用。非物质文化的传承，无异于一场代代相传的接力赛，要像接力棒持续传递下去，必须有意识地培养接班人，为文化基因的生生不息提供活的生态环境。

具体怎么做？除了为传承人送去政府的关怀，让他们多为非物质文化遗产传承和保护继续发挥余热外，还要建立好非物质文化遗产保护名录，深入发掘"非遗"的内涵，找到它们的现代价值，尽可能让它们回归生活，重新焕发生机。文化遗产是属于整个民族的财富，其传承不是少数几个人的义务，培养接班人也不仅仅限定于特定的个体或群体，整个社会、整个下一代都肩负着文化传承的使命。著名作家冯骥才说过："传承文化是每一个人的事。只有我们每个人都关心和爱惜前人给我们留下的这些财富，我们民族的精神和独特的审美、独特的气质、独特的传统，才能传承下去。我们需要共同努力。"有关专家也说道："在保护非物质文化遗产及传承人的同时，还要强化非物质文化遗产传承教育，让年轻人逐步了解非物质文化遗产，提高对非物质文化遗产的兴趣和热情。""保护、宣传优秀的上虞传统文化，是我们的历史责任，更是青少年一代的责任。我们的愿望是通过薪火传承，不使上虞优秀的非物质文化遗产出现断代之痛！"①尽管这是就上虞的非物质文化遗产保护而论，却道出了全绍兴非物质文化遗产传承的实情。

3. **旅游开发工程**

这是近年来全国各地对非物质文化遗产进行开发的热点，其中较多的是对与"非遗"相关的场所空间的开发。随着文化体验、文化旅游的兴起，非物质文化遗产的诸多项目越来越受到追捧，所带来的经济效益和社会效益也越发可观。对于一些可挖掘价值的非物质文化遗产，如梁祝传说、西施传说等，绍兴正抓紧保护发掘，达到历史文化传播和文化遗产延续的统一。诸暨市投入15亿元分两期兴建西施故里旅游开发工程；上虞市投入2.3亿元，兴建开放式的英台故里主题公园；在越剧的诞生地嵊州，全市民间越剧团有100多个，全年与越剧相关的产业产值达8000多万元。对传统

① 郑志勋、单杭英：《守卫精神家园——市文化馆馆长彭尚德谈非物质文化遗产保护》，《上虞日报》2008年4月13日。

文化进行旅游开发必须看到其两面性。以保护为主的适当开发不但能带动当地旅游经济发展，提升地方形象，还能弘扬优秀传统文化，改善保护和传承条件，吸引更多的人加入到非物质文化遗产保护和传承的队伍。然而，无视文化发展规律、将非物质文化遗产当做"摇钱树"的过度开发则是弊大于利，只注重一时的经济利益往往导致长久的文化"亏空"，最终自毁文化招牌。怎样把握这个"度"，国家提出的"保护为主、抢救第一、合理利用、传承发展"的非物质文化遗产工作方针就是一个很好的衡量准则，前面提到的"绍兴模式"即是在这个方针指导下的成功之作。

# 第十四章　困境:越地非物质文化遗产保护与发展的问题

非物质文化遗产保护在我国还是一个新课题,有许多问题需要讨论,例如保护和保存的区别,保护的本质、保护的原则等等。有的专家学者认为,非物质文化遗产保护的本质在于保护对象的生存和发展的可能性,要从源头上确认保护的对象,守住保护对象的生命之本,对非物质文化遗产的保护要贯彻若干原则,例如"以人为本"的原则、整体的原则、生态的原则,等等。确立原则不难,实际贯彻起来却并不那么容易。非物质文化遗产保护不像物质保存那么简单,它以人为本,与诸多因素有着复杂的关联,在实践中仍然存在若干有待解决的问题。越地盛产非物质文化遗产,也不可避免地会遭遇非物质文化遗产保护的困境。

从绍兴非物质文化遗产保护工作的历史和现状来看，主要存在以下几方面的问题：(1）非物质文化遗产的界定问题；(2）遗产"过剩"与经费短缺的矛盾；(3）经济利益与文化价值的冲突；(4）时代发展与遗产保护的冲突。

## 一、非物质文化遗产的界定问题

### (一)越地非物质文化遗产的范畴界定问题

本书的前面部分已经对非物质文化遗产的概念作出了初步辨析,对“非物质”的含义以及非物质文化遗产与民族民间文化传统的区别进行了阐释,并指出非物质文化遗产的整体价值所在。这一部分将着重对越地非物质文化遗产认识和保护中存在的范畴界定问题进行分析。

由于非物质文化遗产是一个新出现的名词,而且对非物质文化遗产的划分还不是很明确,尤其在社会上,大多数老百姓还不知道非物质文化遗产是什么概念。甚至在从事非物质文化遗产保护的工作人员中,也不能完全准确地把握其范畴,具体表现为,对于什么是非物质文化遗产,其概念不是很清晰,在判断“是”或“不是”非物质文化遗产的时候,与国际认可标准或国内权威意见存在一定的偏离。兰亭雅集申报国家级非物质文化遗产落选即是一例。

2006 年 6 月 2 日,国务院正式在政府网上公布《关于公布第一批国家级非物质文化遗产名录的通知》,绍兴市共有 10 个项目入选(其中越剧同为绍兴与上海拥有)。而一同申报的兰亭雅集却落选了。究其原因,与兰亭雅集的定位有一定关系。

兰亭雅集起源于古代的上巳节。自周代始,农历三月上旬“巳日”这一天,人们相约到水边沐浴、洗濯,借以除灾去邪,古俗称之为:“祓禊”。后来文人饮酒赋诗的集会,也称为修禊。春日踏青有“春禊”,秋日秋高气爽则有“秋禊”,时间一般是在农历七月十四。历史上最为有名的修禊当数兰亭修禊和红桥修禊。东晋永和九年(353)农历三月初三,王羲之召集当时的一批名士和家族子弟共 42 人,于会稽山阴的兰亭水边,做流觞曲水之戏。有 26 人作诗,编成了诗集《兰亭集》。王羲之为其作序,遂有“天下第一行书”《兰亭集序》问世。此后,每隔一段时间,就有一批文人、书法家相聚兰亭举办雅集活动,形成一道独特的中国传统文化景观。

在申报第一批国家非物质文化遗产时,绍兴市本来没有将兰亭雅集列入申报对象,后来,省里有关专家在审议时发现,兰亭雅集应该作为非物质文化遗产进行申报,在选题上定为“兰亭书会”。为此,兰亭景区进行为期

一个月的大量准备工作，最终还是落选了。2006年6月2日，在中国非物质文化遗产保护余杭论坛上，据著名的民俗专家乌丙安先生透露，兰亭雅集落选，是因为其"太雅了"。他从民俗学的角度认为，作为一种民俗，应该有一些俗的东西，而作为书法节似乎不是很适宜。另外，据兰亭景区负责人介绍，王羲之当年的雅集，是上巳节的活动，本身带有祭祀性，而今天演变为书法节，从传承上来看有点不同，可能这也是落选的一个重要原因。

兰亭雅集落选究竟是什么原因，我们再来回顾一下"非物质文化遗产"的定义。根据公约最后文本里的定义，非物质文化遗产指的是"被各社区、群体，有时是个人，视为其文化遗产组成部分的各种社会实践、观念表述、表现方式、知识、技能，以及与之相关的工具、实物、手工艺品和文化场所。这种非物质文化遗产世代相传，被不同社区和群体在适应周围环境和自然的过程中和与其历史的互动中不断地再创造，为他们提供持续的认同感，增强对文化多样性和人类创造力的尊重"。根据这个定义，非物质文化遗产没有"俗"和"雅"的限制，甚至没有群体和个人的限制，只要是具有文化遗产价值、世代相传、体现文化多样性的各种知识技能和实践活动以及相关的物质条件都可列入非物质文化遗产的范畴。参照这个定义，兰亭雅集可以说是一种具有历史文化价值的社会实践活动，但是在理解兰亭雅集的时候必须注意到：王羲之召集的兰亭集会可谓兰亭雅集的滥觞，虽然是文人集会，但那时仍然带有古代祓禊的民俗性质，而此后的兰亭集会却慢慢变成了文人名士和书法家的艺术活动，集会的目的显然已经完全改变。从这一点看，兰亭集会经历了从"俗"到"雅"的变迁，在传承上没有太大的一致性，或者说，从王羲之的兰亭集会到现在的兰亭书法节，二者的联系仅仅在于兰亭、书法、文人集会，尚未达到公约定义的条件："世代相传，被不同社区和群体在适应周围环境和自然的过程中和与其历史的互动中不断地再创造，为他们提供持续的认同感，增强对文化多样性和人类创造力的尊重。"因此，乌丙安先生所说的"太雅了"是就兰亭雅集的现代内涵脱离了原先上巳节的祓禊民俗性质而言。无论是已经中断或变异的古代上巳节，还是现代的书法节，都不在非物质文化遗产范畴之列。

此外，非物质文化遗产的范畴还有无限扩大化的趋势，并在某种程度上与民俗的内容产生了混淆。不光是类似于兰亭雅集这样不满足传承条件的项目被列入非物质文化遗产的范畴，还有一些早已消失的民俗事象也成了非物质文化遗产的保护对象，这与非物质文化遗产的定义初衷是不相吻合的。比如绍兴的堕民习俗。堕民又称“怯邻户”，在绍兴亦称“丐户”或“乐户”。数百年来，被视为“贱民”之一种，不许与一般平民通婚，亦不许应科举，多任婚丧喜庆杂役等事。绍兴堕民虽与一般平民毗邻相处，然习俗殊异，地位低下，一直在悲苦和被人轻蔑的环境下度日。中华人民共和国建立后，堕民获得新生，与一般居民的界限完全消失，地位完全平等，堕民作为一个群体已经成为历史。皮之不存，毛将焉附？在这种情况下，堕民习俗应该也已经随着主体的消失而不再存在，更不用说活态传承了。但是在绍兴市首批非物质文化遗产代表名录中，堕民习俗赫然位列其中。诚然，堕民习俗的确是绍兴独有的特色文化景观，但作为一个已经不存在的历史事件，是不应该属于非物质文化遗产的范畴的。况且，考虑到堕民的特殊身份及其社会地位，考虑到堕民习俗形成的历史和社会背景，是否具备非物质文化遗产概念定义的“为他们提供持续的认同感，增强对文化多样性和人类创造力的尊重”条件，还有待斟酌。

### （二）越地非物质文化遗产的分类界定问题

非物质文化遗产的分类在我国向来没有一个统一的标准，不同地域在处理分类问题的时候也不尽相同，因此，对一些遗产项目的分类界定存在很多模棱两可的现象，例如传统工艺、民间医药等等。

迄今为止，出现过多种分类方法，有最开始的联合国公约定义的五大类，然后是中国文化部普查手册的十六大类，第一批国家级非物质文化遗产代表名录公布的十大类，还有浙江省、绍兴普查方案的十八大类等。

根据联合国教科文组织通过的《保护非物质文化遗产公约》中的定义，非物质文化遗产的范围包括：口头传说和表述（包括作为非物质文化遗产载体的语言）；传统表演艺术；社会风俗、礼仪、节庆；有关自然界和宇宙的传统知识和实践；传统的手工艺技能以及与上述各项形式相关的文化空间。

2005 年底，文化部发布了《中国民族民间文化保护工程普查手册》。《手册》由一百多位民间文化领域的专家合作而成，第一次将我国非物质文化遗产分为十六大类，即民族语言、民族文学、民间美术、民间音乐、民间舞蹈、戏曲、曲艺、民间手工技艺、生产商贸习俗、民间信仰、民间知识以及游艺、传统体育与竞技等。这是迄今为止第一部全面、准确、规范的非物质文化遗产普

查工作指南性工具书,是我国非物质文化遗产普查工作最初的“指挥棒”。

而我国文物局则根据我国传统文化的特点,将非物质文化遗产划分为十大类型,包括民间文学、音乐、舞蹈、戏剧、曲艺、杂技与竞技、美术、手工技艺、传统医药、民俗等各方面,这也是2006年第一批国家非物质文化遗产名录所呈现的十大类,在当时为全国各省市普遍效仿采用。浙江省、绍兴市以及所辖区县的首批非物质文化遗产名录都按照这十大类分门别类。

到2008年,浙江一带在进行非物质文化遗产普查时开始采用更为细致全面的分类体系,将非物质文化遗产分为十八大类,具体包括:民族语言(包括方言)、民间文学(口头文学)、民间音乐、民间舞蹈、戏曲、曲艺、民间杂技、民间美术、民间手工技艺、生产商贸习俗、消费习俗、人生礼仪、岁时节令、民间信仰、民间知识、游艺和传统体育与竞技、传统医药以及其他项目等类别。萧山、绍兴、宁波等地现在均采用此种分类方法,凡是有历史、文化、科学价值的非物质文化均在此列,比如绍兴人的饮食习俗与禁忌、婚姻习俗、信仰、村规乡约等等都属于非物质文化遗产。

从以上分类标准的演变过程可以看出,随着对非物质文化遗产概念的认识逐渐深入,我国非物质文化遗产的分类方法也越来越符合我国历史文化的具体情况,变得越来越科学、合理、全面、细致。分类的过程本身就是对分类对象的把握,必须对其属性有足够充分的了解和估量。然而,鉴于非物质文化本身的多元性和复杂性,目前存在的任何一种分类都难免尽如人意。从绍兴一带的情况来看,非物质文化遗产的分类界定存在以下问题。

首先是文化空间类别的缺失。公约中明确指出非物质文化遗产应该包括相关的文化空间,但在越地的分类体系中却从未体现这一点,从名录来看也的确是鲜有文化空间的项目,或者即便是有也只是蜷曲在别的类目下。例如庙会,与民俗活动相比,它所具有的文化空间的意义更为重大,但我们也只能是从民俗类别下去寻找其踪影。越地盛产非物质文化遗产,不可能没有相应的文化空间。越地诸城已经开始对历史街区进行重点保护,但对非物质文化遗产的容器、承载着丰厚历史文化内涵的文化空间却漠不关心,这不能不说是一种遗憾。

其次是传统医药、传统手工艺、民间美术、民间知识等项目在分类中的逻辑混乱。以绍兴市非物质文化遗产名录的分类为例,传统医药本来是民间知识与实践的一部分,但在绍兴市第一批非物质文化遗产名录中,传统医药与传统手工技艺、民俗等并列，单独成类，除此之外，并无民间知识一类。后来，在十八大类中，出现了民间知识的类目，而传统医药依然自成一类，与民间知识并列。另外，比如黄酒酿造技艺、石桥营造技艺等包含较多科技成分的遗产项目也应该算是民间知识，但在分类时却归属到手工技艺一类了。可见，在设置具体类目的时候没有很好地处理各类别之间的逻辑关系。到底民间知识指的是哪些内容，其范畴如何，是否相当于公约分类中的传统知识与实践，这些问题仍然有待明确。

另外，民间美术与手工技艺之间也存在一定程度的交叉重叠，民间美术固然离不开手工技艺，比如竹编、根雕、工艺扇等，从本质上看它们就是具有较高艺术性的手工技艺；而许多手工技艺也在长期的实践过程中精益求精，渐渐从以实用价值为主发展为兼顾欣赏价值，其中一些欣赏价值较高的制品往往成为艺术精品，例如越窑青瓷。这些项目可谓是非物质文化遗产中的“两栖”项目，可划归到这一类，也可分到那一类，因此在具体操作的时候就常常出现同一项目在不同名录或不同地区属于不同类别的现象。在第一批上虞市级非物质文化遗产保护名录中，越窑青瓷属于美术类；然而在第一批绍兴市非物质文化遗产名录中，越窑青瓷烧制技艺又被归到传统手工技艺类。不确定的分类给非物质文化遗产的宣传和保护工作带来了一定的困扰，这种现象一方面固然是由非物质文化本身的多重属性造成的，另一方面又对分类工作提出了更高的要求。

## 二、遗产“过剩”与经费短缺的矛盾

越地非物质文化遗产之丰富是公认的事实。据2007年初的普查统计，绍兴市历时三年普查收集的非物质文化遗产资源项目达3358项之多，其中民间文学2304项、音乐236项、舞蹈159项、戏剧51项、曲艺109项、杂技与竞技29项、美术101项、手工技艺78项、传统医药15项、民俗276项。[①]其中列入国家级非物质文化遗产名录的就有18项，属于绍兴市级第一批

① 参见徐霞鸿：《普查显示：绍兴全市3358项非物质文化遗产》，《绍兴晚报》2007年1月13日。

受保护的非物质文化遗产有80项。从2007年11月开始,绍兴市再次开展对各县市区的非物质文化遗产普查工作,历时将近1年。到2008年9月,累计收集线索逾20万条,梳理后确定调查项目16566个,平均每个乡镇(街道)一百多个。其形式之多,数量之大,范围之广,着实令人惊叹。

越地历史悠久,文化底蕴深厚,绍兴建城2500年而未易,非物质文化遗产的数量之多、种类之繁甚至可能远非目前统计所知。这样繁多的项目,普查起来已是很不简单,而普查之后的保护工作更是不容易。目前,绝大多数非物质文化遗产处于生存和发展的困境,在现代商业文化和消费时尚的冲击下举步为艰,相当一部分非物质文化项目已经后继无人,濒临灭绝。西施传说、梁祝传说、徐文长故事等口头传统因休闲方式的变迁、传承环境的变化、老人的辞世,已经极少有人能够完整讲述;调腔、绍剧、平湖调等等表演艺术都曾在时代环境变化的过程中严重受挫,演艺人员青黄不接,断层严重,翻九楼、调吊等绝技绝艺也因无人继承而面临失传的危险;民间美术和传统手工技艺除了少数几个品种在现代市场上获得认可并实现自身价值以外,如果不是在非物质文化遗产普查中被挖掘,大多都寂寂无名地湮没于乡村民间,自生自灭。

毋庸置疑,绝大多数的非物质文化遗产都亟需抢救和保护。如此,经费问题就作为保护工作的关键问题凸显出来。凡是涉及保护的各个方面——艺人的生存与传承、相关物质载体与空间的保护和修缮、表现形式的记录与保存、媒体宣传、科学研究、旅游和商品开发、普查和保护的素质培训以及硬件设备与劳务开支,等等,无不需要资金支持。

财政拨款是越地非物质文化遗产保护的主要来源。2004年初,绍兴市建立由市政府分管市长担任组长的绍兴市民间文化艺术保护工程领导小组。2006年6月又成立了“绍兴市非物质文化遗产保护工作领导小组”。市财政每年安排专项资金25万元用于非物质文化遗产的普查与保护工作;绍兴县财政划拨120万元专项经费,诸暨市已投入100多万,新昌县投入专项经费86万元,用于文化遗产普查及保护利用工作;2005年嵊州市政府拨出30万元作为民族民间文化资源普查和非物质文化遗产申报专项资金;还有上虞市,为做好“梁祝传说”与“上虞民间吹打”两项保护工作,计划投资300万元,其中“梁祝传说”计划投资250万元,用于梁祝文化史记馆的资料收集、陈列、装潢和举行“梁祝文化”国际性学术研讨会,结集出版

《梁祝传说》等；“上虞民间吹打”还计划投入 40 万元，建立资料数据库，出版《上虞民间吹打乐》，扶持民间乐队的培训和发展。[①] 从 2007 年 11 月开始，至 2008 年 9 月结束的绍兴市非物质文化遗产普查工作，市、县(市)、乡(镇)三级财政再次投入经费 430 万元。在我国，非物质文化遗产保护由政府主导，这就把政府推向了主要责任人的位置，国家财政和地方财政也就成了非物质文化遗产保护最有保障的资金后盾。

然而，越地遗产项目灿若繁星，数不胜数，各县市申报的非遗项目庞杂繁多，要想依赖政府财政出资一一保护几乎是不可能的事。况且，非物质文化遗产保护是一项长期的、立体的工程，不是一劳永逸的一次性投资就可解决的，还必须兼顾从个体到社会、从表象的实物载体到深层的民族文化心理、从传统到当代乃至未来等各个方面有利于非物质文化遗产保护的环境和气氛的营造。如果非物质文化遗产没有自力更生的能力，其保护工程将是一个“无底洞”，由政府财政拨款包揽全部开支显然是不现实的。以绍兴戏曲为例，绍兴市 2000 年年鉴记载，全市有 6 个专业剧团，即：浙江绍剧团、绍兴小百花越剧团、诸暨市越剧团、上虞市越剧团、嵊州市越剧团、新昌县调腔剧团。各级财政为剧团年拨经费 291.1 万元，其中嵊州市为 90 万元，绍兴县、上虞市达 70 万元以上。各剧团全年组织演出 673 场，收入 229.1 万元。[②] 以此看来，各剧团处于入不敷出的状态。如果这种状态年复一年地继续下去，势必会给财政造成沉重的负担。经费的投入不是一朝一夕的问题，而是需要长期持续地投入。随着时间的推移，更多的文化项目成为“遗产”，经费的短缺也将更加严重。也有少数遗产项目大胆改革创新，在市场经济环境中找到新的生长点，不但传承和发扬传统文化，也创造了可观的经济效益。例如被文化部命名为“全国民间艺术(珍珠串缀艺术)之乡”的山下湖镇发展的串缀工艺，将民间工艺与地方特产完美结合，消化了大量原先只能积压在仓库的低档珠，利用了闲散劳力，大大提升了低档珍珠的附加值，发展了地方经济，将珠农和串缀艺人引上了致富路。与此类似，位于 104 国道线上的彭家堰村，原是一个闻名遐迩的“隋民”集居的穷村，十余年来，依靠民间玉雕，走上致富之路，成为浙江具有特色的玉雕村。遗憾的是，像这样能

---

① 参见徐霞鸿：《普查显示：绍兴全市 3358 项非物质文化遗产》，《绍兴晚报》2007 年 1 月 13 日。

② 参见《绍兴年鉴(2000 年)·戏曲》，浙江人民出版社 2000 年版，第 288 页。

够赢利自保的例子只是少数,更多的民间工艺美术尚未受到重视,更谈不上被成功开发。据清末民初时的文字记载,绍兴的民间工艺美术有纨扇、越砚、明角灯、铁画、油泥、堆塑、灰塑、木雕、竹编制品等十余种。在新中国成立初期还有画蛋、编结、盘绣、乌金纸、金银箔、锡制工艺品、花雕等。现在,许多种类已是奄奄一息,若无经费支持,只能被历史潮流席卷而去。

相对于有限的财政经费而言,等待抢救和保护的非物质文化遗产阵列似乎过于庞大,有限的经费和人力只能放在少数较"高级"的项目上,而更多的遗产项目则冷落一旁,成为"过剩"的多余者。当然,这种过剩是在非物质文化遗产保护工作中因经费短缺造成的相对过剩。在这种状况下,经费在不同遗产项目上的分配出现偏倚。分配原则可能更多地考虑现实利益而忽略了保护文化多样性的初衷。与某些无关经济发展的非物质文化遗产相比,政府可能更愿意投入在一些可开辟为旅游景区的"故里"项目上,甚至为了追求更佳的宣传效果和经济效益而不惜一掷千金。例如,为重建西施故里,诸暨市投资高达15亿元,并耗资10万元给西施塑像,结果游客反响并不好。为争夺西施故里的名义,邻近的萧山临浦亦曾投资1000多万元建了一个西施公园,进行了一轮轮的宣传。与其他口头传说里的人物相比,对西施的"偏爱"显然是有点过分了。出于类似的原因,在绍兴旅游市场上,鲁迅故居的人气比徐渭故居高出若干倍,前者门庭若市,后者门可罗雀,二者形成鲜明的"热遗产"与"冷遗产"的对比,况且鲁迅留下来的东西从年代上讲暂时还不能算做严格意义上的遗产。

另外,又由于非物质文化遗产的普查、挖掘整理、申报、研究和传承展示,需要投入大量的人力和物力,需要专门的经费保障。在经费不足的情况下,投入开展此项工作的经费相当匮乏,非物质文化遗产普查、挖掘、整理、研究等工作难以深入开展,对一些遗产只保存不保护,或是保护不到位,不能实现保护文化多样性的目的,结果导致"过剩"遗产与"冷遗产"消亡绝迹,即使是"热遗产"也可能因缺乏科学指导而开发不当以致毁损。这些都是非物质文化遗产的相对"过剩"与经费短缺的矛盾体现。

## 三、经济利益与文化价值的冲突

前面已经提到,非物质文化遗产具有一定的经济价值,并且随着商业化的发展而日益凸显，甚至被人为抬高到一个不切实际的地位。实际上，在现代社会，非物质文化遗产的经济价值来源于其内在的历史文化价值，文化价值才是一切价值的核心和根本。对非物质文化遗产进行适度的经济开发有利于传承和保护优秀的传统文化，彰显文化多样性对于人类民族的重要意义。然而，在商业社会，文化经营也离不开商业运作，对非物质文化遗产的经济开发出现了文化价值为经济利益服务、经济利益钳制文化发展的本末倒置的现象。

经济利益与文化价值的冲突普遍存在，尤其是在已经进入现代商业领域的非物质文化遗产中。典型的如嵊州根雕艺术。根雕是一种集自然造化与艺术家的智慧技能于一体的造型艺术，是越地民间美术的杰出代表。近年来，嵊州根雕产业异军突起，形成了“浙江根雕看嵊州”的迅猛态势，跻身为浙江省“第四雕”，与乐清黄杨木雕、东阳木雕和青田石雕等传统“浙江三雕”并行天下，得到艺术界高度重视。现代嵊州根雕起步于20世纪70年代，到80年代形成风格，90年代形成规模并享誉业内，各地订单纷至沓来，应接不暇，其市场前景可谓一片光明。为了满足市场需求，当地根雕大师一边收授徒弟，一边根据客人要求加工制作，个人的创作空间被大大压缩，很少有时间和精力进行艺术构思。嵊州根雕大师吴筱阳说道：“真正雕刻的时间只要两三天，但此前往往需要几天到十几天去构思，推翻，再构思。”以吴筱阳的天工奖作品《寒江独钓》为例，光构思就花去了他两个多星期。“但市场不允许你花太多时间构思。要市场还是要艺术，其实是嵊州根雕面临的最大问题。”嵊州根雕艺人周扬也吐露过同样的苦衷：“两年多了，还没有真正创作过一件作品，获奖作品都是以前创作的。主要问题是压力太大。”大量的市场需求，使他忙于应付，再也没余暇搞创作。“有时看到一个好的原料，就会有创作冲动，但总是因压力和心理负担太大，而最后罢手。”当其他一些民间工艺正在为生存苦苦挣扎的时候，嵊州根雕却因市场需求的旺盛而被推向要钱还是要艺术的尴尬境地。① 不光是嵊州根雕，还有嵊州的泥塑、竹编等传统民间艺术也面临着同样的问题。

市场带来经济利益，为民间艺术提供最起码的生存保障。但若偏离了艺术的方向，价钱再高的作品也只是普通商品，其经济价值也会因失去艺

---

① 参见秦燃雪、任慧康：《“第四雕”大师痛并快乐着——嵊州根雕面临尴尬抉择：要钱还是要艺术？》，《今日早报》2005年8月21日。

术和文化的滋养而贬值，即使是极具潜力的民间艺术也会因没有创新而失去竞争力，最终在市场中被淘汰。此外，因追求经济效益而忽视文化发展传播的规律，或是故意扭曲、滥用传统文化导致非物质文化遗产变味甚至名存实亡的现象也不少。在旅游开发过程中，将文化遗产当做生财之道、强行生搬硬套、包装改造的情况屡见不鲜，不管是有意还是无意，对于非物质文化遗产的保护和开发都是适得其反。

以皮影艺术为例，皮影戏是一种活跃在中国民间的传统艺术，距今已有一千多年的历史，堪称世界上最早的"动漫"电影，为老百姓喜闻乐见。近代以来，皮影戏处境濒危，进入非物质文化遗产之列。近年来，皮影以其独特奇妙的艺术魅力重新受到社会关注，因此也被请到了各种旅游场所以营造民俗氛围、吸引游客。然而，结果怎样呢？据考察，在江南一带旅游场所的皮影表演大多是些简单、重复的演出，艺人基本上无须个体发挥，更谈不上创新，对于皮影戏的发展毫无益处。江南民俗馆内的徐二男师傅介绍，他是2003年9月来这里演出的，在馆内基本不演传统本戏，只演一些打斗的、热闹的简短"武戏"，如《美猴王》、《闹龙宫》等，每次表演三五分钟，每天表演场次虽然规定12场，但实际上经常要超过这个数字，他们一般只要进来游客坐在戏台前面，不管人数多少，就要"动起家伙"来。乌镇皮影馆是定点演出，从每日早上8:30至下午4:50，大概是每20分钟演一场，一天约计21场。每场演出时间告示牌上虽然标明是10分钟，实际上和盐官镇一样，不过三五分钟而已，其剧目也和盐官镇的一样，以热闹、打斗的武戏，如《真假美猴王》等为主。酒店"秦淮人家"的负责人姚其德师傅介绍，他在这家酒家演出已有六七年，他的演出时间是在每天就餐高潮时，做个三五分钟的表演，他这些年来主要是演出童话剧、"课本剧"，剧目不多，主要有《狐狸和乌鸦》和《西游记》片断等。也就是说，在这些地方的演出只是一些非常简单的重复操作，只要锣鼓敲得热闹，动作搞得激烈一点，要个三五分钟就可以了。不用唱、不用念，至于真正体现非物质文化遗产特性的"即兴创作"完全舍弃了。而且，这些"剧目"是日复一日、年复一年的重复劳动，不存在创新的问题，长期下去会使艺人形成一种"惰性"。①

---

① 参见李跃忠：《民俗旅游与非物质文化遗产的保护和传承——以旅游区的影戏演出为例》，载中山大学非物质文化遗产研究中心网。

其次，旅游景区支付给影戏艺人的报酬往往十分微薄，无法吸引年轻人投身影戏学习。对于传承人的培养十分不利。又由于这些地方的表演基本上只是些“花拳绣腿”，短短的几分钟浮光掠影根本无法完整地传递皮影艺术的魅力内涵，对于宣传和发扬皮影艺术收效甚微。甚而有游客坐下不到一分钟就拔腿离去，艺人演完后到前台一看，常有无一观众的尴尬境况。如此的经济开发，除了为场馆门票的增值做了贡献，以及暂时为几名艺人提供一条生路以外，对于皮影戏的保护和发展，实在是谈不上有所作为。

“在当代文明的条件下，随着旅游产业的开发，随着商品市场开发的形成，任何人为的‘保护’都不可能不伴随着各类效应与各种利弊，它本质上都是一把‘双刃剑’，舞弄得不好，会对民族民间文化造成更大的损害，甚至加速这些‘保护对象’‘灭顶之灾’的到来。”①来自商业界的对经济利益的追求，恐怕是造成许多民间文化艺术“灭顶之灾”的元凶。进入《名录》时代之后，对非物质文化遗产传承人的第一个冲击可能来自无孔不入的商业社会。在物欲横流的商业社会中，什么都会被视为商品。而非物质文化遗产及其传承人一旦进入国家级或省级名录，自然会备受青睐，而成为商业集团竞相掠夺的对象。高薪聘请对于尚不富裕的乡下人来说，是很难抗拒的。② 即使是微薄的报酬，也往往让走投无路的艺人俯首相就。这些被旅游公司或表演团体收编的艺人有了更多的展示才艺的机会，使传统文化在这样一个特殊的背景下得以延续；但是，一旦签下雇佣合同，这些离开乡土的传承人也就失去了真正能够发挥自己才艺的自由，他们所能展示给游客的只有固定的、僵化的表演，而原本附着在他们身上的其他功能，都会因生存环境以及演出性质的改变而丧失，他们所传承的绝艺也就不再具有民间传统文化的意义。不光是艺人，民间文化本身也是如此，一旦离开原生态的环境，就会变味变质。比如越地广泛流传的梁祝、白娘子的传说，原本是在老百姓当中口耳相传，以其朴实地反映了对真善美的追求而深入人心，可是有些电视竟然把这些原生态的故事内容搬进现代影视快餐消费的套路，拍成了三角恋爱或其他光怪陆离的情节，不仅荒唐，而且有碍非物质文

① 陈绶祥：《把好民族民间文化保护的双刃剑》，《美术观察》2004 年第 3 期。

② 参见苑利：《我国非物质文化遗产面临三大冲击》，《精神文明导刊》2006 年第 12 期。

化遗产的正当传播。

又如绍兴社戏。社戏是旧时绍兴城乡春秋两季祭祀社神所演的戏,用以酬神祈福。"文革"以后的一段时间已经很难再看到社戏了,然而近几年社戏却又红火起来。不过,此社戏非彼社戏,原来的祭祀性质几乎已经完全淡化了,取而代之的是年节时期的应景活动,或是观光景区的旅游节目,甚至在有些地方成为聚赌的幌子。与旧时的社戏最接近的还算是春节期间在农村的演出,喜庆热闹,上了年纪的人都爱看。春节里在农村的社戏演出是剧团收入的主要来源,以绍兴小百花为例,其一年的演出场次大约100场出头,春节期间就将近40场;而且春节时一场戏的价格大约是平时的两倍。这么算下来,春节里社戏演出的收入要占到全年收入的一半以上。再算上平时,大约80%的演出在农村,20%的演出在城市。正是因为这样,社戏的延续成为令人担忧的问题。绍兴市戏剧家协会副主席汪嘉宝认为,随着城市化进程的加快,绍兴周边的郊县也在逐渐向城市方向发展,社戏的生存空间也正随着城市化的推进而被逐渐蚕食。① 也就是说,包括演出空间、观众、气氛等等因素在内的社戏原生态环境正在消逝,被迫"搬"到城市室内舞台或旅游风景区里只为娱乐消费而不分时节的表演如果还叫"社戏"的话,也不再是非物质文化遗产名录里的传统社戏了。

再如绍兴传统的乌毡帽。明张岱《夜航船》载:"秦汉始效羌人制为毡帽。"清光绪二十五年(1899),潘尚升开设潘万盛毡帽店,年产毡帽约2000顶。1940年,毡帽益盛。1966年后,绍兴民间戴毡帽之俗渐止,而乌毡帽却由于种种缘故成了绍兴一大特色,在外地人眼里成为绍兴人的标志。1978年后,为满足旅游者和老农之需,从山东购入成本低廉的乌毡帽,供应市场。绍兴市面上卖的乌毡帽,地产货极其罕见,基本上是舶来品。"张冠李戴"实非绍兴人情愿,在这种现象的背后隐藏了经济利益与文化价值的冲突。乌毡帽的传统象征不能丢,乌毡帽的名气所带来的经济效益也不能少,鱼和熊掌都想要,但是传统乌毡帽的制作正在衰亡,于是选择了这样折中的方式,实际上是文化价值对经济利益的无奈妥协。这样的妥协,对于现今列入非物质文化遗产保护对象的绍兴乌毡帽制作工艺不能不说是一种悲哀。

---

① 参见戴敦峰:《绍兴:上演千年社戏》,《南方周末》2004年1月22日。

2004年文化部、财政部《关于实施中国民族民间文化保护工程的通知》中，提出对民族民间文化采取的基本“保护方式”有：(1)对民族民间传统文化进行全面普查、确认、登记、立档。(2)在真实记录的基础上进行整理、研究、出版，或以博物馆等妥善方式予以展示、保存。(3)通过建立文化生态保护区、命名民族民间文化艺术之乡，对原生态文化保存较为完整并具有特殊价值和浓郁特色的文化区域，进行动态的持续性保护。(4)通过对传承人的资助扶持和鼓励，建立民族民间文化传承机制。对优秀的民族民间文化进行宣传、弘扬和振兴。2005年3月26日国务院办公厅颁布《关于加强我国非物质文化遗产保护工作的意见》，其中第七条对申报项目的传播和保护措施作了更详细、明确的规定：“传播：利用节日活动、展览、观摩、培训、专业性研讨等形式，通过大众传媒和互联网的宣传，加深公众对该项遗产的了解和认识，促进社会共享；保护：采取切实可行的具体措施，以保证该项非物质文化遗产及其智力成果得到保存、传承和发展，保护该项遗产的传承人(团体)对其世代相传的文化表现形式和文化空间所享有的权益，尤其要防止对非物质文化遗产的误解、歪曲或滥用。”可见，对民族民间传统文化项目进行传播和保护的目的乃是要促进社会共享、要有利于非物质文化遗产的传承和发展，对原生态文化连同其区域要进行动态的持续性保护，任何不顾文化自身的特性、将文化遗产当做“摇钱树”的行为都是与保护的宗旨背道而驰的。诚然，在具体的保护实践过程中，难免受到多种因素的制约，比如地方经济的发展，比如现代消费观念的变化，又比如各种硬件条件的制约，或者认识水平的不足，等等，都有可能在处理文化遗产的经济开发问题时出现“短视”的举措。在这种情况下，充分认识文化价值的意义和重要性、处理好经济利益和文化价值的冲突就显得尤为必要。

## 四、时代发展与遗产保护的冲突

继“张冠李戴”现象之后，绍兴乌毡帽又兴起一股“美体瘦身”的时尚风潮，再次引出一番争议。2008年夏天，绍兴乌毡帽摇身一变，一改传统乌毡帽的单调、厚重、坚挺，变得更为“轻薄”。变身后的乌毡帽乍一看，有点传统乌毡帽的样子，仔细端详却大不相同：新式乌毡帽采用无纺布制作，比起

传统的190克重的羊毛乌毡帽，这种新式乌毡帽仅有30克重，没有以前的坚挺，但是透气许多；新式的乌毡帽还可以随便折叠，一圈帽檐都能翻起来，露出彩色色块、书法图案，帽檐全部放下则变成流行遮阳帽，成了真正的"轻便时尚型"。

对于乌毡帽的"减肥"，社会各界仁者见仁，智者见智。有人对此表示疑虑，认为新版乌毡帽不正宗的模样传播出去会产生负面影响，时间久了，绍兴的乌毡帽文化有可能在外面成了"四不像"①；有人则对这类现象持严厉的批判态度，例如一位网友发表的言论："传统文化遗产在过度的商业包装中逐渐扭曲、变形。许多地方和企业表面上热衷于'保护'非物质文化遗产，实际上却是以保护为名、行旅游开发之实。至于'保护'行动，则是申报积极、包装积极、表演积极，在真正的传承人保护和精髓研究上却不肯花心思、投资金。"②言辞虽然偏激，却也发人深省；也有人对乌毡帽的变异表示赞同肯定，认为文化遗产在不同时代的变异是正常的传承演变，正如海派旗袍从20世纪20年代的前后襟宽大的"直笼统子"发展到现在尽显女性曲线的"透、露、瘦"，从单一简陋到丰富精致有一个创新的过程。③一时众说纷纭，莫衷一是。乌毡帽的旧貌换新颜究竟是顺应时代的有益改良还是对传统的破坏？说到底，这在于如何看待时代发展与遗产保护的关系。

时代在发展，随着三大产业的分化、科技的进步，生产力和生产方式正以加速度的方式发生日新月异的变革，人类的生活方式、消费习惯、审美趣味都在发生相应的变化。毫无疑问，一些具体的文化形式也会顺应人们的实际需求而推陈出新，其中难免包括一部分富有民族地方特色和历史文化价值的非物质文化遗产。在提出保护文化多样性的理念之后，这种因时代发展而进行的文化更新就与遗产保护发生了冲突。乌毡帽只是其中一例。在越地非物质文化遗产中，面临类似问题的还有方言、罱泥习俗、手工花边等等。

方言与普通话的"较量"恐怕是除了北京及周边少数几个地区以外都

---

① 参见李玲玲、俞朝盈：《绍兴乌毡帽土变洋　重量也减轻》，《钱江晚报》2008年7月4日。

② 《绍兴乌毡帽要"瘦身"，您怎么看?》，见浙江在线潮鸣天下社区，http://bbs.zjol.com.cn/viewthread.php? tid=2785885。

③ 参见魏孔明：《绍兴乌毡帽"美体瘦身"要时尚》，《温州晚报》2008年7月4日。

必须正视的问题。我国地广人多，汉民族分布广泛，各地方言殊异，南腔北调，复杂多样。新中国成立后，为了发展新中国的文化教育，克服方言分歧造成的隔阂，1956 年 2 月 6 日，国务院发出关于推广普通话的指示。自此，推广普通话的运动轰轰烈烈地在神州大地开展起来，方言成为对此最大的阻碍。2004 年 9 月 6 日，在中国第七届推广普通话宣传周的新闻发布会上，教育部语用司普通话推广处处长袁钟瑞提到：中国是多民族、多语言、多方言的人口大国，每种方言又包含若干种次方言和土语。"这种现状虽然让国际语方面的组织叹为观止，但是，它同时恰恰成了阻碍我国普通话推广的最大瓶颈。"①与此同时，国家语委也表示：地方方言也是我们国家地大物博、文化底蕴深厚的一个重要的象征。教育部语言文字应用管理司司长杨光 2004 年 8 月 25 日在第 89 届国际世界语大会上说，中国是一个多民族、多语言、多方言的发展中国家，中国政府已经并将继续保护和发展少数民族语言与地方方言。我国民族区域自治法、国家通用语言文字法、教育法等法律法规，也对各民族语言的使用作出了详尽具体的规定。尽管如此，一方面要大力推广普通话，一方面又要保护民族方言，二者之间的冲突仍然不可避免。长期以来，我国在推广普通话的同时，在无形中抵消了方言的话语空间。学校教师被要求在教学时及校园内各种场合坚持使用普通话，对电视节目主持人的普通话水平要求则更高，甚至一些家长为了教育孩子而在家里也改说普通话。经过五十多年的推广，普通话对方言的"攻克"已大获全胜，其明显标志就是：方言成了遗产，本地人说不来本地话。正如年轻的上海人说不来上海话，现在许多绍兴本地儿童甚至不会说绍兴话，许多绍兴方言中的俗话、俚语正在被人们淡忘。酒店、超市、银行……这些公共场合往往只用普通话与人交流，少了乡音的亲切。② 鲁迅笔下富有魅力的绍兴方言终于不敌时代的发展而成为一种文化遗产。

在普通话的强势围攻下，方言逐渐被边缘化，成为弱势语言，这样的处境反而为其赢取了另一种生存空间。普通话成为民族共同语，方言则成了地方特色的载体，不少影视作品就采用方言来表达特定地域的民俗文化，较早的《二嫫》、《秋菊打官司》里用了陕西方言，《小武》、《站台》中主人公





---

① 《普通话推广任重道远》，《信息导刊》2004 年第 38 期。

② 参见张剑：《普通话该倡导，方言也很亲切》，《绍兴晚报》2008 年 10 月 1 日。

说的是山西汾阳方言,《红粉》一律采用苏州话,《孽债》用的是上海话,《刘老根》、《东北一家人》、《候车室的故事》则令东北话一时风行。非物质文化遗产概念的提出,对于方言来说是件值得欢欣鼓舞的事情。近几年,借助电视电影等大众传媒,各地方言如雨后春笋般从普通话的覆盖下冒出来。自 2003 年元旦江苏城市频道推出"民生新闻"栏目《南京零距离》后,地方电视台的方言新闻顿成燎原之势,席卷全国。2004 年元旦杭州电视台西湖明珠频道开播《阿六头说新闻》,此后南京电视台开办了《听我韶韶》,无锡台推出《阿福聊斋》,苏州则有《天天山海经》、《苏阿姨谈家常》两档节目,南通电视台推出《总而言之》,台州电视台有《阿福讲白搭》和《台州百晓》,绍兴台则分别于 2005 年和 2007 年相继推出《师爷说新闻》和《莲花剧场》两档绍兴方言节目。

此类方言新闻节目的出现在社会上引起了强烈的反响。支持的一方认为,方言电视节目的兴起在一定程度上契合了本土受众的心理需要。根据传播学的选择性定律,受众优先接触、理解和接受与个人既有的经历、相似经验和文化背景协调一致的信息。方言电视节目在形式包装、节目内容、特色定位上紧紧与当地区域文化特性结合,可以使本土观众更好地理解电视语境、解读更快捷,更容易产生共鸣,获得满足和愉悦。另一方面,外来文化的冲击对当地区域文化造成了威胁,而反映本土历史文化的方言则成为区域认同和身份认同的一种标志,电视方言节目满足了现代人们对自身所处的地域文化的认同需求。

对此也有不同意见,认为媒体的方言土语传播造成了方言与普通话势不两立的表象,制造了新的话语霸权。用方言土语播新闻是对发扬地域特色和本土化的"误读"。其危害不仅在于触犯了《国家通用语言文字法》,消解了大众媒体的语言示范功能,而且对"分众化"的偏狭理解容易造成族群歧视和族群撕裂,狭隘的地域文化观也会排拒对国家和民族的认同。保护方言和地方文化也有很多方式方法,但不宜使用作为大众性文化载体和社会公器的广播电视来保护方言。2004 年 12 月,国家广电总局曾颁布《中国广播电视播音员主持人职业道德准则》,要求广播电视播音员主持人要积极推广、普及普通话,规范使用通用语言文字,除特殊需要,一律使用普通话。2005 年 9 月,国家广电总局又出台了《中国广播电视播音员主持人自律公约》,规定"不在普通话中夹杂不必要的外语,不模仿港台话及其表达方式”等等若干规定。这些条令在一定程度上制约了方言新闻节目的发展，这不得不说是在当前我国传媒语言过分复杂的情况下，对传媒语言的一次规范调整。

规范传媒语言，使用民族共同语是时代发展的要求，是消除语言隔阂、促进文化交流的必然手段；然而，当我们的生活空间越来越成为“地球村”的时候，工业时代的机械性和可复制性摧毁了越来越多具有民族和地域特性的文化样式，世界各地各民族的方言数量急遽减少，保护方言成了保护人类历史文化遗产的重要部分。作为非物质文化，方言的保护必须是活态的保护，即，必须要有人能够使用方言进行交流。这就必然与推广普通话的要求构成了冲突。以绍兴电视台的《师爷说新闻》为例，这是一档纯粹的绍兴方言节目，在宣传和保护绍兴方言、满足当地人们对本土文化的认同需求的同时，也不免占用了有限的频道空间和电视制作的资源，按照国家广电总局曾经颁布的条文，这些资源本来应该是推广、提倡普通话的渠道。并且，《师爷说新闻》的观众主要是绍兴的中老年群体，年轻人很少。为了提高绍兴方言的宣传效力，延续绍兴方言的生命力，该节目势必要扩大在年轻一代中的影响力，这又将会产生怎样的结果呢？在这种语言环境下成长的绍兴儿童该如何选择自己的语言工具呢？语言在一定程度上反映了人们的生活态度，方言作为一种文化，包含着一定的民俗习惯、文化传统、心理积淀等信息，含义丰富深刻，是中国民间思想朴素的表现形式。绍兴方言和普通话的对决，也就是越民俗在外来强势文化冲击下的顽强突围，是在保护和发扬越地优秀的传统文化的过程中与时代发展的利益要求发生冲突的具体表现之一。

同样，科技的进步、机器在生产生活中的广泛应用也将一部分传统习俗和工艺变成了文化遗产，在保护遗产的呼声中出现了与现代文明的冲突。罱泥习俗曾经是越地水乡一带常见的农业习俗，是春季开荡掘取河泥肥田的农事活动。绍兴农村有“人要桂圆枣子，田要河泥草子”的说法，表明了罱河泥肥农田对于农业生产的必要性和重要性。在过去，这种肥田方法既经济又有效。然而，随着化工产业的兴起，黝黑的河泥逐渐被化学肥料替代，繁重艰辛的罱泥活动也随之逐渐消失，河道因此淤积严重，土壤也产生了对化肥的依赖性，生态环境失去了往日的平衡。在化学肥料供应充裕的现代农业条件下，还应该保留过去的罱泥农俗吗？与此类似，传统的

绍兴花边挑绣工艺曾经驰名海内外，挑花边一度成为农村妇女的一种主要家庭副业，由于20世纪80年代研制锭织花边成功，改变以手工为主的传统生产方式，挑绣女工逐渐消失。有了省时省力的机器生产，还要继续采用传统的手工艺吗？

年轻一代基本是在相同的教育模式和生活模式中成长起来的，很少有人愿意从事传统的行业、学习传统的技能，并且几乎也没有机会接触到那些古老的行当。新时代对现代青年提出了新的要求，提供了新的选择。弃旧从新，这是时代发展的必然趋势，由此也就与遗产保护的要求构成了冲突。因为遗产保护必然要占据现有资源，人力、物力、财力、时间、空间，等等。而资源是有限的，是时代发展的生命线，任何对资源的占用都将影响到时代的进步。

此外，从伦理上讲，非物质文化遗产是否可以"人为"地传承延续下去？我们是否可以要求人类中的一部分停留在文化的"过去时"，以便处于"现在时"和"将来时"的我们有机会欣赏到文化"木乃伊"？在过去的若干世纪，人类没有"文化遗产"的概念，也没有"保护"的举措，各种文化更新换代、自生自灭，演变成今天的局面。现在我们要对这些过去的传统文化保护起来，要传承下去，那么在若干年后会是一幅怎样的情景？是文化多样性的无限累积，还是墨守陈规、故步自封？

可见，对于此类在人类文明发展过程中被"遗弃"的非物质文化，如何正视其价值并加以保护，是一个必须慎重考量的问题，处理得不好，要么荒废了祖先留下的文化遗产，要么阻碍了时代前进的步伐。

# 第十五章 借鉴:世界非物质文化遗产保护与发展的经验



## 一、我国非物质文化遗产保护与发展的经验

我国是一个历史文化悠久的国家,古老的文明造就了人类发展史上灿烂文化的奇迹,大量的文化遗产被后人所继承。但是,在继承的过程中,许多文化遗产因为保护不周而被毁弃,很多优秀的传统文化在代际传承上出现了断层,很多有价值的文化正逐渐退出人们的现代生活。2001 年,随着昆曲成为联合国教科文组织首批"人类口头和代表作","非物质文化遗产"的概念逐渐进入人们的视野。

非物质文化遗产的价值日益上涨,保护非物质文化遗产的重要性不容忽视,我国政府开始重视对非物质文化遗产的保护。2003 年初,我国政府开始实施"中华民族民间文化保护工程";2004 年 8 月 28 日,全国人大常委会表决通过了批准中国政府加入《保护非物质文化遗产公约》;2005 年 12

月，国务院将每年6月份的第二个星期六定为一年一次的"文化遗产日"；2006年2月，国家博物馆举办了"中国非物质文化遗产保护大型成果展览"；2006年6月10日为我国首个"文化遗产日"，在此之前，国务院公布了我国第一批国家级非物质文化遗产名录，以更好地保护和利用非物质文化遗产。一时间关于"非物质文化遗产"话题成为社会关注热点，非物质文化遗产保护工作也轰轰烈烈地开展起来。

由于非物质文化遗产保护的由来以及我国的特殊国情，我国政府对传统非物质文化的保护工作具有以下几个特点和经验。

1. **重视调查和研究工作**

新中国成立以来，在没有提出"非物质文化遗产"的概念以前，我国政府就为继承和弘扬优秀传统文化做了大量工作，并将"民族民间文化"作为相对独立的范畴加以保护。20世纪50年代，我国政府组织文化工作者对部分传统文化遗产进行了调查和研究，包括对各少数民族的民间文化进行调查，出版了《国家民委民族问题五种丛书》和《中国少数民族社会历史调查资料丛刊》等。使许多濒临消亡的非物质文化遗产得到抢救。1979年文化部、国家民委、中国文联共同发起"十部中国民族民间文艺集成志书"编撰工作。该项目是对我国民族民间文艺进行的一次全面、深入的普查和抢救。为此文化部决定并经中央机构编制委员会办公室批准，于1998年成立文化部民族民间文艺发展中心，主要任务是全面承担中国民族民间文艺的搜集、整理、保护、研究、开发工作；继续负责十部中国民族民间文艺集成志书编纂出版工作；开展多方位的民族民间文化艺术交流；利用文艺资源优势及现代科技手段，建立系统的中国民族民间文艺基础资源数据库，宣传保护中华民族丰富的文化传统。"十部中国民族民间文艺集成志书"项目由全国30个省市（区）文化厅、文联等有关部门共同参与，约有10万人参与了资料搜集整理编写工作，跨度二十多年，涵盖了戏曲、民间音乐、民间舞蹈、民间美术、曲艺、民间文学等5个艺术门类的10个领域，搜集采录的民间作品是20世纪最后20年间还"活"在民间社会中的民间文艺，调查和保存了大量的珍贵艺术资源，包括许多口头传授于民间的艺术、民俗等非物质文化遗产，被海内外誉为当代文化建设的"万里长城"。

1997年国务院发布了《传统工艺美术保护条例》，对传统工艺美术作出明确的规定，通过建立国家评定机构，保护了一大批传统工艺美术品种，命名了二百余名“工艺美术大师”，随后北京、上海、广东、浙江等省市相继出台了各自的《传统工艺美术保护条例》，评定了一批省市级的工艺美术大师；国家还成立了“振兴京剧指导委员会”、“振兴昆曲指导委员会”，并设立专项资金，实施国家昆曲艺术抢救、保护和扶持工程，一批具有悠久传统、民族风格和地方艺术特色的乡镇，被国家命名为民间艺术之乡、特色艺术之乡。如此增强了全社会对传统文化遗产的保护意识，鼓励各地对非物质文化遗产进行整理、研究和开发。

文化部从2005年至2008年按照联合国《保护非物质文化遗产公约》中规定的所有非物质文化遗产类型，在全国范围内开展全面、深入的普查，并建立了国家级非物质文化遗产名录。普查利用已有的工作成果，运用文字、录音、录像、数字化多媒体等各种方式，对非物质文化遗产进行了真实、系统和全面的记录，全面了解和掌握各地各民族非物质文化遗产资源的种类、数量、分布状况、生存环境、保护现状及存在问题，摸清了非物质文化遗产资源的家底。

**2. 充分发挥自上而下的指导作用**

2005年12月，为了贯彻落实党的“十六大”关于“扶持对重要文化遗产和优秀民间艺术的保护”的精神，履行我国加入联合国教科文组织《保护非物质文化遗产公约》的义务，国务院办公厅印发了《关于加强我国非物质文化遗产保护工作的意见》，要求建立中国非物质文化遗产代表作国家名录，确定“保护为主、抢救第一、合理利用、传承发展”的指导方针及“政府主导、社会参与、明确职责、形成合力、长远规划、分步实施、点面结合、讲求实效”的工作原则。《意见》要求加强领导、落实责任，发挥政府的主导作用。由文化部牵头建立中国非物质文化遗产保护工作部际联席会议制度，统一协调非物质文化遗产保护工作。同时，广泛吸纳有关学术研究机构、大专院校、企事业单位、社会团体等各方面力量，共同推进我国非物质文化遗产的保护工作。《意见》的印发对我国的非物质文化遗产保护工作起到了重要的指导作用。

2005年底，文化部发布了《中国民族民间文化保护工程普查手册》。《手册》由一百多位民间文化领域的专家合作而成，第一次将我国非物质文化遗产分为十六大类，即民族语言、民族文学、民间美术、民间音乐、民间舞蹈、戏曲、曲艺、民间手工技艺、生产商贸习俗、民间信仰、民间知识以及游

艺、传统体育与竞技等;这种分类体系在此后成为各地进行非物质文化遗产普查分类的重要借鉴。针对目前各地保护工作中普遍存在的普查标准不统一、普查方法缺乏科学指导、思路不够清晰等共同问题,《手册》给予了比较准确和规范的梳理,这是迄今为止第一部全面、准确、规范的非物质文化遗产普查工作指南性工具书,是我国的非物质文化遗产普查工作的"指挥棒"。

2005年文化部开始建立第一批国家级非物质文化遗产代表作名录,要求各地遵循"掌握条件,严格程序,科学论证,简明易行"的原则申报国家级代表作项目。同时制定了申报国家级非物质文化遗产代表作的项目条件:(1)具有展现中华民族文化创造力的杰出价值;(2)扎根于相关社区的文化传统,世代相传,具有鲜明的地方特色;(3)具有促进中华民族文化认同、增强社会凝聚力、增进民族团结和社会稳定的作用,是文化交流的重要纽带;(4)出色地运用传统工艺和技能,体现出高超的水平;(5)具有见证中华民族活的文化传统的独特价值;(6)对维系中华民族的文化传承具有重要意义,同时因社会变革或缺乏保护措施而面临消失的危险。同时,申报项目须提出切实可行的十年保护计划,并承诺采取相应的具体措施,进行切实保护。第一批有518项被确定为国家级非物质文化遗产代表作。

**3. 从国家文化发展战略的高度统筹规划**

从2002年起,文化部、财政部等有关单位启动了中国民族民间文化保护工程,从高屋建瓴的角度出发,采取一系列保护措施,对具有重要价值且濒危的项目进行抢救性的保护。2004年8月颁发了《文化部财政部关于实施中国民族民间文化保护工程的通知》,制定了《中国民族民间文化保护工程实施方案》。方案指出:"针对我国民族民间文化保护面临的严峻形势,采取有效措施,加强我国民族民间传统文化的保护,已刻不容缓",为此,将在全国范围内实施中国民族民间文化保护工程。目前已确定了国家保护试点项目40个,各省也相继确定了一批保护项目,不少地方政府通过制定地方政府法规,建立传承人命名活动,为传承活动和人才培养提供资助,鼓励和支持教育开展普及优秀民族民间文化活动,规定有条件的中小学将其纳入教育教学内容等多种措施,卓有成效地开展非物质文化遗产的保护工作。

2006年10月,党的第十五届中央委员会第五次全体会议通过的《国家

"十一五"时期文化发展规划纲要》指出:要建立健全非物质文化遗产保护体系,开展非物质文化遗产普查、建档工作,绘制国家非物质文化遗产资源分布图,建立非物质文化遗产名录体系,确立非物质文化遗产传承人谱系,制定传承人资助办法。确定10个国家级民族民间文化生态保护区。完成《中国民族民间文艺集成志书》的出版和相关资料的保护工作,出版《国家非物质文化遗产名录图典》、《非物质文化普查图集(分省图册)》、《昆曲大典》、《中国民间美术分类全集》。继续实施国家重点京剧院团、昆曲院团保护和扶持项目。加强对民间文学、民俗文化、民间音乐舞蹈、少数民族史诗等若干非物质文化遗产项目的抢救。

重视中华优秀传统文化的传承。重视中华优秀传统文化教育和传统经典、技艺的传承。促进中华优秀传统文化内容进入中小学课程。广泛开展吟诵古典诗词、传习传统技艺等优秀传统文化普及活动。改造和发展富有浓郁民族特色的民间传统节庆内容、风俗、礼仪,完善中华民族始祖的祭典活动,充分发挥春节、元宵节、清明节、端午节、七夕节、中秋节、重阳节等传统民族节庆在增强中华民族凝聚力、促进和谐社会建设中的作用。高度重视国庆节、劳动节和建党建军纪念日等重要节日,广泛开展热爱党、热爱祖国、热爱人民、热爱社会主义的主题宣传教育活动。充分利用"文化遗产日",组织开展文化遗产保护系列宣传展示活动。继续实施国家清史纂修工程。[①] 目前,我国非物质文化遗产保护工作已经上升为国家文化发展战略,走上广泛而深入的发展时期。

从非物质文化遗产保护的个案来看,由于我国的保护工作刚起步,正处于学习和摸索的阶段,具体的保护效果只有在经过一段时期后才能显现。况且,关于有些文化遗产是否应该保护或是应该如何保护,以及该怎样评价其保护效果,这些问题在学界还存在争议。因此,目前还无法对个别的保护案例作出成功与否的定论。按照国务院《关于加强我国非物质文化遗产保护工作的意见》提出的"保护为主、抢救第一、合理利用、传承发展"的指导方针,在现阶段看来,能较好地达到该要求的保护项目也不在少数,妙峰山庙会、北京秧歌、乐亭大鼓、奉化布龙、侗族大歌,等等。任何一

① 参见孙法鑫:《非物质文化遗产保护工作历》,载文化发展论坛,http://www.ccmedu.com/bbs51_33280.html。

项表现出色的遗产项目，其保护工作中必定有一些值得肯定和发扬的做法。下面以妙峰山庙会为例，分析其传承保护历程中值得借鉴的经验。

妙峰山（古称妙高峰）全名“莲花金顶妙峰山”，地处北京西郊门头沟区。据记载妙峰山传统庙会始于明代崇祯年间，距今已有三百余年的历史，是华北最重要的庙会之一。每年农历四月初一至十五和七月二十五至八月初一举办春香和秋香各一次，以春香为最盛。据清《燕京岁时记》记载：“妙峰山每属四月，自初一开庙半月，香火极盛，人烟幅辏，车马喧闹，夜间灯火之繁灿如列宿，香火实可甲于天下矣。”1925 年，北京大学国学门研究所顾颉刚等人对妙峰山庙会进行了专门调查，出版了《妙峰山进香专号》，开创了我国民俗学田野调查的先河，妙峰山因此成为中国现代民俗学的发祥地。日军侵华期间庙宇损坏严重，庙会逐渐衰落，新中国成立初期，庙会停办。1985 年修复庙宇，1987 年对外开放，1990 年京城老香会“秘密”到妙峰山朝顶进香，酬山赛会。1993 年政府正式批准妙峰山举办首届春香庙会，古老的妙峰山庙会文化又焕发出新的生机。如今的妙峰山庙会除完整保留了明清时期香客朝顶，香会酬山，施粥、布茶、舍馒头等传统形式外，还增加了商品交易、民俗展示、文艺演出等新内容，形成京城独具魅力、积极健康的民俗活动。2008 年，妙峰山庙会被列入第二批国家级非物质文化遗产。

妙峰山山顶有座灵感宫，即碧霞元君祠，俗称娘娘庙，这是妙峰山庙会的形成原因，娘娘信仰是其精神支撑。相传康熙年间这里的娘娘“显圣”，从此香火更盛。俗云：“妙峰山的娘娘，照远不照近。”娘娘“显灵”，越传越远，愈远愈神。因此天津、保定、石家庄等地的信众不辞劳苦，跋涉数百里来妙峰山进香。有的一步一揖，三步一叩首；有的竟以背鞍、滚砖、锡镣、耳箭、悬灯等方式朝山，以表虔诚。其中，为除病消灾而来许愿、还愿的香客居多。这种信仰和朝拜仪式至今依然是整个活动的基础内容，也是妙峰山庙会活动能在复苏之后年年兴盛、绵延不绝的精神基础。

北京妙峰山庙会在保持娘娘信仰的同时，又融进佛、儒、民间神等其他诸神信仰，使自己的根基变得多元化，触发了新的生长点。庙会的花会表演也大胆地吸收一些后起的花会甚至近年新涌现的民众表演团体（包括秧歌队、管弦乐队等）加入，使内容更为丰富和贴近现实，使得人们既能浸染于传统文化，又不脱离时代归属，既令古老的传统融入今日之生活，又使今日之生活汇通古老的传统，在新价值观的认同中促成新的和谐一致，从而推动传统自然地传承与衍变。

民众对于妙峰山庙会有着极大的参与热情，每年四月初一至十五各文会、武会均自己掏钱，献米舍粥、舍馒头、舍菜、缘豆，免费提供茶水；自己出车费上山献艺，自娱自乐。2001 年后，公交车不能进山，私家车、出租车以及翻山越岭者仍每日不断，三十至初一晨山路上的汽车通宵达旦，一夜约四五千人。2005 年石景山区古城秉心圣会会众将断档 60 年的花会表演项目恢复，冒雨进山朝顶，精彩献艺，将妙峰山庙会演绎成一个生动鲜活的民俗事项。

妙峰山庙会的民俗活动能坚持至今，离不开政府的支持。例如 1984 年在北京胡同里表演的花会得到区政府的认可，次年进入龙潭湖庙会，此后庙会活动一年比一年大，全国各地的花会以能参加北京春节庙会表演为荣，以此带动各地花会的恢复。1992 年，当妙峰山庙会遭遇极大困难时，市领导说了一句话："城里请花会要出钱，人家送上门来你们为什么不要?"遂使之化险为夷，从此年年举办一直至今。另外，作为政府一级基层机构的妙峰山管理处，也为庙会的正常举行、传统的积极传承做了大量有效的工作。每年庙会前他们首先召开花会会首联谊会，对上山会档进行安排。并依花会上山年头的不同赠送不同旗子，以示精神上的鼓励。

妙峰山庙会的盛况，引发了中外民俗学者的兴趣。1925 年，北京大学顾颉刚先生带领一批学者上山考察，并发表文章，引起极大反响；1995 年，召开纪念妙峰山考察 70 周年学术研讨会，93 岁高龄的民俗学泰斗钟敬文亲自带领大批学者、学生上山考察，此后多位学生以妙峰山为题完成博士、硕士论文；同时，美、法、日、韩等国也有不少学者以此为研究对象，发表论著；2004—2005 年，中日学者联合组织学生进山考察，详细追踪春季庙会全过程；2005 年由中国民俗学会、民间文艺家协会等多个组织联合召开纪念妙峰山考察 80 周年研讨会并立纪念碑。"中国民俗学田野调查纪念碑"揭幕仪式即在 2005 年春季庙会的第一天举行。学术界的关注和参与，无疑也在客观上为妙峰山庙会的延续行使了"保驾护航"的功效。

由上观之，妙峰山庙会延续至今并保留完好的缘故离不开这几个方面：一是保持了精神内涵，即娘娘信仰，因此守住了深厚的民间基础；再就是不拘泥于老传统，而是开放创新，与时俱进，实现传统文化的可持续发

展;还有就是民众的自主参与,那些传统的祭祀仪式、风物游艺,是民众精神和信仰的一部分,人们无须任何命令、要求,都会自觉参加。这也是非物质文化遗产保护和传承的理想状态。最后,还离不开政府的支持和倡导。任何一项民俗事项,它的主体虽然是广大的民众,但是政府的意识或意志将会给予民众主体以重大影响,管理不当则不仅不能促进文化遗产的保护和传承,相反还会产生阻碍和破坏的负面效果。① 假如政府还以"破四旧"、"文化大革命"期间的文化政策对待妙峰山庙会或其他非物质文化遗产,那么恐怕非物质文化遗产就早已所剩无几了。

## 二、国外非物质文化遗产保护与发展的经验

### (一)韩国的"活的人类珍品"

许多世纪以来,韩国一直是一个以农业为主导的社会,其人口的大多数从事农业生产。由于工业化的迅速发展,许多人从农村迁移到了城市。在此期间,以美国为中心的西方文化产生巨大的影响。工业化、城市化和西方化的同时,旧的生活方式在迅速地消失,老的艺术、仪式和其他非物质文化表现形式也面临着迅速消失的危险。从 20 世纪 60 年代开始,韩国就着力于传统民族、民间文化的搜集和整理,并于 1962 年制定了《韩国文化财保护法》。半个世纪以来,韩国已经陆续公布了一百多项非物质文化遗产。非物质文化遗产被定义为包括音乐、舞蹈、戏剧、游戏、仪式、武术,以及其他有关的艺术和工艺,还包括食品和其他日常生活用品的生产技艺。掌握着非物质文化遗产技艺的人被称做"技艺掌握者",但在韩国的口语中将他们称为"ingan munhwaje",意思是"人的文化遗产",翻译成英文后就成了"活的人类珍品"。②

《韩国文化财保护法》根据价值大小把非物质文化遗产分为不同等级,国家确定具有重要价值的非物质文化遗产将给予 100% 的经费保障;省、市

---

① 参见贺学君:《非物质文化遗产"保护"的本质与原则》,2005 年 7 月文化部苏州论坛。

② 参见[韩]任敦姬:《人类活的珍品和韩国非物质文化遗产的保护:经验和挑战》,载非物质文化遗产网。

确定的非物质文化遗产国家给予50%经费保障，剩余由所在地区筹集资助。韩国政府制定了金字塔式的文化传承人制度，最顶层被授予“保有者”的称号，他们是全国具有传统文化技能、民间文化艺能或者是掌握传统工艺制作、加工的最杰出的文化遗产传承人，共有199名，国家给予他们用于公演、展示会等各种活动以及用于研究、扩展技能、艺能的全部经费，同时政府还提供每人每月100万韩元的生活补助并提供一系列医疗保障制度，以保证他们衣食无忧。这些特殊待遇提高了这些艺人的地位。在过去，韩国的艺人是被人看不起的，而现在文化遗产体系不仅仅给予这些艺人经济补贴，还提高了他们的社会地位和身份。

韩国政府于1962年通过的文化遗产保护法成为文化遗产保护计划的法律基础。在这个保护计划中，确立单个文化遗产项目包括几个步骤。如果地方自治团体提出申请，有关领域的专家就被派去做实地考察研究，并准备项目确立的报告。国家成立了专门的非物质文化遗产委员会，由来自大学、研究机构、文化团体的专职专家以及政府聘请的五十多名非专家包括普通群众组成。由各省长、市长及国家文化部提出的非物质文化遗产项目将交由他们论证，委员们将进行项目调研并撰写提交调查报告，决定推荐的项目是否具有历史、学术和艺术价值，是否突出地表现了地方特色。如果报告说明，项目符合以上标准，委员会就将其确定为文化遗产的重要项目，最终确立国家重点非物质文化遗产名录，确立的名录要公示一年，期间接受社会民众的监督并听取各方意见，如果没有被公众接受的项目将重新进行调研论证。另外，为了使这个项目得到继续传播，委员会还判定其原始形式的功能和艺术价值，并确立能够最佳表现这种形式的人为“活的人类珍品”。然后，这个人就被要求继续表演或者制作这个项目。在集体项目诸如戏剧表演、仪式等情况下，一个人不能表现其艺术和功能特点，一个群体就被确立为这个文化项目的“活的人类珍品”。

韩国非物质文化遗产体系不仅仅把确立遗产项目作为目的，而且要提供这个文化项目得以继续传播的体系，这个传播体系有严密的结构。那些被确立为“活的人类珍品”的人被要求将他们的技艺传授给年轻人，这些年轻人可以无须缴纳费用而得到培训。

这些文化项目传播的培训包括三个阶段：(1)初级教育：由那些“活的人类珍品”决定初级知识，给予学员初级的训练。根据“活的人类珍品”的

推荐,最优秀的学员可以参加选拔获得奖学金,被选拔上的人从政府那里获得固定的奖学金。(2)高级学员教育:那些接受过初级培训的学员要经过"活的人类珍品"考核,那些经考核、有了高水平艺术技艺的被选拔为高级学员。(3)初级培训助理培训员。那些具有出色能力的高级学员帮助"活的人类珍品"训练初级学员和其他高级学员,这些助理培训员也从政府那里领取固定的津贴。

最终,继承体系有6个级别:初级人员、高级学员、助理培训员、"活的人类珍品"候选人(那些继承了现在"活的人类珍品"的人)、荣誉"活的人类珍品",以及由于年龄原因或健康原因不能继续承担培训任务已经退休了的"活的人类珍品"。现在,一共有109个项目被确立为非物质文化遗产,213人被指定为"活的人类珍品"民间艺人。目前共有302名助理培训员,2473名高级学员和92名拿奖学金的初级学员。个人或团体的"活的人类珍品"民间艺人每年进行一次公开演出,展示他们所传播的技艺。除此之外,政府还修建专门用于此类演出的场所。通过在非物质文化遗产所在地修建这样一些文化传播的场所,当地的文化得到了传播。当然,演出都进行了录音和录像以及文字资料的记载,从而使这些资料能够长期保存。

在过去的40年里,通过这样的努力,那些本来会消亡的非物质文化遗产得到了保护和传播。在1999年举行的民意调查中,79%的韩国公民认为"活的人类珍品"体系为保护国家的非物质文化遗产做出了贡献。① 韩国的非物质文化遗产保护专家金光南教授表示,目前韩国已经对音乐、绘画、舞蹈等方面的非物质文化遗产实施立法保护,并成立了专门的保护部门,支持全国各地各式各样的保护活动。韩国还成立了专门的学术机构———国家文化遗产研究院,设立了非物质文化遗产保护基金,并建立了两个博物馆,对非物质文化遗产实施全方位的保护。②

### (二)其他诸国的非物质文化遗产保护政策

**日本** 日本是世界上最早关注非物质文化遗产保护的国家。早在

---

① 参见[韩]任敦姬,《人类活的珍品和韩国非物质文化遗产的保护:经验和挑战》,载非物质文化遗产网。

② 参见杨东、蔡宇、陶玲:《保护"非遗"40专家通过〈成都宣言〉》,《华西都市报》2007年5月25日。

1950 年政府颁布的《文化财保护法》中，就独树一帜地提出无形文化财（即非物质文化遗产）的概念，并以法律形式规定了它的范畴和保护办法，而对那些造诣颇深、身怀绝技的艺人和工匠，日本媒体称其为“人间国宝”。从 1955 年起，日本政府开始在全国不定期地选拔认定“人间国宝”，将那些大师级的艺人、工匠，经严格遴选确认后由国家保护起来，每年发给他们 200 万日元（约 14 万人民币）的特别扶助金，用以磨练技艺、培养传人。如今，经文部省认定的“人间国宝”已累计 360 位。日本已有 1000 项无形文化遗产成为国家级保护项目，其中能、歌舞伎、文乐等 3 项已成功入选联合国教科文组织“人类口头和非物质文化遗产代表作”名录。除呵护“人间国宝”外，日本政府还积极为非物质文化遗产的“活用”创造条件。位于东京皇宫护城河畔的“国立剧场”，是 20 世纪 60 年代政府专为歌舞伎等传统艺术表演而修建的一座现代化艺术殿堂，有些演出场次甚至要提前一年预定才能排上。①

**法国** 法国是世界上第一个制定历史文化遗产保护法的国家。1840 年，法国颁布了《历史性建筑法案》，这是世界上第一部关于保护文物的法律。法国在制定保护物质文化遗产方面的法律迄今已有二百多年的历史，而且随着人们对保护工作意识的不断增强，保护工作的范围逐渐扩展。目前，法国有 1.8 万多个文化协会保护和展示历史文化遗产。全法国已划定了 91 个历史文化遗产保护区，保护区内的历史文化遗产达 4 万多处，有 80 万居民生活在其中。历史文化遗产保护区的确立并不意味着将其封闭保护，法国政府采取让历史文化遗产保护区敞开大门，使之成为人们了解民族历史与文化的窗口。“文化遗产日”是法国人的首创。每年 9 月的第三个周末，所有博物馆向公众敞开大门，公立博物馆免门票，像卢浮宫、凯旋门等著名博物馆和历史古迹也在免费开放之列。私立博物馆门票减价，它们可以得到税收优惠。法国设立的“文化遗产日”极大地推动和促进了欧洲对历史文化遗产和非物质文化遗产的保护工作。②

**意大利** 意大利人曾不无自豪地说，全世界大约 4% 的历史艺术品出自意大利。也有人说，整个意大利就是一件大文物。作为希腊文化重地、

---

① 参见飞龙：《国外保护非物质文化遗产的现状》，《文艺理论与批评》2005 年第 6 期。

② 同上。

罗马文明的中心、天主教的核心、文艺复兴的策源地，意大利保存下来的各类历史文化遗产多得数不胜数。1996 年，意大利当时还只有 9 处文化和自然遗产被列入《世界遗产名录》，迄今意大利的世界遗产数目已发展到 37 处。从 1997 年开始，意大利政府在每年 5 月份的最后一周举行“文化与遗产周”活动，意大利国家博物馆、艺术画廊、考古博物馆、文物古迹、著名别墅以及一些著名的建筑等所有国家级文化和自然遗产都免费对外开放。全国各地 150 个城市中数百处平时不对外开放的古迹，一律向公众开放。除了自然和文化景观遗产之外，意大利政府也积极发展乡村生态旅游、美食文化旅游，促使非物质文化遗产在新时代的发展。如意大利的西西里傀儡戏被联合国教科文组织确立为人类非物质文化遗产以来，情况就发生了很大的变化。西西里傀儡戏形成于 19 世纪，随着娱乐方式的增多和电视的出现，此项技艺呈现了衰落的趋势。现在意大利政府在抢救和保护西西里岛傀儡戏方面做了不少工作。在西西里岛的商店和摊头上到处都可以买到木偶，木偶已经成为西西里岛的著名纪念品，吸引着各方游客。① 此外，充分利用博物馆的馆藏保护功能也是意大利保护非物质文化遗产的方法之一。意大利还设有两个博物馆专门致力于非物质文化遗产的保护。

**英国**　英国对文学、语言、宗教等领域内濒临灭绝的非物质文化遗产实施创新式保护的一种方式，让活灵活现的生活走进博物馆。英国专家阿拉赛尔曾引用过一个非常经典的案例来加以说明：煤矿企业关闭后，英国政府就建立了一个博物馆，直接把干了几十年的矿工请来担任导游，熟悉一切的矿工，不仅胜任工作，也是对非物质文化遗产的最好保护方式之一。②

① 参见飞龙：《国外保护非物质文化遗产的现状》，《文艺理论与批评》2005 年第 6 期。

② 参见杨东、蔡宇、陶玲：《保护“非遗”40 专家通过〈成都宣言〉》，《华西都市报》2007 年 5 月 25 日。

# 第十六章　突破:越地非物质文化遗产保护与发展的方法与途径



非物质文化遗产是中华文明的重要组成部分,保护好非物质文化遗产,是历史赋予我们的责任。当前我国社会正处于全面建设小康社会的重要战略机遇期,保护非物质文化遗产,对于增强民族的自信心、自豪感,增强民族认同感、归属感,促进经济、社会、文化的全面协调发展,构建社会主义和谐社会,都将起到积极的促进作用。党的"十七大"报告提出,要弘扬中华文化,建设中华民族共有的精神家园,其中一个重要内容就是加强对各民族文化的挖掘和保护,重视文物和非物质文化遗产保护。党和政府一直非常重视非物质文化遗产的保护工作,特别是近两年来,"非物质文化遗产"这个拗口的词,已经从书本走向人们的日常生活,成为大众关注的公共话题。

当前我国非物质文化遗产保护工作面临严峻的形势:一是我国非物质文化遗产生存的文化生态环境急剧改变,资源流失状况严重,后继乏人,一些传统技艺面临灭绝。二是法律法规建设有待加快步伐,非物质文化遗产

还没有得到依法保护；三是文化遗产保护意识有待提高；四是保护机制急需完善。这些问题需要迫切解决，同时也要充分认识当前非物质文化遗产保护的新形势和新要求。保护工作要成为国家和民族发展战略的重要组成部分，要注重制度的建立和机制的完善，要与构建和谐社会相适应，从被动保护向主动保护，从单一保护向全面保护，从静态保护向“活态”整体性保护转变。

除了以上几个全国普遍存在的问题，如前所述，在越地非物质文化遗产保护工作中还面临着与越地文化资源特性相关的问题，具体表现为：非物质文化遗产的界定问题、经费短缺与遗产相对过剩的矛盾、经济利益与文化价值的冲突、时代发展与遗产保护的冲突。要实现非物质文化遗产的保护和发展要求，就不得不正视这些客观问题的存在，寻找解决之道。

对于非物质文化遗产的抢救和保护，目前在学术界普遍认为有两种方法：一种是“记忆”方式，即用现代化的科技手段，如录音、录像、摄影、摄像、文字记录等方式，把那些难以延续发展、濒危的项目保存下来，作为今后展示和存储的资料依据；另一种是“延续”的方式，即创造和提供其生存的环境条件，用培养新的传承人的方式使其延续下去，以保持其世代相传。“记忆”的方式对于任何一项非物质文化的保护都是必需的，尤其是在抢救濒临灭绝或已经消亡的传统文化的遗存的时候。许多非物质文化的生存环境随着文明的进步、社会的变迁已不复存在，因此要将其“延续”几乎是不可能的，这样，“记忆”就只能是我们唯一能采取的措施了。“延续”的方式即传承和发展，这是非物质文化遗产保护的理想境界，但是实现起来却有一定难度，涉及人才管理、财力支持、舆论宣传、文化研究等等多个体系，并且包含了人民群众社会生活的方方面面，是一项事关国家和民族发展的宏大工程，必须在政府的主导下进行。

国务院《关于加强我国非物质文化遗产保护工作的意见》就非物质文化遗产的保护工作列出了建档、保存、传承、传播、保护等几项措施，为各地的保护工作提供了指导纲领，但在具体实践中，还是要因地制宜，根据不同地域不同民族的具体情况采取有针对性的措施。为了更好地保护越地丰富灿烂的非物质文化遗产，有效促进优秀传统文化的弘扬和发展，根据实际存在的特殊问题，参照国内外的保护经验，可在越地非物质文化的保护工作中采取以下方法和途径。

## 一、按保护需求分类

作为越文化的中心，绍兴市的非物质文化遗产数量之大可谓惊人。统计数据表明，到 2008 年 9 月，绍兴市累计收集线索逾 20 万条，梳理后确定调查项目 16566 个。其中国家级非物质文化遗产保护项目 18 项，属于绍兴市级第一批受保护的非物质文化遗产有 80 项。从更大范围的浙江省来看，自 2003 年 8 月开始，至 2008 年 8 月，浙江历时 5 年，先后开展了民族民间艺术资源普查和非物质文化遗产普查工作，共上报普查线索 271.9 万条，实地调查非物质文化遗产项目 15.63 万项，其中新发现项目 5.3 万余项，召开各类座谈会 18894 次，走访民间艺人 13.37 万人次，收集相关实物资料 2.3 万余件。如此庞大的非物质文化遗产资源库存，林林总总，千头万绪，要对其实施保护，该从何着手？

分门别类是将其条理化的有效手段。此前存在过多种分类方法：国际公约的五大类、我国文化部《手册》的十六大类、我国申报名录体系的十大类，还有后来出现的普查方案中的十八大类等。然而，这些分类实质上都是从非物质文化项目的文化属性出发，并没有反映其现实生存状况，没有体现其抢救和保护需求。按照这种分类方法普查的结果只是为后继的保护工作提供一个名录，而没有指出具体项目对于抢救和保护的轻重缓急等需求。因此，有必要根据非物质文化遗产的保护需求进行甄别分类，可将目前普查到的项目分为急需抢救的、需要扶持的、需要记录保存的、无须保护的类别，或是按照需要保护的方式作更细致更切合实际的划分。据此统筹规划，“对症下药”，使有限的用于保护的资源在庞杂繁多的非物质文化遗产家族的成员间按需分配，实现资金和人力资源与文化项目的优化组合。例如，像嵊州竹编，由于外地廉价竹编制品和塑料制品的冲击，其市场占有率下降，急需政府的扶持和培育；同为非物质文化遗产的绍兴黄酒传统酿造技术至今仍然广泛应用，许多绍兴黄酒厂依然能够利用手工酿制技术在市场竞争中立于不败之地，其自我保护意识强烈，尽管黄酒酿制技艺名头响亮，颇受社会关注，但在现阶段看来，政府无须采取特别的保护措施加以干预。

其实，我国已经开始采用这样的策略，向联合国教科文组织申报“人类非物质文化遗产代表作名录”的工作中，申报分两类进行，一是“人类非物质文化遗产代表作名录”，二是“急需保护的非物质文化遗产名录”。前者彰显非物质文化遗产的重要性，把某一个国家或地区的遗产上升为全人类的遗产；后者则更多地强调项目对于抢救和保护的急迫性，在处理两类申报名录中的遗产项目时，自然也就会区别对待了。

如前所述，越地非物质文化遗产项目繁多，财政经费不足以对所有项目实施全面保护，造成遗产的相对过剩。在这种情况下，按需分类、按需保护显得尤为必要，但这并不意味着就是“头疼医头，脚疼医脚”。越文化历史悠久，底蕴深厚，内涵丰富，是一个复杂的有机系统。不同非物质文化遗产项目的生存状态也各有不同，并且各部分之间存在复杂多样的联系，这就决定了在对其实施保护的过程中，采取的措施和手段不能“一视同仁”，也不能是单一的、片面的、机械的，而必须是有针对性的、全面的和有机的。

例如，越地是一个多声腔剧种并存的地区，明清时期就有余姚腔、昆腔、目连戏、徽戏、乱弹和民国初期的女子越剧等等，目前被列入国家非物质文化遗产名录的戏曲艺术就有新昌调腔、越剧、绍兴平湖调、绍兴莲花落、绍兴滩簧、绍兴词调、绍兴宣卷、绍剧等。诚然，这些项目在当前各自的处境是不一样的。越剧从民间小戏一跃而成我国第二大剧种，风靡全国；调腔却因观众稀少、资金匮乏、演艺人员青黄不接，在奄奄一息中挣扎着生存；莲花落和宣卷等一度濒临消亡的民间曲艺由于贴近生活、受到群众欢迎而重获生机；绍兴平湖调和绍兴莲花落同为绍兴土生土长的民间曲艺，一道入选了首批国家非物质文化遗产，但两种曲艺的生存状况却大不相同。尽管莲花落和平湖调在业内都存在着得“真传”者越来越少的现象，但作为一种民间的艺术形式，莲花落在“生存”上没有问题，尤其是在农村还是有较大的市场，民间以唱莲花落为职业的人也不少；可平湖调就不一样了，不仅职业唱平湖调的已经“绝迹”，而且由于其在民间中已经停息二十余年，难免落得个曲高和寡、孤芳自赏的地步。

对这些传统戏曲艺术的保护，就要根据不同剧种曲种的生存和发展现状，实施不同手段的保护。对于如越剧那样生命力旺盛、处于蓬勃发展状态的剧种，只需合理引导和开发利用，使其在创造经济效益、满足市场需求的同时又不偏离艺术的方向；对于那些具有较强艺术生命力但创演比较低迷的，例如平湖调，由于它的艺术特性，一直属于“阳春白雪”，所以尽管政府和有关部门不断努力，但至今从艺者寥寥无几，知音极少，对于这样的项目则要着重从加大宣传力度、推动创演入手加以扶持；对于那些有着深厚群众基础但演出市场不健全，且人才匮乏的，要着力帮助培育市场、提供演出环境、纳入文化产业的发展轨道，并从传人培养和创新节目等方面加以扶持；而对那些长期不见演出且传人匮乏、又缺乏专业团体而濒临失传的曲艺品种，如目连戏，则要积极关注，主动发掘其内在价值，不仅运用现代科技手段对现有老艺人擅演的节目进行录音录像和记录整理，而且要通过采访、记录和拍照、搜集，整理留存这些曲种的历史、艺术与文物档案。即使这些曲种人亡艺绝，也能全面完整地保留一份有关其艺术和历史的真实“记忆”，保存一份可资历史研究或后人创新借鉴的珍贵文化“基因”。①

根据非物质文化遗产的保护需求进行分类，还可克服由于门类划分的切割和学科范畴的限定将同一文化项目“肢解”或“分拆”开来保护而带来的种种遗憾。仍以戏曲为例，对戏曲艺术的保护，有可能会在多个学科向度上展开，不仅会与民间口头传统和表述发生关联，而且会与民间音乐、民间舞蹈、民间美术甚至杂技与竞技等等发生关联乃至重叠交叉。又如绍兴传统民俗“社戏”。社戏最初是为了农业性的生产祭祀而表演的节目，那时最有影响的祭祀歌舞是由巫觋来表演的。在以后漫长历史过程中，社戏经历了音乐、歌舞、武术、杂技、人物装扮等各种艺术表演形式无数次地积累、融化、综合，在宋元时期从古老的祭祀活动与表演方式中脱颖而出，与戏曲紧密结合，使祭祀活动与戏曲表演正式结合为一个不可分割的整体，形成了一个“社祭戏”相统一的文化活动。在我国当前非物质文化遗产的名录体系中，社戏隶属于民俗类别。但社戏作为一个民俗事象，又包括戏曲、歌舞、杂技等等艺术内容，并且还涉及民间信仰，对社戏的保护必须综合考虑所有这些文化形式及其内涵，必须充分调用一切相关的保护手段，而不仅仅是注重其中的戏曲表演。不然，很容易出现各个专业各个门类的学者和保护工作者各自为政、“各行其是”的“盲人摸象”现象。

因而，在实施此类非物质文化遗产保护的过程中，我们一定要从文化

① 参见吴文科：《按照文化事象的自身规律实施“非物质文化遗产”的保护——以曲艺曲种的保护为例》，《重庆文理学院学报》（社会科学版）2006 年第 5 期。

自身的内在关联和自身规律出发，要有全局高度的统筹和协调，进行科学有机地保护，避免片面简单地仅从某个学科角度或局部事象出发进行保护。否则，不仅会使保护工作堕入“舍本逐末”的尴尬局面，而且会给保护工作带来重复劳动和资源浪费，甚至在对本来已经十分脆弱的非物质文化遗产的一次次“干扰”和“折腾”中造成保护性破坏。

## 二、产业化和创意园

之所以要保护非物质文化遗产，在于这些丰厚的文化遗产为个人和群体提供了一种认同感和历史感，并促进了文化多样性和人类的创造力，对于当代社会以及人类未来具有可利用的价值。简言之，保护是为了利用。非物质文化遗产既要保护，也要重视开发和利用。或者说，非物质文化遗产应该在开发和利用中保护。

保护、开发、利用、传承、发展，这些不同的字眼所表示的意义其实拥有一个共同的核心，那就是：使传统的有价值的非物质文化继续服务于人类社会。真正意义上的保护绝非仅仅是将遗产项目加以普查整理，存入博物馆或是输入数据库，使其与世隔绝。保护的真谛在于将一些非物质文化遗产项目中所蕴涵的丰富的人文价值和历史价值挖掘出来，从而为国家和民族的文化、经济、社会的发展服务。由此看来，开发和利用是保护的目的，也是方式。当然，这里所说的开发并不是漫无目的、肆无忌惮地开发，利用也并不是纯粹从功利主义出发，为了经济效益不惜代价的唯利是图。

在具体处理保护、开发和利用的关系时，可借鉴浙江省提出的一些做法，在保护非物质文化遗产原生态价值的前提下，创设多种有效载体，将一些价值丰富的非物质文化遗产项目引入文化产业领域，合理利用和开发非物质文化遗产中的潜在价值。如积极吸纳民间资本，鼓励私人开发非物质文化遗产资源，目前已有一家侨资企业投资兴建了浙江乐清公益性非物质文化遗产博物馆，这在国内尚属首例。编制发展文化产业专项规划，将一些有特色有优势的民族民间艺术项目列为重点文化产业规划项目，在有效保护的前提下，进行适度开发利用，以促进文化产业基地发展。将文化内涵、艺术品位和市场“捆绑”在一起，策划创作了以非物质文化遗产为题材的系列电影，拍摄融山水名胜、人文古迹和民风民俗于一体的民俗影片，充分利用大众传媒的影响力展示非物质文化遗产和地域文化的魅力。

这些措施实际上是以非物质文化遗产带动文化产业发展，从而发掘和弘扬非物质文化遗产的价值与魅力，同时提升城市文化形象，促进文化经济发展。在现代商业社会，走产业化道路是非物质文化遗产保护的一条必经之路。台湾的一个办法就是先对非物质文化遗产进行完整的记录，然后由匠师指定记忆保存的方法，再通过手工艺研究所的推广教育，透过文化活动的宣导，使这一产业能够提升进入文化创意产业。

随着工业生产的兴起，“产业化”成了多个领域的救世福音和发展方向，如现代传媒报道里经常提及的的农业产业化、科技产业化、信息产业化、娱乐产业化，甚至还有备受争议的教育产业化，等等。通俗地理解，产业化是指从零散细碎的经营转向以市场为导向，以效益为中心，以工业生产的方式为标准的大规模生产运作。更具有普适性的定义是，“产业化”即是指要使同一类别或具有同一属性的企业或组织集合成一定的规模程度，以完成从量的集合到质的突变，成为国民经济中以相应标准划分的重要组成部分。

产业化的运作，能提高效率、激发创新、更好地满足市场需求，同时通过规模效应获得个体作业所不具备的优势。由于文化在人类经济社会活动中的影响日渐凸显，2002 年 11 月，党的“十六大”报告明确提出了发展中国文化产业的战略构想。当前，国内外有关文化产业的概念界定各不相同：联合国教科文组织表述为“按照工业标准，生产、再生产、储存以及分配文化产品和服务的一系列活动”；中国文化部《关于支持和促进文化产业发展的若干意见》中表述为“文化产业是指从事文化产品生产和提供文化服务的经营性行业”。其特征是以产业为手段来发展文化事业，以文化为资源来进行生产经营，向社会提供文化产品和文化服务，满足人民群众日益增长的物质和精神文化生活需求。国家统计局将以下八类列为“文化产业”的范围：(1)新闻服务；(2)出版发行和版权服务；(3)广播、电视、电影服务；(4)文化艺术服务；(5)网络文化服务；(6)文化休闲娱乐服务；(7)其他文化服务；(8)文化用品、设备及相关文化产品的服务。当然，这里面包含非物质文化遗产的开发和利用。

文化的产业化，是由社会生产力的发展和公众消费需求的演化决定的。社会主义国家的文化产业，应该是以“文化创意”为核心，通过先进管

理技术的介入和产业化的方式制造、营销不同形态的文化产品。从保护非物质文化遗产的角度出发,产业化是一种开发和利用的手段,是为了更充分地发掘其文化价值。产业化的规模可以增强非物质文化遗产的“抗衰亡”能力,产业化的市场赢利可以为非物质文化遗产的抢救和保护提供资金支持,并且,产业化本身就是一项有力的自我宣传,有助于民族文化在全世界发出自己的声音。

非物质文化遗产的产业化在我国已经有过许多尝试。自贡彩灯就是一个成功案例。由于采用了产业化发展模式,克服了手工作坊“单打独斗”的瓶颈,2007年自贡彩灯展览出口额高达3亿元。然而,完全以市场为导向、以经济效益为中心的产业化又会导致如嵊州根雕所遭遇的“要钱还是要艺术”的尴尬困境。毕竟,非物质文化遗产保护的根本目的不是经济创收。怎样的产业化运作才能保证非物质文化遗产既不偏离文化保护的方向、又能自力更生地健康发展呢?成立非物质文化遗产的创意产业园或许不失为一项良策。

创意产业园的概念源于国外艺术家们的“扎堆”聚集,不同品种、流派、风格的艺术家们将废弃的旧厂房加以改造,利用其原有的宽敞空间和无阻碍的布局,构成一个集创作、生活、交流、展示、销售于一体的艺术空间,谓之“Loft”。这种做法在全世界迅速流行开来,近年也传到了中国,北京、上海等大城市出现的所谓“创意产业园”(简称创意园)即是仿效国外“Loft”的设计。但是,真正的创意产业园不在于其建筑风格、内部装潢设计如何,而在于艺术的交流,灵感的迸发,以及无忧无虑、自由自在、无须为五斗米而折腰的创作空间。越地非物质文化遗产保护实践中已有类似的雏形,例如嵊州的工艺美术村,那里集中了嵊州的竹编、泥塑、根雕、石雕等制作工场,集中了一批民间工艺美术大师,形成了一个良好的艺术创作氛围。要进一步建设成为非物质文化遗产的创意产业园,还须将这种“艺术村”的形式加以产业化构建,引进有效的管理体制,政府予以资金和市场方面的支持,形成以保护为目的、以创意为核心、以人才培养为支撑、以产业为其组织和运作方式,兼具宣传、教育、体验、研究功能的健全完善的文化机体。

这样的创意园可谓非物质文化遗产的博物馆,与传统博物馆不同的是,创意园里的“陈列”是活态的文化事象,是在变化发展并能服务于当今社会的文化产品,其构成要素不光是物,还有人。它更是一个非物质文化遗产保护与传承基地,非物质文化项目创业的孵化器,文化多样性的生态展示与体验空间。对于越地这种非物质文化遗产高度密集、各种项目之间深度渗透的情形，建设非物质文化遗产创意园有助于解决遗产相对过剩与保护经费不足的矛盾，有利于多种文化项目在交流和切磋中获得创新和进步，最重要的是，能让在传统与现代的夹缝中挣扎求生的诸多文化遗产获得自由呼吸的清新空气。

越地民间美术和传统手工技艺在当地人们的生活习俗和经济生产中占有举足轻重的地位。这类遗产项目完全可以并且有必要以创意园的方式组织起来共同交流与分享，共谋产业化发展之路。像黄酒酿制技艺这类正在为社会创造经济价值的实用性技艺也可在创意园设立保护和研究机构，与传统民间艺术共建共享浓郁醇厚的文化气氛。即使是如传统乌毡帽制作技艺①，这种已经濒临消亡、没有产业前途可言的遗产项目，也应加入到创意园的“大缸”里去，以其独特的文化基因和历史价值，为文化的积累、“发酵”和创新添加有益的“微量元素”。

除了能够制造物质产品的民间美术及其他传统手工艺，其余类别的非物质文化遗产如口头传统、表演艺术等也能以适合自身特性的方式进驻创意园，并能以多种方式进行融合、渗透，创作出适合现代人消费需求的新产品。比如，民间故事家、讲故事能手可以成立自己的创编工作室，定期或不定期地举办故事会、故事沙龙，还可出版民间故事读物，也可与剪纸、雕塑等民间美术工艺结合创作有形的故事载体，或与戏剧、说唱等表演艺术结合创作有声有色的故事节目，甚至可对时事新闻和各种社会现象加以发挥改编，充分借助故事的易传播、易接受、易寓意的特点，发挥口头文学的教育功能和治病救人的警世效用。同样，民间音乐、歌舞、戏曲、杂技等艺术项目也可借助创意园这个文化大平台展示魅力、锻炼技艺、拓展市场。

创意园也可同时是保护机构和研究机构。创意园具有无可比拟的文化资源集中优势，普查、申报、记录抢救、宣传展示、传承保护、开发利用等等工作都可在此基础上开展。对进驻创意园的文化遗产，政府可予以适当的政策支持和资金补贴，将一些有较大传承价值但面临失传危机的项目职业化，一方面可解除现有传承人的生计顾虑，使其专心保护和发扬自己所负载的绝学绝艺；另一方面可吸引有兴趣的年轻人投师学艺，传承薪火，而

① 此处是指传统的乌毡帽，不包括近年新出现的“瘦身版”、“改良版”等新型乌毡帽。

不必为职业前程担忧。这也是提升非物质文化遗产价值、将其纳入社会文化主流的有效途径。不过,艺术传承的产业化不能完全以市场为导向,而应以保护为旨归,将商业运作与艺术创造适度隔离,以摒除商业界对非物质文化遗产的不利干扰。如嵊州根雕,在创意园运行体制中的艺术大师们就应该心无旁骛地从事“教学”和“科研”工作,即授徒和创作,至于商业运作的事宜则应由别的部门经营管理。另外,创意园多元聚集的文化构成便于不同学科门类的交叉融合,也便于多学科专家联合研究,从而为非物质文化遗产的整体保护和全面保护提供切实可行的理论依据。

## 三、校园传承

非物质文化遗产的最大特点在于其活态流变性,不能脱离人而存在,传承人是其重要承载者和传递者,他们掌握并承载着非物质文化遗产的知识和精湛技艺,是非物质文化遗产“活的宝库”。但是,由于社会的变革,人们的生活方式和生产关系产生了巨大的变化,原有的传统文化生态模式很难保持下去,一些传统技艺原有的生存土壤已经消失,自然传承链条面临断裂的危险。如果不加以保护,任其在现代社会的冲击下自生自灭,这些宝贵的人类文化遗产将可能最终消亡。

传承,才是最好的保护。要续接非物质文化遗产的传承链条,除了要注重保护已有的传承人,还要培养接班人,需要从年轻一代中开发“潜在”的传承人。然而,在现代社会,由于现行教育体制的普及,我国青少年儿童的大部分时间都是在学校中度过,城市儿童生活在工业文明缔造的“水泥森林”中,对于我国传统文化知识尤其是对非物质文化遗产的体验更为匮乏。这种状况一直持续整个教育阶段,参加工作后又由于生存压力和职业限制而缺少接触非物质文化遗产的机会,更谈不上传承了。这种状况根本不可能满足非物质文化遗产传统的口传心授的传承要求,也成了非物质文化遗产传承的最大障碍。

如何拓展非物质文化遗产的生存空间?校园成了新的目标阵地,严格地说,校园里的青少年儿童成了培养传承人的目标群体。“强化非物质文化遗产的保护意识要从娃娃抓起。”文化部副部长周和平在第八届中国艺术节期间举行的“非物质文化遗产保护工作座谈会”上指出：“非物质文化遗产进课堂、进教材，是我国非物质文化遗产保持可持续发展的根本举措，也是国外非物质文化遗产保护的成功经验，文化部将积极与教育部门协调，出台文件，着力推进这项工作。”非物质文化遗产的保护有两种通行做法，一是记忆，写入历史档案，融入历史教育；二是传承，让文化遗产以人为载体得以活态延续。显然，两种做法都必须以人为本，尤其要从青少年儿童的教育做起，从娃娃抓起。在现代教育环境下，要创造非物质文化遗产的传承条件，只能是将非物质文化的内容引进校园，引进教材和课堂，而这样做的好处也是显而易见的。

2008 年 3 月，教育部开始在北京、天津、黑龙江、上海、江苏等 10 省市中小学试点京剧进课堂，将这一国粹纳入九年义务教育阶段音乐课程，一年级至九年级学生将学唱 15 首京剧经典唱段。这一举措走出了非物质文化遗产校园传承保护模式的重要一步。在此之前，宁夏、江西、福建等省份都已有过非物质文化遗产进校园的探索实践。例如，为拯救传统“花儿”，2007 年宁夏教育、文化部门开始在南部山区的西吉、海原、盐池等地农村中小学课堂教唱这一民族歌调。尽管还存在些许争议，但从长远看，与教学相结合的方式拓宽了非物质文化遗产的生存空间，有利于其传承发展。实践证明，“一些非物质文化遗产后继无人，并不是因为年轻人对这些技艺没有兴趣，而是他们对这些技艺根本就不了解，没有接触过。校园授课有利于培养年轻人对传统技艺的兴趣”①。2008 年“两会”期间，不少政协委员也提出了非物质文化遗产进校园的提案。

目前，在青少年群体间弘扬中华民族民间传统文化、普及非物质文化遗产知识和培养其保护意识的做法有多种形式，例如成都市群众艺术馆策划并发起的“成都市首届非物质文化遗产青少年活动日”，非物质文化遗产“民间游戏”进校园活动，在学校成立“非物质文化遗产保护青少年基地”，以及“成都故事”送进校园和非物质文化遗产展示等课外教学活动，又如 2007 年浙江工业大学艺术系到绍兴进行非物质文化遗产实地调查的“新农村，扬艺术，共和谐”暑期社会实践，再如 2007 年上虞近 10 万名中小学生在寒假进行的“非遗”线索收集行动……这些活动从不同角度引导青少年





① 曹健：《校园传承：能否成为“非遗”保护的良方》，新华网银川 2008 年 6 月 10 日电。

认识非物质文化遗产，了解非物质文化遗产所包含的内容和意义，为保护、弘扬本土民族民间文化艺术奠下了“人力资源”的基础。

校园传承已成为非物质文化遗产保护传承的普遍趋势。如我国台湾地区规定：为进行传统艺术及民俗之传习、研究及发展，主管机关应协调各级教育主管机关督导各级学校于相关课程中为之。① 要取得良好的效果，还须结合当地实际情况，在教育部门和文化部门的统筹指导下采取分层次的行动，一是大众化的全面知识普及，培养下一代对国家、民族、家乡的传统文化的兴趣，这是非物质文化遗产将来的生存空间所在；再是像职业技术人才的培养那样，培养专业的传承人，这是非物质文化遗产的命脉所系。因此可采取多种形式，让艺人走上讲台，让学生走进民间，让非物质文化遗产伴随在年轻一代的成长环境中。具体做法如，在历史、地理、劳动等课程中增加非物质文化遗产的内容，开设选修课和兴趣班，举办相关讲座和论坛，开展课题研究，发动学生参与非物质文化遗产的保护工作，举行以非物质文化为主题的比赛，在大中专院校设置相关学科、专业和课程，等等。实际上，越地许多传统技艺都有深厚的群众基础，对于青少年也颇有吸引力。例如新昌县小将镇的叠罗汉，不少孩子就利用暑假到文化中心学习传统叠罗汉功夫，最小的孩子年仅 4 岁。可想而知，如果在学校体育课上教习叠罗汉，或是开设叠罗汉的兴趣班，应该也会大受学生欢迎，而叠罗汉这一传统技艺的传承也就不成问题了。同样，竹编、根雕、泥塑、剪纸等等项目也可结合学校的美术课程或课外活动教学。

青少年儿童具有相当大的可塑性，如果使非物质文化遗产纳入教育体制，使之成为素质教育的一部分，以课堂教学和课外活动的形式推而广之，全面培养下一代对传统民族文化艺术的热情和兴趣，同时建立传承教学基地，着力培养传承人才，有望从根本上解决非物质文化遗产的传承问题。

## 四、媒体助阵

联合国教科文组织《保护非物质文化遗产公约》指出，“保护”指采取措

① 参见吴安新：《“非遗”传承不能只靠口传心授》，《中国文化报》2008 年 7 月 28 日。

施，确保非物质文化遗产的生命力，包括这种遗产各个方面的确认、立档、研究、保存、保护、宣传、弘扬、承传（主要通过正规和非正规教育）和振兴。其中的“宣传”、“弘扬”、“承传”和“振兴”，无不需要借助媒体传播。我国国务院《关于加强我国非物质文化遗产保护工作的意见》也明确提出非物质文化遗产保护工作包括传播。事实上，离开了媒体，非物质文化遗产的保护工作根本就无从着手。

在21世纪初短短的几年时间内，非物质文化遗产保护成为一项国家主导的文化事业，“非物质文化遗产”的词语自其诞生就得到迅速普及，媒体对该词的使用率和相关内容的报道率也达到空前规模。在这一方面，媒体展现了其惊人的能量。但对非物质文化遗产真正的内涵及相关问题，人们并不太清楚，也无暇深思。传媒由于无法深入调查，更多着眼于表面事项和已有知识及资讯的传播。① 非物质文化遗产的宣传工作也因此停留在传播固有资讯的阶段。有些时候，铺天盖地而来的“非遗”资讯非但未能起到普及和教育的作用，反而因信息过量和信息冗余产生了文化的“审美疲劳”，起到了过犹不及的反作用。正如鲍德里亚从高技术化的传播媒介中所看到的那样，在由大众媒介构建的仿真社会中，信息愈多、意义愈少。②

要克服媒体——主要是大众传媒的不足及其负面作用，充分利用传媒为非物质文化遗产保护工作助力，还需对媒体的功能有清醒的认识，并在尊重文化传播规律的基础上对非物质文化遗产的媒体宣传进行有效管理。

媒介在其构建的虚拟世界里确定社会中的意义，“媒介是不同类型的社会环境，以种种特有的方式接纳或排除、团结或区分着人们”③。特别是以电视为代表的大众传媒的出现极其明显地重整了社会秩序，在很大程度上“征服”了时空距离的障碍，使日常生活正常情形下彼此分离的观众聚集起来，异地即时沟通和异时“聚会”都成为可能，从而改变了社会的结构。文化的核心是意义的创造、表征、交流、理解和解释，人们通过各种媒介对

---

① 参见乔晓光：《关注非物质文化遗产传承保护的公共性》，《中国文化报》2007年8月24日。

② 参见鲍德里亚：《仿真与拟象》，汪民安等主编《后现代性的哲学话语》，浙江人民出版社2000年版，第329页。

③ ［美］乔舒亚·梅罗维茨：《空间感的失落：电子传播媒介对社会行为的影响》，张国良主编《20世纪传播学经典文本》，复旦大学出版社2003年版，第515—532页。

意义加以编码、传递、解码，使人类得以相互理解和沟通。在现代社会，人们生活在一个经过媒介过滤的世界，即"映象世界"或"仿真世界"。媒介作为"人的延伸"，取代了人们认知世界的文化感官，用拟象和仿真的东西取代了真实和原初的东西，并安排着文化的层级与地位。媒介的这种力量被大众传媒发挥到了极致。大众传媒在传播文化的同时，通过传播的议题设置功能，将一些特定的内容以被设计好的姿态强行推入人们的视野，让人们感觉到那些被大众传媒所关注的传播内容便是主流的或是值得肯定和仿效的，由此引导着大众的价值观和意识形态。

媒体本身是一个中性的工具，但其力量却可因使用的目的和方式之不同而有不同作为。在我国非物质文化遗产的保护工作中，媒体是宣传工作的主力。通过出版读物、电视电台、网络等媒体工具进行宣传教育，对于在全社会普及非物质文化遗产保护的知识和意义、增强保护意识、彰显保护成就、为普查和保护工作创造良好的舆论环境和社会环境，具有重要的意义。前几年，媒体传播主要是非物质文化遗产信息在空间上的扩布，并且是大规模高效率的扩布，在互联网上以"非物质文化遗产"为关键字进行搜索，搜索结果的惊人数量即是明证。然而，媒体在非物质文化遗产保护中的职能出现了新的转变，从单纯的"信使"变成了承担保护和传承重任的主角，自发地创造出一些发扬和承接文化遗产的传播形式，如媒介历史学家詹姆斯·凯瑞所言，这些传播形式"并非指讯息在空中的扩散，而是指在时间上对一个社会的维系；不是指分享信息的行为，而是共享信仰的表征"①。例如近年来在地方电视台兴起的方言节目。

前文已经提到，《师爷说新闻》是绍兴电视台用方言播报的新闻节目。虽然有制造新的话语霸权、容易造成族群歧视的非议和质疑，但方言能够进入媒体"守门人"的视野并受到青睐，无疑是对地方口头传统文化价值的一种肯定。以绍兴方言的口头形式结合绍兴师爷的视觉符号来做关注现实生活的新闻节目，融合了古今两个时空，是对绍兴历史文化的再现与延续，也是对越文化的认同和弘扬。由于地方经济发达，历史悠久，文化底蕴深厚，身处其间的民众有着极强的优越感和自我认同感，《师爷说新闻》这类方言节目的出现，不失时机地满足了越地民众的认同需求，将渐渐湮没

---

① ［美］詹姆斯·W.凯瑞：《作为文化的传播》，丁未译，华夏出版社2005年版，第7页。

于普通话推广中的方言遗产推介到社会生活中，唤起中老年群体的记忆，也激发年轻一代对乡音的热情，以独特的方式为这种非物质文化遗产的保护与传承贡献了媒体的力量。

又如SMG新娱乐创办的《非常有戏》节目。这档节目创办于2007年初，推出的第一季是以弘扬戏曲为宗旨、明星参与竞技的"明星戏曲大赛"，播出后获得了良好的社会反响，一度在全国观众尤其是青少年观众中，引发了关注传统戏曲的热潮，也为电视的大众娱乐开创了另一条增强文化内涵的新路。2008年，《非常有戏》推出的第二季《非常有戏·寻根》，将重心落在非物质文化遗产上，其目的就是要用电视媒体承载起传统文化的厚重，让在各自领域有突出表现的艺术家担任"文化寻访者"，探索"文化寻根"之路，去各地寻访非物质文化遗产，以综艺的样式，将非物质文化遗产的真实状态呈现给观众，激发全社会对于传统文化的反思，起到了普及保护知识、培养保护意识的作用。

像这般主动担负起非物质文化遗产保护的社会责任的媒体传播还有不少。如《中国文化报·文化遗产周刊》，还有《扬子晚报》与南京民族民间文化保护中心联办的"寻找身边的'非遗'"栏目，以及许多网络媒体开设的"保护工程专栏"等等。越地非物质文化遗产密集，城市规模不大，流动人口不多，酒好也怕巷子深，这就更需要结合媒体，利用报刊、书籍、电台、电视、网络等多元传媒组合，发挥媒体传递意义、塑造拟象世界、议题设置的积极职能，使其为非物质文化遗产的保护工作助阵，普及非物质文化遗产保护知识，彰显非物质文化遗产的价值，唤起民族认同感，在全社会形成保护理念。

# 主要参考文献

1. 陈桥驿:《我对清史编纂的管见》,《学术界》2003 年第 3 期。

2. 邹逸麟、谭其骧:《论地名学》,《地名知识》1982 年第 2 期。

3. 陈桥驿:《越绝书序》,袁康、吴平《越绝书》,上海古籍出版社 1985 年版。

4. 陈桥驿:《绍兴方言序》,杨葳、杨乃浚《绍兴方言》,国际文化出版公司 2000 年版。

5. 顾颉刚:《古史辨》,北平朴社 1926 年版。

6. 冀朝鼎:《中国历史上的基本经济区与水利事业的发展》,中国社会科学出版社 1981 年版。

7. 陈桥驿:《史前漂流太平洋的越人》,《文化交流》1996 年第 22 期。

8. 向云驹:《人类口头和非物质遗产》,宁夏人民出版社 2004 年版。

9. 王文章:《非物质文化遗产概论》,文化艺术出版社 2006 年版。

10. 仲富兰:《中国民俗文化学导论》,上海辞书出版社 2007 年第 2 版。

11. 仲富兰:《民俗传播学》,上海文化出版社 2007 年版。

12. 高丙中:《民俗文化与民俗生活》,社会科学出版社 2000 年版。

13. 赵家释等:《历史唯物主义原理》,北京大学出版社 1992 年版。

14. 黄滋、陈易、黄斌:《中国古建筑文化之旅·浙江》,知识产权出版社 2004 年版。

15. 中国乡土建筑编辑委员会:《中国乡土建筑　人生只合越州乐(浙江)》,重庆出版社 2000 年版。

16. 陶水林:《浙江商帮与上海经济近代化研究:1840—1936》,上海三联书店 2000 年版。

17. 陈国灿、奚建华:《浙江古代城镇史研究》,安徽大学出版社 2000 年版。

18. 朱德明:《浙江医药史》,人民军医出版社 1999 年版。

19. 中日越系文化联合考察团撰:《浙江民俗研究》,浙江人民出版社 1992 年版。

20. 章玉安:《绍兴文化杂识》,中华书局 2003 年版。

# 后　记

2006年秋天我应邀参加"华东六省一市社科联'区域文化与中国现代化'理论研讨会",令我始料未及的是,给我带来了历时二年的"沉重负担"。绍兴文理学院的两位教师找到我住的房间,要我为该学院"越文化研究中心"承担一个课题。我平时的工作和学习相当忙碌,深感难以完成这个重任,但见来者言辞恳切,我心又软,三说两说就答应了。这一答应不要紧,耗费的精力就是一年多的时间。

当然也是浙江省社会科学界诸多专家、学者和前辈师友的错爱,本研究课题还列入浙江省2007年社会科学重点课题《越文化通论》的子课题,这就更给了我不少压力,重压之下,我就更坐不住了,前后到绍兴去了五次,其中还到了上虞和诸暨,搜集了几百万字的资料,从中钩沉索引,其中艰辛,就不去说了,谁让我做出承诺呢,既然允诺去做,那么就必须去兑现,义无反顾,百折不挠地把它做好。

可以说,截至目前,关于一个城市非物质文化遗产的综论性专著,还没有看到,它所涉及的内容非常驳杂,"非遗"虽然是近年来提出的话题,但文化多样性却是人类社会的基本特征，也是人类文明发展进步的动力。绍兴，作为我国的历史文化名城之一，保护这座城市和地区的文化多样性与保护她的生态多样性一样重要。对绍兴地区保护非物质文化遗产进行梳理和论析，并不是提倡地域文化的自我封闭，相反，我更是希望这座历史文化名城在当今的时代环境下更好地保护自己的特色，在竞争和比较中取长补短，在求同存异中共同发展。历史上成功的文化现代化运动大多是一个双向运动过程，即传统因素与现代因素相反相成，既善于克服传统因素对现代化运动的阻力，也善于使传统文明转换成现代文明。这就是我承担这个研究课题的初衷。基于这样一种识见，我就在搜集到的资料中逐步酝酿形成了写作的思路和提纲：一是概说或者称概况介绍，二是形态分析，三是物质基础和文化背景，四是若干分论，包括存在价值，保护与发展等。本书就是在这样一个写作框架下酝酿出来的。

我特别要指出的是，我所指导的2007级博士研究生何华湘在本书写作过程中所付出的辛勤劳动。何华湘作为我的助手，在搜集资料过程中，尤其到绍兴地区现场实地采访，田野调查时，我们常常是饥一顿、饱一顿，常常还要步行，何华湘始终没有怨言。开始写作时，何华湘已经做了一个孩子的母亲，她克服了难以想象的困难，令我非常感动。我有时在想，我是“劳碌命”，让学生也跟着我受累。

如前所述，整个写作的过程，是由我厘定本书写作提纲和细目，由何华湘撰写了初稿，而后又由我对初稿进行了修改和审订。非物质文化遗产是一个方兴未艾的崭新课题，所能参考的书目很少，本书所使用的材料，除了一部分文献之外，也不得不使用了一些网上资料，我们按照学术规范的要求，都一一做了脚注，另外在文末还附上了参考文献，在此一并向学术界的专家、通人表示深切的感谢，倘有疏漏或不当之处，敬请各位专家海涵。由于本书所涉及的学术观点，都具有拓荒和补白的意义，论点之是否成立，论据之是否充分，存在的问题一定不少，也恳请各方专家、学者多多赐教，提出批评意见，谢谢！

**仲富兰**

2008年12月29日初稿

2009年1月29日修订于沪上五角场